KB021909

CONTENTS

1. 지금, 왜 아시아공동체인가?　　　　　1
　　－ 정준곤, 원아시아재단 수석연구원

2. 아시아공동체의 역사적 배경과 특징　　　　　53
　　－ 고노시 다카미츠(神野志 隆光), 메이지대학 대학원 특임 교수 · 도쿄대학 명예교수

3. 대중문화를 통해서 본 아시아의 사회 · 문화의 변용　　　　　95
　　－ 김향숙, 일본 메지로대학 부교수

4. 아시아공동체와 다언어 다문화 커뮤니케이션　　　　　121
　　－ 정기영, 부산외국어대학교 교수

5. 아시아공동체 형성에 문화교류가 가지는 의미　　　　　177
　　－ 채돈달(蔡敦达), 중국 동제대학 교수

6. 아시아공동체와 문화의 다양성　　　　　213
　　－ 김여선, 제주대학교 교수

7. 전승담으로 본 아시아 예능의 미학　　　　　239
　　－ 한경자, 경희대학교 부교수

8.   한국의 디아스포라 공공외교의 교류와 소통   279

    – 윤희찬, 후쿠오카대한민국총영사관 영사

9.   아시아문화공동체를 위한 다문화커뮤니케이션 교육   309

    – 이상진, 창신대학교 교수

10.   도시를 중심으로 본 아시아공동체간의 교류와 소통   339

    – 김영춘, 부산국제교류재단 사무처장

11.   동아시아의 문화교류   371

    – 가와모토 코지(川本 皓嗣), 일본 도쿄대학 명예교수

12.   한국다문화 정책의 현황과 과제   395

    – 오희순, 사하구 다문화가족지원센터장

머 리 말

　오늘날 세계가 경험하고 있는 가장 두드러진 변화는 바로 아시아의 급부상이다. 새롭게 부상하는 아시아는 서구 선진국을 모방하고 쫓아가는 예전의 아시아가 아니다. 자원과 인력을 수탈당하는 식민지 아시아는 더더욱 아니다. 이제 아시아는 서구 선진국과 어깨를 견주며 함께 경쟁하고 아시아적 가치관과 기준을 제시하며 세계를 리드하는 글로벌 파워로 거듭나고 있다. 지금 글로벌 경제 질서는 WTO 체계에 따른 전방위적인 자유무역과 함께 각국이 배타적 지역 경제통합을 서두르는 이중적인 흐름을 보이고 있다. 이미 미국을 중심으로 한 NAFTA와 유럽 국가들의 EU는 세계 경제의 양대 축으로 자리 매김하고 있다. EU의 경우 27개국 5억이 넘는 시민이 국가의 틀을 넘어서 공존공영을 위한 지역통합을 진행하고 있다. 다양성을 전제로 하여 공생의 길을 걷는 EU는 지역 내 시민에게 많은 이익을 주고 있으며 21세기 다문화공생사회를 위한 모델을 추구하고 있다. 21세기를 살아가는 개인으로서는 국가나 국민이라는 개념에 구속되는 일 없이 다민족, 다문화로 구성되는 시민사회 속에서 살아가는 것이 요구되고 있다고 해도 과언이 아니다.

　이러한 주변 환경의 급격한 변화는 아시아에게 새로운 행동과 해법을 요구하고 있다. 아시아 사회는 문화적·역사적·사회적으로 공통성과 친화성을 가지고 있는 한편, 다양하고 이질적인 측면도 많이 포함되어 있어서 아시아의 근현대 역사에서는 국가의 벽이나 국경의 울타리를 넘지 못한 채 오늘날에 이르렀다는 사실은 부정할 수 없을 것이다. 그러나 글로벌화와 정보화의 진전은 아시아 사회에 사회질서나 가치판단 그리고 행동양식에 이르기까지 극적인 변혁을 가져오고 있다. 사실, 아시아에서는 정치·경제·문화뿐만 아니라 여러 분야에서 국경과 지역을 초월한 협력관계가 수립되어 심화되고 있다. 그 중 경제 분야에서는 이미 어느 정도 가시화된 성과를 내고 있다. 동남아시아 연합인 ASEAN 이 대표적이며, 한국과 중국의 FTA체결, 중국을 중심으로 한 아시아인프라투자은행(AIIB) 설립, 한·중·일 3국의 경제협력을 위한 조치들이 그 성과이다. 아직까지는 아시아 각국의 이해관계에 얽혀 진전된 모습이 구체적으로 보이지 않지만 물고만 트이면 통합의 절차가 순조롭게 진행될 것은 어렵지 않게 추측할 수 있다.

이제는 아시아의 지속가능한 미래성장을 위한 해법을 고민해야 하는데 그것이 바로 '아시아공동체' 이른바 '원 아시아(ONE ASIA)'라고 할 수 있다. 이를 위해서는 아시아 각국이 서로 긴밀한 협조체제와 각국에 걸맞은 장단기 전략을 세워야 하지만 아쉽게도 아시아는 나라마다 경제발전 수준이나 정치체제, 종교, 언어, 역사적 경험이 천차만별이다. 이렇듯 아시아 각국의 서로 긴밀한 협조체제가 요구되는 시점에서 가장 중요한 것은 아시아 각국의 폭넓은 경제·교육·문화교류를 통해 서로를 존중하고 이해할 수 있는 공통의 가치관을 조성할 필요성이 강하게 요구되고 있는 점이다.

이러한 상황을 인식하여 부산외국어대학교는 2013년과 2014년 1학기 원아시아재단(ONE ASIA FOUNDATION)의 지원을 받아 '세계화국제화영역' 교양과목으로 '아시아공동체론' 강의를 개설하였다. 이 강의는 1학기 중 매주 월요일 특강형식으로 이루어졌으며 아시아지역의 정치·경제·사회·문화·교육 등 여러 분야의 전문 강사를 초청하여 수업하는 옴니버스 방식으로 진행되었다. 본 강좌를 통해 '아시아공동체, 원아시아, 글로벌화, 아세안, 동아시아공동체' 등 항상 막연하게 들어 왔던 것에 대해 자신과 밀접하게 관련되었음을 느끼고, 급변하는 시대의 흐름을 읽어 내는 안목을 기름과 동시에 급변하는 시대의 흐름 속에서 개인의 가치관과 행동 양식이 어떤 모습으로 존재해야 할지를 고민하고 생각하게 되는 기회를 갖게 하고자 하였다. 또한, 졸업 후 사회 각 분야에서 활동할 수강자에게 아시아, 아시아공동체에 관한 총체적인 지식의 확대와 사고력을 배양하는 글로컬 인재육성에 도움이 되고자 하였다.

상기와 같은 목적으로 진행된 강의내용을 부산외국어대학교뿐만 아니라 일반 독자에게도 공개하여 보다 더 많은 사람들에게 '아시아공동체'에 대한 개념을 이해하고, 그 필요성을 직감하여 향후 아시아 각국이 서로의 정치·경제·사회·문화·교육 등 여러 분야에 대해 존중하고 이해할 수 있는 공통의 가치관 조성에 기여하고자 하는 생각으로 본 강좌를 책으로 편집하게 되었다.

본서의 특성은 다음과 같다. 우선, 본서의 내용은 강연록을 그대로 책으로 엮다보니 구어체로 집필되었다는 점이다. 강의 특성상 전문지식을 전달하고 있는 내용도 있으나 일반 독자에게도 충분히 이해할 수 있도록 구성하기 위하여 강의 중 촬영한 동영상을 참고로 강의내용을 그대로 문자화하여 그 내용 전달에 충실함을 꾀함과 동시에, 독자가 직접 강의를 듣고 있다는 느낌으로 책을 접할 수 있도록 하였다. 다음으로, 강의내용 뒤편에는 강의 중에 있었던 학생들의 질문사항과 그에 대한 담당 강사의 답변내용, 수강생들이 제출한 감상문 중 우수한 내용 1편씩을 제시함으로써 보다 더 쉽게 강의내용을 이해할 수 있도록 구성하였다. 마지막으로 목차구성은 강연 날짜별로 배열하지 않고, 1권『아시아공동체와 다언어 다문화 커뮤니케이션』, 2권『아시아공동체와 지역사정』의 테마에 맞추어 순서를 재배열하였다.

마지막으로, 본서가 출판될 수 있도록 강연회 준비와 출판과정에서 물심양면으로 도와주신 분들에 대해 감사의 마음을 전한다. 이분들의 도움이 없었다면 본서의 출판은 진행될 수 없었다. 강연내용을 전부 문자로 전사 작업을 해주신 양현모 선생님, 전영희 교수님, 나유정 교수님, 그리고 전사한 내용의 교정에 수고를 아끼지 않으신 강연자분들, 전체적인 내용의 편집을 담당한 부산외국어대학교 아시아공동체연구소 이명영연구원을 비롯한 관계자 분들에게 이 자리를 빌려 다시 한 번 더 감사드린다. 또한, 이와 같은 좋은 교과목이 본교에 개설될 수 있도록 지원해주신 원아시아재단 사토요지(佐藤洋治)이사장님을 비롯하여 원아시아재단 관계자분들에게도 깊이 감사드린다. 또 다른 특별한 감사로 도서출판 '솔과학'의 김재광 대표에게 모두를 대신하여 감사한 마음을 전한다. 아시아공동체론 강연시리즈1, 2의 출판을 흔쾌히 승낙해 주시고 마지막까지 출판에 쏟아주신 정성에 감사드린다.

2015년 2월 아시아공동체론 강연자를 대표하여

부산외국어대학교 아시아공동체연구소장 **정 기 영**

지금, 왜 아시아공동체인가?

원아시아재단 수석연구원

정 준 곤

지금, 왜 아시아공동체인가?
그 필요성과 개념에 대해

2014년 3월 10일(월)

원아시아재단 수석연구원 **정 준 곤**

1. 아시아공동체강좌에 대해

오늘은 아시아공동체는 무엇을 의미하는지? 왜 이것이 필요한지, 그리고 여러분과 어떤 관련이 있는지, 또 여러분이 가능한 것은 무엇인지, 발표자의 경험을 섞어서 여러분과 함께 생각해보는 시간을 가졌으면 합니다.

이 아시아공동체 수업은, 아시아를 중심으로 많은 대학에서 진행되고 있습니다. 현재, 24개국 약 100개의 대학에서 강좌가 진행되고 있으며, 그리고 100개 이상의 대학이 준비를 하고 있는 상황입니다. 이 강좌는 옴니버스 방식으로 수업이 진행됩니다. 왜냐하면 한명의 인간을 이해하기 위해서는 얼굴과 같은 외견으로 보이는 것뿐만이 아니라, 커뮤니케이션을 통해 성격이랑 취미 등 여러 가지 시점에서 볼 필요가 있기 때문입니다. 이와 같이 국가라고 하는 공동체도 여러 가지 측면에서 접근을 하지 않으면 안됩니다. 일반적으로 아시아공동체라고 하면, 정치, 경제, 안전보장, 환경, 에너지 등을 통한 접근방법입니다. 하지만, 원아시아재단은 이러한 방법뿐만이 아니라 문화, 역사, 교육, 예술, 또는 스포츠 등의 다양한 분야에서 접근하여 아시아공동체의 이해와 창성(創成)으로 연결해 나가고자 합니다.

아시아공동체 강좌의 또 하나의 특징은, 교양과목으로 하고 있는 것입니다. 학생들에게는 교양과목을 통해 폭넓은 아시에 대한 이해를 한 후에 전문영역으로 나아갔으면 합니다. 자신이 아시아와 어떤 관계가 있는지, 아시아에서 자신의 역할은 무엇인지에 대해 생각해 보았으면 합니다. 그리고, 자신과 아시아와 세계와의 관계에 대해서 문제의식을 가지고 전문연구를 하게 되는, 이러한 계기를 제공하고자 함도 있습니다. 재단이 공동체의 비전을 제시하거나 모델을 제안하는 경우도 있습니다. 다음 세대이 주인공이 될 학생들에게 공동체에 대해 생각해주었으면 하는 것입니다. 기성세대가 생각하고 있는 국가의식과 가치관은 20대의 학생 여러분이 생각하고 있는 것과는 다를 것입니다.

예를 들어, 아시아 공동체에 대해 2011년 아시아 20대 학생들을 대상으로 설문 조사를 실시한 적이 있습니다. 설문조사는 일반 연구자가 생각하는 방식과, 평균 연령 20세의 학생들이 생각하는 아시아 공동체에 대한 접근 방법은 달랐습니다. 그것은 정치, 경제도 아니며 안전보장도 환경도 아닙니다. 그들은 기존의 학자들이 생각하는 접근이 아니라 청소년의 인적 교류, 교육, 문화 교류, 정부의 의지 순으로 응답하였습니다. 이 같이 젊은 학생들의 관점에서 향후 아시아 공동체 형성을 위해 더 많은 활동을 해 주셨으면 하는 바램입니다.

2. 아시아 공동체에 대한 문제 제기
- 근대국민 국가의 형성과 한계

아시아 공동체에 대한 이야기를 하면 학생 중에는 국가를 부정하는 이미지를 갖고 있는 사람이 있습니다. '하나의 국민 국가를 형성하였는데, 이 나라는 앞으로 어떻게 됩니까?', '아시아 공동체의 형성으로 국가의 형태는 어떻게 바뀌나요', '국가는 향후 어떻게 됩니까? 국가는 없어지나요' 등의 질문을 받은 적이 있습니다. 결론부터 말씀드리면 국가는 없어지지 않습니다. 그러나 국가의 역할과 방향성은 시대와 함께 항상 변화합니다. 변화함으로써 국가의 역할을 더욱 완벽하게 만들어 갈 수 있습니다.

지금까지 역사 속에서 다양한 형태의 공동체가 존재했습니다. 국가도 다양한 형태의 공동체 중의 하나에 불과합니다. 이 강좌에서 다루고 있는 국민 국가는 하나의 문명으로서 국민 국가라는 제도의 수용을 통해 만들어진 정치공동체인 것입니다. 그것은 지금까지 매우 중요한 역할을 해왔습니다. 국민 국가의 형성으로 개인의 자유와 평등, 삶의 질, 복지를 보다 나은 형태로 향유할 수 있게 되었습니다. 국민 국가의 형성을 통해 이전보다 자유와 풍요로움을 누리고 있는 것입니다. 하지만, 이 국민 국가가 지금까지의 역할과 형태로, 앞으로도 지속 가능한 공동체로 존재할 수 있을지에 대해서는 의문을 가질 수밖에 없습니다. 단순히 국민 국가를 부정하는 것이 아니라 그 문제점과 한계가 있다면, 공동체의 존속을 위해 새로운 사고와 제도의 수용을 통해 변화해야만 합니다.

국민 국가는 새로운 근대 문명으로 전 세계로 확산되는 과정 속에서 각국에 도입되었습니다. 예를 들어 일본의 경우는 메이지 유신을 통해 국가의 형태를 바꾸어 근대 국가를 형성하였습니다. 그로 인해 일본은 세계에서도 최고 수준의 멋진 국가를 만들었습니다. 그러나 오늘날에 이르러 국민 국가는 제도와 사상으로서의 한계뿐만이 아니라 실제적으로 많은 한계와 문제점, 모순이 있는 것도 사실입니다. 근대 국민 국가의 형성에는 3가지 요소가 있습니다. 정통성의 원리로서의 민주주의, 그리고 조직 원리로서의 자유주의입니다. 마지막으로 국민을 심리적으로 통합하기 위한 민족주의가 필요했던 것입니다. 근대 국민 국가에서는 사람들을 하나로 심리적으로 통합하기 위해 국민의 정체성을 형성할 필요가 있었습니다. 마음속에 일체감을 갖게 하여 국민이 그 속에서 에너지를 발휘할 수 있는 통합적인 과정이 필요했던 것입니다. 국민이 하나가 되어 멋진 국가를 형성하는 역사적인 과정을 각 국가는 가지고 있습니다. 국가에 따라 각각 다른 세월을 거쳐 국민을 형성해 왔습니다. 그러나 이것은 때로는 타인(타국 · 타민족)에 대해 내면의 벽을 만들어 버립니다. 다른 나라에 대해 마음속에서 보이지 않는 벽 혹은 편견을 만들 수 있습니다. 예를 들어, 민족주의 연구도 활발히 이루어지고 있습니다만, 문화, 언어, 문학, 역사와 고고학, 미디어 등 모든 학문이 그렇게 서로 도움을 주고받았습니다. 국민은 국가 단위로 사물을 생각하고 판단하고 행동하는 것에 익숙해져 있습니다.

이상을 근거로 문제 제기를 하면 문명으로의 제도가 가지고 있는 국가의 벽(제도적인 벽), 그 국민 국가의 형성 과정에서 사람들이 마음의 내면에 가지고 있는 심리적인 벽(내면적인 벽)입니다. 이 두 벽을 글로벌 사회에서 어떻게 해결해 나갈 것인가가 아시아 공동체론의 주제입니다.

3. 아시아공동체의 접근성

아시아공동체에 관해서는 크게 2가지 방법이 있습니다. 하나는 국가의 제도적인 장벽에 초점을 맞춘 구조 기능적인 접근입니다. 이른바 정치와 경제, 안보와 환경, 에너지라는 접근 방식은 기존 연구의 대부분이 그러한 측면에서의 접근이었습니다. 자국에 이익이 있는지 아시아에 어떤 이점을 가져다줄까? 즉, 국가에게 어떠한 이점이 있는가? 라는 관점입니다. 이러한 구조 기능적인 접근의 관점은 국가가 쟁점이 됩니다. 이 방법은 물론 궁극적으로는 개인으로 이어집니다만, 개인에 초점을 맞추지는 않습니다. 국가 간이라는 전체 카테고리에서 접근하고 있으며 개인은 무엇을 해야 하는가, 개인에게 구체적으로 어떤 이점이 있는지는 알기 어려운 실정입니다. 국익이라는 매우 추상적인 개념이 개인과 어떻게 연결되어 있는가, 때로는 국익이라는 이름하에 어려운 선택에 직면하는 경우도 종종 있습니다.

또 다른 방법은 사회, 문화, 교육적인 관점에서의 접근입니다. 이것은 개인에게 초점을 맞춘 접근 방식입니다. 서두에서 이야기했지만 아시아 5개국의 수도권의 대학생, 도쿄, 베이징, 서울, 델리, 자카르타, 그리고 미국 서해안의 아시아 유학생을 대상으로 아시아공동체에 대한 설문 조사에 의하면, 아시아 공동체의 가능성이 있다는 답변은 34%. 아시아공동체가 필요하다는 응답은 55%였다. 그리고 주목해야 할 것은 아시아공동체 형성을 위해 가장 필요한 접근 방법은 무엇인가에 대한 답변입니다.

첫 번째로 청소년의 '인적 교류'가 가장 중요하다고 생각하고 있었습니다. 기존의 미디어와 역사책을 통한 간접적 인 이해가 아닌, 직접 얼굴을 맞대고 이야기를 나누는, 교류를 통한 이해입니다. 그 나라를 생각할 때 사람들의 얼굴이 떠오르는 그런 교류가 필요하다는 것입니다.

두 번째는 교육입니다. 이 아시아공동체론이 전아시아로 확산되고 있는 것도 그 중 하나라고 생각됩니다. 부산외국어대학에도 다양한 외국어 수업이 있다고 들었습니다. 서로를 이해할 수 있는 도구로서 언어를 익히는 것은 매우 유익한 일입니다. 최근에는 아시아의 언어와 문화를 공부할 수 있는 기회와 아시아 관련 강좌, 아시안 관련 연구소도 증가하였으며 아시아공동체 연구센터도 설립되었습니다. 이것도 시대가 요청하는 흐름이기도 합니다.

세 번째는 문화 교류입니다. 문화의 차이로 서로에 대한 이해를 방해하는 경우도 있습니다. 문화는 우리들의 생각과 행동을 제한하는 경우도 있습니다. 한국인이라면 한국의 문화로 생각하고 행동하면 한계가 있습니다. 그러한 의미에서 자국의 문화에 구속되지 않고, 상대방의 문화를 이해하는 것은 매우 중요합니다.

네 번째는 정부의 의지입니다. 인도와 인도네시아 학생들이 가장 많이 했던 답변입니다. 학생들의 접근방법은 아시아공동체에 대한 전문가의 어프로치보다 상당한 시간은 걸리지만 아시아공동체 형성을 위해 되돌아가지 않고 꾸준히 나갈 수 있습니다. 한·일 관계가 나빠졌다고 해서 제가 좋아하는 초밥을 먹지 않는 것은 아닙니다. 살아가는 데 있어 몸으로 익힌 문화적인 친밀감은 쉽게 바꿀 수가 없습니다. 원래 공동체라는 개념에서는 개인간의 친밀감, 상호연계, 감정적인 깊은 연계, 도덕적 확신, 사회적인 연대감·응집력, 시간적·공간적인 연속성이 중요한 요소입니다. 전세계가 격차의 문제를 가지고 있습니다만,

격차에 의해 사회에 보이지 않는 장벽이 생겨난 것입니다. 국민 국가가 지향하는 국민 통합은 보이지 않는 장벽을 없애는 것이었습니다. 그러한 의미에서 제도적인 구조 기능적인 접근보다는 근본적인 접근 방식으로 문화 교류와 인적 교류, 교육이 중요하다고 할 수 있겠습니다. 이러한 접근 방식을 통해 새로운 사고방식, 가치관이 형성될 가능성은 충분히 있습니다.

4. 국민국가에서의 정체성이란
– 제도적인 접근과 내면적인 접근의 이해를 위해

하나의 사례로서 자기소개를 겸해 소개하겠습니다. 정체성, 민족주의 국가, 민족에 대한 이해는 어려운 부분이 있습니다. 저는 약 30년 전 일본문화와 정치에 관심을 가지고 일본에 왔습니다. 지금은 한국보다 일본에서 생활한 세월이 더 깁니다. 일본에 대한 생각, 지식, 다양한 인간관계 등은 당연히 일본에 오기 전과 지금은 상당히 바뀌었습니다. 일본에 대한 생각이나 관점의 변화뿐만이 아니라 한국에 대해서도 바뀌었습니다. 표현이 정확한 표현인지는 모르겠지만 더욱 객관적으로 보게 되었습니다. 정체성도 바뀝니다. 민족이라는 정체성은 변하지 않지만 새로운 정보와 지식 그리고 관계, 경험에 의해 인간은 변합니다. 태어날 때부터 평생 하나의 정체성만을 가지고 살아가는 것은 아닙니다. 아시아 각국을 돌면서 아시아에 대한 이해도 생각도 바뀌었습니다. 사람들에 대한 이미지도 바뀌었습니다. 지금까지 가지고 있던 마음의 벽도 조금씩 변하고 있습니다.

저희 아이는 일본에서 태어나고 자랐습니다만, 국적은 한국입니다. 집에서는 한국문화를 즐기고 한국어로 대화를 합니다. 밖에서는 일본어로 이야기하고 일본 음식을 먹으며, 일본의 환경, 문화, 일본사회의 시스템 속에서 20년간 생활해 왔습니다. 친구도 일본인이 많습니다. 말도 식문화도 일본문화에 익숙합니다. 미디어도 일본 언론을 접하고 있습니다. 그러나 초등학교 1학년부터 고등학교까지 국제학교에서 미국식 교육을 받았습니다. 교육은 한국도 일본도 아닌 미국의 교육을 받고 성장했습니다. 즉, 한국인이 일본에서 미국교육을 받으며 아이덴티티를 형성한 것입니다. 인간의 아아덴티티 형성과 사회화에 중요한 요소는 일반적으로 가정, 교육, 미디어, 언어를 포함한 문화 등을 들 수 있습니다. 일반적으로 같은 국민이라면 이러한 요소는 동일해야 할 것입니다. 그러나 아이는 모두 다른 영향을 받고 성장했습니다. 여권은 한국, 문화와 생활의 토대는 일본, 교육은 영어로 미국의 교육을 받았습니다.

지금 미국의 대학에서 공부를 하고 있습니다. 2년 전 일본에서 '3.11 동일본 대지진'이 발생했을 때, 미국 대학에서 일본을 돕기 위해 동아리 활동에 참가했습니다. 아이는 한국인이기 때문에 한국인 유학생이 모이는 곳으로 갔습니다. 거기에 가니 동아리 학생들이 '당신은 어디에서 왔습니까?'라고 질문을 하였습니다. 그러자 아이는 '일본에서 왔습니다. 하지만 나는 한국인입니다.'라고 자신을 설명 할 수밖에 없었습니다. 그 동아리의 학생들과는 서로 거리감과 이질감을 갖게 되었습니다. 그들은 순수하게 한국에서 태어나고 자라 유학을 하고 있는 학생들로, 문화의 차이를 서로가 느낀 것입니다. 이번에는 자신이 일본에서 오래 살았기 때문에 일본문화에 익숙해서 일본인 쪽이 편할 수 있다고 생각하고 일본인 동아리에 갔습니다. 그곳에서는 '당신은 어느 나라 사람이세요?'라고 물었습니다. 이번에는 국적이 벽이 되었습니다. 아이는 '국적은 한국이지만, 실제적으론 일본에서 태어나 성장하고 가족도 일본에 있으며 일본을 위해 뭔가 할 수 있는 일이 없을까' 하고 왔다고 말했지만, 거기에는 국적을 전제로 그룹을 형성하고 있었고, 거기에서도 뭔가 보이지 않는 장벽을 느꼈습니다. 그래서 이번에는 서양 사람들이 모이는 스포츠와 합창을 하는 동아리에 갔습니다. 거기에서는 외모나 문화의 차이에서 아시아와 구미간에 큰 장벽이 있음을 실감했습니다. 미국 사회에도 특히 아시아에 대한 보이지 않는 벽이 있었습니다. 그래서 아이는 자신은 누구이며, 자신의 아이덴티티는 무엇인가. 국적인가, 문화인가, 혹은 교육 환경인가. 원래 대학은 제도적으로 이러한 장벽이 없는 곳입니다. 어떠한 장벽도 없는 자유로운 곳이지만, 보이지 않는 장벽을 모두가 만들고 있는 것입니다. 자신의 아이덴티티를 어디에서 찾아야 하는가 하는 매우 어려운 문제에 직면했었습니다.

그런데 아시아공동체론의 수업을 위해 지난해 중앙아시아의 키르키즈스탄에 갔을 때의 경험입니다. 실크로드의 중심에 있는 국가라서 그런지 수업에 참여하는 학생들의 외모가 매우 다양했습니다. 여러분과 비슷한 얼굴의 학생도 있었으며, 서양인의 얼굴, 다양한 인종과 민족이 섞인 외모의 학생들이 많이 있었습니다. 키르기스 국립대학과 키르기스 러시아 슬라브 대학에서 강의가 끝난 후 두 대학에서 20여명의 선생님들이 식탁에 둘러 앉아 환영회를 열어 주었습니다. 그때 처음 인사를 한 선생님이 이렇게 말씀하셨습니다. '저는 순수 러시아인으로 역사학을 가르칩니다'라고. 순수 러시아인도 있구나 라며 놀랐습니다. 그 다음 사람도 '아버지는 폴란드이며 엄마는 키르기스인의 혼혈로 태어났으며 정치학을 가르치고 있습니다'라고 인사했습니다. 20여명의 선생님들이 이렇게 자기소개를 하면서 인사를 하였습니다. 선생님들은 자기소개를 할 때 자신의 민족과 뿌리에 대해 즐겁게 이야기 하였습니다. 키르기스스탄은 약 80개의 민족이 공존하는 다민족 국가입니다. 그들은 자신에 대해 숨김없이 자유롭고 자연스럽게 표현 하였습니다. 다음날 카자흐스탄에 갔을 때도 같은 경험을 하였습니다. 카자흐스탄은 131개의 민족이 공존하는 다민족 국가입니다. 거기서도 민족의 벽을 느낄 수 없었습니다. 키르기스스탄과 카자흐스탄의 중앙아시아 국가들은 한국과 일본, 그리고 미국처럼 더 민주화되고 자유화된 국가로부터 배우려고 합니다. 한국과 일본, 미국은 물론 제도적으로는 민주화, 자유화가 되어 있는지는 모르지만, 중앙아시아의 분들이 내면적으로는 더 자유화 되었다고 생각되었습니다. 인간이 살아가는데 있어 내면에 있는 것을 자유롭게 표현할 수 있는 것이 진정으로 자유롭게 사는 것이며, 그런 사회야말로 장벽이 없는 자유로운 사회라고 생각합니다. 한국과 일본에서의 경험에 의하면, 한국과 일본이 어떤 의미에서 내면을 표현하는 것이 더 어려운 사회입니다. 표현이 조금 과격할 수도 있겠지만, 마이노리티(minority)에게는 살기 힘든 사회라고 할 수 있습니다. 선진국에게 배우려는 중앙아시아가 제도적으로는 낙후되었을지 몰라도 인간이 살아가는데 더 자유로운 사회인 것 같습니다. 공동체란 이러한 장벽을 극복했을 때 비로서 함께 할 수 있는 것입니다. 앞으로 아시아 공동체를 추진하기 위해서는 제도적인 장벽을 극복하고 이와 더불어 내면의 장벽을 극복하는 노력도 수반되어야 할 것입니다. 상대방에 대한 편견을 가지고 있는 한 하나가 될 수 없습니다. 공동체는 그러한 감정적인 마음의 연계를 필요로 하고 있습니다.

5. 새로운 월경(越境)의 형태

국경이라는 장벽 측면에서 생각해 보면, 국경을 넘는 것은 인류의 역사에서 계속 되어왔던 일입니다. 정치적인 박해와 경제적인 가난에서 벗어나기 위해 국경을 넘을 수밖에 없는 사람은 인류의 역사에서 계속되어왔던 일입니다. 정치적인 의미에서 자유를 갈망하고 혹은 경제적인 의미에서 빈곤에서 벗어나기 위해 돌아갈 수 없는 월경을 선택할 수 밖에 없는 사람들이, 경우에 따라서는 불법 체류의 형태로 국경을 넘을 수도 있습니다. 국경을 넘는 또다른 형태는 세계화와 함께 재능과 능력을 가지고 개인이나 재력을 가진 개인은 자유롭고 선택적으로 국가를 선택할 수 있습니다. 오늘날 각국은 우수한 인재와 자본을 끌어들이기 위한 경쟁을 하고 있습니다.

올해 2013년 2월호 이코노미스트지에 이런 기사가 있었습니다. 미국은 지금 다양한 의미에서 위기의식을 갖고 있으며, 어떻게 하면 미국이 다시 회복할 수 있는지, 위기에서 벗어날 수 있는지에 대해 하버드대학의 졸업생을 대상으로 실시한 설문 조사가 있습니다. 답변은 미국에 유학중인 아이비리그 대학 졸업생들에게 졸업과 동시에 그린카드를 발급하며 젊은 인재들이 고국으로 돌아가지 않고 미국을 위해 기여할 수 있도록 하는 제안이 있었습니다. 민족이나 국적에 관계없이 인재를 필요로 한다는 것입니다.

이러한 사람들의 국가간 이동은 유엔의 데이터를 살펴보면 1990년 대 초에는 8,000만 명이었지만, 90년대 후반에는 1억 2천만 명으로 늘어났으며, 2005년에는 약 2억 명으로, 그리고 아마 2050년에는 세계 인구의 약 7%가 국경을 초월한 형태로 살아가게 될 것으로 예측하고 있습니다. 학문에는 국경이 없으며, 지금은 과학자도 국경이 없다고 합니다. 젊은 과학자들은 자신들의 연구와 삶의 질을 높일 수 있는 곳으로 이주하는 것입니다. 데이터를 보면 현재 과학자의 외국인 비율이 가장 높은 나라는 스위스로 57%입니다. 캐나다는 47%, 호주가 45%, 미국과 스웨덴에서는 젊은 외국인 과학자가 38%를 차지하고 있습니다. 그것은 경제적인 관점에서도 새로운 혁신과 창조를 통한 경쟁력의 향상과 관계가 있습니다. 미국에서는 과학자의 외국인 수는 가장 많지만, 비율로 따져보면 최고 수준은 아닙니다. 그러나 우수한 과학자의 유치는 돈의 논리만으로는 성립되지 않습니다. 폐쇄적인 문화와 환경이 우수한 과학자의 유치에 장애물이라는 것입니다.

또한 각 도시의 외국인 비율을 보면, 런던 31%, 뉴욕 34%, 홍콩 40%, 두바이 83%의 순으로 되어있습니다. 근대 국가의 발전에서 도시의 역할은 매우 중요했습니다. 도시가 가져다주는 원동력으로 근대 국가의 발전과 직결되어 있습니다. 도시는 다양하고 풍부한 개성을 가진 개인들이 모여 서로 교류하고 자극하는 융합과 창조의 원천입니다. 외국인 비율이 높다는 것은 어떤 의미에서 타인에 대한 포용력 있는 사회이며, 여러 측면에서 매우 활성화된 사회라고 할 수 있습니다. 그리고 각국의 외국인 비율을 살펴보면, 미국은 10%, 스위스 19%, 룩셈부르크는 36%입니다. 그러나 OECD 34개국 중 가장 낮은 국가 중 일본은 1.6%, 이탈리아 2.2%, 스페인은 2%, 한국은 2%입니다. 이들 국가들은 OECD 선진국 중에서 저출산 고령화와 급격한 인구 감소 등의 심각한 공통의 사회 문제를 안고 있습니다. 어떤 인과 관계가 있는지는 알 수 없지만 공통의 문제를 가지고 있다는 사실입니다. 즉 폐쇄적이고 닫힌 문화의 사회에는 외국의 젊은 인재가 모이지 않는다는 것입니다. 경제는 글로벌화되고 있지만 정치적, 제도적 측면에서는 50년 전과 현재는 그리 다르지 않습니다. 그런 의미에서 정치적, 경제적 측면에서 격차와 갈등이 일어나고 있는 것도 사실입니다.

이러한 변화와 한계에 대한 대응이야말로 아시아공동체론이 해결해야할 포인트입니다. 결국 아시아공동체는 단순히 국가 간의 통합을 의미하는 것이 아니라 이러한 변화와 한계에 대해 국가를 넘어선 관점에서 그 방향성을 모색해 나가는 것입니다. 이는 아시아공동체론이 지향해야 할 가장 중요한 테마입니다.

6. '변화'와 '한계'에 대한 대응

변화에는 두 가지 대응이 있습니다. 첫째는 변화를 거부하고 과거의 좋았다고 생각하는 시대의 가치를 평가하고 되돌아가는 것입니다. 따라서 높은 장벽과 규제를 통해 기존의 가치와 규범, 제도를 지키려는 원리주의적 대응입니다. 다른 하나는 기존의 한계나 위기에서 탈피하여 새로운 변화를 추구하려는 움직임입니다. 이것은 다원주의적인 입장으로서 정체성, 고유성도 새로운 것과의 융합에 의해 변화할 수 있다는 관점입니다.

가장 알기 쉬운 사례가 일본의 메이지유신입니다. 일본은 19세기 중반 세계의 변화 속에서 260개 이상의 번(藩)으로 나눠져 있었습니다. 근대국가 형성을 위한 변화를 요구하는 세력과 그것을 부정하는 세력이 대립하였습니다. 당시의 대응은 일본의 역사에서 가장 중요한 선택이었습니다. 또한 새로운 변혁을 위해서는 변화의 방향이 중요합니다. 아시아공동체를 논할 때도 마찬가지입니다. 그러한 변화의 시기에는 원점으로 돌아가 생각해야 합니다. 예를 들어, 몸이 아플 때, 병원에 가서 검사를 하고 기본적인 데이터를 수집합니다. 환자의 가장 기본적인 데이터로부터 판단을 하고 환자에게 구체적으로 얘기를 들어 그것들을 종합하여 처방전을 내립니다. 이와 마찬가지로 오늘날의 사회도 다양한 한계나 문제가 있다고 한다면, 가장 먼저 원점으로 돌아가 임상 학적으로 판단해야 합니다. 예를 들어, 국가는 무엇이며, 국민은 무엇인지, 국가와 국민과의 관계를 어떻게 이해할 것인가, 자신은 누구인가, 인간이란 무엇인가에 대해 생각할 필요가 있습니다. 그 원점에서 변화에 대한 방향성을 도출해 낼 수 있습니다.

7. 국가와 개인에 대한 원점의 발상

아시아공동체를 논할 때 토머스 홉스(Thomas Hobbes)라는 학자가 주목을 받고 있습니다. 토머스 홉스는 근대 국가의 원형인 논리를 형성한 인물입니다. 그는 사회 계약설의 선구적인 학자이며 무엇보다

'인간 이해'에서 시작하였습니다. 즉 인간이라는 원점으로 돌아가 국가를 이해한 것입니다. 인간이란 무엇인지를 생각하고 국가란 궁극적으로는 개인의 생명과 안전을 보장하기 위해 맺어진 계약적 산물이라는 것입니다. 인간은 자연 상태에서 자유롭게 살기를 원하고 있지만 완전한 자연 상태에서는 자신의 생명을 보호할 수 없다는 것입니다. 즉 인간의 본성은 서로 뺏고 차지하려는 만인의 만인에 대한 투쟁 상태로 이해했습니다. 인간은 매우 사악한 본성을 갖고 있어 자유로운 상태를 유지하기 힘듭니다. 그래서 가장 소중한 권리를 계약으로 양보함으로써 공통의 권력, 최고의 권력으로 국가가 만들어지는 것입니다. 개인을 지켜주는 국가가 거기에서 만들어지는 것입니다. 물론 아시아 국가 중에서는 많은 사람들이 자연 공동체의 연장선상에서 국가를 이해하고 있습니다만, 오늘날 국가라는 것은 일종의 계약적 산물입니다. 아시아공동체와 EU의 공동체를 논할 때 홉스가 주목을 받는 이유는 인간의 이해라는 원점에서 시작했기 때문입니다. 그것은 홉스가 살았던 17세기에도 현재를 살아가는 우리에게도 마찬가지라고 할 수 있습니다.

개인의 생명과 재산, 그리고 가족을 보호하기 위해 국가가 필요한 것입니다. 즉, 국가는 인위적인 산물입니다. 이 우선 순위를 생각해 주시기 바랍니다. 공동체를 구성하는 사람들이 추구하는 국가관이 가치관이 변화함으로써 공동체의 모습과 역할도 변해야 한다는 것입니다. 즉 국가는 영원하지도 만능적인 존재도 아닙니다. 국가가 없어지는 것이 아니라, 우리들의 소중한 것을 지키기 위해서 국가의 역할이나 존재방식도 변화를 해야 한다는 것입니다. 예를 들면 인권이라는 개념도 시대에 따라 새롭게 더해지고 변하는 것입니다. 생존권과 사회권 등 다양한 권리가 새롭게 생기는 것과 마찬가지로 개인에게 소중한 것을 지키고 추구하기 위해서는 스스로를 제약하고 억압하는 구시대적 제도나 생각은 버리고 변화해야만 합니다.

8. 개인에게 국가란

이와 관련하여 안보의 개념도 바뀌었습니다. 다른 나라의 침략으로부터 나라를 지키는 것이 전제인 전통적인 안보 개념이 있지만, 오늘날은 인간의 생명을 어떻게 지킬 것인가의 관점에서 비전통적인 안보 개념이 주목을 받고 있습니다. 환경, 빈곤, 테러, 음식 등 모든 것으로부터 생명을 지키는 것입니다. 국가 간의 전쟁보다 더 많은 위험에 노출되어 있습니다. 그것이 국내에서 발생했다 하더라도 국가를 초월한 공통의 위험으로 생각하는 경우가 많습니다. 이 밖에 자살 등도 넓은 의미에서의 안보 개념에 포함됩니다. 살기 힘든 사회에서 도피하려는 사람들이 죽음을 선택한다. 이것은 사회에 일종의 '구조적 폭력'이 존재하기 때문에, 약한 입장의 사람들이 자살을 할 수 밖에 없는 측면도 있습니다. 그것은 모든 책임이 약자에 있다고 치부하기보다는 사회를 구성하는 모두의 책임이기도 합니다. 공동체를 생각할 때, 그리고 인간의 생명을 생각하는 의미에서도 이러한 것을 생각해야 할 것입니다. 이것을 다시 토머스 홉스의 관점에서 보면 국가는 무엇을 해야 할까. 국방뿐만이 아니라, 개인의 생명을 보호하기 위해 국가의 역할이 당연시 되는 것입니다.

여기에서 국가와 개인의 관계에 대해 생각하는 의미에서 알기 쉬운 사례를 소개하겠습니다. 2년 전 동일본 대지진이 발생했습니다. 우리들은 그로 인해 인간이 해결할 수 없는 한계를 경험했습니다. 재작년 유튜브에서 조회수가 가장 많았던 것이 동일본 대지진이었습니다. 특히 원전 사고는 국가와 개인의 관계, 민주주의의 문제, 자본주의의 문제, 인간의 생명 문제, 환경 문제 등 많은 본질적인 주제를 우리에게 던지고 있는 것입니다. 이것들은 개개인의 생명과 직접적인 관련이 있는 중요한 주제입니다. 그 중에서 하나만 소개하겠습니다. 원자력 발전소의 건설은 주권 국가가 에너지를 확보하는 매우 중요한 국가 정책 중 하나입니다. 원자력발전소는 건설 단계부터 다양한 문제가 존재합니다. 원자력발전소의 건설은 국민의 생명에 관한 주제임에도 불구하고 국민에게는 알 권리가 충분히 보장되지 않았습니다. 정보의 장벽이 있었습니다. 과학에는 반드시 양면성이 있다고 합니다. 인류에게 플러스적인 측면이 있는가 하면, 반드시 마이너스적인 부분도 있다는 것입니다. 플러스 측면만이 국민에게 알려지고 그 마이너스 측면의 정보가 공개되지 않았던 것입니다. 그것은 추진하는 측에 유리한 형태로 정보가 차단 된 것입니다. 국민에게 정보를 공개하고 최종적인 판단은 국민에게 맡겨야 합니다. 이번 사고는 일본 동해안에서 발생했습니다. 이 원자력 발전소 사고는 히로시마에 투하된 원자폭탄의 약 168개분의 방사능이 단번에 분출되었다고 합니다. 지금도 수습의 기미는 보이지 않는 상태입니다. 현재 전 세계에는 583기의 원자력발전소가 존재하고 한국과 중국에서도 가동되고 있습니다. 이번에는 일본 동해안에서 일어났기 때문에 바다로의 피해가 많이 있었습니다만, 주변국가에 대한 큰 피해는 없었습니다. 한국과 중국은 원자력 발전소가 각각 동해안쪽에 많습니다. 만약 이들 국가에서 사고가 발생한다면 분명히 바람의 영향으로 한국이나 일본에 큰 피해를 줄 수 있습니다. 중국에는 약 18기, 한국은 21기 정도의 원자력 발전소가 있습니다. 향후 중국과 한국에서도 사고가 일어나지 않는다는 보장은 없습니다. 국민의 생명과 관련된 문제임에도 불구하고 주변국의 이러한 정책 결정에 생명을 지켜야하는 주변국의 시민들은 아무것도 모른 채 그리고 어떤 주장도 할 수 없습니다. 이래도 괜찮은 것일까요? 개인의 생명과도 직접적인 관계가 있는 문제에 대해서는 지역을 넘어 국가라는 벽을 넘어, 지역에서 살아가는 한사람의 주민으로서, 시민으로서 이러한 결정에 대해 정확한 정보를 알 권리가 있을 뿐 아니라 생명을 지킬 권리가 있습니다. 단순히 국가 간 협의를 통해 해결할 수 있는 문제가 아닙니다. 개인의 생명에 관한 문제이기 때문에 국가에 모든 것을 맡기기 이전에, 해당 지역에 사는 시민으로서 모든 정보를 알 권리가 보장되어야 합니다. 국가 간 협의체에 의지하는 것이 아니라 국가를 초월한 정보를 공유 할 수 있는 일종의 공동체 같은 것이 필요한 것입니다. 이것은 지리적이며 공간적인 관점에서의 문제 제기입니다. 즉, 국경을 초월한 관점에서의 지역 통합의 필요성으로서 하나의 예를 볼 수 있습니다.

다른 하나는 단순한 지리적인 의미뿐만이 아니라 시간적·역사적인 관점에서의 문제 제기이자 인류 전체의 과제로서 원자력 발전소에서 나오는 폐연료봉의 처리입니다. 핵 폐연료봉 처리는 일본뿐만 아니라 세계의 중요한 과제입니다. 고 방사성 폐기물의 지층 처분은 지하 300미터에서 10만년에서 20만년 단위로 고준위 방사성 폐기물을 보관하는 것입니다. 지구에 안전하게 처분 할 수 있는 장소는 과연 있는 것일까? 그리고 10만년 이상 유지되는 기업과 국가는 존재하는 것일까? 누가 인간의 생명을 담보로 할 수 있을까? 국가도 기업도 모든 책임을 다음 세대에 떠 넘기는 무책임한 결정을 하고 있습니다. 지각 변동은 언제 어디서 일어날지 알 수 없습니다. 이것은 시대를 넘어 인류 전체가 생각해야 할 테마입니다. 우주 쓰레기 문제도 마찬가지입니다. 선진국이 쏘아올린 우주 쓰레기는 누가 회수하는 것일까요?

이러한 예를 보더라도 국가 단위에서의 발상과 사고로는 해결할 수 없는 경우가 많습니다. 국가를 초월한 관점의 발상과 행동이 필요합니다. 지금까지 우리들의 사고는 때로는 서양적인 관점에서 또는 남성적인 관점, 엘리트적인 관점에 의해 지배되어 왔다는 것을 부정 할 수 없습니다. 이와 같이 국민이라는 관점에서 국민이 아닌 마이노리티들에 대한 인권과 가치를 무시했던 적도 있습니다. 국민이라는 이름하에 마이노리티들이 배제되고 있을지도 모릅니다. 그런 의미에서 근대국가를 살아가는 사람들의 사고방식, 발상의 전환이 필요합니다. 지금의 민주주의와 자본주의만으로는 오늘날의 문제를 해결 할 수 없습니다.

국가는 하나의 공동체로 하나의 문화가 있고, 하나의 아이덴티티가 형성된다는 것을 전제로 하고 있습니다. 다른 것을 인정하지 않고 모두가 똑같이 생각하면 그것이 올바르다고 하는 관점입니다. 21세기를 살아가는 사람들에게 베네딕트 앤더슨(Benedict Anderson)이 말한 대로 '국민이란 이미지로 마음에 그린 상상의 공동체'입니다. 앞으로 지향하는 아시아 공동체도 지금은 존재하지 않지만, 앞으로 어떤 형태로 상상을 하며 만들어 갈 것인지 라는 상상의 공동체입니다. 문화는 인간의 행동과 사고방식을 속박합니다. 그 문화에 구속되지 않고 다른 사람과의 장벽을 만들지 않고 자유롭고 창조적인 사회를 만들어 가고 자 합니다.

9. 결론 - 국민국가를 넘어

지금까지의 이야기는 국민국가를 부정하는 것이 아니라 국가라는 개념에 얽매이지 않고 국민국가를 넘어 다음 단계의 국가의 역할, 방향을 모색해야 함을 제시하였습니다. 일반적으로 아시아공동체를 논할 때 EU를 언급하지 않을 수 없습니다. EU는 국민 국가를 넘어 지역통합이라는 의미에서는 하나의 모델을 제공합니다. 일반적으로 EU가 가능했던 3가지 요소를 다음과 같이 지적합니다. 첫째는 공통된 가치관이 존재한다는 것입니다. 이는 종교, 문화, 역사의 공통점이 있기 때문입니다. 둘째는 공통의 목표와 이익입니다. 경제, 지속 가능한 발전 그리고 안전, 평화 등을 공유 할 수 있는 하나의 목표가 있었기 때문입니다. 셋째는 공통의 적, 즉 경쟁자가 있다는 것입니다. 구소련이라는 적의 존재, 그리고 세계화로 인한 미국과의 경쟁으로 더욱 박차가 가해진 것입니다. EU 통합에 대한 이 3가지 관점은 매우 상대적이며 편협적이며 대립적인 관점에서 공동체 형성을 논하고 있는 것입니다.

이러한 관점은 본래 아시아공동체가 지향하는 방향과 자세는 아니라고 생각합니다. 왜냐하면 하나의 공동체의 출현으로, 다른 공동체가 위협을 느끼고 불안 요인으로 되어 대립 의식을 조장하는 것은 새로운 장벽을 만드는 것을 의미하기 때문입니다. 결국 아시아공동체 형성이 아시아 이외의 공동체와 집단에게 갈등, 불안, 위협이 아니라 윈 - 윈 관계와 조화로운 공존 관계, 또는 새로운 단계에서의 창조적인 공동체의 방향을 지향해야 할 것입니다.

그러한 의미에서 아시아 공동체는 단순한 지역적인 개념에 얽매이지 않고 '열린 공동체'로서 인간이 가진 가능성을 넓히는 역할을 가진 공동체이며, 그리고 사람들이 가지고 있는 풍요롭고 다양한 개성을 발휘할 수 있으며, 또한 지역이 가지고 있는 다양한 전통과 문화를 계승·발전시켜 나가는 역할을 하는 공동체를 지향해야 합니다. 그것은 인류 스스로가 만들어 온 낡은 '장벽'을 하나씩 넘어가는 과정으로서의 아시아공동체이기도 합니다. 결국은 하나의 지구 공동체로 연결되어가는 것입니다.

21세기를 사는 사람들은 국가와 국민이라는 개념에 얽매이지 않고, 다민족, 다문화로 구성된 시민 사회에서 공존하는 선택지밖에 없다고 생각합니다. 베네딕트 앤더슨은 '인간은 서로 비슷한 사람들끼리 그룹을 형성하는 것이 아니라 그룹을 형성한 뒤에 비슷하다고 판단한다'고 말했습니다. 아시아공동체라는 같은 발상을 하고 같은 방향을 목표로, 동일한 가치관을 가짐으로써 아시아에서 모두가 공존할 수 있는 다양하고 창조적인 공동체를 만들 수 있는 것입니다.

그런 구체적인 방법론에 대해서는 앞으로 많은 생각을 해야할 것입니다. EU의 아버지로 불리는 장 모네도 '우리는 국가와 국가가 아닌 사람과 사람을 하나로 맺으려는 것이다'라고 말했습니다. 아시아공동체를 실현하기 위해서는 실현 가능한 분야부터 실천하는 것이 중요합니다. 예를 들면, 교육을 통한 아시아공동체는 이미 시작되었다고 봅니다. 이미 아시아의 많은 대학이 강좌를 적극적으로 받아들이고 있기 때문입니다. 따라서 아시아공동체의 형성은 단순한 국가 간의 제도적 통합을 의미하는 것이 아니라, 지금까지의 제도와 가치관을 넘어(졸업)하고, 앞으로의 시대에 필요한 새로운 패러다임의 변화(가치관, 세계관, 국가관, 사상과 제도 등의 변화)를 의미하는 것입니다. 그러기 위해서는 제도적인 장벽을 없애기 위한 연구와 사람들의 마음속 내면의 벽을 없애기 위한 노력이 같이 이루어져야 합니다. 그 주역은 여러분들입니다.

감사합니다.

감/상/문
book response

우 정 윤
태국어학과

먼 옛날부터 인류는 협동하여 국가를 건설하고 문화와 문명을 이루었다. 문화와 문명이 발전됨에 따라 세계화도 빠르게 진행되었다. 세계화에 발맞추기 위해서는 물론 개인이나 국가 단위의 노력도 중요하지만 비슷한 정서나 문화를 공유한 국가들이 공동체를 구성해야 한다. 이것이 아시아 공동체에 관심을 가지고 발전시켜야 하는 이유다. 아시아 공동체는 세계화의 중간단계이기 때문이다.

창의적이고 혁신적인 개발을 이뤄낼 수 있는 만큼 공동체를 구성할 때는 다양한 분야와 시점에서 접근해야 한다. 그렇다면 어떠한 관점에서 아시아 공동체를 바라봐야 하는 것일까?

우선 아시아 내의 모두가 하나라는 생각을 가져야 한다. 이를 위해서는 아시아 내의 인적, 문화적 그리고 교육적 교류 등 다채로운 교류가 필요하다. 그러나 이 교류를 통해 공동체를 이루기 위해서는 한가지 필수 요소가 존재한다. 오늘 강연하신 정준곤 연구원께서는 유년시절을 각기 다른 문화권의 국가에서 보내셨다. 그는 외국인들과 아무리 동일한 제도, 교육하에 생활을 했어도 정서적 이질감과 벽을 깰 수가 없었다는 말씀을 하셨다. 즉, 끈끈한 유대감이 필요한 것이다. 유대감을 형성하기 위해서는 한가지 동일한 목표가 필요하다. 강의에서는 그것을 발전이라고 강조하였다. 아시아 국가들의 발전은 이미 완료되었으니 공동체적 발전을 시작해야 한다는 것이다. 물론 아시아의 발전은 불가항적이며 필수적이다. 그러나 그 발전에는 반드시 협력과 양보가 공존해야 한다. 아직 원소 국가들은 균형적인 발전 단계를 이루고 있지 않기 때문이다. 정부간의 화합으로 쌍방의 부족함을 채워주어야 한다. 국가간의 격차가 줄어든다면 각 국민들의 문화 사대주의적인 차별을 배제 할 수 있으며 좀 더 동등한 조건아래 협약이나 교류를 맺을 수 있기 때문이다. 그렇게 되면 훨씬 수월하게 발전을 이룰 수 있다.

또 다른 관점은 바로 이해하는 것이다. 개개인은 모두 다른 경험을 겪어왔기 때문에 사고와 행동이 비슷할 수는 있을지언정 절대로 같을 수가 없다. 게다가 국가간에는 역사적 차이가 존재하는데 이는 방대하고 개별적이어서 공동체를 이룰 시 많은 조율이 필요하다. 그렇기에 서로를 이해하는 태도를 지녀야 하는 것이다. 행동을 실천하게 만들기 위해서는 인식을 심어야 한다. 타인과 타국을 이해해야 한다는 메시지를 지닌 캠페인 광고나 운동을 하는 것도 인식을 만들기에 좋은 방법이라고 생각한다. 또한 미디어 매체의 활발한 교류도 문화간의 어색함을 쉽게 깰 수 있다. 그 예로 한국의 드라마, 영화, 음악이 타 아시아국가에서 환영 받는 한류 현상을 들 수가 있다. 한류 현상으로 타 국민들은 한국의 문화와 정서를 이해한다고 말한다. 인식을 심는 다는 것은 결코 짧은 기간 내에 이루어지지 않지만 아시아 공동체를 위해서 반드시 내딛어야 하는 한걸음이다.

이해하고 수용할 수 있게 되었다면 변화 할 줄도 알아야 한다. 이 부분에서는 외국인 노동자와 다문화 가정에 관한 대우가 변화되어야 할 것이다. 우리나라 사람들이 그들을 바라보는 시선은 곱지 못한 경우가 많다. 그렇기에 그들 또한 매정한 눈빛이 된다. 가는 말이 고와야 오는 말이 고운 법이다. 개인 차원의 노력으로 그들을 차별하지 않고 동등한 아시아 국가의 국민으로 대해야 한다. 사실 국가간의 발전 단계에서의 차이가 이러한 현상에 어느정도 영향을 끼쳤다고 생각한다. 그러나 격차는 빠른 속도로 줄어 들 것이다. 선진국이 되는 것은 힘들지만 개발도상국을 벗어날 수 있는 것은 그보다 힘들지 않기 때문이다. 이미 현상적인 변화는 시작되었다. 외국인이 장관으로 임명되고, 다문화 가정 출생아는 국내 전체 출생아의 4.7%를 차지한다. 때문에 우리의 인식적, 태도적 변화가 시작되어야 한다.

강의는 나에게 아시아 공동체의 방향을 제시하였고 의의를 설명하였다. 여러 인상 깊은 설명이 많았지만 교류에 관하여 들을 때가 가장 인상 깊었다.

정준곤 연구원께서는 다른 아시아 국가의 대학생들이 주장한 교류 방법을 말씀하셨는데 나는 그때 어떠한 장면을 상상했다. 다른 나라의 대학에서 내가 듣는 강의와 비슷한 강의를 들으며 나와 같이 교류 방법에 대해 생각하는 국적이 다르고 생김새가 다른 학생의 모습을 상상했다. 그 학생은 피부가 까맣고 눈이 크며 쌍꺼풀이 짙고 까만 곱슬머리일 수도 있을 거라는 생각을 했다. 그리고 그 학생이 손을 들고 자신의 생각을 발표하는 것이다. 어릴 적 초, 중학교를 동남아시아에서 보냈기 때문에 그러한 장면이 무척 익숙했다. 상상을 한 후 아시아 공동체라는 단어가 와 닿았다. 거창한 단어처럼 느껴지지 않았다. 그저 여러 아시아 국가의 학생들이 방학 동안 모여서 서로의 나라를 돌아다니며 공동체에 대해 토론해보면 재미있겠다는 생각이 들었다. 나 라는 개인은 이미 아시아 공동체에 대해 생각하고 관심을 가지기 시작한 것이다. 그렇게 생각하니 강의를 들은 보람이 있었으며 아시아 공동체가 그리 먼 목표처럼 느껴지지도 않았다. 인식과 이해 이전에 필요한 것은 관심이다. 아시아들이 관심을 가진다면 가깝지는 않지만 멀지 않은 시일 내에 공동체가 단단히 이루어 질 것이다.

いま、なぜアジア共同体なのか
－その必要性と概念について－

2014年 3月 10日(月)

ワンアジア財団首席研究員 **鄭 俊 坤**

1. アジア共同体 講座について

　今日はアジア共同体とは何を意味するのか、何故これが必要なのか、そして皆さんとどのような関連があるのか、また皆さんができることは何であるか、発表者の経験などを交えて、皆さんと一緒に考える時間にしていきたいと思います。

　このアジア共同体の授業は、アジアの多くの大学で行われています。現在24ヵ国、約100校の大学で講義が行われ、更に100以上の大学が準備をしている状況です。この講座は各大学においてオムニバス授業で行われています。そして、一人の人間を理解するためにも、顔などの外見の見えるところだけでなく、コミュニケーションを交わすことによって性格や趣味やあらゆる視点から見る必要があります。同じく、国家という共同体も様々な側面からアプローチをしなければなりません。一般的にアジア共同体というと、政治、経済、安全保障、環境、エネルギーなどからが主な

28　아시아공동체와 다언어 다문화 커뮤니케이션

アプローチです。しかし、財団はそれだけではなく、文化、歴史、教育、芸術、或いはスポーツなどのあらゆる領域からアプローチをして、アジア共同体の理解と創成に繋げていこうとしています。

　アジア共同体講座のもう一つの特徴は、教養課程の科目の一つとしていることです。学生たちには教養課程において、幅広いアジアに対する理解を得た上で専門領域に進んで欲しいと思います。自分がアジアとどのような関わりがあるのか、アジアで自分の役割は何であるのかについて、考えて欲しいです。そして、自分とアジアと世界との関わりについての問題意識を持って専門の研究に入る、そのようなきっかけを提供することでもあります。財団が共同体のビジョンを提示したり、モデルを提案したりすることはありません。次の世代の主役となる学生にこそ、共同体について考えて欲しいのです。既成世代が思っている国家意識と価値観は、20代の学生の皆さんが考えていることとは異なるはずです。

　例えば、アジア共同体について、2011年にアジアの20代の学生たちにアンケート調査を2年前に行ったことがあります。そこでは、一般の研究者が考えているアプローチと、平均年齢20歳の学生たちが考えているアジア共同体へのアプローチの仕方は異なっていました。それは、政治、経済でもなければ、安全保障でも、環境でもない。彼らは既存の学者が考えているアプローチではなく、青少年の人的交流、教育、文化交流、政府の意志、などの順に答えています。このような若い学生達の視点に立って、今後、アジア共同体の形成に向けて、さらに活動して頂きたいと願っております。

2. アジア共同体についての問題提起 －近代国民国家について

　アジア共同体について話をすると、学生の中には国家というものを否定するイメージを持っている人がいます。「アジア共同体の形成によって、国家の形がどのように変わりますか」、「国は今後どうなりますか、国は無くなりますか」、などといった質問を受けたことがあります。結論から言いますと、国家が無くなることはありません。しかし、その国家の役割やあり方などは時代と共に必ず変化します。変化することによって、国家の役割をより完全なものにしていくことができます。

　これまで歴史の中で様々な形態の共同体が存在しました。国家というものも様々な形態の共同体の中の一つに過ぎないのです。この講座の中で取り上げている国民国家というものは、一つの文明としての国民国家という制度として受け入れたことです。それはこれまで非常に重要な役割を担ってきました。国民国家を形成することによって、個人の自由や平等、生活の質、福祉をよりよい形で享受することができるようになりました。国民国家があったが故に、それ以前より自由と豊かさを手に入れているのです。しかし、この国民国家が今までの役割と形で、これからもずっと存続し続けることが出来るのか、それについては疑問を持たざるを得ません。単に国民国家を否定するのではなく、その問題点や限界があるとすれば、それは変化していかなければなりません。

　国民国家は新しい近代文明として、世界への広がりの中で各国にも導入されました。例えば、日本の場合は明治維新を通じて国家の形を変え、近代国家をつくり上げてきました。それによって、日本はアジアで最も早い段階で近代国家を作りました。しかし今日に至り、国民国家は制度と

思想としての限界だけではなく、実際多くの限界、問題、矛盾が現れていることも事実です。

　近代国民国家の形成には、三つの要素があると言われています。正統性の原理としての民主主義、それから組織原理としての自由主義です。最後に、国民を心理的に統合するために、ナショナリズムというものが必要だったのです。近代国民国家では人々を一つに心理的に統合するために、国民のアイデンティティを形成する必要があったのです。心の中に一体感を持たせ、国民がその中でエネルギーを発揮できるような統合のプロセスが必要だったのです。国民を一つに束ねるようなプロセスがあったのです。国民が一つになって素晴らしい国家をつくるという、歴史の過程をそれぞれの国は持っているのです。国によってはそれぞれ異なる年月をかけて国民を形成(国民化)してきました。しかしこのことは、時に他者(他国・他民族)に対しては内なる壁をつくってしまうのです。他の国に対して心の中で見えない壁或いは偏見をつくる可能性があるのです。例えば、ナショナリズムの研究も盛んに行われていますが、文化、言葉、文学、歴史や考古学、メディアなど、あらゆる学問がそういう手助けをしてきたのです。国民は国家単位でものごとを考え、判断し行動することに慣れています。

　以上のことを踏まえ問題提起をすると、文明としての制度がもっている国家の壁(制度的な壁)、そしてその国民国家の形成プロセスにおいて人々が心の内面に持っている心理的な壁(内面的な壁) ということになります。この二つの壁をグローバル社会の中でどのように解決していくのかが、アジア共同体論のテーマです。

3. アジア共同体へのアプローチ

　アジア共同体に関しては、大きく分けて二つのアプローチが考えられます。一つは国家の制度的な壁に焦点を宛てた構造機能的なアプローチである。いわゆる政治や経済や安全保障、環境、エネルギーというアプローチとして、既存の研究の殆どがそういう側面からのアプローチです。自国にとってメリットがあるのか、アジアにどういったメリットをもたらすのか。即ち、国家にとってどのようなメリットがあるのかという視点です。こういう構造機能的アプローチの視点は、国家が焦点となるのです。このアプローチは、もちろん最終的には個人に繋がっていくのですが、個人に焦点を当てるのではありません。国家間という全体のカテゴリーの中でアプローチしているが故に、個人が何を成すべきなのか、個人にとって具体的にどういうメリットがあるのかが分かりづらいのが実情です。国益という非常に抽象的な概念が、個人にどのように繋がっていくのか。時には国益という名のもとで難しい選択に直面することもしばしばある。

　もう一つのアプローチは、社会、文化、教育的な視点からのアプローチです。これは個人に焦点を当てたアプローチです。冒頭で話しましたが、アジアの5カ国の首都圏の大学生、東京、北京、ソウル、デリー、ジャカルタ、そしてアメリカの西海岸にあるアジアの留学生を対象に、アジア共同体についてのアンケート調査によればアジア共同体の可能性があると回答したのが 34%。アジア共同体が必要であると答えは 55%でした。そして注目したいことは、アジア共同体の形成のために最も必要なアプローチ方法は何か、についての答えです。優先順位をつけ、複数答えるようになっていましたが、第1番目に青少年の 「人的交流」 が最も重要で

あると考えていました。既存のメディアや歴史的な書物を通した間接的な理解ではなくて、直接顔を合わせて言葉を交わすことです。その国を考える時に人々の顔が浮かぶような、そういう交流が必要であるとのことです。

2番目は教育です。このアジア共同体論がアジア中に広がっているのも、その一つだと思います。釜山外国語大学にも多様な外国語授業があると聞きました。お互いを理解できるツールとして、語学を身につけることは非常に有意義です。最近は、アジアの言語や文化を勉強する機会、アジアに関する講座、またアジア関連研究所も増え、またアジア共同体研究センターも設立されています。これも時代が要請している流れでもあります。

3番目は文化交流です。文化のギャップによってお互いの理解を妨げることがよくあります。文化は我々の考え方や行動を制限する場合があります。韓国人であれば韓国の文化の中で考え、行動すると限界があります。そういう意味で、自国の文化に拘束されず、相手の文化を理解することは非常に重要です。

4番目には政府の意志です。インドやインドネシアの学生に最も多かった回答です。アジア共同体についての研究者や学者の研究よりも、その分野では素人である学生達が答えたアプローチの方法は、時間はかかりますがアジア共同体に向けて、後戻りすることなく着実に前進していくことができます。日韓関係が悪くなったからといって、寿司を食べないわけにはいきません。生きていく上で、体で覚えた文化的な親しみはなかなか変えることができないのです。そもそも共同体という概念の中では、個人間の親密感、相互の繋がり、感情的な深い繋がり、道徳的な確信、社会的な連

帯感・凝集力、時間的・空間的な連続性、というものが重要な要素となっています。世界中が格差の問題を抱えていますが、格差によって社会に見えない壁が生まれてくるのです。国民国家が目指した国民の統合は見えない壁をなくすことでもありました。そういう意味で、制度的な構造機能的なアプローチよりもより根本的なアプローチとして、文化交流や人的交流や教育が重要であると言わざるを得ません。このようなアプローチを通じて、新しい考え方、価値観が生まれてくる可能性は十分にあるのです。

4. 国民国家におけるアイデンティティとは
－ 制度的アプローチと内面的アプローチへの理解のために

一つ事例として、自己紹介を兼ねて紹介をします。アイデンティティ、ナショナリズム、国家、民族については理解しにくいところがあります。私は約30年前、日本の文化や政治について関心を持って日本に行きました。今は、韓国よりも日本で生活した年月のほうが長くなりました。日本に対する考え方、知識、様々な人間関係などは当然日本に来る前と今ではかなり変わりました。日本についての考え方や視点が変わっただけではなく、韓国についても変わりました。表現が正しいかどうかはわかりませんが、より客観的に見るようになりました。アイデンティティというものも変わっていくものです。民族というアイデンティティは変わらないが、新しい情報や知識、そして関係、経験によって、人間のアイデンティティは変わっていくものです。生まれながら、生涯一つのアイデンティティだけを持って生き続けることはありません。アジア各国を回ることで、アジアに対する理解も考え方も変わりまし

た。人々に対するイメージも変わりました。今まで持っていた異文化・異民族に対する心の中の壁も少しずつ変わりつつあります。

　私の子供は日本で生まれ育ちましたが国籍は韓国です。家では韓国語で話をします。外では日本語を話し日本の食べ物を食べ、日本の環境、文化の中で、そして日本社会のシステムの中で20年間生活してきました。友達も日本人が多い。言葉も食文化も日本の文化に馴染んでいます。メディアも日本のメディアと接しています。しかし、学校は小学校1年生から高校までをインターナショナルスクールで教育を受けました。教育は韓国でも日本でもなくアメリカの教育を受けて成長しました。即ち、韓国人が日本でアメリカの教育を受けながらアイデンティティを形成したということです。人間のアイデンティティ形成や社会化にとって重要な要素は一般的に、家庭、教育、メディア、言語を含む文化などが挙げられます。一般的に同じ国民であれば、これらの要素が同じであるはずです。しかし彼は全部異なる影響を受けて成長しました。パスポートは韓国、文化や生活の土台は日本、教育はすべて英語によるアメリカの教育を受けてきました。

　彼は今、アメリカの大学で勉強をしています。2年前に日本で「3.11東日本大震災」が発生した時に、彼はアメリカの大学で日本を支援するためのサークル活動に参加しました。彼は韓国人ですので韓国人の留学生が集まるところへ行きました。そこへ行くと、サークルの学生達が「あなたはどこから来たのか」と質問をするのです。すると彼は「日本から来た。でも私は韓国人だ」と、自分を説明せざるを得なかったのです。そのサークルの学生たちとは、お互いに距離感と異質感を抱くようになりました。彼らは韓国で生まれ育って留学している学生たちで、文化の違いをお互いが感じ

たわけです。今度は、彼は自分が日本での生活が長く日本の文化に馴染んでいるので、日本人のほうが親しいと思って、日本人が中心となっているサークルに行きました。そこでは「あなたはどこの国の人か」と言われました。今度は国籍が壁となりました。彼は、「国籍は韓国だけど、実は日本で生まれずっと日本で育った。日本のために何か活動できることがないか、と思って来た」と伝えましたが、そこでは国籍を前提としてグループを形成しており、ここも居場所と違うと感じたのです。そこで今度は欧米人が集まるスポーツやコーラスをしているサークルに行きました。そこでは外見や文化の違いから、アジアと欧米との間の大きな壁があることを実感させられました。アメリカの中にも特にアジアに対しての見えない壁があるのです。そこで彼は、自分とは何なのか。自分のアイデンティティとは何なのか。国籍なのか、文化なのか、或いは教育環境なのか。そもそも大学というものは壁がないはずです。いかなる壁もない自由なところであるはずです。しかし見えない壁を皆が作っているのです。自分のアイデンティティをどこに求めるべきなのか、非常に難しい問題に直面しました。

　ところで、アジア共同体論の授業のために、去年中央アジアのキルギスタンに行ったときのことです。まさにシルクロードの中心にある国でもあって、授業に参加している学生の皆さんの顔が実に多様でした。皆さんと同じような顔をしている学生もいれば、欧米人の顔、また多様な民族が混ざった顔の学生もいました。キルギス国立大学とキルギス・ロシア・スラブ大学での講義が終わった後、2つの大学から20名程の先生方がテーブルを囲んで歓迎会をしてくれました。その時、最初に挨拶をした先生がこう言ったのです。「私は純粋なロシア人の歴史学を専攻している … です」と。

純粋なロシア人もいるのかと、驚きました。その次の方も、「お父さんはポーランド人でお母さんはキルギス人の混血で生まれ政治学を教えている … です」と挨拶しました。20名ほどの先生がこのような自己紹介をしながら挨拶をしました。先生方は自己紹介の際に自分の民族のことや自分のルーツのことを楽しく話していました。キルギスはご存知の通り、約80の民族が共存している多民族国家です。彼らは自分について隠すことなく自由に自然体で表現していました。翌日、カザフスタンに行ったときにも同じ経験をしました。カザフスタンは131の民族が共存している多民族国家です。そこでも民族の壁を感じられませんでした。キルギスやカザフスタンなど、中央アジアの国々は、韓国や日本、またはアメリカのように、より民主化され、自由化している国々から学ぼうとしています。韓国や日本、アメリカが、確かに制度的には民主化され自由化されているかも知りませんが、中央アジアの方々のほうが心の内面においてはより自由であると思いました。人間が生きる上で、心の内面に持っている部分を自由に表現できることが、自由に生きることであり、そのような社会こそ壁のない自由な社会を意味するものではないでしょうか。韓国や日本での経験からすると、韓国と日本の方がある意味においては内面を表すことが難しい社会です。表現がきついかもしれませんが、マイノリティにとっては息苦しい社会とも言えます。先進国から学ぼうとしている中央アジアの方が、制度的には後れていたとしても、人間が生きる上でより自由な社会ではないでしょうか。共同体というものはこういう壁を乗り越えて初めて一緒になれるのです。今後アジア共同体を進めていくためには、制度的な壁を卒業していくとともに、このような内面的な壁を卒業していく努力も並行して進めていかなければなりません。相手に対す

る偏見を持っている限り、一緒になることはできません。共同体はそういう感情的な心の繋がりを必要とするものです。

5. 新しい越境の形

さて、国境という壁の側面から考えて見ると、国境を越えるということは人類の歴史の中で常に行われてきたことです。まず、迫害や貧困から逃れるために国境を越えざるを得ない人は、人類の歴史の中で続いてきました。政治的な意味で自由を求めて、或いは経済的な意味で貧困から逃れるために、戻ることのできない越境を選択せざるを得ない人々が、場合によっては不法滞在の形で越境するかもしれません。

国境を超える場合がもう一つあります。グローバリゼーションと共に才能や能力を持っている個人、また富を持っている個人は、自由に選択的に国を選ぶことができるようになりました。今日、各国は優秀な人材と資本を受け入れようと競争をしています。

今年、2013年2月号のエコノミスト紙に、このような記事がありました。アメリカは今、様々な意味で危機意識を持っていますが、どうすればアメリカは立ち直ることができるのか、危機から脱出することができるのかについて、ハーバード大学の卒業生を中心にとったアンケート調査があります。回答では、アメリカに留学しているアイビーリーグ大学の卒業生には卒業と同時にグリーンカードを発行するように、また、若い人材が母国に戻らずアメリカに残って、アメリカのために貢献できるようにとの提案がありました。民族や国籍に拘わらず、人材が必要であるということです。

このような国境を越える移動は、国連のデータをみると1990年代初めは8000万人でしたが、90年代後半になると1億2千万人に増え、2005年には約2億人になります。おそらく2050年には世界人口の約7％が国境を越えた形で居住することになると予測しています。学問には国境が無いと言われていますが、今は科学者にも国境が無いと言われます。若い科学者は自分が住みやすい場所に移住するのです。データを見ると、現在、科学者の外国人比率が最も高い国は57％のスイスでした。カナダは47％、オーストラリアは45％、そしてアメリカとスウェーデンでは38％を外国人の若い科学者が占めています。それは経済的な視点でも、新しい技術革新をもたらすことに繋がります。アメリカでは科学者の外国人数は最も多いですが、その比率からするとトップではないのです。しかし、優秀な科学者の誘致は必ずしもカネの論理では成り立ちません。閉鎖的な文化や環境が妨げになっていることです。

　また、各都市における外国人比率を見ますと、ロンドン31％、ニューヨーク34％、香港40％、ドバイ83％が外国人で占められています。近代国家の発展にとって、都市の役割は最も重要でありました。都市のエネルギーは近代国家の発展に直結している。都市は多様で豊かな個性をもつ個人が集まり、互いに交流し刺激しあう融合と創造の源泉なのである。外国人比率が高いということは、ある意味で他者に対する包容力のある社会であり、さらに様々な面で非常に活性化している社会であると言えます。さらに各国の外国人比率を見ますと、アメリカは10％、スイスは19％、ルクセンブルクは36％です。しかしOECD34カ国の中でも最も低い国として、日本は1.6％、イタリアは2.2％、スペインは2％、韓国は2％、などが

挙げられます。これらの低い国々はOECD先進国の中で少子高齢化と急激な人口減少などの深刻な社会問題を抱えています。どのような因果関係があるのかは分かりませんが、共通の問題を抱えていることは事実です。つまり閉鎖的で、閉ざされた文化の社会には、外国の若い人材が集まらなくなります。経済はグローバル化しているけれども、政治的な、制度的な側面では、50年前と現在とではそれほど変わっていません。そういう意味で、政治的側面と経済的側面でのギャップや軋轢が起きていることも事実です。

　このような変化や限界に対してどのように対応するのか、それこそアジア共同体論が取り組むべきポイントです。すなわち、アジア共同体は単に国家間の統合を意味するのではなく、このような変化や限界に直面した時に、国家を超えた視点でその方向性を模索していくことです。これはアジア共同体論が目指していく最も重要なテーマなのです。

6.「変化」や「限界」についての対応

　変化にたいしては二つの対応が考えられます。1つは変化を拒み、過去の古き良き時代の価値を評価して、戻ろうとする。したがって、より高い壁、ハードルを作って既存の価値や規範、制度を守ろうとする原理主義的な対応です。もう1つは、既存の限界、危機から脱皮して、新たな変化を追求しようとする動きです。これは多元主義的な立場として、アイデンティティも固有なものも新しいものとの融合によって変化していくことができるという視点です。

最も分かりやすい事例が、明治維新の時のことです。19世紀半ばの世界の変化の中で260以上の藩が別々に分かれていましたが、近代国家を創るための変革を求める勢力とそれを否定する勢力が対立していました。当時の対応は、日本の歴史の中で最も重要な選択となりました。新しい変革をするときには、変化の方向が重要です。アジア共同体を論じる時も同じことが言えます。そういう変化の時には原点に戻る必要があります。例えば、体が病気になった時、病院に行って、検査をして基本的なデータを採集します。患者の最も基本的なデータから判断をし、患者から具体的に話を聞いて、それらを総合して処方箋を出します。これと同じく、今日の社会も様々な限界、問題があったとすれば、最も基本的な原点に戻って臨床学的に判断する必要があります。例えば、国家というものは何なのか、国民というものは何なのか、国家と国民との関係、自分はどういうものなのか、人間とは何か、について考える必要があります。その原点から変化への方向性を見出すことができるのです。

7. 国家と個人についての原点での発想

　アジア共同体を論じる際に、T.トーマスホッブズ(Thomas Hobbes)という学者が注目されています。トーマスホッブズは近代国家の原型となる論理を組み立てた人物です。彼は社会契約説の先行的な学者です。彼は何よりも「人間理解」からスタートしています。すなわち、人間という原点に戻って、国家を理解したのです。人間というものは何なのか考え、国家というものは、あくまで個人の生命と安全の確保するために結ばれた契約

の産物であるという。人間は自然状態で自由に生きることを望んでいますが、しかし完全な自然状態では、自分の生命を守ることができない。すなわち、人間の本性からして、お互い奪い合って取り合うという万人の万人に対する闘争状態になってしまう。人間は非常に罪悪な性質を持っているが故に、自由な状態が維持できない。そこで契約によって、一番大事な権利をその契約によって譲ることで、共通の権力、最高の権力として国家が誕生してくるのです。個人を守ってくれる国家がそこで生まれてくるのです。確かにアジアの国々の中では、自然共同体の延長として国家意識を持っていますが、今日の国家というものは一種の契約の産物なのです。ホッブズがアジア共同体やEUの共同体を論じる際に注目される理由は、人間の理解と言う原点からスタートしているからです。それはホッブズが生きた17世紀にも、今を生きる私たちにも同じことが言えます。

　個人の命と財産、そして家族を守るために国家というものが必要であるということです。すなわち、国家は人為的な産物であるとのことです。この優先順位を考えて欲しいのです。共同体を構成する人々の追及するものが変わることによって、共同体のあり方も、役割も変わっていくべきだということです。つまり国は永久でも万能でもないはずです。国がなくなるわけではなく、国の役割が変わり、私の大切なものを守るために、例えば人権という概念も時代によって新しく付け加えられ、変わっていくのです。生存権や、社会権など、色々な権利が新しく生まれてくるのと同じように、個人にとって大切なものを守るために、追求するために、自らを制約し縛るような古きものを捨てて変化しなければならなくなります。

8. 個人にとって国家とは

　これと関連して、安全保障の概念も変わっていくのです。他国の侵略から国を守ることを前提とする伝統的な安全保障概念がありますが、今日では人間の生命を如何に守るかの視点から、非伝統的な安全保障概念が注目されています。環境、貧困、テロ、食などあらゆるものから生命を守ることです。国家間の戦争よりも、多くの危険にさらされています。それが国内で発生したとしても国家を超えた共通の危険としてとらえることが多いです。この他に自殺なども広い意味での安全保障の概念に入るものです。息苦しい社会から逃避しようとする人々が死を選ぶ。これは社会に一種の「構造的な暴力」が存在するから、弱い立場の人々が自殺せざるを得ない側面もある。それはすべての責任が弱者にあると片づけるよりも、社会を構成する皆の責任でもあるのです。共同体を考える上で、また人間の生命を考える意味でも考える必要があるのです。これを改めてT.ホッブズの視点から考えると、国は何をすべきなのか。国防だけではなくて、個人の生命を守るために国の役割が当然出てくるわけです。

　ここで国家と個人との関係について考える意味で、わかりやすい事例を紹介します。2年前に東日本大震災が発生しました。そこで、人間がどうすることもできない限界を経験しました。一昨年ユーチューブでアクセスが最も多かったのが東日本大震災でした。特に、原子力発電所の事故は、国と個人との関係、民主主義の問題、資本主義の問題、人間の命の問題、環境の問題、などあらゆる本質的なテーマを私たちに問いかけているのです。これらは一人一人の命と直接関わる重要なテーマです。その中で一つだけ取り上げます。原子力発電所の建設は主権国家

として、エネルギーを確保することは非常に重要な国の政策の一つです。原子力発電所の建設の段階から色々な問題が存在します。原子力発電所の建設は国民の命に関わるテーマにも関わらず、国民には知る権利が十分に保障されなかったのです。情報の壁がありました。科学には必ず二面性があると言われます。人類にとってのプラス面があるとすれば、そこには必ずマイナス面があるということです。プラス面だけが国民に知らされて、そのマイナス面の情報が公開されなかったのです。それは推進する側に有利な形で情報が遮断されたのです。国民に情報を公開し、最終的な判断は国民に任せるべきです。今回の事故は、日本の東海岸で発生しました。この原子力発電所の事故では、ヒロシマの原爆の約168個分の放射能が一気に噴出したといわれます。今なお収拾のめどが立っていない状態です。現在、世界中には583基が存在し、韓国でも、中国でも稼働しています。今回は日本の東海岸で起きたため、海には被害がありましたが、隣国への大きな被害はありませんでした。韓国や中国では原子力発電所がそれぞれ東海岸に多くあります。もし、これらの国で事故が発生すれば間違いなく風の向きの影響で、日本に大きな被害を与えかねません。中国には約18基、韓国には21基ほどの原子力発電所があると言われています。今後、中国でも韓国でも事故が起きない保証はありません。国民の生命に関わる問題にも関わらず、周辺国のこのような政策決定に対して、命を守らなければならない周辺国の市民は何も知らされず、また何の主張もすることが出来ない。これでいいのでしょうか。個人の命に直接かかわることに対して、地域を越え国という壁を越えて、この決定について、地域で生きる一住民として、市民として、正しい情報を知る権利が

あるだけでなく、命を守る権利があるのです。単に国家間協議を通じて、解決できる問題ではないのです。個人の命に関わる問題ですので、国に全てを任せる以前に、地域で生きる市民として全ての情報を知る権利が保障されるべきです。国家間の協議体に頼るのではなく、国を越えた、情報を共有できるある種の共同体のようなものが必要なのです。これは地理的で空間的な視点からの問題提起です。つまり、国境を越えた視点での地域統合というものの必要性として、一つの例を見ることができます。

　もう一つは、単なる地理的な意味だけではなく、時間的・歴史的視点での問題提起として、また人類全体の課題として、原子力発電所から出る使用済み燃料棒の処理が挙げられます。使用済み核燃料棒の処理は、日本だけでなく、世界の重要な課題となっています。高レベル放射性廃棄物の地層処分では地下300メートル以上に10万年から20万年単位で高レベル放射性廃棄物を保管するということです。地球の安全に処分できる場所は果してあるのだろうか。そして10万年以上続いている企業や国が存在するだろうか。誰が人々の命を担保することができるのでしょうか。国家も企業も全ての責任を次の世代に転嫁することで、無責任な決定をしています。地殻変動はいつどこで起きるかわかりません。これは時代を超えて、人類全体が考えなければならないテーマです。宇宙のごみ問題も同様です。先進国が打ち出した宇宙のごみは誰が回収するのでしょうか。

　このような例を見ても、一つの国家単位での発想、考え方では解決できないことが多くあります。国家を越えた視点からの発想や行動が必要であります。今までの我々の考え方は、場合によって、西洋的な視点に、ま

た男性的な視点に、或いは、エリートの視点に支配されていたことも否定できません。同じく国民という視点から、国民でない人々への人権や価値を無視してきた経緯があります。国民の名の下で、マイノリティが排除されているかもしれません。そういう意味で近代国家を生きる人々の考え方、発想を変えていく必要があります。今のデモクラシーや資本主義だけでは、今日の問題を解決することはできないのです。

　私たちは、国家には1つの共同体に1つの文化があって、一つのアイデンティティが形成されるということを前提にしています。違うものをなるべく認めず、皆が同じように考えれば、それが正しいものとなるという視点です。21世紀を生きる人々にとって、ベネディクト・アンダーソン(Benedict Anderson)が言っているように、国民というものはイメージとして心に描かれた「想像の共同体」なのです。これから目指しているアジア共同体も今は存在していませんが、これからどういう形で想像しながら創っていくのか、という想像上の共同体なのです。文化は人間の行動や考え方を束縛するものです。その文化に拘束されることなく、他者との間の壁を作らず、自由で創造的な社会を作っていきたいと考えています。

9. 結び－国民国家を超えて

　これまでの話では、国民国家を否定するのではなく、国家という概念に縛られることなく、国民国家を超えて、次の段階の国家の役割、あり方を模索していくときにきていることを指し示しました。一般的に、アジア共同体を論じるときにはEUを言及せざるを得ません。EUは国民国家を超えて地

域統合という意味では、一つのモデルを提供しています。EUについては、それを可能にした3つの要素が指摘されています。まず、共通の価値観が存在していることです。すなわち、宗教、文化、歴史が共通しているからです。二つ目は、共通の目標、利益があることです。経済、持続可能な発展、或いは安全、平和などが共有できる一つの目標であったからです。三つ目は、共通の敵、又はライバルがいたことです。旧ソ連という敵の存在、そしてグローバリゼーションによって、アメリカとの競争により拍車がかかったのです。EU統合についてのこれらの3つの視点は、非常に相対的視点で、また偏狭で対立的な視点での共同体の形成を論じています。

このような視点は、本来アジア共同体が目指すべき方向やあり方ではないと考えています。何故ならば、一つの共同体の出現によって、他の共同体が脅威を感じ、不安要因となり、対立意識を引き起こすことは、新たな壁をつくることを意味するからです。つまり、アジア共同体形成がアジア以外の共同体や集団に対立、不安、脅威をもたらすのではなく、ウィンウィンの関係や調和のとれた共存関係、あるいは新しい段階での創造的な共同体をもたらす方向を目指すべきなのです。

そういう意味で、アジア共同体とは、単なる地域的な概念に縛られず、「開かれた共同体」としての、人間の持つ可能性を広げる役割をもつ共同体であり、さらに、人々が持っている豊かで多様な個性を発揮し、伸長することのできるようなものとして、また地域が持っている多様な伝統や文化を継承・発展していく、そういう役割をもつ共同体を目指すべきです。それは人類自らが作り上げてきた古い「壁」を一つずつ越えていく(卒業してい

く) 過程としてのアジア共同体でもあります。最終的には一つの地球共同体に繋げていこうとするものです。

　21世紀を生きる人々は、国家や国民という概念に縛られること無く、多民族、多文化で構成される市民社会の中で共存していく選択肢しかないように思われます。ベネディクト・アンダーソンは、「人間はお互い似通った人々同士でグループを形成するのではなく、グループを形成してから似ていると判断する」と言っています。アジア共同体という同じ発想をし、同じ方向を目指し、同じ価値観を持つことによって、アジアで皆が共存することができる多様性のある創造的共同体を創ることができるのです。

　その具体的な方法論については、これから考えを進めていかなければなりません。EU誕生の父ともいわれるジャン・モネも、「我々は国と国ではなく、人と人とを結びつけようとしているのだ」と言っています。アジア共同体の実現には、実現可能な分野から実践していくことが重要であると考えています。例えば、教育を通じてのアジア共同体は既にスタートしたと考えています。すでにアジアの多くの大学がこの講座を積極的に受け入れているからです。

　したがって、アジア共同体を形成することは、単なる国家間の制度的統合を意味するものではなく、今までの制度や価値観を超えて(卒業して)、これからの時代に必要な新しいパラダイムの変化(価値観、世界観、国家観、思想や制度などの変革)を意味することであります。そのためには制度的な壁をなくすための研究、また人々の心の内面の壁をなくすための努力を並行して行わなければなりません。その主役は皆さんです。

ョンユン
アジア大学
タイ語学科

　遠い昔から人類は共同して国家を建設し、文化や文明を築き
あげてきた。文化や文明が発展するに連れ、世界化も早急に進
んできたのだ。グローバル化に歩調を合わせるためには、もち
ろん個人的にも国家単位での努力も必要であるが、共通する感
情や文化を共有する国家同士が共同体を構成しなければならな
い。それがアジア共同体に関心をもって発展をさせるべき理由
なのである。なぜならアジア共同体はフローバル化に向けての
途中段階だからである。

　創意的で革新的な開発を築ける程の共同体を構成するとき、
多様な分野と視点に接近すべきである。それはどんな観点でア
ジア共同体を展望しなければならないということなのか?

　まず、アジア内の全てがひとつである、という考えを持たな
ければならない。このためにはアジア内の人的、文化的そして
教育的交流が必要である。そして、この交流を通じて、共同体
を成し遂げるためには同等の必須要素が存在する。今日、講演
された鄭俊坤研究員は、幼少時代を各自別の文化圏の国家で過
ごされたそうだ。彼は、外国人たちがどんなに同一の制度で教
育された生活を送ったとしても、情緒的な異質感とその壁を壊
すことはできないと述べた。すなわち、強硬な絆が必要という
ことだ。絆を形成するためには、同等の統一した目標が必要で
ある。講義では、それこそが発展である、と強調された。アジ
ア国家の発展は、すでに完成されているが共同体としての発展
を開始しなければならないということだ。当然アジアの発展は
不可抗力で必需的である。そして、その発展には必ず協力と譲
歩が共存しなければならない。いまだ元来国家は均衡的な発展
段階に達していないためである。

政府間の融合によって、双方の不足を補うべきである。国家間の格差が減少すれば、各国家間の文化事大主義的な格差を排除することができ、少しでも同等の条件の下で協約や交流を結成できるためである。そうなれば、もっと容易に発展しうるはずである。

　または、別の観点を正しく理解することである。個々人は皆、異なる経験を踏んでいるため、思考や行動は似ているとしても絶対同じではない。その上、国家間に歴史的差が存在しているので、反対に共同体では多くの調律が必要である。そのために互いを理解する態度を備えなければならない、ということだ。行動を実践に移すためには、その意識を植え付けなければならない。他人と他国を理解しなければならないことは、メッセージを訴えるキャンペーン広告や運動することも意識付けにはよい方法だと思う。また、メディア媒体の活発な交流も文化間のぎこちなさを簡単に解消してくれる。その例として、韓国ドラマ、映画、歌が他アジア国家で歓迎されている韓流ブームに見ることができる。韓流ブームとして、他国民たちは韓国の文化や情緒を理解しているということだ。意識を植え付けることは、決して短期間内で築きあげることはできないにしても、アジア共同体のために絶対踏み出さなければならない第一歩である。この部分において、外国人労働者や他文化家族に対する態度が変化することだろう。我々が彼らを見るとき、厳しい視線を送っていることが多い。そして同様に彼らも薄情になるのである。掛ける言葉が美しければ、返ってくる言葉も美しいということだ。個人次元の努力として、彼らを差別せず同等のアジア国家の国民として向かいあうことだ。実際、国家間の発展段階の差がこのような現象にいくらかの影響を及ぼすのだと思う。そうすれば格差はものすごい速度で減ることだろう。先進国になるためには大変だろうけれども、開発途上国を抜け出すことは、それより大変なことではないからだ。すでに、現象的な変化は始まっている。外国人として長官となり、多文化家族内に生まれた子供は全体の4.7%を支持している。ゆえに、我々の意識

的、態度の変化が始まらなければならない。

　講義中にアジア共同体の方向を提示され、その意義が説明された。様々
な印象と奥深い説明が多かったけれども、交流に関して傾聴したときの印
象が一番深いものであった。ジョンジュンゴン研究員は他のアジア国家の
大学生たちが主張する交流方法について述べられたのだが、私はそのとき
一体どんな場面なのかを想像した。他国の大学で私が聴講した講義や、類
似の講義を聴講して、私と同じ交流方法に関して考えている国籍の違う容
姿も違う学生の姿を想像してみた。その学生の皮膚が黒くて、目が二重で
大きく、黒くて縮れた髪である学生だと考えた。そして、その学生が抱く
自分の考えを発表するのだ。幼いとき、小・中学校を東南アジアで過ごした
ので、そのようなことには、かなり慣れていた。想像したあとアジア共同
体という単語が浮かんできた。雄大な単語のような感じはしなかった。た
だ、様々なアジア国家の学生たちが学校休暇中に集まり、お互いの国を行
き来して共同体について討論するのは面白そうだと思う。

　個人的にはすでにアジア共同体について考え興味を持ち始めているの
だ。そのように考えると講義を聴講した甲斐があり、アジア共同体がそう
遠くない目標のような感じがしなくもなかった。意識と理解以前に必要な
ことは関心である。アジアが関心をもったとき、近くもなく遠くもない日
程内に共同体がしっかりと築き上げられるであろう。

아시아공동체의 역사적 배경과 특징

메이지대학 대학원 특임 교수 · 도쿄대학 명예교수

고노시 다카미츠(神野志 隆光)

아시아공동체의 역사적 배경과 특징

2013년 3월 11일(월)

메이지대학 대학원 특임 교수 · 도쿄대학 명예교수 **고노시 다카미츠(神野志 隆光)**

저의 이야기는 제목에 '역사적 배경'이라고 되어 있습니다만, 역사를 되돌아보자는 것입니다.

역사를 생각한다는 것은, 존재의 이유에 대해 생각하는 것입니다. 이것은 곧 한자 세계(한자권이라고도 할 수 있습니다)를 생각한다는 것과 일맥상통합니다. 좀 더 자세히 말씀 드리면, 근대 이전의 동아시아(이 '동아시아'라는 개념은 서구의 관점에 의한 것임을 잊지 말아야 합니다. 단지, 지금은 편의적으로 사용하기로 하겠습니다. 이성시『동아시아 문화권의 형성』, 산천출판사, 2000년)는 한자 세계로 성립되었다는 것을 살펴보자는 것입니다. 저는 한자 문화권이라는 표현을 하지 않고 이야기를 하려고 합니다. 문화보다는 한자에 의해 연결되어 있다는 것을 살펴보고자 합니다. 문화권이라고 하면 각 지역의 문화적 다양성을 보기 어렵기 때문에 저는 한자 세계라는 표현을 쓰려고 합니다.

한자 세계는 한자의 교통 공간이라고 할 수 있습니다. 한자를 읽고 쓰면서 성립된 세계이기 때문에, 한자의 교통입니다. 이 한자의 교통을 통해서 우리들의 동아시아 세계는 생겨난 것입니다. 저는 일본 고대 문학을 연구하였습니다. 그렇기 때문에 오늘 여러분에게 고대 일본을 주로 이야기하려고 합니다. 그러나 일본 열도에서 일어난 일은 일본 열도만의 문제가 아니라 한자 세계 각 지역, 한반도와 중국 대륙에서도 일어난 일입니다. 그런 동아시아 세계의 문제로서 이야기를 하고자 합니다. 아시아 각 지역의 민족이 고유성을 가지고 있는 것은 분명합니다. 하지만 그 고유성이라는 것은 한자 세계라는 공통성 위에서 존재하는 것으로 봐야 합니다. 당연하게 고유성을 전제로 시작하는 것이 옳은 것인가, 민족의 고유성은 원래부터 있었던 것으로 보고 있지만, 그것을 다시 검토해 보고자 합니다. 오늘 여러분에게 말씀드릴 주제는 3가지입니다. 첫째, 한자와 정치. 한자를 사용하는 것은 정치의 문제였던 것입니다. 둘째, 한자 학습과 교양. 한자를 배운다는 것은 교양을 습득해야 된다는 것입니다. 셋째, 고유성의 발견 입니다. '발견'이라고 한 것은 민족의 고유성은 명백하지 않으며, 한자 세계에서 발견되는 것이라는 것입니다.

먼저 '한자와 정치'라고 말씀 드렸습니다만, 한자가 일본에 어떻게 도입되고 정착되었는지를 정치 문제로 본다는 것입니다. 일본 열도와 한반도에서 그리고 인도차이나 반도에서도 문자를 자기들의 문명 속에서 만들어 내지 못한 채, 한자를 근거로 만들었습니다. 이에 대해 자연 성장으로 보지 않고 한자의 탄생도, 그것을 자신들의 문자로 사용하게 된 것도 정치 문제임을 명확히 해둘 필요가 있습니다.

일본 열도에 입각해서 말하면, 이 열도 국가가 '왜(倭)'라고 불리고,

중국 왕조를 중심으로 하는 정치 관계에 포함된 된 것은 A.D.57년의 일이었습니다. 후한 왕조가 왕으로 책봉 되었을 때 황금 도장이 사용되었다는 것은 잘 알려져 있습니다. 왕으로 임명되는 것은 중국 왕조에 조공의 의무를 지는 것입니다만, 조공 때에는 도장을 사용한 국서를 휴대해야 했습니다. 결국 중국 왕조 하에 문자의 교통 속에 조직된 문자를 사용해야만 했습니다. 문자사용은 이렇게 시작되었습니다. 이 이전부터 문자 접촉은 있었다고 할 수 있지만, 문자가 사회적인 기능을 했다고는 인정되지 않습니다.

1세기 단계에서 일본 열도의 사회는 미개하지 않았습니다. 고유의 문명을 가지고 있었다는 것은 중국 정사의 기술에서도 인정하고 있습니다. 하지만 문자를 가질 만큼 성숙하진 못했습니다. 문명의 성숙과는 상관없이 정치적 관계가 강행적으로 이 열도를 문자 세계에 끌어들인 것입니다. 그렇기 때문에 문자 세계의 편입과 일본 열도의 사회 내부에서 문자를 사용하는 것과의 사이에는 시간적 차이가 있었습니다. 일본 열도에서 문자를 이용한 것으로 인정받는 자료는 5세기까지는 찾아볼 수 없습니다. 5세기까지 문자는 사회 외부에서만 사용되는 특수한 기술에 불과했습니다.

5세기에는 문자의 내부화를 명확하게 나타내는 자료가 나타납니다. 사이타마현 이나리야마 고분출토 철검·지바현 이나리다이 고분출토 철검·구마모토현 후나야마 고분출토 철도(鉄刀)의 명문이 그것입니다. 왕위의 상징(regalia)인 도검위에 왕과의 관계를 확인하는 문자를 새기는 것입니다. 이것도 정치의 장으로 기능하는 문자입니다. 그리고 7세기 후반에 내부화는 일제히 진행되어 열도 전체에 널리 문자가 침

투하여 문자를 이용한 행정이 이루어졌다는 것을 목간을 통해 짐작할 수 있습니다. 그리고 8세기 초에는 율령 국가를 형성하였습니다. 물론 성문법에 따라 문자에 의해 운영되는 국가입니다. 즉, 문자는 정치 문제였습니다. 문자의 사용은 문자를 접하면서 자연적으로 성장이 이루어지는 것은 아닙니다. 문자의 교통을 만들어내는 것은 국가를 형성하는 것이었습니다.

아시아에서 예(모델)는 중국 밖에 없었기 때문에, 중국 제국을 모방한 고대 율령 국가는 이른바 하드웨어로서의 길을 전제로 하며, 소프트웨어로서의 시스템, 예를 들면, 호적과 스이코(出挙)[1]의 운용 보급·숙달에 의해 유지된 국가입니다. 문자의 습득은 그 기반으로서 없어서는 안 됩니다. 문자는 정치, 기술의 근간이라고 할 수 있습니다. 그것은 고대 국가를 보는 기본 관점이어야 할 것입니다.

그 문자 습득과 학습이 어떻게 이루어져 왔는가? 각각의 지역에서 개별적으로 진행되었지만, 거기에는 공통의 문제가 있으며, 지역 간의 기술 교류도 있었다는 것이 밝혀졌습니다. 최근 그 기술 교류에 대해서는, 한반도와 일본 열도의 자료를 통해 보다 명확하게 인식되었습니다. 공통된 문제는 자신들의 말과는 다른 문자이기 때문에, 읽고 쓰기는 외국어로 받아 드릴 수밖에 없습니다. 처음에는 당연히 직접교수법(direct method)입니다. 하지만 그것만으로는 보급에 제한이 있습니다. 역독법(訳読法)이 외국어 학습의 기본이 되는 까닭입니다. 한자로 읽고 쓰는 것도 역독에 의해 이루어집니다. 정치적 필요성이 그렇게 만드는 것입니다.

---

1) 고대, 관(官)또는 개인이 볍씨나 재산을 대여해 주고 이자를 받는 일.

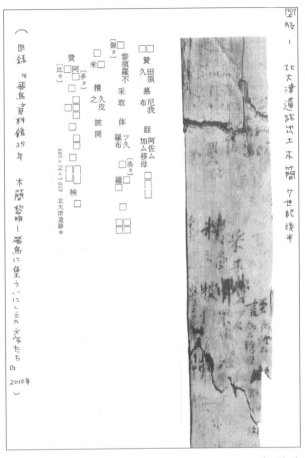

〈그림 1〉

일본 열도에서 역독을 통해 실제 학습한 사실은 〈그림 1〉을 통해 알 수 있습니다. 7세기 후반의 목간(나무에 문자를 쓴 것)입니다. 오른쪽 아래쪽에 '언(言)'과 '지(至)'를 합친 글자가 있습니다. 보통 '誣'로 씁니다. 그 아래에 띄어쓰기에서 '阿佐ム/加ム移母'라고 있습니다. 이 한자를 아자무카무야모(한자의 소리를 이용하여 일본어를 나타내고

있습니다)로 읽는 것을 보여줍니다. 한자를 일본어로 바꾸어 이해했다고 하는 것을 목간에서 확인하실 수 있습니다. 간단하게 말하면, 한자라는 공통의 문자를 각 지역마다, 예를 들면 일본에서는 일본어, 한국에서는 한국어, 베트남에서 베트남어 지역의 언어로 학습하고 있는 모습입니다.

図版2　「千文字の現地語化」

・朝鮮

その『千字文』の読み方には伝統的に独特の方法があり、たとえば第一句の「天地玄黄」は、「하늘 天(천) 따 地(지) 감을 玄(현) 누를 黄(황)」のように読む。うち漢字の前の「하늘(ハヌル)・따(タ)・감을(カムル)・누를(ヌルル)」は、それぞれの漢字の韓国語の意味、漢字の後の（　）に入れた「천(チョン)・지(ジ)・현(ヒョン)・황(ファン)」は、漢字の発音で、

ウイグルでも漢字の学習には

・ウイグル

『千字文』が用いられたようであるが、その際、日本の文選読みや韓国での読み方のように、ウイグル漢字音による音読みとウイグル語の訓読みが対比され、次のように読まれた。

yun(雲) tiŋ(騰) čü(致す)　yu(雨)／雲がのぼった、雨がふった。
lu(露) ker(結) vi(為)　so(霜)／露がおりた、霜が凍った。

「／」より上がウイグル漢字音による音読み、下はそのウイグル語訳を日本語に改めたものであり、「霜と為る」を「霜が凍った」とするなど、かなり意訳している。

〈그림 2〉

그와 같은 학습법이 아시아 전반, 한국·일본·베트남 등에 걸쳐 진행되었다는 것을 자료로 보여 드리겠습니다. 조선시대의 『천자문』을 봐도, 한자 밑에 한글로 뜻과 읽는 법을 적어 두었습니다.(참조, 김문경, 『한문과 동아시아』, 이와나미 신서, 2010년 〈그림2〉) 이것은 현지어로 한자를 습득하고, 조금 전의 일본 학습법과 동일하다는 것을 알 수 있습니다. 이렇게 현지어로 한자를 학습한 예를 다른 관점에서 살펴보고자 합니다.

조선 시대에 이루어진 '언해(諺解)'라는 한문서적의 학습·해설책 종류가 있습니다. 그것을 들어 본 적이 있습니까? 그 '언해'는 한글로 한문을 설명한 것입니다.〈그림 3〉 지금으로부터 100년 전의 에도시대에 이루어졌던 『시경(詩経)』『모시(毛詩)』의 일본식 언해도 자료로 〈그림 3〉에서 제시하였습니다. 한자·한문의 학습이 각 지역 고유의 언어로 이루어졌던 것도 '언해'와 같은 방법을 기술로 사용했음을 확인할 수 있습니다. 기술 교류라고 해도 무방하겠죠.

제가 여기서 중요하게 말씀드리고 싶은 것은, 한자를 아시아 세계가 공유함으로써 그 한자를 각 지역의 고유어로 학습하면서 교양을 쌓고 공통된 사회의 틀을 만들어간다는 것입니다.

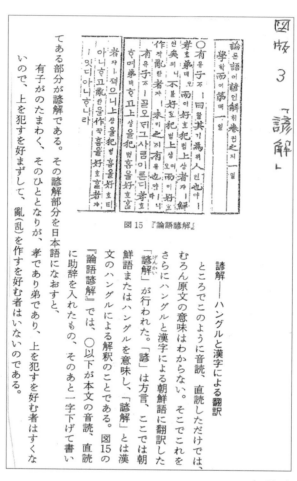

図15 『論語諺解』

諺解——ハングルと漢字による翻訳

ところでこのように音読、直読しただけでは、むろん原文の意味はわからない。そこでこれをさらにハングルと漢字による朝鮮語に翻訳した「諺解」が行われた。「諺」は方言、ここでは朝鮮語またはハングルを意味し、「諺解」とは漢文のハングルによる解釈のことである。図15の『論語諺解』では、◯以下が本文の音読、直読に助辞を入れたもの、そのあと一字下げて書いてある部分が諺解である。その諺解部分を日本語になおすと、有子がのたまわく、そのひととなりが、孝であり弟であり、上を犯すを好む者はすくないので、上を犯すを好まずして、亂（乱）を作すを好む者はいないのである。

〈그림 3〉

다시 말씀 드리면『천자문』은 중국 본토에서 만들어져 거기에 있던 사람들이 학습하기 위한 것이었습니다. 한자어를 말 할 수 있다고 해서 한자·한문을 쓸 수 있지는 않습니다. 문자는 문자로 공부해야 합니다. 중국인이라고 해서 문자를 학습하지 않고 문장을 쓸 수 있는 것은 아닙니다. 한국과 일본도 각각 고유의 언어가 있지만 쓰는 것은 한자를 학습해야지만 가능합니다. 단, 중국에서는 문자 학습의 텍스트는 『천자문』에서 『삼자경』으로 바뀌었지만, 한국과 일본은 계속 『천자문』으로 학습하였습니다.

다음으로 말씀 드릴 것은 학습은 단순히 글자를 학습하는 것은 아니라는 것입니다. 교양이 가장 적합한 것 같은데 이에 대해 말씀드리겠습니다. 여러분도 알고 있다고 생각됩니다만, 한자를 한 자씩 학습을 했다고 해서 한문을 쓸 수는 없습니다. 한글도 문자만을 하나씩 공부했다 하더라도 말하고 있는 단어를 명확하게 쓰는 것은 어렵습니다. 한글의 경우는 하려고 한다면 가능할지도 모르지만 자음의 음편이 있는 등의 변화도 있습니다.

문자 학습은 하나씩 단발적으로 글자의 모양과 의미를 외우는 것은 아닙니다. 그 글자를 어떻게 사용할 것인지, 그 글자에 축적된 것(용례와 전례, 고사)을 배울 필요가 있습니다. 각각의 글자를 단편적으로 알아서는 읽기 쓰기는 불가능합니다.

『천자문』이 문자 학습 교과서였기 때문에, 이를 예로 들겠습니다. 『천자문』은 알려진 대로 기본 한자를 천자 학습하기 위한 텍스트이지만 4자에서 하나의 어구(구문, 의미를 지닌 묶음)를 만듭니다. 『천자문』의 첫 어구는 '天地玄黄'입니다. 거기에 주(注)를 달아 배웁니다. 주는 기본적인 서적을 인용합니다. 예를 들어 〈그림 4〉를 봐 주십시오. '天地玄黄'은 『주역』에는 "하늘은 검고 땅은 노랗고"라고 주를 달았습니다. 하늘의 색은 검고 땅의 색깔은 노랗다는 의미이지만 『주역』에 있는 글을 인용했기 때문에, 이 주를 통해 기본인 서적의 예문과 함께 학습하게 됩니다. 『천자문』의 성립은 6세기 전반이지만, 6세기 후반에

주를 붙일 수 있게 되었습니다. 즉『천자문』은 만들어지고 얼마 뒤부터 주와 함께 배우게 된 것입니다.

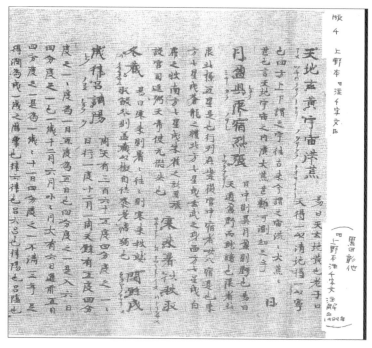

〈그림 4〉

다음은 일본의 고대 도성유적에서 발굴된 목간입니다.〈그림 5〉7세기 말~8세기 초의 것입니다. 맨 오른쪽 a는 같은 글자를 여러 번 쓰고 있고, 습서(문자 연습)의 흔적을 볼 수 있습니다. 이것은『논어』의 한 구절입니다. '공야장(公冶長)' 중 '糞土墻不可杇也'라는 구를 쓰려고 한 것입니다. 이 구의 문자적 의미는 '썩은 흙으로 쌓은 담은 덧칠을 할 수 없다'는 것입니다. 마음이 썩은 사람은 교육도 소용이 없다는 의미로 제자인 재여(宰予)에 대한 질책의 말입니다. 교사의 한탄은 예나 지금이나 변함이 없습니다. b는『논어』에서 c와 d는『천자문』의 예문으로 글씨 연습을 한 것입니다.

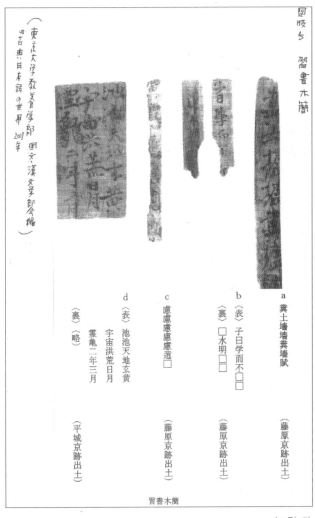

〈그림 5〉

또한 사전에 대해서도 말해 둘 필요가 있습니다. 고대의 대표적인 사전으로, 6세기에 완성된 『옥편』을 예로 들겠습니다. 이 『옥편』은 중국에서 만들어진 것으로, 이미 중국은 없어졌지만 일본에는 전부는 아니지만, 남아 있습니다. 자료로 제시된 〈그림 6〉은 그 일부입니다. 작은 글자는 그 글자의 주석입니다. 그 글자의 소리와 그것이 어떤 서적에 어떻게 나오는지(예문)를 나타낸 것입니다.

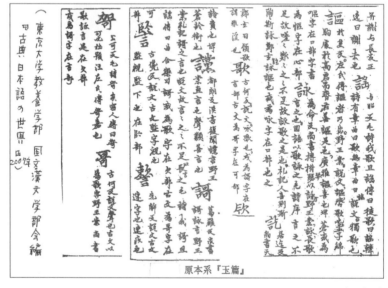

原本系 『玉篇』

〈그림 6〉

먼저 오른쪽 끝에 '요(謠)'라는 글자를 보십시오. 아래 주에 '与昭反'은 이 글자가 '요우'라는 음(音)임을 나타낸 것입니다. 그 뒤에 '毛詩我歌且謠伝曰徒歌曰謠'라고 있습니다. 『모시(毛詩)』는 『시경(詩経)』을 말하며, 거기에 '我歌且謠'라고 인용한 것입니다. 이 문장의 의미는 '내가 노래하고 노래하다'입니다. 단 '가(歌)'와 '요(謠)'는 비슷하지만 의미가 다릅니다. '전(伝)'은 『시경』의 오래된 주입니다. 그것이 '요(謠)'는 '도가(徒歌)', 즉 악기의 반주를 수반하지 않는 노래라는 것을 말합니다. 그럼 '가(歌)'는 어떠한 의미인가 하면, 이 사전에 '가(歌)'란 글자가 남아 있지만 거기에는 '或爲謌字在言部' 즉 「謌」의 형태도 있고, 이것은 언(言) 부(部)에 실려 있습니다. '가(謌)'는 확실히 있으며 거기에는 '詩我謌且謠伝曰曲合樂曰謌或爲歌字在欠部古文爲哥時在可部'라고 있습니다. 같은 '詩(『시경』)'의 '我謌且謠'을 예문으로 들겠습니다. '謌(歌)'나 '謠'에 대해서는 이 『시경』 문장에서 기억해야 하는 중요한 기본적인 예문으로 배웁니다. 게다가 '謌(歌)'에 대해서는 '伝'을 인용합니다. 곡에 악(樂)맞추는 것이 '謌'라는 것입니다. 즉, 악기의 반주를 수반하는 것이 '謌(노래)'라는 것입니다. 또한 '謌', '歌', '哥'라고 하는 형태가 있다는 것도 배웁니다.

이 『옥편』에서 가장 중요한 것은 그 글자가 실제 어떤 문장에서 사용되고 있는지를 예문을 제시하는 것입니다. 그 글자가 사용된 가장 중요한 예문 가장 기본적인 용례로, 이 경우는 『시경』을 들 수 있습니다. 『시경』과 같은 서적을 일일이 읽지 않아도 이러한 다양한 사전의 예문에서 학습할 수 있습니다. 이 학습이 축적되어 갑니다. 이를 표현하는데 적합한 말은 '교양'입니다.

이렇게 각 지역의 고유어에서 한자, 한문을 배우고 있습니다만, 이를 통해 축적된 교양은 공통된 것입니다. 그것이 동아시아 전체에 공통성을 부여합니다. 그 동아시아 공통의 교양의 기반이 한자 세계입니다. 에도시대 조선통신사와 일본인과 서로 말이 통하지 않았기 때문에 한문을 써서 주고받았다는 것은 잘 알려져 있습니다. 그럴 수 있었던 것은 교양의 기반이 공유되었기 때문이며, 공통의 문장어로서 한문이 공유되었기 때문입니다. 각 지역에서 고유의 언어로 한자, 한문을 배웠기 때문에 각 지역의 고유성이 유지되고 한자 세계의 교양을 기반으로 공유하였습니다. 이를 도식화하면 〈그림 7〉과 같습니다. 이 그림은 일본의 교양 기반에 관한 것이며, 한국과 베트남도 마찬가지라고 할 수 있습니다.

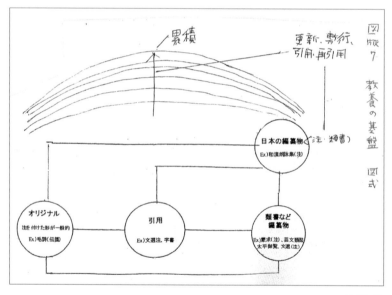

〈그림 7〉

그러한 한자 세계의 교양 기반에서 고유성을 찾아야 할 것입니다. 즉, 고유성을 찾는 것도 한자 세계에서 있을 수 있는 일입니다. 중요한 것은 공유되는 교양의 기반에 있는 하나의 한자 세계 = 동아시아 세계의 각 지역에서 한자를 통해 스스로의 고유성(기존에 있었던 것)을 존재케 하는 것입니다. 고유성이란 발견되는 것이라고 보는 것입니다.

'구송(소리내어 읽음)' 자체에 고유성으로 스스로를 내 보일 수는 없습니다. 고유성은, 독립한 스스로의 존재로서는 있을 수 없습니다. 하나의 한자 세계에서 그 보편성(일반성)에 대해 고유성으로 발견되는 것입니다.

훈독에 의해 말을 만들어 내면서 읽고 쓸 공간을 성립시킬 때, 처음으로 고유의 말에 대해 자각을 가집니다. 그러면서 그 말에 있던 것으로 스스로를 발견하고 그것을 한자에 의해 나타내내는 것입니다. 훈독에 대해 말해주지 않으면 안 되는 것은, 훈독은 생활 언어와는 다른, 만들어진 말임을 꼭 밝혀두고자 합니다. 즉, 훈독을 하는 것이 읽고 쓰기를 위한 말을 만드는 것입니다.

근대 번역 문체를 생각하면 쉽게 이해할 수 있습니다. 단지, 고대는 원래 읽고 쓰기가 없었으며, 한문을 역독했기 때문에, 문어체 형태가 만들어진 것입니다. 한문에 맞추어 읽는 것이 그 자체의 표현 형태, 문어체로 되어 현실 생활에서 이야기 되던 생활언어와는 다른 말을 만듭니다.

자신들의 말에서 대응되는 한자를 쓰는 것이 한 글자 한 음 그대로 말을 쓰고, 가나와 훈자를 섞어 「と」 등의 조사를 가나로 쓰거나 한자에 익숙해지면 그렇게 되었다고 생각할지도 모릅니다. 그러나 그러한 것은 없었습니다. 한 글자 한 음으로 쓰면 말을 그대로 옮겨 쓰라고 할지도 모릅니다. 그렇지 않은 경우는 잘 알려진 '쇼소인(正倉院)가나

문서'에서 보는 그대로입니다. 그 편지의 형태 자체도 거기에 사용된 언어와 표현도 한문을 읽어서 만들어낸 것이라고 볼 수 있습니다. 그렇지 않으면 쓴다는 것은 있을 수 없었던 것입니다.

일반화해서 말하면, 있었던 것을 그대로 옮겨 문자로 하는 것이 아니라, 훈독을 통해 만들어진 형태와 언어를 기반으로 쓰는 것입니다. 예를 들어 '계보기사(系譜記事)'는 남자는 아내로 맞아들이다, 여자는 생자(生子)라는 형태로 되는 것이 『고사기(古事記)』의 정형이지만, 남성 원리의 결혼 표현은 츠마도이콘(妻問い婚)2)의 현실생활에서는 없었다고 보여집니다. '아내로 맞아들이다'라는 훈독으로 만들어진 결혼 표현도 남성원리의 계보적 관계를 나타내는, 그 자체가 훈독으로 얻어진 것이다. 그것은 있었던 것·계승된 것처럼 쓰여지지만, 원래부터 있었던 것이 아니라, 텍스트에 의해 만들어졌습니다. 책에 기존에 있었던 것이 아니라 텍스트에서 만들어진 것입니다. 모노가타리(物語, 동화 또는 전설, 이야기 등)도 마찬가지로 파악해야 할 것입니다.

거듭 말씀드리면, 고유성은 한자에 의해 발견 된 것입니다. 일본에 있어서, 고유성으로 가장 중요한 것은 노래였습니다. 노래를 발견한 것은 8세기 말에 성립되었다고 하는 『만요슈(万葉集)』입니다.

『만요슈』에 대해서 말씀드리면, 노래가 계속해서 만들어진, 문자가 생긴 이전부터 만들어진 것도 전해져왔습니다. 그것들을 모아 「만요슈」가 되었다라고 하는 것이 지금도 일반적인 이해라고 할 수 있습니다. 분명히 『만요슈』는 닌토쿠(仁德) 천황, 유라쿠(雄略)천황 시대의 오래된 노래를 포함하고 '히토마로가집(人麻呂歌集)' 등의 시집을 엮

---

2) 옛날 결혼 형식의 한가지(부부가 따로 살며 남편이 밤에 아내의 처소에 다님).

어 東國 사람들(동경를 중심으로 한 관동지방)사람들의 노래까지 수록
되어 있습니다. 오랜 역사를 가지고 있고 열도 전체에 골고루 노래가
알려져 있는 것이, 자신들이 고유하게 갖고 있던 노래(고유한 말에 의
한 문예)라고 나타내고 있다고 할 수 있습니다. 그러나 『만요슈』는 있
었던 노래를 모은 것이 아니라, 그와 같이 노래의 세계가 있었던 것처
럼 나타내었다고 해야 합니다.

　노파심으로 말씀드립니다만, 노래는 원래 있었겠지요. 가인(歌人)
도 있었겠지요. 그것 자체를 부정하려는 것은 아닙니다. 하지만 노래
를 고유의 것으로 평가하여 자기의 문화로서 『만요슈』가 있게 한 것
과, 실제 있었을지도 모르는 것과는 다릅니다. 있었을지도 모르는 것
을 『만요슈』를 통해서는 생각해 볼 수 없다고 하고 싶습니다. 『삼국유
사(三国遺事)』의 '향가(郷歌)'에도 동일한 견해가 필요하지 않을까요?

　『만요슈』가 만드는 노래의 세계에서 고유 언어의 노래가 발견, 확인
되고 있습니다. 『만요슈』는, 한자 세계 속에서 고유성을 발견하고 자
기를 확인하는 행위인 것입니다.

　고유의 언어를 가지고 살아왔으며 그 속에서 문자 이전에 전승 세계
가 있었음을 가정 할 수 있는 것이 일본과 한국에서도 문학사의 일반
적인 인식입니다. 그러나 고대 문학은 구송을 기초로 하는 것이 아니
라, 전승 세계를 있는 것으로 나타내었다고 해야 합니다. 구송과 전승
세계의 시작의 여러 논의는, 문자 텍스트를 투영 한 것에 지나지 않습
니다. 원래, 문자 텍스트에서 구송의 세계를 생각하는 것은 착각이라
고 해야 합니다.

이렇게 우리들은 자신들의 언어와 문화의 고유성을 자명한 전제로 시작하는 것이 아니라, 한자 세계에서 살았다는 것으로 시작해야 할 것입니다. 그렇지 않으면 민족의 고유성(고유 언어와 고유의 문명)을 바탕으로 생각하는 것은 막힌 채 계속 살아가는 것입니다. 앞서 언급한 이성시 『동아시아 문화권의 형성』은 '지금 동아시아 문화권의 형성을 말하는 것이 어떤 의미를 가지는지를 생각하지 않고는 동아시아 문화권의 형성이 있을 수 없다'는 것과 관계가 있습니다. '동아시아 문화권'이라는 제기가 1950년대 국가 · 민족의 독립을 요구하는 실천적인 정치적 과제와 관계가 있었음을 되돌아보고 '동아시아 세계'라는 문제 설정에 대한 자각을 묻는 말입니다.

저는 '아시아 공동체'라고 할 때, 한자 세계라는 역사적인 출발을 가진 동아시아 세계라는 문제 설정을 하는 것이 필요하다고 말하고 싶은 것입니다.

현재의 우리들은 근대 국민 국가가 만들어 낸 제도로서의 가치관 · 정체성(고유의 언어, 문화를 전제로 합니다)과 같은 속박에서 탈피해야 합니다. 속박에서 벗어나 자유로워지기 위해 여러분에게 이런 이야기를 하고 있는 것입니다.

원 민
한국어문학부

1강에서의 설레임을 뒤로한 채 더욱 큰 설레임과 기대감을 가지고 2강을 듣게 되었다.

그 이유는 도쿄대학 명예교수님이신 고노시 다카미츠 교수님께서 강연을 해주시기 때문이다. 교수님은 아시아 공동체의 역사적 배경과 특징과 관련해서 강연을 시작하셨는데 역사적 배경에 대해 생각하는 것은 지금의 존재 이유를 찾는 것이라고 하셨다. 그리고 그것이 한자 세계(한자권)이라고 생각한다고 하셨다. 한자의 교통으로 성립되었던 것을 확인하는 것이라고 하셨는데 나는 이 부분을 좀 더 깊게 생각해보고자 한다. 이 열도에, 어느 단계에서 어떻게 문자(한자)가 들어와서 퍼져 나갔는가. 그것은 이 열도의 역사에 있어서, 어떻게 문화 세계가 형성되었는가 하는 바로 그 문제를 알고 싶어졌다. 발굴이 있고 새로운 자료가 발견 되거나 하면, 이것이 최초의 문자가 아닌가 하는 식으로 화제가 되기도 하지만, 그런 식으로 문제를 파악하는 방법이 문자의 본질에서 벗어난 것임이 아닐까 한다. 문자처럼 보이는 것이 새겨져 있다고 할지라도, 어쩌다 한 두 글자가 보이는 것만으로는, 문자가 당시 사회적으로 기능했었다고 하는 증거가 될 수는 없다고 본다. 중요한 것은, 문자가 사회적으로 기능하고 있는지 하는 점이다. 이러한 관점에서 말하면, 이 열도의 사람들이 문자를 접했던 것 자체는 기원전부터 있었을 지도 모르지만, 문자와 접촉하는 사이에 자연스럽게 문자를 사용하게 되었다고는 말할 수 없습니다. 단발적으로 문자를 써 보거나 하는 일은 있었을 수도 있으나, 그것과, 사회에 있어서의 문자라고 하는 것은 별개의 문제이다. 요컨대, 문자는 정치의 문제였다. 문자의 사용이란 결코 문자를 접하는 과정에서 자연 발생적으로 이루어진 것이 아닙니다. 문자(한자)의 교통을 구축하는 것으로써 곧 국가가 만들어진다. 그것이 7세기에서

8세기에 걸쳐 단숨에 이룩된, 문자의 문화세계의 형성이었던 것이다. 지금 생각하고자 하는 것은 그러한 문자세계의 형성이다. 그것은 정치의 문제라고 했습니다만, 한 발 더 나아가 말하자면, 그 문자세계는 고대 동아시아에 있어서 중국을 중심으로 한 하나의 문화세계가, 정치관계를 기반으로 한 문자(한자)의 교통으로 이루어진 세계 속에 있었다는 말이다. 이렇게 동아시아의 우리들은 언어와 문화의 고유성을 자명한 것으로 하여 시작하는 것이 아니라, 한자세계 속에서 살아왔다는 것에서 시작함을 확인하고자 한다. 그렇지 않다면 만들어진 고유성을 근거로 생각하며 계속 살아갈 수 밖에 없다. 결론은 아시아공동체라고 하는 문제 설정이 한자세계라고 하는 역사적 출발 위에 존재 한다는 것이다. 그리고 2강을 들으면서 내가 느낀 바 이 '아시아공동체론'이라는 강의가 단순히 새로운 관점을 제시하는 데 그치지 않고, 아시아 공동체를 연구의 기초로 하기 위한 문헌 처리와 분석의 기본을 익히는 것까지 포함하는, 실천적이고 기술적인 부분을 철저히 추구한다고 생각한다. 이른바 연구와 교육의 상호작용 안에서, 새로운 연구의 구체화를 도모하지 않으면 안된다는 생각이다. 따라서 이 강의는 실제로 각지에서 수업과 실습을 시도하여, 그 성과를 끊임없이 강의에 도입 조정하는 것을 목표로 하고 있다. 그로써 차세대 인물 양성에도 이어지게 할 수 있는 프로그램인 것 같다. 나아가 나 또한 이 강의 프로그램을 통해 차세대 인물로써 양성되길 바라고 있다.

アジア共同体の歴史的背景と特徴

2013年 3月 11日(月)

明治大学大学院特任教授・東京大学名誉教授 **神野志 隆光**

　わたしの話は、標題に「歴史的背景」とありますが、歴史をふりかえろう
というものです。

　歴史について考えることは、いまある所以をもとめることです。それは、漢
字世界(漢字圏ということもできます)として考えるということにつきます。もうす
こし丁寧に言うと、近代以前の東アジア(この 「東アジア」 という概念は、
欧米からの視点によることをわすれてはならないと思います。ただ、いまは
便宜的に用いることとします。李成市 『東アジア文化圏の形成』 山川出
版社、2000年)は漢字世界として成り立っていたことを見ようということで
す。漢字文化圏という言い方をしないでお話したいと思います。文化という
よりゆるやかに、漢字によってむすばれていることを見ようということです。文
化圏というと、各地域の文化的多様性を見えにくくさせてしまうので、私は
漢字世界という言い方をしたいと思います。

　漢字世界は、漢字の交通の空間と言うことができます。漢字を読み書
きすることによって成り立つ世界ですから、漢字の交通です。この漢字の

交通を通じて私達の東アジア世界は成り立ってきたのです。

　わたしは日本の古代文学を研究しています。ですから、本日、みなさんに古代日本のことを主にお話ししたいと思います。しかし、日本列島でおきたことは日本列島のみの問題ではなく、漢字世界の各地域、朝鮮半島や中国大陸でもおきたことなのです。そのような東アジア世界の問題として述べたいと思います。アジアの各地域の民族が固有性を持っていることは確かです。しかし、その固有性というものは、漢字世界という共通性の上にあったものとして見るべきです。固有性を、自明の前提にしてはじめることは正しいのでしょうか。民族の固有性はもとからあったものだと思われていますが、それを見直してみようと言いたいのです。

　今日みなさんにお話したいテーマは3つです。第一に漢字と政治、漢字を用いるのは政治の問題であったということです。第二に漢字学習と教養、漢字を学ぶことは教養を身につけねばならないということです。第三に固有性の発見、「発見」といったのは、民族の固有性は自明ではないからであり、漢字世界において発見されるものだということです。

　最初に「漢字と政治」と言いましたけれども、漢字が日本にどのように導入され、定着していったのかを、政治の問題として見るということです。日本列島でも、朝鮮半島でも、また、インドシナ半島でも文字をみずからの文明のなかに生むことがないままに、漢字のもとにとりこまれました。これについて、自然成長的に見るのではなく、漢字がもたらされたのも、それを自分たちの文字として用いるようになるのも、政治の問題であったことを明確にしておくべきです。

日本列島にそくしていうと、この列島の国家が「倭」と呼ばれて、中国王朝を中心とする政治関係のなかに組み込まれたのは、A.D.57年のことでした。後漢王朝が王として冊封したこと、その際に金印が与えられたことはよく知られています。王に任じられることによって中国王朝に対して朝貢の義務を負うことになるのですが、朝貢の際には印を使用した国書を携行しなければなりませんでした。つまり、中国王朝のもとに文字の交通のなかに組織され、文字を用いなければならなくなったということです。文字を用いることはこうしてはじまります。この以前から文字にふれたことはあったといえるかもしれませんが、文字が社会的に機能していたとは認められません。

　1世紀の段階で、日本列島の社会は未開ではありませんでした。固有の文明をもっていたことは、中国正史の記述からも認めてよいでしょう。しかし、文字をもつほどに成熟していたのではありませんでした。その文明の成熟とは関係なく、政治的関係が、強行的に、この列島を文字世界に組み入れたのでした。

　ですから、文字世界への組み入れと、日本列島の社会内部で文字を用いることとのあいだには時間差がありました。日本列島において文字を用いたと認められる資料は5世紀まで見いだせないのです。5世紀まで、文字は、社会の外部だけで用いられる特殊な技術に過ぎませんでした。

　5世紀には文字の内部化を明確に示す資料があらわれます。埼玉県稲荷山古墳出土鉄剣・千葉県稲荷台古墳出土鉄剣・熊本県船山古墳出土鉄刀の銘がそれです。レガリアである刀剣の上に王との関係を確認する文字を刻むものです。これも政治の場で機能する文字です。そして、7世紀後半には内部化は一挙にすすんで、列島全体に広く文字が浸透

し、文字による行政が行われていることが、木簡によってうかがわれます。さらに、8世紀初頭には律令国家を作り上げることにいたりつきます。言うまでもなく、成文法に基づき、文字によって運営される国家です。要するに、文字は、政治の問題でした。文字を用いることは、文字に接しているなかで自然成長的におこなわれるようになるといったものではありえません。文字の交通を作り上げることは、国家を作ることでした。

アジアにおいて、モデルは中国しかなかったので、中国帝国にならった古代律令国家は、いわばハードとしての道を前提とし、ソフトとしてのシステム、たとえば、戸籍とか出挙3)といったものの運用の普及・習熟とによってささえられた国家です。文字の習得はその基盤としてなければなりません。文字は政治の技術の根幹といってもよいのです。それは古代国家を見る基本視点であるべきです。

その文字習得・学習がどのようにおこなわれたか。それぞれの地域においてそれぞれにおこなわれたのですが、そこには共有される問題があり、地域間の技術交流もあったことがあきらかにされています。近年、その技術交流について、朝鮮半島と日本列島との資料をつうじて、より明確な認識となってきたといえます。

共有される問題といったのは、自分たちのことばとはべつの文字ですから、読み書きは外国語としてなされるよりほかありません。はじめは当然direct methodです。しかし、それだけでは普及はかぎられます。訳読法が、外国語学習の基本となるゆえんです。漢字で読み書きすることも、訳読によっておこなわれるようになります。政治的な必要性が、それをおし

---

3) 古代、農民へ稲の種もみや金銭・財物を貸し付け、利息とともに返還させた制度。

すすめるのです。

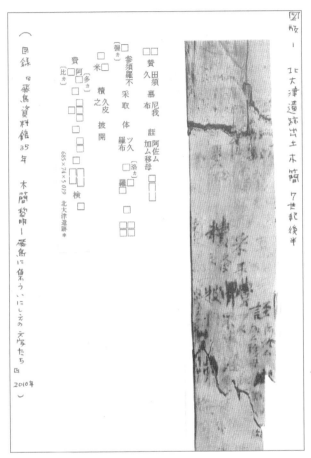

〔図版 1〕北大津遺跡出土木簡 7世紀後半

賛田須 暴布　　尼我　庄 阿佐ム 加ム移母
参須羅不 采 取 体 羅布
□□ 横之皮 披開
米
費

（図録『飛鳥資料館35年 木簡黎明―飛鳥に集ういにしえの文字たち』2010年）

685×74×5の19　北大津遺跡 車

<図版 1>

　日本列島における訳読による学習の実際が分かる資料をあげましたから、見てください(図版1)。7世紀後半の木簡(木に文字を書いたもの)　です。右下のほうに「言」と「至」とをあわせた字があります。通常「誣」と書かれるものです。その下に分かち書きで　「阿佐ム/加ム移母」　とありま

す。その漢字をアザムカムヤモ(漢字の音を用いて日本語をあらわしています)と読むことを示したものです。漢字を日本語に訳して理解したということをこの木簡で確認することができます。簡単に言うと、漢字という共通の文字を、各地域ごとに、例えば日本では日本語、韓国では韓国語、ベトナムではベトナム語の地域の言語で学習している姿です。

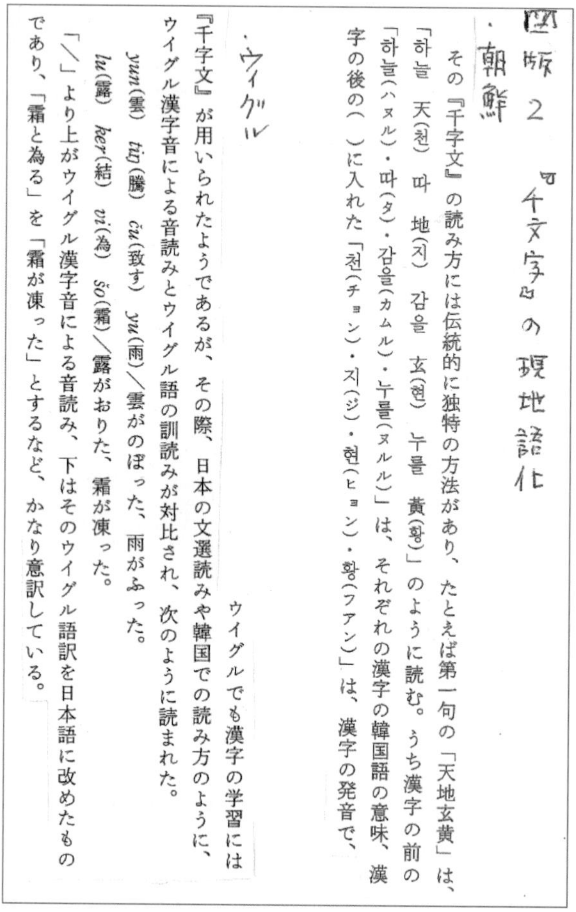

図版 2 「千字文」の現地語化

・朝鮮

その『千字文』の読み方には伝統的に独特の方法があり、たとえば第一句の「天地玄黄」は、「하늘 天(천) 따 地(지) 감을 玄(현) 누를 黄(황)」のように読む。うち漢字の前の「하늘(ハヌル)・따(タ)・감을(カムル)・누를(ヌルル)」は、それぞれの漢字の韓国語の意味、漢字の後の( )に入れた「천(チョン)・지(ジ)・현(ヒョン)・황(ファン)」は、漢字の発音で、

・ウイグル

ウイグルでも漢字の学習には『千字文』が用いられたようであるが、その際、日本の文選読みや韓国での読み方のように、ウイグル漢字音による音読みとウイグル語の訓読みが対比され、次のように読まれた。

yüan(雲) tiŋ(騰) čü(致す) yu(雨)／雲がのぼった、雨がふった。

lu(露) ker(結) üi(為) ṣo(霜)／露がおりた、霜が凍った。

「乀」より上がウイグル漢字音による音読み、下はそのウイグル語訳を日本語に改めたものであり、「霜と為る」を「霜が凍った」とするなど、かなり意訳している。

<図版 2>

そのような学習法がアジア全般に渡って行われていた、韓国・日本・ベトナムなどで行われたということを資料で示しましょう。朝鮮時代の『千字文』を見ても、漢字の下にハングルで意味と読み方を書いています(参照、金文京、『漢文と東アジア』、岩波新書、2010年。図版 2)。これは現地語で漢字を習得している、さっきの日本の学習法とおなじであることがわかります。このように現地語で漢字を学習している例を、別の視点でみてみたいと思います。

　朝鮮時代におこなわれた「諺解」という、漢籍の学習・解説テキストの類があります。そのことを聴いたことがありますか。その「諺解」はどういうものだったかというと、ハングルによって漢文を解説しています(図版3)。今から100年前の江戸時代に行われた『詩経』(『毛詩』)の日本式諺解も、資料にあげました(図版3)。漢字・漢文の学習が、各地域固有の言語で行われていたとともに、「諺解」のようなやりかたを技術として取り込んでゆく(技術交流、といってよいでしょう)ということが確認できます。

　私がここで大事だと言いたいのは、漢字をアジア世界が共有することによって、その漢字を各地域の固有語で学習しながら教養を形成し、共通した社会の枠を作っていくということです。

図版 3 「諺解」

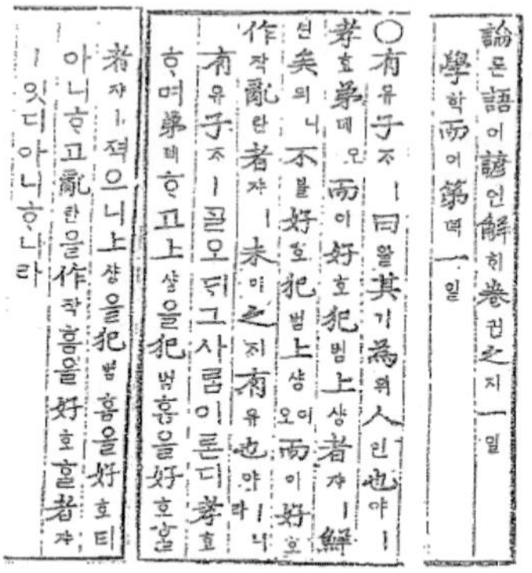

図 15 『論語諺解』

諺解——ハングルと漢字による翻訳

ところでこのように音読、直読しただけでは、むろん原文の意味はわからない。そこでこれをさらにハングルと漢字による朝鮮語に翻訳した「諺解」が行われた。「諺」は方言、ここでは朝鮮語またはハングルを意味し、「諺解」とは漢文のハングルによる解釈のことである。図15の『論語諺解』では、○以下が本文の音読、直読に助辞を入れたもの、そのあと一字下げて書いてある部分が諺解である。その諺解部分を日本語になおすと、

有子がのたまわく、そのひととなりが、孝であり弟であり、上を犯すを好む者はすくないので、上を犯すを好まずして、亂(乱)を作すを好む者はいないのである。

<図版 3>

あらためて言いますが、『千字文』は中国本土で作られ、そこにいた人々が学習するためのものでした。漢語がしゃべれるからといって、漢字・漢文が書けるとは限りません。文字は文字で勉強しなければなりません。中国人だからといって、文字を学習せずに文章が書けるわけではあり

ません。韓国や日本も各々固有の言語がありますが、書くことは漢字を学習することによってはいめて可能となります。ただ、中国では文字学習のテキストは『千字文』から『三字経』という別の本に変わりますが、韓国や日本はずっと『千字文』で学習しています。

　次にお話したいことは、その学習は、単に字を学習するわけではないということです。教養というのがぴったりだと思うのですが、そのことについてお話したいと思います。みなさんもわかると思うのですが、漢字を一字ずつ学習したからといって漢文が書けるわけではありません。ハングルも文字のみを一つずつ勉強したとしても、話している単語を明確に書くことは難しいです。ハングルの場合はしようとしたら不可能でもありませんが、字音の音便があるなどの変化もあります。

　文字の学習は、一つずつ単発的に字形と意味とを覚えるというようなものではありません。その字をどう用いるか、その字において積み重ねられてきたもの(用例と典故) を学ぶ必要があります。ひとつひとつの字をそれだけ知っていても、読み書きはできません。

　『千字文』 が、文字学習の教科書でしたから、これをとりあげて言いましょう。『千字文』 は知っている通り基本漢字を千字学習するためのテキストですが、4字でひとつの句(フレーズ、意味のあるまとまり)を作ります。『千字文』の最初の句は「天地玄黄」です。そこに注をつけて学びます。注は基本的な典籍を引用してなされます。たとえば、図版4を見てください。「天地玄黄」には、「『易経』には、天は玄(クロ)く、地は黄なりとある」と注をつけています。天の色は黒く、地の色は黄色いという意味ですが、『易経』にある文を引用していますから、この注を通じて、基本となる典籍の例文と

ともに学習することになります。『千字文』 の成立は6世紀前半ですが、6世紀後半になると注が付けられるようになりました。つまり、『千字文』は、作られてから間もなく、注とともに学ぶものとなったのです。

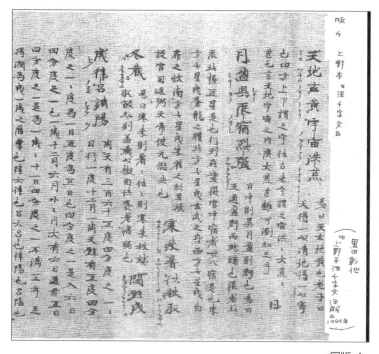

<図版 4>

次は、日本の古代の宮都遺跡から発掘された木簡です(図版 5)。7世紀末〜8世紀初のものです。一番右のものa は、おなじ字を何度も書いていて、習書(文字の練習) のあとを見ることができます。何を書いてあるかというと、『論語』の一節です。「公冶長」のなかの「糞土墻不可杇也」という句を書こうとしたものです。その一句の文字通りの意味は「腐った土

で築いた牆は上塗りができない」ということですが、心根の腐った人物には教育も無駄だという、弟子の宰予に対する叱責のことばです。教師の嘆きはいまも昔もかわりません。bも『論語』で、cとdは『千字文』の例文で字の練習をしたということです。

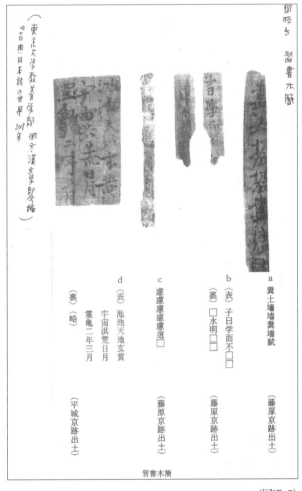

図版5　習書木簡

（東京大学教養学部 国文・漢文学部会編
『古典日本語の世界』2007年 ）

a
糞土墻墻葉墻賦
（藤原京跡出土）

b
（表）子曰学而不□□
（裏）□水明□□
（藤原京跡出土）

c
慮慮慮慮道□
（藤原京跡出土）

d
（表）池池天地玄黄
宇宙洪荒日月
霊亀二年三月
（裏）（略）
（平城京跡出土）

習書木簡

〈図版 5〉

また、字書についてもいっておく必要があります。古代の代表的な字書として、6世紀に成立した『玉篇』をとりあげます。この『玉篇』は中国で作られたもので、もう中国ではうしなわれてしまいましたが、日本に残っています(全部ではありません)。資料として掲げたのは、その一部を取り出したものです(図版 6)。小さな字はその字の注釈です。その字の音と、それがどの典籍にどのようにでてくるのか(例文)を示したものです。

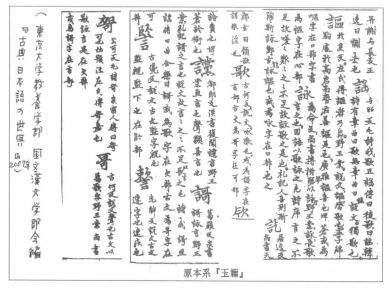

原本系『玉篇』

<図版 6>

　まず右の端に「謡」という字があるのを見てください。その下の注に、「与昭反」とあるのは、この字がヨウという音であることを示します。そのあとに「毛詩我歌且謡伝曰徒歌曰謡」とあります。「毛詩」とは『詩経』のこと、そこに「我歌且謡」とあるといって引用するのです。この文の意味は、私は

歌いかつ謡う、ということです。ただ、「歌」と「謡」とは似ているようですが意味が違います。「伝」というのは、『詩経』の古い注です。それが、「謡」は「徒歌」、つまり、楽器の伴奏を伴わない歌だというのを引きます。では「歌」はどういう意味かというと、この字書の「歌」の字のところものこっていますが、そこには「或為謌字在言部」、つまり、「謌」のかたちにすることもありこれは言の部に載せてあるといいます。「謌」はたしかにあって、そこには 「詩我謌且謡伝曰曲合楽曰謌或為歌字在欠部古文為哥時在可部」とあります。おなじ「詩」(『詩経』)の例文「我謌且謡」をあげます。「謌」(「歌」)や「謡」については、この『詩経』の文が、記憶するべき大事な基本的な文例だと学ばれます。そして、さらに、「謌」(「歌」)について「伝」を引用しています。曲の楽に合わせるのが謌だというのです。つまり、楽器の伴奏を伴うものが「謌」(歌)だということです。また、「謌」「歌」「哥」というかたちがあるということも学びます。

　この『玉篇』で一番大事なことは、その字が実際どの文章で使われているかという例文を載せることです。その字が使われた一番重要な例文、一番基本的な用例として、この場合は『詩経』をあげます。『詩経』などのもとの典籍を一々読まなくとも、このような、多様な字書の例文で学習することができます。その学習が蓄積されてゆきます。これを表現するのにふさわしい言葉は「教養」です。

　こうして、各地域の固有語で漢字・漢文を学習してゆきますが、それを通じて蓄積されてゆく教養は共通のものです。それが、東アジア全体に共通性を付与します。その東アジア共通の教養の基盤のうえにあるのが漢字

世界です。江戸時代に、朝鮮通信使と、日本人とお互い言葉が通じないため、漢文を書いてやりとりをしたということはよく知られています。そういうことができたのは、教養の基盤が共有されていたからであり、共通の文章語として漢文が共有されていたからです。

　各地域で固有の言語で漢字・漢文を学習しましたから、各地域の固有性をたもちながら、漢字世界の作る教養を基盤として共有しているのでした。これを図式化してみました。図版7を見てください。この図は日本における教養の基盤についてのものですが、韓国でもベトナムでもおなじだといえます。

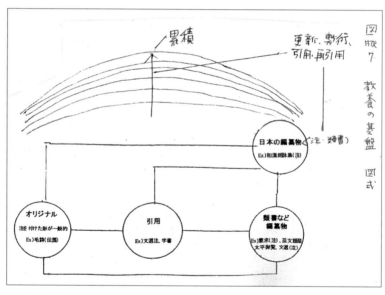

<図版 7>

　そうした漢字世界の教養の基盤のうえに、固有性を見出すととらえるべき

です。つまり、固有性を見出すことも、漢字世界においてありえたものだということです。大事なのは、共有される教養の基盤のうえにあったひとつの漢字世界＝東アジア世界の、それぞれの地域において、漢字によって、みずからの固有性(もとよりあったもの)をあらしめるということです。固有性というのは、見出されたものだと考えるのです。

　口誦のもの自体において固有性としてみずからをあらわし出すことはありえません。固有性は即自的にはありえないものです。ひとつの漢字世界にあるなかで、その普遍性(一般性)に対して固有性として見出されるのです。

　訓読によってことばを作りだしながら読み書きの空間を成り立たせたとき、はじめて固有のことばへの自覚をもちます。それとともに、そのことばにおいてあったものとして自らを見出し、それを漢字によってあらわしだすのです。訓読についていわねばならないことは、訓読のことばは、生活のことばとは異なる、作られたことばだということです。つまり、訓読することが、読み書きのためのことばを作ることであったということです。

　近代の翻訳文体のことを考えればわかりやすくなります。ただ、古代はそもそも読み書きということがなかったところで漢文を訓読するのですから、それが、書きことばのかたちそのものをあたらしく作ることだったのです。漢文にあわせて読むことがそのまま表現のかたち、書きことばとなっていって、現実の生活のなかで話されていた生活のことばとは別なものを作ります。

　自分たちのことばのうえに対応する漢字をのせてゆくことが、一字一音でそのままことばを書いたり、仮名と訓字とを交用して「と」などの助詞を仮名で書いたりして、漢字に慣れればそんなふうにできたのではないかと考えたくなるかもしれません。しかし、そうしたものではなかったのです。一字一音で

書けば、ことばをそのままうつして書けるといわれるかもしれませんが、そうではないことは、よく知られた正倉院仮名文書に見るとおりです。その手紙のかたち自体も、そこにつかわれたことばや表現も、漢文を読むことによって作り出したものによっていると見られます。そうしなければ書くということはありえなかったのです。

　一般化していえば、あったものをそのままうつして文字にするのではなく、訓読を通じて作られたかたちとことばのうえに書くのです。たとえば、系譜記事は、男は娶、女は生子、というかたちとなるのが『古事記』の定型ですが、この男性原理の結婚表現は、妻問い婚の現実の生活のなかにはありえなかったと見られます。メトルという訓読によって作られた結婚表現ともども、男性原理の系譜的関係付けそのものが訓読によって得られたものなのです。それは、あったもの・伝えられたものであるかのように書かれますが、もとよりあったのではなく、テキストにおいて作られたのです。物語についてもおなじとらえかたが必要です。

　あらためて、固有性は、漢字によって見出されるのだといいましょう。日本においては、固有性としてもっとも重要なものは歌でした。歌を見出したのは『万葉集』(8世紀末の成立といわれています)です。

　『万葉集』についていえば、歌が作られつづけてあった、文字以前から作られたものも伝えられてきた、それらを集積して、『万葉集』となったというのが、いまも一般的な理解だといってよいでしょう。たしかに『万葉集』は、仁徳天皇、雄略天皇時代の古い歌をふくみ、人麻呂歌集などの歌集を組み込み、東国の人々の歌までおさめています。長い歴史をもち、列島全体に等しく歌がゆきわたっているのが、自分たちが固有にもっていた歌

(固有のことばによる文芸) だと示しているといえます。しかし、『万葉集』は、あった歌を集めたのではなく、そのように歌の世界をあらしめたのだというべきです。

　念のためにいいますが、歌はもとよりあったでしょう。歌人たちもいたでしょう。そのこと自体を否定しようというのではありません。しかし、歌を固有のものとして位置づけ、自己の文化として、『万葉集』があらしめたものと、実際あったかもしれないものとは異なります。あったかもしれないものを、『万葉集』を通じて考えることはできないといいたいのです。『三国遺事』の「郷歌」にもおなじ見方が必要ではないでしょうか。

　『万葉集』が作る歌の世界において、固有のことばにおいてあった歌が見出され、確認されるのです。『万葉集』は、漢字世界のなかで固有性を発見し、自己を確証する営みなのです。

　固有のことばをもって生きてきたのであり、そのなかで文字以前に伝承世界があったと想定することが、日本でも韓国でも、文学史の一般的認識となっています。しかし、古代文学は、口誦をもとにするのではなく、伝承世界をあったものとしてあらわしだしたのだというべきです。口誦や伝承の世界にはじまりをもとめたあれこれの論議は、文字テキストを投影したにすぎません。そもそも、文字テキストから口誦の世界を考えるのは筋違いというべきです。

　こうして、わたしたちは、自分たちの言語や文化の固有性を自明の前提としてはじめるのではなく、漢字世界のなかに生きていたということにたってはじめるべきだと言いたいのです。そうしなければ、民族の固有性(固有の

言語と固有の文明)をもとに考えることは、刷り込まれたまま生きつづけるでしょう。さきにあげた李成市『東アジア文化圏の形成』は、「いま東アジア文化圏の形成を語ることがいったいどのような意味をもつのか、を考えない「東アジア文化圏の形成」などありえないのである」と結ばれています。「東アジア文化圏」という提起が、1950年代の、国家・民族の独立をもとめる実践的政治的課題にかかわっていたことをふりかえりながら、「東アジア世界」という問題設定にたつことの自覚を問うたことばです。

わたしは、「アジア共同体」というとき、漢字世界という歴史的出発をもつ東アジア世界という問題設定にたつことが必要だといいたいのです。

現在の私達は近代国民国家が作り上げた制度としての価値観・アイデンティティ(固有の言語、文化を前提とします)のような束縛から脱皮するべきであると思います。束縛から逃れ、自由になるためにみなさんにこのような話をしているわけです。

フォン・ミン
韓国語文学部

　第1週目の講演のときめきを残したまま、さらに大きなときめきと期待感を抱き2講座目を受講することになった。その理由は、東京大学名誉教授である神野志隆光教授が講演されるためであった。教授はアジア共同体の歴史的背景と特徴を関連つけて講義を始められたのだが、歴史的背景について考えていることは、現在の存在理由を探すことだと述べられた。そして、それは漢字世界（漢字巻）だという考えを述べられた。漢字の交流として設立された場所は学院という場所だということなのだが、私はこの部分について、もう少し深く考えてみることにした。この列島にどの段階でそのような文字（漢字）がやってきて広がり出て行ったのだろうか。それは、この列島の歴史にあり、どのような文化世界が形成されたのか、すぐにその文体を知りたくなった。発掘された新しい資料が発表され、これが初めての文字ではなかったという話題になったのだが、そのように文体を把握する方法が文字の本質ではないのか。文字のように見えるものは、その場所に深く刻まれていても、ひとつふたつの文字が見られるということだけでは、文字が当時社会的に機能していたという証拠にはなり得ないのである。重要なことは文体が社会的に機能していているかいないかという点だ。このような観点から言うと、この列島の人々が文字に触れていたということ自体は、紀元前からであったのかもしれないが、文字と向かい合っている間に自然と文体を使用するようになったというわけではない。単発的に文字を書いてみたりしたことがいえるのだが、これと、社会に存在した文字だということは別の問題だ。要するに、文字は政治の問題だったのである。文字の使用は決して文字に接する段階で自然発生したものではない。文字（漢字）が往来することで、まもなく国家が築き上げら

れたのである。これは7世紀8世紀に及び一挙に成し遂げられ、文字の文化世界の現象であったということだ。今考えてみようとしていることは、そのような文字世界の現象である。それは、政治問題だといえるがさらに踏み出してみると、その文字世界は古代東アジアにあって、中国を中心としてひとつの文化世界が政治関係を基盤として、ひとつの文字(漢字)の行き来が成り立った世界中にあったということである。そのように東アジアの我々は言語や文化の共有性を自明して始まったものではなく、漢字世界の中で生き抜いた場所にその始まりを確認しようとする。そうでなければ、作られた固有性を根拠に考えてみると、ずっと生きていくしかないのである。結論はアジア共同体という問題設定が、漢字世界という歴史的出発の上に存在していたということである。そして、2講義目を傾聴しながら、私が感じたことは'アジア共同体'という単純で新しい観点を提示したときが終わりではなく、アジア共同体を研究の基礎とするために文献処理や分析の基本を身に着けることまで含める実践的で技術的な部分を徹底して追求することだと思う。いわゆる、研究や教育の相互作用の中に新しい研究の具体化を図らなければいけないと思う。したがって、この講義は実際に各地で授業や実践を指導しており、その成果を絶え間なく講義で導入する調整をすることが目標であるといえる。この時代の人物に養成にもつながるようなプログラムのようなものある。前進する私が同様にこの講義プログラムを通じてこの時代の人間として成長できることを願う。

대중문화를 통해서 본 아시아의 사회·문화의 변용

일본 메지로대학 부교수

김 향 숙

대중문화를 통해서 본 아시아의 사회 · 문화의 변용
- 일본의 한류 붐을 중심으로

2014년 3월 18일(월)

일본 메지로대학 부교수 **김 향 숙**

햇볕 따뜻한 봄날 이렇게 멋진 새 캠퍼스에서 작년에 이어 두 번째로 강의하게 되어 아주 기쁩니다. 안녕하세요. 방금 소개받은 김향숙입니다.

오늘 저의 강의 주제는 대중문화를 통해서 본 아시아의 사회, 문화의 변용입니다. 주로 일본에서의 한류 붐을 중심으로 제 경험을 섞어서 이야기하겠습니다. 왜 일본에서의 한류 붐을 중심으로 하느냐 하면, 요 10여 년 동안 일본에서 한류가 열광적인 인기를 끌면서 사회, 문화에 이르기까지 다양한 변화가 일어났고, 그것이 아시아 전역으로 파급되었기 때문입니다.

아시아는 약 50여개의 지역과 국가로 이루어져 있으며 세계인구의 약 60%가 거주하는 인구밀도가 가장 높은 지역입니다. 또한 민족, 종교, 문화, 언어, 정치체제, 경제력이 저마다 다르고 차이가 있습니다. 이러한 다양성과 복잡성 때문에 아시아의 여러 지역에 존재하는 문화적 장벽을 극복하는 것은 쉬운 일이 아니라는 지적이 있습니다. 그런가 하면 아시아에서 경제적 통합은 가능할 지 몰라도 사회적, 정치적 통합은 어렵다는 주장도 있습니다. 그러나 근래에 한류를 통하여 아시아의 각 지역의 인적 교류가 확대되었고 사회, 문화 그리고 가치관의 변용마저 생겼습니다. 저는 이 한류가 아시아의 다양한 지역과 국가가 하나의 열린 지역공동체로 나아가는 데 중요한 역할을 하고 있다고 생각합니다.

여러분들은 오늘 제 이야기를 들으면서 문화를 통해서 타자를 이해하고 타지역과 타국에 대해서 관심을 가지는 것이 얼마나 중요한 일인가를 생각해봐 주시기 바랍니다.

그럼 먼저 일본지역의 한류 붐에 대해서 살펴보기 전에 한류가 처음 시작된 중화권 지역부터 간단하게 설명 드리겠습니다.

중국에서는 1992년 한국 TV 드라마 『질투』가 방영되었습니다. 그러나 이때는 중국과 한국의 사회 · 문화 차가 너무 커서인지 거의 주목받지 못했습니다. 그 뒤 1997년 중국 중앙TV에서 『별은 내 가슴에』, 1999년 『사랑이 뭐길래』가 방영되었고 『사랑이 뭐길래』는 시청률 4.3%를 기록했습니다. 유교적이고 전통적인 가부장제의 가족 이야기가 중국인들에게 신선하게 다가와 공감을 불러일으켰다는 평을 받은 『사랑이 뭐길래』는 중국에서 한류의 시작점으로 평가받고 있습니다. 그런 가운데 최근 방영한 『별에서 온 그대』는 중국에서 한류가 인기의 절정임을 잘 보여주고 있습니다. 또한, 중국과 대만에서는 댄스음악을 중심으로 한 K-pop이 인기를 얻었는데 대표적인 것이 H.O.T.와 클론이었습니다. 특히 클론은 대만에서 먼저 인기를 얻은 후 중국에서도 인기를 얻었습니다.

한편 동남아시아에서는 드라마나 K-pop이 아니라 한국 상품의 인기를 한류로 여기는 것 같았습니다. 요 몇 년 동안 동남아시아 여러 곳을 다니며 느낀 것도, 한국의 기업이나 브랜드명과 다양한 한국 제품이 일반 시민에게까지 널리 퍼져있다는 것입니다. 그러나 한류 즉 한국의 대중문화를 즐기고 소비할 수 있는 사회적 여건을 아직 갖추고 있지 않은 경우가 많습니다. 예를 들면 동남아시아 여러 지역에는 영화관이 없는 곳이 많을 뿐만 아니라 대규모 콘서트를 열 수 있는 시설이 없거나 TV의 드라마 방송시간대가 짧습니다. 다시 말하면 한국의 대중문화에 직접 접할 기회가 아주 제한적이기 때문에, 그 대신 쉽게 접하고 소비할 수 있는 한국제품을 한류로 인식하고 있는 경향이 있다는 것입니다.

그에 반해 일본의 경우는 다양한 장르에서 한류가 붐을 일으켰습니다. 한국의 영화, 드라마, K-pop, 음식, 패션, 미용, 화장품 등 그야말로 한류 종합백화점이라고 할 수 있습니다. 특히 드라마는 현대부터 사극에 걸쳐 폭넓게 인기를 누리고 있으며 사람들의 취향이나 생활방식에 이르기까지 많은 영향을 끼치고 있습니다. 이런 의미에서 일본은 '한류 붐의 중심지'라고도 불리며 한류에 대해서 말할 때 일본을 빼놓을 수 없습니다. 한국과 일본은 지리적으로나 역사적으로 가까운 관계에 있으므로 다른 그 어떤 나라보다도 서로 영향을 주고받기 쉬운 환경이기에 한류 붐이 일어났다고 생각합니다.

오늘 이야기의 흐름은 첫째, 한류 붐의 변천. 둘째, 한류 붐의 배경. 셋째, 한류 붐과 아시아의 사회·문화의 변용입니다.

첫 번째 한류 붐의 변천에서 한류 변천의 시대구분은 대략 다음과 같습니다.

0	한류 붐 이전	
1	제1차 한류 붐(발단)	1998년~
2	제2차 한류 붐(확대)	2000년~
3	제3차 한류 붐(고조)	2003년~
4	제4차 한류 붐(심화)	2005년~
5	제5차 한류 붐(첨예)	2010년~

이와 같은 시대구분은 제가 일본에서 유학하며 지낸 기간과도 겹치는데, 저는 이 기간에 한류 붐의 발생과 변천을 실제로 보고 느꼈습니다. 저는 현재 일본의 메지로 대학교의 외국어학부 한국어학과에서 한국어와 한국문화에 대해서 가르치고 있습니다. 메지로 대학교는 4년제 대학으로 한국어학과로는 동경 도내 중심부에 있는 유일한 학교이며 한류 붐을 상징하는 거리로 유명한 한류타운 신오쿠보와 가까운 곳에 있습니다. 지금도 많은 학생이 입학을 희망하고 있습니다만, 한국어학과 개설과 발전도 한류 붐과 깊은 관계가 있다고 생각합니다. 올해 입시상황을 보더라도 언론에서 보도하는 '혐한'의 영향은 거의 없고 학생들의 모습에서도 한류 붐이 식었다는 생각은 도저히 할 수가 없습니다. 그럼 지금부터 앞서 말씀드린 한류변천 시대구분에 따라 일본에서의 한류 붐을 시기별로 구분하여 살펴보겠습니다.

우선 한류 붐 이전 단계를 보겠습니다. 일부 학자들은 일본에서 한류 붐이 일어난 것은 최근의 일이 아니고 아주 오래전부터라고 말합니다. 예를 들면 고대에는 모든 문명과 문물이 중국에서 한반도를 거쳐 섬나라인 일본으로 전해졌으며 일본의 전통문화로 알려진 것의 대부분이 사실은 한국문화 즉 한류라고 주장하는 것입니다.

그런데 대중문화란 많은 대중이 즐길 수 있는 문화를 가리키는 것입니다. '대중'이라는 존재 자체가 근대의 산물이고 근대이전의 봉건사회에서는 엄격한 신분제도가 있어 문화를 즐길 수 있는 것은 소수의 왕족이나 귀족들 뿐이었습니다. 특히 근대이전에 문화생활을 누리려면 돈과 시간이 들기 때문에 날마다 힘든 노동으로 바쁜 서민은 즐길 수 있는 여유가 없었던 것입니다. 대량생산의 시대가 된 근대에 들어와 비로소 불특정다수의 서민이 동시에 즐길 수 있는 문화가 발달합니다. 20세기 이후에 발달한 영화, TV 드라마, Pops 등이 대중문화의 대표적인 것이라 할 수 있습니다.

이러한 관점에서 본다면 소위 한류 붐 이전, 즉 근대이전에 일본에 소개된 한국문화는 한류라고 보기 힘듭니다. 현대에 들어와서 제1차 한류 붐 이전까지는 주로 정치, 외교적인 교류의 일환으로써 한국문화가 소개된 경우가 많았기 때문에 이것도 역시 '한류'라고 말하기는 어렵습니다. 그래서 저는 오늘 강의 내용에 소위 한류 붐 이전에 소개된 한국문화는 제외했습니다.

그럼 오늘의 주제인 '한류'에 대해서 우선 그 뜻과 기원에 대해서 살펴보겠습니다. 현재 '한류'는 영어로 'Korean Wave', 또는 한국어 발음대로 'Hallyu', 최근에는 'K-Cultures'로도 불리고 있습니다만, 거슬러 올라가면 1999년에 중국의 『북경청년보』에 '韓流'라고 쓰인 것이 그 처음이라고 합니다. 그해 한국 드라마『사랑이 뭐길래』가 높은 인기를 얻었는데 이 드라마를 소개할 때 '한국의 유행이 몰려오고 있다'는 의미로 '韓流'라는 표현이 사용되었고, 그 후에 한국의 대중문화 그 자체를 지칭하게 되었다는 것입니다.

흥미로운 것은 '韓流'라는 말이 1997년 대만에서 이미 사용되고 있었다는 것입니다. 다만 그것은 대만과 한국 제품의 가격경쟁에 관해서 설명할 때 차가운 물처럼 몰려오는 한국경제(제품)를 가리키는 의미로 사용된 것으로, 중국어 발음이 같은 '韓流'와 '寒流'를 겹쳐서 만든 말이었습니다. 그러니까 '韓流'는 처음에는 대만 경제를 위협하는 존재라는 의미가 담겨있는 경제용어로 사용되었다는 것입니다.

그리고 대중문화로서의 한류 발생을 살펴보면 1997년 아시아통화위기와 관련이 있다고 합니다. 그때 한국은 IMF로부터 막대한 금융지원을 받았습니다. 한국정부는 공산업 제품만으로는 국제경쟁에서 이기기 어렵다고 판단하여, 영국이나 프랑스와 같이 문화를 수출산업으로 하는 정책 기조를 정하고 대중문화진흥을 장려하였습니다. 그 결과 1990년대 말부터 2000년대 전반에 걸쳐 영화와 드라마, K-pop이 다수 제작·발표되어 중화권과 동남아 그리고 일본 등으로 수출되었는데, 앞서 말씀드린 대로 중화권을 시작으로 일본지역에서 큰 붐을 일으키게 됩니다.

그럼 다음으로 일본지역에서의 한류 붐에 대해서 구체적으로 살펴보겠습니다.

첫 번째 1998년부터의 제1차 한류 붐인 발단기입니다.

1998년 10월 김대중 대통령이 일본을 공식 방문하여 일본의 대중 문화 개방정책을 발표합니다. 이에 화답하는 형태로 일본의 공영방송 인 NHK가 매년 연말 고정 인기 프로그램인 「홍백가합전」에 김연자, 조용필, 패티김 등 한국 가수를 출연시켰습니다. 그 이전에도 「홍백가 합전」에 한국 가수가 출연한 적은 있었습니다. 예를 들면 1987년부터 1995년까지 외국인으로서는 처음으로 조용필이 5번이나 출연했습니 다. 이뿐만이 아니라 조용필은 1983년부터 일본 전국을 돌며 콘서트 를 열었고, 1984년에는 『돌아와요. 부산항에』, 1986년에는 『추억의 미아』가 각 100만 장 이상씩 팔려 두 번의 골든디스크상을 받았습니 다. 「홍백가합전」에 총 3번이나 출연한 김연자나 연속 7번이나 출연 한 계은숙도 일본가요계에서 큰 상을 받았고, 많은 일본인으로부터 실 력 있는 엔카 가수로 인정받았습니다. 그리고 이들 한국 가수가 일본 어로 부르는 노래를, 일본인들이 가라오케에서 열심히 따라 불렀습니 다. 고국이 그리운 재일한국인에게 이들 한국 가수는 정신적인 아이돌 이었습니다. 한국 가수들의 활약, 그리고 일본 가수에게는 동경의 무 대인 「홍백가합전」에 출연하여 노래를 부르는 장면이 많은 일본인에게 감동을 주었고, 한국 대중문화가 주목받는 계기가 되었습니다. 그러나 이것은 어디까지나 정책적인 배려에 의한 부분이 많았기 때문에 아쉽 게도 한국문화에 흥미를 느끼는 계기까지는 되지 못하였습니다.

두 번째 2000년부터의 제2차 한류 붐인 확대기입니다.

이 시기에 집중적으로 한국영화가 소개되면서 한류 붐이 확대되었 습니다. 그 계기는 『쉬리』였습니다. 이 작품은 1999년 한국에서 상영 되자마자 6백만 관객을 기록하는 대 히트작이었으며 일본에서도 전국

150개 영화관에서 동시 상영되어 연 130만 명의 관객을 기록했습니다. 당시 일본 연예계에서 왕성한 활동을 하며 인기투표에서 매번 1위를 하던 SMAP의 멤버 구사나기 츠요시는 연예인으로서의 자신의 이상형으로 쉬리의 주연배우였던 한석규 씨를 들 만큼 각계각층에서 열광적인 반응을 보였습니다. 같은 해 11월에는 한국영화 여섯 작품이 동시에 상영될 정도로 일본인들의 주목을 받았습니다.

한·일월드컵 공동개최를 앞둔 이 시기에 일본에서 한국영화가 다수 상영된 것은 정책적인 면이 없다고 할 수는 없지만, 배급영화사 '시네카농'의 역할 또한 컸다고 할 수 있습니다. '시네카농'은 1990년대 초반부터 일본에 한국영화(임권택 감독의 『서편제』와 『태백산맥』)를 소개하고 1999년에는 '네오 한국영화제'를 개최할 정도로 한국영화 소개에 적극적이었습니다. 왜냐하면, 일본에는 마니아를 위한 소규모 극장이 많이 있는데, 영화 마니아를 위해 세계각지에서 다양한 영화를 수입해서 상영했습니다. 그러나 일본경제의 장기침체와 일본인의 취향 변화로 인해 소위 구미영화를 공급하여도 관객동원이 활발히 이루어지지 않았고, 구미영화를 대신하여 한국영화에 관심을 두는 사람이 많아졌습니다. 시네카농은 이러한 시대의 니즈와 사람들의 취향에 맞춰 적극적으로 한국영화를 수입 배급했습니다. 그런 과정에서 『쉬리』가 큰 히트를 하게 된 것입니다.

일본에서의 한류 붐이 다른 나라처럼 드라마나 가요가 아니라, 영화에서 시작된 이유는 1990년대 말부터 2000년대 초반까지 일본 드라마와 J-pop의 전성기였기 때문에 한국 드라마와 K-pop에 대한 평가는 상대적으로 낮았습니다. 그 당시 다수의 일본인이 한국 드라마나

K-pop은 일본이나 미국의 흉내를 내고 있을 따름이라고 여기고 있었습니다. 이에 반해 일본의 영화계는 침체기로서 영화를 제작할 여력이 없었습니다. 많은 영화관을 유지하려면 예술성이 높고 화제가 풍부한 영화를 상영 배급해야 하는데 한국영화는 이런 조건을 다 갖추고 있었던 것입니다. 이런 이유로 2000년대 전반에는 『텔미썸씽』, 『박하사탕』, 『JSA 공동경비구역』, 『미술관 옆 동물원』, 『엽기적인 그녀』등 한국영화가 연이어 소개되었습니다. 이러한 과정으로 다수의 일본인이 한국영화에 관심을 두게 되었고 영상을 통하여 당시의 한국사회와 젊은이들의 일상생활에 관심을 끌게 되었습니다. 다시 말하면 한국영화를 통하여 처음으로 한국인과 한국문화에 대한 관심과 이해가 깊어졌다고 할 수 있겠습니다.

세 번째 2003년부터의 제3차 한류 붐인 고조기입니다.

이 시기는 한류 붐의 고조기라고 할 수 있습니다. 2002년 월드컵 공동개최를 성공한 후, 찾아온 것이 『겨울연가』였습니다. 2003년 NHK에서 6개월에 걸쳐 심야 방송되었고 인기를 얻어 같은 해 12월 위성방송을 통해 재방송되었습니다. 그 후 누구나 쉽게 볼 수 있도록 지상파로도 방송해 달라는 요청이 쇄도하여, 2004년 4월부터는 일본어로 더빙되어 방송될 만큼 큰 인기를 얻었습니다. NHK라는 공영방송이 『겨울연가』를 수차례 반복해서 재방송한 덕분에 한류 붐이 정착되었다고도 할 수 있습니다. 그 후 NHK는 『아름다운 날들』, 『올인』 등을 방송하면서 한류 붐이 한층 더 확대되었습니다. 그 후 2004년 12월의 「홍백가합전」에는 BOA, RYU, 이정현 등이 출연하여 드라마의 주제곡과 삽입곡을 불렀습니다.

또한, 이 시기에는 일본의 프로야구, 축구 리그전에서 한국 출신 선수의 활약이 눈에 띄었습니다. 비슷한 시기에 한류 에스테·코스메·다이어트 등의 인기도 높아지고, 「동방신기」, 「BIGBANG」 등 K-pop 그룹도 눈부시게 활약했습니다. 『겨울연가』가 인기 있을 때는 중장년 여성 팬이 압도적으로 많았습니다만, 한류 장르의 확대로 젊은 팬이 늘어났습니다. 제가 일본의 대학에서 한국어·한국문화에 대해서 가르치기 시작한 것도 이때였는데 한국어 수강자가 급증하며 한국 관련 과목이 증가한 시기입니다. 저는 당시 학생들의 생기발랄한 모습에서 한류 붐의 확산을 실감할 수 있었고 한국에 대해서 공부하고 관심을 두는 일본인이 비약적으로 불어나는 것을 매우 기쁘게 여겼습니다.

네 번째 2005년부터의 제4차 한류 붐인 심화기입니다.

이 시기의 새로운 특징은 한국 사극이 인기를 끌었다는 점입니다. 한국 사극이 인기를 끌게 된 계기는 2005년 NHK에서 방송한 『대장금』이었습니다. 일본인은 이 드라마를 통해서 한국의 요리와 복식, 의술 등 전통문화와 가족의 유대감 등 가치관에 관해서 강한 흥미와 관심을 두게 되었습니다. 그때까지 흥미나 관심이 배우들의 수려한 외모와 스토리 같은 표면적인 것에 있었다고 한다면, 『대장금』 이후에는 역사, 문화, 풍속 등 정신세계에 관한 것에 더욱 깊은 관심을 두게 되었습니다.

『대장금』은 성별과 세대를 넘어 공감을 불러일으켰으며 거실에 가족이 모두 모여 TV를 보는, 옛날부터 소중하게 여겨온 일본적인 풍경을 부활시켰습니다. 한국 여성들의 현명함, 근면함, 정의감 그리고 자기 스스로 문제를 해결하고 어려움을 극복해 나가는 자세가 현대의 커리어 우먼의 모습과 겹쳐져 더욱 큰 공감을 불러일으켰습니다. 또한, 요리, 의술 등 한국의 전통문화와 궁정의 권력 암투 등의 묘사가 멜로드라마를 경원시하는 남성들의 관심을 유발했습니다. 이런 의미에서도 『대장금』은 획기적인 작품이었다고 규정할 수 있습니다.

『대장금』이외에도 NHK에서 방송한 『다모』, 『이산』, 『동이』 등의 사극은 여성의 사회진출과 한 인간의 성장 기록물로 여러 측면에서 관심을 불러일으켰고 주부층만이 아니라 일하는 여성과 폭넓은 나이의 남성들에게도 어필했으므로 자연스럽게 한류 드라마 팬도 증가하였습니다. 민간방송에서 방송한 『주몽』도 의리, 인의라는 무협소설의 요소를 골고루 갖춘 대하사극으로써 젊은 남성 팬들을 증가시킨 작품으로 평가받고 있습니다.

다섯 번째 2010년부터의 제5차 한류 붐인 첨예기입니다.

TV에서 방송된 드라마가 팬 층을 확대했다면 이 시기는 자신만의 아이돌을 찾아서 각자 첨예화해 가는 시기입니다. 그 상징은 「소녀시대」를 비롯해서 「KARA」, 「4Minute」, 「2EN1」, 「Wonder Girls」 등 젊은 여성 아이돌 그룹으로, 같은 세대 여성 팬의 인기를 끈 것만이 아니라 젊은 남성 팬도 급증했습니다. K-pop의 원조 격인 「동방신기」에서 최근의 「EXO」에 이르기까지 남성 아이돌 그룹은 일본 TV의 노출도가 많고 적음에 상관없이 안정된 인기를 유지하며, 콘서트를 열면 수만 명에 이르는 관객을 동원하고 있습니다.

그뿐만 아니라 드라마나 영화도 지속해서 소개되고 있으며 최근에는 한류 전문 유료 채널도 다수 생겨나서 한국 TV에서 방송되는 다양한 드라마나 프로그램을 거의 동시에 시청할 수 있습니다. 최근 일본의 매스컴이 '혐한' 또는 '한류는 끝났다'는 등의 보도를 하고 있습니다만 이것은 사실과 다릅니다. 진정한 팬은 인터넷을 통해서 계속 정보를 수집하고 있고, 정치적인 슬로건 등에는 아랑곳없이 '재미있고 좋은 것은 재미있고 좋은 것'이라며 열광적으로 한국 아이돌을 사랑하고 있습니다. 이와 같은 사실을 우리 한국 사람이 잘 알아줬으면 좋겠습니다.

다음으로 한류 붐의 요인과 한류로 인해 일본의 사회 문화가 어떻게 변용되었는가에 대해서 살펴보겠습니다.

앞서 1990년 후반부터 현재에 이르기까지 시대별로 일본에서의 한류 붐의 실태를 살펴보았습니다만 일본에서 한류가 왜 인기를 끌고 있는 것일까요? 먼저 그 요인에 대해서 분석해 보겠습니다.

첫 번째, 외적 요인으로는 두 가지 정책 변화가 있습니다. 우선 1998년 김대중 대통령의 적극적인 일본문화 개방정책 덕분에, 한·일 양국의 대중문화가 교류할 수 있는 통로가 열렸습니다. 이로써 한국 정부의 적극적이고 공적인 지원을 배경으로 한 저렴한 콘텐츠 공급과 아시아에서 수요가 높은, 잘 짜인 스토리 전개가 특징인 다양한 드라마가 지속해서 제작되었습니다.

다음으로 월드컵 공동개최를 계기로 2002년을 '한·일 우정의 해'로 지정하고 문화와 학술분야의 교류를 확대하였습니다. 이 시기에는 '동아시아공동체', '한·일문화공동체'라는 개념이 널리 알려지며 정부와 민간이 협력하여 우호·협력의 기운을 높였습니다. 이 때문에 일반 시민 간의 교류가 확대되고 IT와 정보 그리고 교통수단의 발달로 저렴

하고 손쉽게 한국을 여행하거나, 언제 어디서나 인터넷을 통하여 한류를 실시간으로 보고 즐길 수 있게 되었습니다. 관광, 팬 미팅, 단기 어학연수, 장기유학 등 다양한 형태로 한·일 양국을 왕래하는 사람이 많았습니다. 한류 아이돌의 팬 미팅과 사인회에 참가하면서 한국 각지를 여행하거나 한국 사람이 일상적으로 먹는 음식을 먹으며 한국 문화나 역사를 체험하고 배우는 사람이 늘었습니다.

두 번째 내적 요인으로는 세 가지로 구분할 수 있습니다. 우선 일본인의 가치관과 세계관의 변용입니다.

메이지 유신이래 일본은 '脫亞歐入(탈아구입)' 즉 아시아를 벗어나서 서구의 반열에 오른다는 구호를 내걸고 근대화의 길을 걸었습니다. 단적인 예로 식민지시대 일본의 대표적 역사학자 이마니시 류(今西龍)는 한국의 건국신화인 단군신화를 비롯한 여러 신화를 저급하고 열등한 것으로 단정했습니다. 한국 건국 신화에서 시조에 대하여 곰과 같은 동물에서 태어났다거나 알에서 태어났다고 되어있는데 일본의 신화에 비해 그 내용이 저급하고 천하다는 것이 그 이유였습니다. 이와 같은 생각은 전후 오랫동안 일본사회에 퍼졌습니다.

반면 일본의 건국 신화에서는 신성한 하늘에서 내려온 신의 혈통을 이어받은 신이 나라를 세웠으며 천황은 그 신성한 신의 혈통을 이어받은 통치자이므로 천황의 권력은 신성불가침하고 그 신성한 천황의 통치를 받는 일본국민 역시 신성한 사람이라는 인식이었습니다. 그러니까 아시아에서 일본만이 유일하게 신성하고 고귀한 혈통의 민족이라는 인식이었던 것입니다.

그러므로 식민지 지배를 받았던 조선인이나 일본 내에 거주하는 재일조선인과 적극적으로 교류하지 않았으며, 오랫동안 한국의 역사나 문화에 관해서도 관심을 가지거나 배우려는 사람이 적었습니다. 이러한 생각은 조선인에 국한된 것이 아니라 일본을 제외한 아시아 전역에 걸쳐있었습니다. 미개하고 천한 아시아인을 하루빨리 유럽 강국과 같은 문명국의 대열에 올려놓기 위해 일본이 앞장서야 한다는 생각이었습니다.

그러나 제2차 세계대전 이후 아시아 제국과의 협조를 목표로 오늘에 이르기까지 아시아인으로서의 의식이 점차 향상되는 과정에서 가장 가까운 나라인 한국의 문화(한류)를 통하여 자신들의 역사나 문화 혹은 자기 자신의 인생과 아이덴티티 형성에도 변용이 일어나게 됩니다. 그 결과 한국의 건국신화를 주제로 제작된 『태왕사신기』, 『주몽』, 『철의 왕 김수로』, 『선덕여왕』 등과 같은 드라마가 일본에서 큰 인기를 끌게 되었고 곰에서 여인이 된 웅녀에게서 태어난 단군이나 알에서 깨어난 동명왕을 미개하고 천하다고 생각하는 것이 아니라 평범한 인간과는 다른 출생을 한 신성한 통치자로서 받아들이게까지 된 것입니다. 이런 드라마를 보면서 한국의 역사나 문화에 관해서 모르는 게 많다는 생각에 본격적으로 공부하게 된 일본인이 실제로 많습니다.

그 다음으로 미국의 할리우드 중심문화에서 벗어나기 시작했다는 것입니다.

제2차 세계대전 이후의 일정 기간 일본은 미국으로부터 정치 · 사회 · 문화 등 여러 방면에서 영향을 받아왔습니다만, 1990년대 이후에는 아시아 붐이 일어나 아시아로의 관광이나 문화 · 풍속의 소개가 활발해졌습니다. 한류 엔터테이먼트에 대한 평가도 미국의 영향에서 벗어나는 움직임과 한 몸이라고까지 보는 견해도 있습니다. 예를 들면 2013년 4월에 도쿄 롯폰기에 있는 뮤지컬 전용극장 '아뮤즈 뮤지컬 시어터'가 등장했습니다. 일본 굴지의 엔터테이먼트 기업의 하나인 아뮤즈가 한국 최대 규모의 엔터테이먼트 기업인 CJ E&M의 공연사업부와 제휴하여 한국의 오리지널 뮤지컬 약 10작품을 연속으로 상연했습니다(『카페 · 인』, 『싱글즈』, 『풍월주』 등). 지금까지 일본에서는 서구에서 만들어진 뮤지컬이나 '극단 시키' 등이 만든 일본의 오리지널 뮤지컬만 상연했으나 요즈음은 『미녀는 괴로워』, 『궁』, 『Jack The Ripper』 등 한국의 뮤지컬이 연속적으로 소개되었고 상업적으로도 성공을 거두고 있습니다. 용모와 체격이 비슷한 한국인 가수 · 배우들의 뛰어난 연기에 두손 모아 박수를 보내는 일본인 관객의 모습은 예전의 미국 일변도였던 오락산업의 전환을 증명하고 있습니다.

그다음은 아이덴티티와 루트에 관한 가치관과 미의식의 변용입니다.

과거 일본인은 완벽한 미남 · 미녀를 동경하기보다는 자기 옆집에 사는 사람처럼 편하고 친근감을 느낄 수 있는 아이돌을 좋아하는 경향이 많았습니다. 예를 들면 유명한 「모닝구무스메」나 현재 인기가 있는 「AKB 48」처럼 작으며 귀엽고 평범한 용모로 어디에나 볼 수 있는 여자 아이돌입니다. 한류 아이돌은 이러한 아이돌과는 전혀 다른 존재입니다. 일본의 젊은 여성이 소원을 적은 소원지에 '소녀시대 같은 다리를 갖고 싶어'라는 문구를 적은 것을 본 적이 있습니다. 용모와 퍼포먼스가 뛰어난 한류 아이돌은 동경의 대상이며 자기 자신도 그처럼 되고 싶다는 이상형입니다. 조금 전에 시청한 DVD[1)]에서도 일본 대학생들

---

1) 2009년 7월 2일 일본 TBS 방송사 방영 「IRIS 돌격 투어」

이 한국 연예인의 외모와 몸매가 뛰어나게 예쁜데 그 비결을 가르쳐달라는 질문을 하는 장면이 있었습니다. 이런 유형의 질문은 몇 년 전만해도 상상할 수 없는 일이었습니다. 예쁜 외모를 단순히 동경하고 흠모하는 것이 아니라 그 비결을 알아 자기도 그것을 따라 하여 예뻐지고 싶으며 닮고 싶다는 솔직함을 드러내는 일본인이 많아졌음을 단적으로 나타내는 사례라고 할 수 있습니다.

문화적인 배경이 다른 금발이나 푸른 눈의 헐리우드 스타에 대해서는 '나도 저렇게 되고 싶어'라는 생각을 쉽게 할 수 없습니다만 같은 아시아인인 한류 스타에 대해서는 그들의 뛰어난 점을 더욱 더 잘 이해할 수 있을 겁니다. 아시아 제국은 비슷한 근대화 과정을 거쳤고 현대의 일상생활에서도 공통점이 많습니다. 그러므로 한국의 드라마나 영화를 보면서 '나도 저랬으면 좋겠다.'는 꿈을 꾸기가 쉬운 것 같습니다.

일본인의 입장에서 본다면 한류 아이돌이나 배우들은 구미의 스타와 비교해서 '한국적'이자 '아시아적'입니다. 다시 말하면 아시아다운 용모와 체격 그리고 일본과 공통성이 있는 패션이나 풍습과 습관을 지니고 있습니다. 화면을 통해 신선함이나 진기함을 느끼는 한편 드라마에서 표현되는 인간의 감정이나 가족의 유대에 대해서는 일본인에게도 폭넓게 통하는 보편적인 것을 느끼게 합니다. 이런 점에서 외국인이나 외국 문화에 공감할 수 있다는 발견과 기쁨이 생기고 새로운 세계관과 가치관이 확립되는 것입니다.

한국 드라마나 영화에서는 가족의 유대감과 사람과 사람 사이의 관계나 연대감을 아주 자세하게 묘사합니다. 일본인은 자신들이 훨씬 이

전에 잊어버리고만 혹은 현대의 일본의 드라마나 영화에서는 느낄 수 없는 가족과의 유대와 사람과 사람 사이의 관계나 연대감을 한류를 통해서 확인하게 된 것이었습니다. 일본의 트렌드 드라마는 대부분 60분짜리 12회로 제작합니다. 한국의 드라마에 비해 짧습니다. 그러다 보니 주제에 집중하기 위해서인지 주인공 이외의 조연의 역할이 비교적 적습니다. 이에 비해서 한국 드라마는 수십 회의 길이로 제작되고 때에 따라서는 횟수가 늘기도 합니다. 그래서 주인공 이외의 다양한 조연이 등장하고 이 다양한 조연이 스토리 전개에도 큰 영향력을 끼칩니다. 주인공의 인생을 좌지우지하는 부모나 시시콜콜 잔소리하는 시누이나 올케 그리고 천방지축인 친척이나 주변 사람 혹은 든든한 선후배 등 모든 등장인물이 유기적으로 드라마를 탄탄하게 구성해 주고 마치 자기 자신의 인생이나 일상 그 자체인 것처럼 느껴지게 합니다. 한국어를 모르는 일본인이라도 드라마를 보는 중에 드라마 속의 인간관계를 다 파악할 수 있고 마치 대사를 전부 다 알아들을 수 있는 듯 착각이 일어납니다. 등장인물 중 누군가에게 반드시 자기 자신을 투영할 수가 있기 때문에 스토리에 몰입하는 것이 가능해지는 것입니다.

사극의 경우는 현대 드라마보다도 전개가 더 빠르고 드라마틱합니다. 출생의 비밀이나 유소년 시대의 박해와 고난, 여기저기 도망 다니거나 떠돌아다니면서 겪는 싸움에서 이겨 세상의 구세주 혹은 영웅이 되는 패턴을 흔히 볼 수 있습니다. 한 인간의 성장 스토리로서 드라마를 보고 있는 동안 나라와 시대는 달라도 마치 지금 현재를 살아가고 있는 자기 일처럼 공감을 하게 됩니다. 사람들은 살면서 여러 가지 복잡한 일로 인한 스트레스와 고생을 겪게 되기 때문입니다.

특히 자립한 여성을 주인공으로 한 한류 사극은 많은 일본 여성의 공감을 불러일으켰습니다. 『대장금』, 『동이』, 『다모』, 『선덕여왕』 등의 여주인공들은 현명하고 아름다우며 일도 열심히 할 뿐만 아니라 남성에게 의지하는 게 아니라 항상 앞장서서 주위 사람을 도우면서 살아갑니다. 자신의 꿈을 이루기 위해 역경에 맞서 나아가는 모습은 동일본대지진을 당해 깊은 실의에 빠진 수많은 일본인의 마음에 용기를 북돋아 주었다는 지적도 있습니다. 일본인이 한국 드라마나 영화를 보며 나 자신과 그다지 다르지 않다는 동질성과 신선함을 느낄 수 있습니다.

지금까지 일본인이 느끼는 한국은 김치가 대표적으로 비교적 단순한 것이었습니다. 그나마 마늘냄새가 심해서 자기는 좋아하지도 않고 잘 안 먹는다고 말하는 사람이 많았습니다. 그런데 영화나 드라마를 통해서 한국인의 다양한 일상생활을 알게 되고 그로 인해 한국이나 한국인에 대한 이미지도 크게 바뀌었습니다. 최근 일본 TV 광고에서는 아침부터 먹는 김치 상품이 등장하기도 하고, 김치가 맛있고 건강에도 좋아서 자주 먹는다고 말하는 사람이 부쩍 늘었습니다. 그뿐만 아니라 재일한국인들에 대한 태도와 인식에도 변용이 생겼습니다. 일본에서 한류가 유행한 덕분에 재일한국인인 자신의 루트에 관한 자부심을 가지게 되었다고 말하는 사례도 많습니다. 예전에는 식당이나 골프장에 예약할 때 한국식 이름을 대면 자리가 있어도 예약을 해 주지 않는 사례도 있었습니다만 한류가 유행하고부터는 당당하게 한국 음식을 먹으며 자신의 한국식 이름을 밝히기도 하고 자신의 뿌리는 한국이라고 스스럼없이 공개할 수 있는 자부심을 가지게 되었다고 말하는 사람이 많아졌습니다.

지금까지 일본지역에서의 한류 붐의 실태를 중심으로 일본의 사회, 문화에 변용에 대해서 살펴보았습니다. 한류 덕분에 무엇보다도 일반 시민이 상호 방문하여 직접 교류하는 기회가 많아졌습니다. K-pop의 가사를 외우거나 드라마를 보기 위해서 한국어를 공부하고 드라마나 영화의 무대가 된 카페나 레스토랑을 방문하여 한국인과 같은 메뉴를 주문하는 일이 자연스럽게 되었습니다. 유학이나 어학연수 등을 계기로 만난 양국의 젊은이들이 사랑하고 결혼을 하는 예도 이제는 흔한 일이 되었습니다.

정도의 차이는 있겠으나 이러한 현상이 일본에 국한된 일이 아닐 것입니다. 일본 이외의 아시아 다른 나라나 지역에도 해당하는 부분이 적지 않다고 봅니다. 다시 말하면 한류의 영향으로 일본을 포함한 아시아 각국과 각 지역의 사회나 문화 그리고 사람들의 의식에도 변용이 생겼고 한류를 통해서 자신의 아이덴티티를 형성해가는 사람들이 많아졌다는 것입니다.

일본에서의 한류 붐을 통하여 우리가 문화를 통해 다른 나라를 아는 일이 얼마나 중요하고 무한한 가능성을 갖는가를 알 수 있습니다. 2012년 6월 도쿄에서 영화 『도가니』의 시사회가 있었습니다. 시사회가 끝난 다음 열린 대담회에 『도가니』의 원작자인 공지영 씨가 등장해서 이렇게 말했습니다. 영화 『도가니』에서는 한국의 장애아 인권유린 실상이 적나라하게 묘사되어 영화를 마지막까지 보려면 적잖은 용기가 필요하지만, 이 영화 덕분에 한국에서는 장애인의 인권을 지켜주는 도가니법이 제정되었다는 설명과 함께 영화 『도가니』를 통해서 일본 장애인들의 인권문제도 개선될 것으로 기대한다는 말을 했습니다. 저는 그때 영화나 드라마 그리고 가요가 단순히 대중의 호기심을 만족하게 하고 흥을 돋우는 것이 아니라 사회의 근간이 되는 법 제도나 시스템을 정비하고 보완해 주는 역할까지 하는 힘, 즉 사회, 문화를 변용시키는 힘을 가진다는 것을 통감했습니다.

또 하나의 좋은 예를 들자면 영토와 종교 문제로 분쟁이 끊이지 않는 이스라엘과 팔레스타인의 젊은이들이 한류 팬클럽을 통해서 서로 교류하며 소통하고 있다는 것입니다. 또한, 중동지역에서『겨울연가』나『대장금』그리고『동의보감 허준』등 한류 드라마가 높은 시청률을 기록했다는 보도가 있습니다. 이런 예를 보면 한류가 단순히 인기 있는 대중문화로 소개되고 받아들여지는 것이 아니라 분쟁지역에서 이해로 얽혀 교류가 단절된 사람 간의 평화의 매개자로서 이바지한다는 것을 알 수 있습니다. 이처럼 한류가 아시아의 많은 나라와 지역의 사람을 맺어주는 역할을 하고 있습니다. 그리고 그 사람들의 가치관, 세계관까지 변용시키고 있음을 알 수 있습니다.

아시아에는 50여의 지역과 국가 그리고 46억이라는 사람이 공존하고 있습니다. 이 수많은 사람이 국가나 민족 그리고 지역적인 한계의 틀을 벗어나 하나의 아시아라는 공동체에서 공존하고 공영할 수 있게 하려면 정치, 경제, 사회, 문화, 스포츠, 관광을 통한 교류와 협력이 더 활발하고 폭넓게 이루어져야 할 것입니다.이 아시아공동체론 강좌 개설 목적도 바로 이 점에 있습니다. 오늘 이 강의를 들은 것을 계기로 여러분은 평소 자기가 잘 모르고 관심을 두지 않았던 아시아의 문화 특히 대중문화에 대해서 적극적인 관심을 가지도록 노력해 주시고, 어떻게 하면 아시아 여러 국가와 지역에 사는 사람들의 삶과 그 사람들이 소중하게 여기는 가치관을 이해하고 존중할 수 있는지, 그리고 어떻게 하면 모든 사람이 공존, 공영할 수 있는 열린지역공동체를 구축할 수 있는 지에 대해서 생각하고 고민해 주시기 바랍니다.

이상으로 강의를 마칩니다. 경청해 주셔서 감사합니다.

참고자료

1. 『「韓流」と「日流」文化から読み解く日韓新時代』, クォン・ヨンソク, NHK 出版, 2010年.

2. 『한류본색 : 아시아를 넘어 세계로』, 매일경제신문사(매경한류본색프로젝트팀), 2012년.

감/상/문
book response

김 현 일
영어학부

나는 개인적으로 특정한 음악이나 영화 등 매니아적인 취향을 갖고 있어 한류나 K-POP에 대한 별다른 느낌이 없었는데 이번 강연을 통해서 일본에서 한류의 영향이 얼마나 강한지, 얼마나 영향력 있는지 알게 되었다. 특히 중간에 보여준 영상을 통해서도 일본에서 한국 연예인의 인기가 얼마나 대단한지 느낄 수 있었다. 우리나라에서는 일본이나 타 나라의 연예인들에게 단체로 이렇게 열광하는 모습은 본 적이 없다. 어느 방향이던 한류가 일본을 넘어 세계에 불고 있다는 것은 대한민국에도, 아시아가 하나가 되어가는 데에 있어서도 정말 좋은 현상이다. 한류의 영향으로 일본 여행객 그리고 한국음식 등 다방면으로 국가 브랜드에 많은 도움이 되어가고 있다는 점에 대해서도 마찬가지다. 문화의 힘은 대단하다. 자메이카의 레게가수 "밥말리"는 1978년 정치적으로 내전 상태에 있는 자메이카를 구했다. 오로지 음악하나만으로 정치적 대립 중이던 인민국가당의 마이클만리와 노동당의 에드워드 시가를 무대 위에서 손잡게 한다. 이처럼 문화의 힘은 설명할 수 없는 그 어떤 힘을 발휘 한다. 그런 면에서 아시아 공동체를 위해선 세계적으로도 많은 이해관계에 얽혀 있는 북한문제, 그리고 우리나라와 일본의 독도 문제 등 해결해야 할 과제들이 너무나 많다. 나는 이강연을 통해서 우리 한류의 열풍이 오로지 스타와 팬덤의 관계가 아닌 서로의 문화를 이해하고 서로의 관점에 설 수 있는 힘이 될 수도 있다고 느꼈다. 현재 우리나라가 가진 문화의 힘이 어디까지 발하게 될진 모르지만 정말 진심으로 아시아가 하나가 되는 것에 있어 큰 바람이 더 불었으면 좋겠다. 이 강연을 통해서 한류에 대해서 크게 관심이 없었던 나지만 한류의 과제와 전망에 대해 알아 볼 수 있는 좋은 기회였고, 앞으로도 더 많은 관심을 가지게 될 것 같다.

キム・ヨンイル
英語学部

　私は個人的に特定の歌や映画など、メディアに関して興味をもっており韓流やK-POPについて特に感じることはなかったのだが、今回の講演を通じて日本で韓流の影響が如何に強いか、いかに影響を与えているかを知ることになった。特に途中でみた映像を通じて日本での韓流タレントの人気がどれだけすごいかということを感じた。我々の国で日本や他国の芸能人に対して団体でこれほどまでの熱狂した姿をみたことはない。どの方向であれ、韓流が日本を越して世界をブームを起こしているということは、韓国にとってもアジアがひとつになっていくときに大変好ましい現象である。韓流の影響で日本の旅行者や韓国の歌など多方面で国家ブランドへ多くの助けとなっている点についても同じことである。文化の力はすごいものがある。ジャマイカのレゲエ歌手「ボブ・マリ」は1978年政治的内戦状態にあるジャマイカを救った。ただ、歌だけで政治的対立中であった人民党のマイケル・マリと労働党のエドワード詩歌を舞台の上で手を握らせたのだ。

　このように文化の力は説明できないほどの力を発揮するのである。このような面からアジア共同体のために世界的にも多くの理解しあえる関係を築くことは、北朝鮮問題そして我々と日本の独島問題など解決しなければならない問題の多くに必要なのである。私はこの講演を通じて我々韓流の熱風がただタレントやファンの関係だけではなくお互いの文化を理解し、互いの観点に立つことができる力になると感じた。現在我々が所有している文化がどこまで力を発揮するのかわからないが、本心からアジアはひとつになることで大きな希望となることを望む。この講演を通じて韓流について大きな関心はないけれども、韓

流の関係と眺望について知ることができたよいきっかけであったし、この先ももっと関心をもっていくことだろうと思う。

아시아공동체와 다언어 다문화 커뮤니케이션

부산외국어대학교 교수

정 기 영

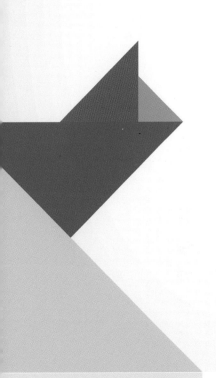

아시아공동체와 다언어 다문화 커뮤니케이션
- 한일 생활문화와 매너 -

2013년 3월 25일(월)

부산외국어대학교 교수 **정 기 영**

여러분 반갑습니다. 지금부터 제4주차 강연을 시작하겠습니다. 1주차에서 3주차까지는 다소 무거운 주제였죠? 1주차는 '지금 왜 아시아공동체인가?'였고, 2주차는 '그 역사적 배경과 특징', 그리고 3주차는 '한류와 아시아공동체'라는 주제였습니다. 이 강좌는 외부 지원 사업으로 제가 책임교수이며 제4주차 강연을 맡게 되었습니다. 오늘은 현실적인 문제 즉, 여러분이 일상생활에서 맞닥뜨릴 수 있는 상황과 소재로 여러분과 공감하고자 합니다. 4주차 주제는 '아시아공동체를 위한 다언어 다문화 커뮤니케이션', 구체적으로는 한일 생활문화와 매너이며 그 내용은 제 경험에 의한 주관적인 견해가 많다는 것에 먼저 양해를 구합니다.

오늘날 아시아공동체를 형성해 나가는 데 있어서 가장 중요한 키워드는 '다언어 다문화'라고 생각합니다. 앞으로 여러분이 살아야 할 시대에는 다언어 다문화를 생활 전반에 보다 더 친숙하게 접하게 될 겁니다. 그래서 사람들은 현 시대를 글로벌화, 세계화, 국제화 시대라고 합니다. 글로벌화, 세계화, 국제화 시대에서 가장 중요하게 작용하는 것은 다언어 다문화입니다. 우리가 앞으로 살아가는 시대는 다언어 다문화를 받아들이는 것은 물론 이를 존중하지 않으면 안 되는 세상이 됩니다. 여러분도 잘 아시겠지만, 최근 우리나라도 유학생들과 결혼이 민자가 증가하였고 이들 다문화 가정에 대한 배려와 관심을 부쩍 강조하고 있습니다. 이는 우리 사회가 앞으로 점점 더 다양화되고 그 속에서 조화롭게 어울려져야 새로운 발전과 도약을 꿈꿀 수 있기 때문입니다.

우리나라 18세 인구는 2019년부터 급감할 것입니다. 정부 통계에 의하면 2013년 현재 고등학교 졸업 인구수가 약 65만 명 정도인데 2019년부터 줄어들기 시작하여 2023년이 되면 43만 명 수준으로 우리나라 18세 인구의 30~40%가 감소하게 됩니다. 그렇게 인구가 줄어들면 동시에 국력 또한 약화되겠지요. 1990년대 이후 일본이 쇠퇴하고 있는 이유중 하나이기도 합니다. 역사적으로 보면 다언어 다문화를 받아들인 나라와 쇄국한 나라의 미래는 극명하게 엇갈립니다. 다양성을 적극적으로 수용하고 받아들이는 나라는 급진적으로 발전하고 쇄국한 나라는 쇠퇴해 갑니다. 우리나라의 미래를 짊어지고 갈 여러분은 다른 나라 문화, 다른 나라 사람들과 더불어 살아가야 합니다. 공존하지 않으면 안 되는 사회가 되고, 그 속에서 정신적 교감과 소통의 핵심은 다언어 다문화입니다.

지금까지 우리는 단일 민족이라고 자랑스럽게 생각했습니다. 물론, 자랑스러운 부분도 있습니다만, 앞으로는 단일 국가의 위엄으로는 국제간 이해관계에서 경쟁력을 잃을 수도 있습니다. 이제는 세계적으로

다 얽혀있는 지구촌 시대가 되고 있다고 할 수 있습니다. 그리고 또 우리나라가 국제화된 사회가 되려면 많은 이민자를 받아들여야 하고 좀 더 많은 다른 나라 사람들과 같이 살아가야 합니다. 예를 들면, 외국어 대학인 우리 대학이 '국제화된 대학'이라고 한다면 학생 수의 10%, 많게는 20% 이상이 외국인 유학생이어야 합니다. 남산동으로 이전한 지금 우리는 더 많은 유학생을 받아들여야 합니다. 우리 사회도 마찬가지입니다. 더 많은 이민자를 받아들이고 그 이민자들과 양질의 사회문화를 공유해 나아갈 때 강력한 힘이 발휘됩니다. 이민국가인 미국이 왜 세계 제1국가가 되었겠습니까? 그 이유는 여러 나라 사람들을 수용해 새로운 시스템을 구축했기 때문입니다. 같이 공감대를 만들어 가며 어울려 살고, 여러 가지 문화를 가진 사람들을 받아들이면 그 사람들의 여러 아이디어나 능력도 받아들일 수 있는 겁니다.

중국도 56개의 소수민족이 한 체제 속에서 어우러져 있습니다. 그러한 부분에서 우리나라도 앞으로는 다언어 다문화가 키워드가 될 것입니다. 과거의 한국 사람하면 한국적인 사고, 한국적인 습관, 한국적인 가치관만 있으면 되었습니다. 그러나 앞으로의 국제인이라면 몇 가지 언어와 문화, 몇 가지 가치관, 몇 가지 습관을 지니고 살아가야 합니다. 여기서 중요한 것은 다른 사람의 가치관, 습관, 문화를 이해하고자 하는 적극적이고 긍정적인 태도입니다. 언어도 마찬가지입니다. 제가 30년 전 부산외대 일본어과 1기 생으로 입학했을 때, 일본어만큼은 우리나라에서 최고가 되겠다는 포부를 가졌습니다. 그러나 여러분의 시대에는 일본어 하나 가지고는 안됩니다. 일본어 플러스 알파가 있어야 합니다. 그렇습니다. 그만큼 시대가 바뀌었습니다. 그렇게 볼 때 여러분이 책임지고 살아갈 시대에는 다언어 다문화라는 키워드를 먼저 인지해주시기 바랍니다. 그리고, 거기서 첫발을 내딛는 가장 가까운 나라가 일본과 중국입니다. 이 삼국의 교류는 역사적으로도 숙명적이었습니다. 이러한 피할 수 없는 숙명적인 삼국관계는 지금까지도 긴밀하게 이어지고 있습니다. 이러한 측면에서 오늘의 주제인 한일 생활문화와 매너를 딱딱한 역사적인 접근보다는 일상생활에서 느껴지는 부분들을 가지고 제가 한번 풀어보려고 합니다.

제가 일본어 학습자로서 공부를 시작한 게 약 30년 전입니다. 정확히 올해 31년째입니다. 교수가 된 건 20년 되었습니다만, 여기서 말씀드리는 것은 약 30년간의 제 개인적인 체험을 전제로 한다는 것을 말씀드립니다. 그래서 보편화, 일반화하기는 좀 어려울 수 있습니다. 그러므로 여러분이 이 강좌를 듣고 '아! 일본사람은 이런가 보다'라고 어떤 새로운 고정관념 보다는 이 강좌를 통해서 '여러 가지 스펙트럼이 있구나!', '문화는 여러 차이가 있구나!', '다른 부분이 있구나!'라는 점을 이해해주셨으면 좋겠습니다. 다르다는 건 나쁜 것이 아닙니다. 그리고 마지막에 보면 참고문헌이 있습니다. 지난 수업 끝나고 저는 깜짝 놀랐습니다. 한 학생이 제게 와서 '다음 주 교수님 수업인데 한일 문화에 대해서 알고 싶다'고 했습니다. 조금 당황스럽기도 했지만 한편으로는 '이렇게 관심이 있는 학생이 있구나!' 싶어서 본 강좌에서는 참고문헌이 따로 없었지만 조금 이해도를 높이기 위해 제시해 두었으니 일본어를 전공하는 사람이나 비전공 학생 여러분, 기회가 되면 한번 읽어봐 주셨으면 합니다. 참고문헌 중 첫 번째는 NHK 라디오 한글강좌에 제가 1년간 연재한 내용이며 오늘 강연의 기저가 되고 있습니다. 두 번째와 세 번째는 한양대학교 교수를 역임하시고 유명한 수학자이신 김용운 씨의 저서입니다. 그 다음 네 번째는 이어령 씨의 유명한 저서로『축소지향의 일본인』입니다. 다섯 번째 루소 베네딕트의『국화와 칼』이라는 책은 일본학 연구에서 세계적으로 유명한 저서입니다. 이 책은 한글로 번역되어 있습니다. 한 번도 일본에 가 보지 않은 작가는 일본을 국화와 칼이라는 두 키워드로 풀어냈습니다. 2차 세계대전 때 미국은 전쟁하려면 상대국의 문화를 이해해야 한다는 생각에 많은 일본 연구자를 양성했는데 그때 나온 책입니다. 한번 참고해 주시기 바랍니다.

오늘 강연은 크게 세 가지로 정리할 수 있습니다.

'한국은 어떤 나라인가?'에서는 우리가 일본을 알기 전에 한국은 어떤 나라인가를 먼저 살펴보겠습니다. 두 번째 '한일 생활문화와 매너'라고 하는 부분은 PPT를 이용하여 18가지 주제를 가지고 강의를 하겠습니다. 마지막으로 '21세기 한일 관계와 커뮤니케이션' 부분은 21세기에 '일본과의 커뮤니케이션은 어떻게 해야 하느냐'로 마무리를 하겠습니다.

그러면 '한국은 어떤 나라인가?'를 먼저 살펴보겠습니다.

우리가 한국인으로서 살아가는데 한국의 지정학적 특색과 한일 관계를 이해하는 것은 매우 중요합니다. 한국이라는 나라를 자세히 보면 남북 간에는 분단의 벽이 있긴 합니다만 대륙과 연결되어 있고 서쪽과 동쪽에는 해양이 있습니다. 이탈리아도 그렇습니다만 이런 나라를 반도 국가라고 합니다. 대륙과 해양의 연결 고리입니다. 그래서 우리나라는 군사적으로 굉장히 중요한 전략적 요충지입니다. 여러분 이 사실을 알아야 한국이 보입니다. 굉장한 전략적 요충지라는 부분 말입니다. 어떻게 보면 불행이고 또 한편 행운이기도 합니다. 무슨 말이냐 하면 우리나라는 수천 년 동안 민족의 역사가 끊어지지 않고 이어져왔으며 끊임없는 전란과 소요 속에서도 국가의 명맥을 유지해 왔다는 것입니다. 중국에서 그리고 일본에서 끊임없이 전란을 일으키고, 그뿐만 아니라 국내적으로도 삼국시대, 남북한 대립 등 끊임없는 전쟁 속에 있었습니다. 그게 왜 그럴까? 왜 우리민족은 끊임없는 시련을 겪어 와야 했을까? 그것은 반도 국가로 전략적 요충지이기 때문에 그렇습니다. 주변에서 다 필요로 하기 때문에 우리는 그러한 운명에서 벗어날 수 없는 존재라고 이해해주시면 됩니다.

민족운동으로 유명한 신영복 씨가 감옥에서 쓴 『감옥으로부터의 사색』이라는 책이 있습니다. 저도 이 책을 군 시절에 읽고 눈물을 많이 흘렸습니다. 그 책에 보면 사람은 태어나서 부모를 닮기 전에 사회를 닮는다고 했습니다. 그리고 또 사회를 닮기 전에 풍토를 닮는다고도 했습니다. 그 지역의 바람과 토양을 닮는다는 이야기입니다. 그렇다면 우리가 태어나서 운명적으로 부모의 영향뿐만 아니고 그 사회나 그 나라의 기후 또는 풍토를 닮아갈 수 밖에 없다는 말이 됩니다.

조금 전 말씀 드렸듯이 전란이 끊이지 않는 이 반도국가에서 태어난 것이 우리의 불행이 될 수도 있지만, 한편으로는 행운이라 했는데 왜 그럴까요? 저는 지금까지 많은 나라에 가보았습니다. 여러 나라를 다니며 느끼는 것은 세계의 변방이 된 나라들이 많다는 것입니다. 역사의 변방에 있는 나라들은 수요가 없거나 필요가 없어집니다. 아프리카 등과 같이 역사적으로 변방이 되면 어려운 나라로 살아갈 수도 있습니다. 반면, 우리는 심한 투쟁과 경쟁 속에서 살지만 여러 나라의 굉장한 관심을 받고 있는 요충지라는 거죠. 그렇게 본다면 긍정적인 부분도 있다고 말할 수 있습니다. 그러한 군사적, 전략적 요충지이다 보니한때는 서쪽에서 끊임없이 바람이 불어왔습니다. 중국이라든지 몽골에서도 틈만 있으면 내려왔죠? 또 한때는 러시아에서, 또 한때는 일본세력인 동쪽에서 바람이 불어옵니다. 그뿐만 아니라 한 때는 또 남풍이 불어옵니다. 지금의 해양세력 미국이죠. 이렇게 우리나라는 전략적으로 보면 굉장히 바람이 센 나라이며 역사적으로 보면 남풍이 불었다가 동풍이 불었다가 서풍이 불었다 합니다. 그렇다면 지금은 남동풍이세죠? 남동풍이 강하면서 또 서풍이 강해지고 있지요. 이렇듯 우리나라는 전략적 요충지이다 보니까 외교에 민감합니다. 우리나라에서 정권을 잡으려면 바람을 잘 읽어야 할 뿐만 아니라 외교에 민감해야 합니다. 이 바람을 잘 읽어야 한다는 부분은 우리나라는 굉장히 바람이세다는 말입니다. 바람에 따라서 어떤 사실이 하루아침에 뒤바뀌기도합니다. 이렇듯 여러 곳에서 탐을 내고 있는 이 지역에 사는 우리는강하지 않으면 살아남을 수 없습니다. 다른 나라에 가보면 한국 사람들은 굉장히 끈질기며 생존력, 경쟁력이 강하다고 합니다. 지금도 아이들이 태어나서 대학교에 가고 사회생활 하는데 다른 나라에 비해서얼마나 경쟁이 심합니까? 그것은 지정학적인 영향이라고 볼 수 있습니다. 이런 부분에서 일본과의 관계, 중국과의 관계는 뗄래야 뗄 수없는 숙명적인 관계입니다. 그럼 어떻게 해야 합니까? 신중하면서도 현명하게 관계를 형성해 나아가야 한다고 말할 수 있습니다. 이처럼 한국은 굉장히 바람이 세고 거칩니다. 이런 전략적 요충지인 한국을 여러 나라 사람이 필요로 한다는 것을 기억해야 합니다.

다음으로 두 번째는 '일본인의 한국론과 한국인의 일본론'이라는 부분입니다. '일본 사람은 한국을 어떻게 보고 있을까?', '한국 사람은 일본을 어떻게 보고 있을까'입니다. 제가 잘 아는 일본의 한국 전문가 10여명에게 물어봤습니다. '한국의 문화, 한국 사람의 특성을 한 마디로 나타낸다면 어떻게 표현 할 수 있겠습니까?' 여러분 어떤 대답이 나왔다고 생각하십니까? 여러 답변이 있었지만 제일 많이 나온 말이 '빨리빨리'입니다. 우리나라 사람들의 특징을 '빨리빨리'라는 것입니다. 이 '빨리빨리 문화'가 긍정적으로 나타날 때와 부정적으로 나타날 때가 있습니다. 긍정적으로 나타날 때는 다이나믹합니다. 역동적입니다. 이 역동성이 잘 나타난 것이 바로 우리 나라의 산업화와 민주화입니다. 우리의 산업화, 민주화는 얼마나 빨리 일어났습니까? 다른 나라는 흉내 낼 수 없을 정도로 굉장히 빨랐죠? 경부고속도를 건설하여 개통한 것도 그랬습니다. 그다음 IMF 경제위기가 왔지만 회복도 빨랐지요. 2002년 월드컵 응원 때도 운집력이라든지 응집력을 볼때 굉장히 다이나믹한 나라입니다. 반면, '빨리 빨리'가 부정적으로 나타날 때는 대충대충 합니다. 대충대충 하니까 삼풍백화점이 무너지고 성수대교도 무너지고, 요즘도 매스컴에 각종 사고가 자주 나죠? 너무 빨리하니까 세세한 부분까지 다 터치하기는 어렵다는 겁니다.

이렇게 그 나라를 나타내는 키워드에는 항상 장단점이 있습니다. 우리나라의 경우도 긍정적으로는 속도감 있는 발전이 있었지만 부정적 부분으로는 대충 대충으로 인한 안전 불감증을 양산하게 된다는 것입니다. 디테일에 약하고 책임감이 없지요? 한국의 문화는 그러한 특성이 있습니다.

그럼 '일본사람, 일본문화를 한 마디로 표현한다면 어떻게 말할 수 있습니까?'라고 일본을 잘 아는 한국인에게 물어봤습니다. 뭐라고 했을까요? 물론, 다양한 이야기가 나왔지만 가장 많이 나온 답이 일본의 '장인 문화', 즉 브랜드 문화입니다. 이 장인 문화도 긍정적으로는 정확함, 치밀함으로 나타납니다. 일본 사람들은 기계를 하나 만들어도 잘 만들죠? 아주 우수한 제품을 만들잖아요? 예컨대, 세계에서 일본 자동차가 많이 팔리는 이유는 싸고, 고장이 잘 안 나고 연비가 좋아서라고 합니다. 또 우리나라가 수출을 많이 하는 삼성 TV와 현대자동차 부속품의 30%, 즉 핵심 기술은 일본 것이라고 합니다. 그래서 우리나라는 자동차와 TV 1대를 팔면 그 수익의 30%는 일본이 가져가게 됩니다. 나머지 70%가 우리 것입니다. 우리가 아직 핵심기술이 없다는 이야기입니다. 일본의 장점은 하나를 만들어도 제대로 만들려고 하는 장인 문화에서 기인한 정확함, 치밀함, 꼼꼼함입니다.

일본을 약속과 신용의 나라라고도 하죠? 그만큼 장인정신, 고객과의 신뢰를 소중히 여긴다고 볼 수 있습니다. 그러나 그것이 부정적으로 나타날 때는 어떻습니까? 꼼꼼함과 정확함이 부정적으로 나타나면 융통성이 없다는 겁니다. 일본사람은 행사를 해도 매뉴얼이 없으면 행사를 안 합니다. 하나하나를 다 매뉴얼에 따라서 합니다. 그러다 보니까 융통성이 없습니다. 예를 들면 과거 우리나라의 매출을 다 합쳐도 소니(SONY)를 넘지 못했어요. 지금은 소니, 도시바 등 몇 개의 회사를 더해도 삼성의 매출을 넘지 못합니다. 왜 그런가 하면, 일례로 우리나라 에어컨은 시원한 바람만 나오면 된다는 발상으로 싸게 만들어서 빨리빨리 팝니다. 반면, 일본은 에어컨 개발을 할 때 10평 크기의 방에 몇 사람이 있는지, 앉아 있는지, 또 서 있는지 까지 센서로 읽어내는 컴퓨터를 삽입합니다. 그런 걸 조절하고 가격을 높이면 가난한 나라에서 대량 판매가 될까요? 일본 사람들은 구매하겠죠. 하지만, 세계적인 전략에선 실패합니다. 그만큼 하나를 만들어도 제대로 만들려고 한다는 부분이 일본의 장점이라고 할 수 있습니다. 그런 정확함, 꼼꼼함이 지금의 일본을 만들어 냈지만 일본의 장기 불황 또한 그러한 데서 연유하는 아이러니가 있습니다.

그렇다면 일본이외의 제3의 문화권에서 '한국을 어떻게 보느냐'에 관해서 이야기해 보기로 합시다. 제가 80년대 중반에 일본에 유학 가서 약 5~6년 있었어요. 그 당시만 해도 한국은 발전 과정에 있었지요. 30년 전의 일이지만 일본에서 한국에 가끔 돌아오면 한국이 일본보다 굉장히 뒤떨어진다고 생각했어요. 그 뒤 제가 2008년 미국에 연구년 갈 기회가 생겨 미국의 프린스턴 대학에 한일중을 같이 묶어 놓은 학과(East Asia Studies)에서 1년간 객원교수로 있었습니다. 그때 교수님 한 분이 하는 말이 한국사람 대단하다는 거예요. 그래서 뭐가 대단하냐고 물으니 한국 사람은 두 세 가지 특징이 있는데 첫째는 2차 세계대전 이후 개발도상국 중에서 유일하게 민주화와 산업화를 동시에 이룩한 나라로 현대 세계사에 이 두 가지를 동시에 성공한 나라가 없다는 겁니다. 두 가지를 한꺼번에 성공한 나라니까 굉장한 저력이 있는 나라라는 이야기였죠. 또 하나의 특징은 세계에서 유일하게 일본을 무시하는 나라라는 거예요. 한국은 일본을 무시하며 라이벌로 생각하죠. 일본한테는 질 수 없다고 생각하죠? 그런 부분에서는 우리 한국이 다른 나라와 다르게 굉장히 자존감이 높고 특색이 있다는 이야기를 했어요. 세 번째는 자기 부정이 있다는 겁니다. 해외에 나가 있는 한국 사람은 서로 고개를 저으며 한국사람 못 믿는다고, 또 모국인 한국을 굉장히 부정적으로 표현한다는 겁니다. 반면 월드컵이라든지 올림픽이라든지 태극기가 올라가면 다 같이 모여서 북 치고 장구 치며 눈물을 흘린다는 겁니다. 어떻게 보면 아주 특이한 나라이고 그런 만큼 에너지가 있는 나라라 하며 경이로워 했습니다.

그리고 한중일 국민성에서 여러분이 꼭 알아두셔야 할 것이 있습니다. 일본의 유명한 역사소설가 시바 료타로(司馬遼太郎)라는 분이 이렇게 말했습니다. 한중일은 비슷한 얼굴과 비슷한 유교문화 속에 있지만 극명하게 다른 부분이 있다. '한국은 기마민족이고 일본은 농경민족이며 중국은 상업민족'이라고 했습니다. 한국 사람은 몽골이라든지 여진족이라든지 거란족 쪽에서 내려와 변화도 빠르며 굉장히 역동적인 특성이 있습니다. 생김새를 봐도 일본사람에 비해 곧고 좀 크죠. 기마민족이기 때문이라고 합니다. 반면, 일본이 농경민족이라고 하는 것은 우리나라와 다르게 남북이 길고 강은 깊으며 산은 높습니다. 농경사회는 혼자 일을 못 합니다. 매사에 협력해서 노동해야 하므로 이동이 별로 없어요. 그러니까 옛날부터 전국에 44개의 번(潘)이 있었죠. 이는 44개의 독립된 나라가 달리 있었다는 겁니다. 지금은 통일되었지만 지방자치제가 우리나라보다 발달되어 있었다고 보면 됩니다.

그 마을에서 서로 힘을 모아 농경민족으로 일하다 보니 서로 화합하고 협조하는 것에 능숙하며 이런 점은 농경민족의 특성을 나타냅니다. 그리고 중국 사람은 상술이 아주 뛰어납니다. 그러다보니 최근 중국에 진출한 각국 기업들이 중국의 상술에 고배를 마시기도 합니다. 예부터 중국 땅을 지배한 민족들은 많습니다. 한족을 중심으로 몽골족, 거란족, 여진족 등 여러 국가가 중국을 지배하지만 결국에는 한족의 상업 문화의 마력에 헤매다 다 손들고 나오죠. 그런 부분에서 중국은 거래에서 상대방한테 아주 잘 맞추는 듯 하면서도 자국의 이윤을 취하는 상업민족의 면모를 갖고 있습니다.

본론으로 돌아와 한일 생활문화와 매너 18가지 항목 중에서 첫 번째 '한일 시간 문화'를 비교해 보겠습니다. 지금은 많이 달라졌지만 한국과 일본은 아직 시간 문화에 있어서 조금 다른 부분이 있는 것 같아요. 한국에는 코리안 타임이 있고 일본에는 재패니즈 타임이 있습니다. 우리 한국인은 공적인 경우 시간을 잘 지키지만 사적으로는 예를 들어 7시에 '서면 모 식당'에서 만나자고 하면 우리나라 사람은 7시부터 모이기 시작합니다. 7시에 모이기 시작해서 다 모이면 약 7시 반경이 됩니다. 그러나 일본사람들에게 7시에 모이자고 하면 보통 7시 5분 전, 10분 전에 다 모입니다. 그래서 7시에 시작할 수 있도록 하죠. 그래서 일본 식당은 한 사람 한 사람 오는 걸 이해 못합니다. 동시에 모여 같이 시작하는 것을 당연시하죠. 그래서 일본사람들은 약속할 때 식당에서 만나자고 할 경우도 있지만 보통 '시부야의 하치코(渋谷ハチ公)'에서 만나자고 하거나 시부야의 역 앞에서 만나 같이 들어갑

니다. 제가 제일 곤란했던 건 일본 손님을 맞이하다 보면, 제가 아침 10시에 와 주십사 했는데 30분 전에 오는 경우가 있습니다. 초행길로 혹시 늦을까 봐 택시까지 타고 미리 도착한 것이지요. 30분 전에 오면 제가 마음이 쓰여 일을 못 합니다. 그런 부분에서 일본의 시간은 온타임(on time)이 아니고 5분 전 10분 전입니다. 여러분 중 혹시 나중에 일본과 관계된 일을 할 때 시간 약속을 어기면 절대 안 됩니다. 일본에서는 전차를 몇 번 갈아타고 차가 막히고 등등의 이유나 변명은 안 통하기 때문에 무조건 5분 전 10분 전에 도착해야 한다는 것이 공적이든 사적이든 중요합니다. 조금 전에도 말했듯이 일본은 약속과 신용의 나라로 그러한 신뢰가 한두 번 어긋나면 관계는 끊어진다고 봅니다. 그래서 한번 지킨 것은 끝까지 지켜야 하고 특히 시간 약속은 더더욱 신경써야 합니다.

두 번째, 일본은 준비의 나라라고 생각합니다. 일본은 자연재해가 많은 나라입니다. 일본열도는 태풍의 길목에 있고 환태평양 지진대가 일본을 관통하고 있어 지진 등 자연재해가 많은 나라입니다. 그에 반해 우리나라는 인재(人災)의 나라죠? 일본 건축전문가가 부산에 와서 빌딩을 보고 그래요. "어! 저 빌딩 좀 이상하다!"라는 거예요. 왜 그러냐니까 좀 기울었다는 거죠. 제 눈엔 안 보이는데 전문가들 눈에는 보이는 겁니다. 만약 지진이 나면 바로 무너진다는 거죠. 그러면서 "한국에서는 저런 건물들이 준공 허가가 나느냐"라고 묻기에 전문가가 아니라 잘 모르겠다고 했어요. 그만큼 일본은 대진(對震) 건축 기술이 보통 나라들보다 엄격합니다. 그래서 일본은 지진이 나도 피해 규모를 줄일 수가 있습니다. 그만큼 일본은 준비하지 않으면 버티기 어려운 나라입니다. 예를 들어 우리는 식당에 가서 신발을 바로 벗고 들어가죠. 그런데 일본 사람의 경우에는 뒷걸음으로 벗고 가지런히 해 놓고 들어갑니다. 나올 때 편하게 신고 나오려고 준비하는 거죠. 또 다른 예를 들어 볼까요. 일본사람은 30분 만에 뚝딱 해치우는 우리의 결혼식을 보고 깜짝 놀라요. "어떻게 이렇게 간단히 하느냐"고 물어요. 일본 결혼식은 하나의 영화나 연극 시나리오 같아요. 결혼하기 위해서 1년 넘게 준비하며 6개월 전쯤 초청장을 보냅니다. 일본 결혼식에는 초청장이 없으면 참석할 수 없습니다. 자기 친구, 친척, 형제, 회사 관계자 등 신랑 측 몇 명 신부 측 몇 명이 정해져 있어요. 그리고 결혼식은 시나리오가 있는 연극이나 드라마같이 해요. 완벽한 준비라고 할 수 있죠. 결혼식 마지막에는 신랑, 신부, 부모가 함께 울도록 연출을 하죠. 그에 반해, 우리는 예식을 정신없이 복사하듯 순식간에 해버리죠? 이렇듯 일본은 모든 부분에서 완벽하게 준비하는 '준비의 나라'라고 생각합니다. 한국은 어떻게 할지를 그때 돼봐야 알 수 있죠? 이렇듯 그 순간에 즉석으로 해치우는 우리를 긍정적으로 보면 다이나믹하고 역동성이 있다고 할 수 있죠.

세 번째, 한국과 일본은 노동관과 직업관에서 엄청나게 차이가 납니다.

우선, 공사(公私) 구분입니다. 일본사람이 우리나라 백화점이나 식당에 가서 손님이 없으면 직원끼리 서로 잡담하고 있는 것을 보고 놀라지요. 일본에 가서 자세히 관찰하면 전혀 그렇지 않습니다. 거기서 일하는 것은 공적인 거죠. 사적인 잡담은 절대 안 합니다. 회사에서도 마찬가지로 성실한 자세로 끊임없이 일합니다. 식당에서도 손님이 없다고 앉아있는 경우는 용납할 수 없는 일입니다. 의자에 앉아있지 않고 항상 서서 똑같은 곳을 닦고 쓸며 손님 맞을 준비를 하는 거예요. 사적인 대화는 절대 못 합니다. 한 예로 일본 사람이 우리나라와 교류 또는 파견 직원으로 오는 경우가 있어요. 그때 한국 사람이 사무실에서 사적으로 인터넷 쇼핑을 하는 것을 보고 놀랐다고 그래요. 어떨 때는 게임까지 한다는 거예요. 그뿐만 아니라 사적으로 개인 휴대폰을 쓴다는 거죠. 일본 사무실에서는 개인적인 인터넷 쇼핑이나 게임은 상상도 못 할 뿐 아니라 용납이 안 되는 일이죠. 직업군에 따라 개인적인 휴대폰은 끄고 영업상 필요한 경우에만 개인 휴대폰을 씁니다. 그런 경우 정확하게 구분합니다. 그런데 우리는 공과 사를 섞어 어느 게 공인지 사인지 구분을 못합니다. 그러한 국민교육은 굉장한 차이로 나타납니다. 우리가 일본과 관계를 할 때 공사 구분이 무엇인가는 일본에서 아르바이트 체험을 한 번 해보시면 압니다. 혹시 교환학생으로 가면 일본에서 아르바이트를 꼭 한번 해보시길 바랍니다. 일본에서는 취업할 때 공부를 얼마나 잘했느냐는 것은 하나의 조건이지 그것만을 전부로 평가하지는 않습니다. '당신 무슨 아르바이트 해 봤느냐?', '아르바이트하면서 무얼 느꼈느냐?', 거기서 어떤 생각을 했느냐?'라는 걸 묻습니다. 그 다음에 '대학 다닐 때 어떤 서클에 가입 했느냐?', '어떤 활동을 했느냐?', '어떤 역할을 했느냐?', '그 활동에서 당신이 뭘 느꼈느냐?'라는 걸 묻는다는 거예요. 성적은 하나의 조건에 불과합니다. 우리나라도 성적 좋은 사람만 뽑아서 회사에서 중임을 맡길 수 있을까요? 그건 한편으로 위험할 수 있습니다. 이 부분을 포함해 여러분이 기회가 된다면 여러 방면으로 양국의 사회문화적 차이를 경험해 볼 필요가 있다고 생각합니다.

일본은 정해진 규칙이나 약속을 굉장히 준수하는 나라입니다. 어떠한 규칙이 정해지면 일본인은 무조건 지켜야 한다고 생각하는 반면, '한국 사람은 그것을 어떻게 응용할까?'를 생각합니다. 예를 들어, 기숙사의 공적인 물건을 자기 방에 가져와서 쓰다가 일본의 경우는 반드시 쓰고 돌려놓아야지 그렇지 않으면 굉장한 문제가 됩니다. 그러나 한국 사람은 '왜 안돌려 놨느냐'고 하면 '나중에 돌려놓으려 했다!'고 하죠? 일본에서는 통하지 않습니다. 어쨌든 그들은 규칙을 철저히 지키지만 우리는 응용하기 시작한다는 거죠. 그런 점이 다릅니다.

또 나이를 중시하는 한국 문화와 직위를 중시하는 일본 문화에 차이가 있습니다. 여러분 일본 영화나 드라마를 보면 가끔씩 머리가 하얀 사람이 젊은 사람에게 90° 절을 하는 경우가 있죠? 일본은 나이를 따지지 않습니다. 물론 사석에서는 나이를 존중하는 경우도 있지만 공적으로는 나이를 따지지 않고 젊은 사람이 나이가 많은 부하한테 반말을 하기도 해요. 그래서 일본은 직위를 중시하는 사회, 한국은 나이를 중시하는 사회입니다. 한국은 대화하다가 나이를 확인하고는 태도가 돌변한다고 해요. 반말하며 그냥 편하게 이야기한다는 거죠. 일본에는 그런 경우가 없습니다. 그런 부분에서 일본과 우리나라는 유교의 수용이 좀 다른 것 같아요. 즉, 나이를 중요시하는 유교는 효의 유교입니다. 직위를 중시하는 유교는 충의 유교입니다. 그래서 우리나라의 상하 예절은 일본보다 절대적입니다. 우리의 나이 상하 예절을 일본사람들은 부러워하기도 합니다. 그러나 횡적 관계에서의 예의나 공공매너는 일본사람이 월등합니다. 그러한 부분이 한국과 일본의 다른 부분이라고 볼 수 있습니다.

그 다음은 공적인 일에서 사적으로 수군거리지 말 것입니다. 수업중도 그렇습니다만, 일본 사람하고 대화 중 우리나라 말로 수군대는 것은 굉장히 실례되는 행위겠죠? 나중에 개인적으로 이야기할 것을 공적인 곳에서 수군거리지 않는 것이 좋습니다.

다음 부분은 꼭 참고 하시기 바랍니다. 일본에서는 학생이라도 꼭 명함을 만듭니다. 프린트하더라도 일본은 명함 사회입니다. 꼭 자기를 PR합니다. 우리는 회사원도 명함을 안 갖고 다니는 사람이 많습니다. 그건 자기를 PR할 수 있는 기회를 놓치는 겁니다. 일본사람은 학생 간에 교류하더라도 자기 명함을 가지고 다닙니다. 또한 사회인이 되면 명함을 건네는 방법과 보관하는 방법도 철저히 교육합니다. 명함을 건네는 위치는 가슴 높이로, 팔은 딱 붙이고, 살짝 웃으면서 명함의 이름이 상대방이 읽기 쉬운 방향으로 '누구누구입니다 잘 부탁합니다.'라고 한다는 거죠. 한 손으로 무심하게 건네거나 받는 것도 실례되겠죠? 또한 명함을 받으면 보통은 예의상 책상 위에 놓고 명함을 보면서 이름을 불러줘야 합니다. 그러나 우리나라 사람은 명함을 받으면 주머니에 넣어버립니다. 그건 실례라는 것을 기억해 주시기 바랍니다.

네 번째는 한일 생활문화의 매너 중에서 한일 음식문화인데 일품(一品)요리 문화와 반찬 문화입니다. 우리나라의 경우는 반찬이 한상으로 많이 나오죠? 일본은 하나하나 각자의 것이 따로 나옵니다. 그런 부분에서는 좀 차이가 나는데 일본사람들은 나중에 또 이야기하겠지만 식사를 남기지 않습니다. 남기지 않으니까 반찬 나오는 걸 다 먹어야 한다고 생각한답니다. 그렇지만 우리는 남기는 문화죠? 공유 반찬을 같이 먹는 방법도 일본은 개인 그릇에 덜어 놓을 때 쓰는 젓가락과 개인이 사용하는 젓가락이 다르죠. 일본에서는 공유할 때 개인 젓가락을 쓰지 않습니다.

그다음에 젓가락 문화와 스푼 문화가 있습니다. 일본 음식점에 가면 숟가락이 안 나옵니다. 우리나라는 숟가락과 젓가락이 같이 나오잖아요. 음식 종류에 따라, 일본은 젓가락만 나옵니다. 국을 먹을 때 그릇을 들고 젓가락으로 마십니다. 그래서 일본에서 숟가락을 달라고 하면 주인이 당황해 합니다. 무엇 때문에 숟가락을 달라고 하는지 의아해하죠. 나무젓가락으로 밥을 먹습니다. '우리는 왜 스푼문화가 발달했을까?'라고 생각해 봤습니다. 우리는 밥그릇이 크고 국, 탕 종류가 많습니다. 한국은 설렁탕, 매운탕, 곰탕, 감자탕 등 탕이 많죠. 그와 반대로 일본은 탕 종류의 음식보다는 개인 요리 중심이다 보니까 젓가락을 주로 사용합니다. 일본 식당에서 처음부터 숟가락을 달라고 안 하는 게 좋습니다. 젓가락으로 먹는 것이 매너니까요.

그다음 또 하나는 무엇이든 섞어야 직성이 풀리는 한국인입니다. 비빔밥도 국밥도 섞는 음식이잖아요? 회를 먹어도 상추에 싸서 먹죠? 회, 상추, 고추, 마늘 등 그렇죠? 고기를 먹어도 다 싸서 먹잖아요? 일본 고깃집에 가보면 고기는 고기대로 먹고 채소는 채소대로 따로 먹습니다. 회도 마찬가지입니다. 일본인은 섞어 먹는 걸 별로 안 좋아해요. 그건 그나마 괜찮은데 예를 들어서 카레라이스 먹을 때 우리는 막 비벼 먹죠. 일본 사람들은 카레를 밥 위에 조금씩 끼얹으며 먹습니다.

비비면 굉장히 지저분하고 불결하다고까지 생각합니다. 그 다음 재미있는 것은 한일 학생 교류 때 팥빙수를 먹을 경우가 있어요. 일본 사람은 빙수에다가 팥, 우유 등 따로따로 먹는 걸 좋아하는데 한국 학생이 확 섞어 버린다는 거죠. 깜짝 놀란다는 이야기예요. 그래서 한국 사람은 섞어 먹는 미묘한 맛을 좋아하고 일본 사람은 아름답게 먹기를 좋아해요. 그래서 일본 사람은 눈으로 먹는다고 하죠. 조그마한 거라도 디자인을 아주 예쁘게 해서 먹죠.

그리고 한국 사람은 자극적인 음식을 좋아하죠? 자극적이고 뜨거운 음식, 맵고 짠 음식을 좋아하는 한국 사람은 세계적으로 위암이 많이 발생하는 나라입니다. 위가 상처를 받습니다. 어릴때부터 김치를 먹기 시작하죠? 고춧가루와 소금을 다량 섭취하는 사람은 위 관련 질병이 매우 많습니다. 한국 같은 경쟁 사회에서는 스트레스로 위가 과민해집니다. 술도 많이 마시죠? 다시 말해 일본 사람들은 자극적인 음식을 좋아하지 않지만 한국 사람들은 자극적인 음식을 즐깁니다.

또한, 주어진 음식을 남기지 않으며 식사 시 소음에 민감한 게 일본인입니다. 이런 부분은 여러분이 국제사회에서 꼭 갖춰줬으면 하는 매너이기도 합니다. 우리나라는 자극적인 음식이라서 그런지 먹을 때 소리가 나요. 입을 벌리고 먹고 쩝쩝 짭짭 소리가 나죠? 일본에서는 음식을 입에 많이 넣지 않고 입을 다물고 씹어 전혀 소리를 내지 않습니다. 소리를 내면 굉장히 불쾌해 할 정도로 소음에 민감합니다. 전철 또는 공항과 같은 공공장소에서 일본사람은 조용한 반면, 우리나라 사람은 웅성웅성 와자지껄합니다. 전자제품도 마찬가지입니다. 일본에서 잘 팔리는 기계는 소음이 적은 기계입니다. 예컨대, 일본에 살 때

쓰던 저희 가전제품이 수명을 다해 몇 년 전에 한국 세탁기와 냉장고로 바꿨는데 예전 것보다 엄청나게 소리가 큽니다. 그만큼 소음을 문화적으로 예민하게 받아들이고 반응하기에 그 부분을 배려한다면 관계형성에 도움이 될 겁니다.

그다음 식사 속도도 한국과 일본이 차이가 납니다. 일본 사람은 천천히 먹는 데 반해 한국 사람은 먼저 빨리 먹고 가자고 기다려요. 우리는 밥 먹는 것 따로 술 먹는 것 따로지만 일본 사람들은 식사와 술을 함께 즐깁니다. 그러니까 우리나라 사람들은 식사하고 술 한 잔 하러 간다면 일본사람들은 술 마시고 마지막에 밥을 먹어요. 그러다 보니 식사시간이 조금 길어져요. 국제교류를 하거나 일본 관계 일을 할 때 보면 한국 사람은 빨리 먹고 기다리고, 일본사람은 먹다가 나간다는 말이 있습니다. 식사 시간을 여유롭게 잡거나 조정할 필요가 있습니다. 우리나라 사람의 식사 속도가 빠른 것도 한국의 지정학적 요인과 관계가 있습니다. 우리는 언제 적이 쳐들어올지 모르니까 비빔밥이나 국밥 같이 빨리 먹을 수 있는 음식이 발달했다는 이야기가 있습니다. 그 다음은 줄서는 것도 남들보다 앞서서 빨리 서야 한다고 생각합니다. 그런 경쟁적인 것이 우리의 지정학적 위치에서 기인한다고 볼 수 있습니다. 어쨌든 한국 사람들은 식사 속도가 좀 빠르죠? 여러분은 그런 식사매너에 주의를 기울일 필요가 있습니다.

아래 사진은, 일본 스시 집입니다. 초밥집이죠. 이렇게 맛깔스럽게 만들어 냅니다.

〈사진 1〉

　그다음에 일본은 일품요리가 있죠? 소바, 우동, 회덮밥 등이 있습니다. 반찬은 개인용으로 나오는데 좀 전에 언급했듯 우리는 공용 반찬 문화이고, 일본은 개인 일품요리 문화입니다. 그래서 우리나라는 반찬을 다 먹으면 추가로 요구할 수 있습니다. 일본은 추가 요구는 거의 안하고 자기가 조금씩 나눠 먹어야 합니다. 한국인들은 다 먹고 더 달라는 경우가 많은데 일본 측에서는 굉장히 당황합니다. 예를 몇 가지 들면, 미소(味噌 : 된장)라면의 경우 반찬이 아무것도 없습니다. 우리는 김치라도 주는데 일본은 안 줍니다. 가끔 노란무 두 조각씩 주는 경우가 있습니다. 라면 다 먹을 동안 노란무 두 조각을 아껴 먹어야 해요. 우리는 한 젓가락에 노란무 하나씩 먹어버리니까 또 더 달라고 하지만 더 안 줍니다. 주인이 굉장히 불쾌하게 생각합니다. 그래서 반찬은 더 요구하지 않고 주어진 대로 먹어야 합니다. 그다음 마쿠노우치 벤또입니다. 일본은 도시락 문화가 상당히 발달하여 도시락 가게가 아주 많습니다. 여러 가지를 넣어서 만든 도시락입니다. 장어덮밥도 반찬이 따로 조금 나오죠. 더 달라하는 것은 실례입니다. 〈사진 2〉에서 보듯이, 샤부샤부도 우리는 채소랑 다 넣어서 먹죠? 일본은 한꺼번에 넣지 않고 자기 먹을 것만 넣어서 먹습니다.

〈사진 2〉

다음으로 한국음식을 살펴보면 냉면에도 비빔냉면과 물냉면이 있고, 삼계탕의 경우 반찬이 아주 많죠? 이외에도 비빔밥이나 제사음식도 반찬이 적지 않은 것을 보면 우리는 역시 일본과 다른 반찬문화라는 것을 알 수 있습니다.

다섯 번째 한일 술 문화입니다. 나중에 여러분이 사회인으로서 비즈니스를 하다 보면 음주 문화를 경험하겠죠? 우리나라는 술잔 돌리기를 하지만 일본에서는 술잔 돌리기를 안 합니다. 앞서 언급했다시피 우리는 찌개 같은 공용 음식을 먹을 때 개인 숟가락으로 떠먹죠? 그게 위생상으로도 안 좋데요. 요즘은 덜어 먹는 경우가 많이 있지만 우리나라 사람이 세계적으로 헬리코박터로리오균 감염률이 아주 높데요. 열 사람 중 두 세 사람은 헬리코박터로리오균이 있다고 합니다. 그 원인은 술잔 돌리기와 국물을 숟가락으로 같이 떠먹는 음식문화 때문이기도 합니다. 침이 들어가면 음식이 산화하기 시작하고 그러면 균을 옮기게 되죠. 그래서 국이나 찌개를 개인 숟가락으로 같이 먹는 것은 국제적 매너는 아닙니다. 그래서 일본사람을 자세히 보면 술잔돌리기를 하지 않아요. 술 한번 마시고 내려놓은 다른 사람들 잔에 일본사람은 거기 근접하지를 않습니다. 어쨌든 공유 음식은 자기 입에 들어갔던 것으로 섞지 않는 것이 매너입니다. 주고받는 술잔 돌리기는 안 하는 게 좋은데 더욱이 우리는 술잔을 손으로 닦아 주는 경우가 있잖아요? 그러나 손에 병균이 제일 많다는 건 여러분이 더 잘 아시죠? 오히려 손의 병균을 더 묻혀주는 거예요. 상식적으로 있을 수 없는 일이겠죠? 물로 씻는 경우도 있지만 되도록 술잔 돌리기는 안 하는 게 좋겠습니다. 그리고 우리나라는 효의 나라니까 술잔을 두 손으로 받는데 일본은 한 손으로 받습니다. 또한 일본은 첨잔하는 경우가 많으며, 특별히 권하지 않고 혼자서 자작하는 경우가 많습니다. 그래서 여러 명이 술자리를 해도 각자 마시지, 권하는 경우는 별로 없습니다.

다음으로 일본인과 한국인의 주량에 관해서 이야기해 볼까요? 일본 사람은 한국 사람을 다 술이 세다고 해요. 그런데 다 같은 사람이 술이 센 민족과 술이 세지 않은 민족이 있을까요? 크게 차이는 없다고 봐요. 다만 습관적으로 계속 마시면 면역력이 강해질 수는 있겠죠. 러시아라든지 추운 북방으로 갈수록 술 도수가 세거든요. 중국도 남쪽

사람은 술을 잘 마시지 않습니다. 동남아시아 쪽도 맥주는 조금 마실까 강한 술은 잘 마시지 않습니다. 중국도 상해 이북으로 가면 백주를 많이 마십니다. 우리나라도 북쪽으로 갈수록 조금 센 술을 마시죠. 이렇듯 주량은 기후와 음식 때문일 수도 있다고 생각합니다. 그래서 주량에 대해서는 한국인과 일본인이 크게 다르지 않다고 생각하는데 술에 대한 가치 문화는 다른 것 같아요. 즉 일본 사람은 술에 조금만 취해도 오늘 술에 취해서 이만 실례하겠다고 하고, 술이라는 것은 실수를 부르니까 될 수 있으면 자제하라고 가르칩니다. 한국 사람은 술에 취해도 안 취했다고 강조합니다. 한국 사람은 술 마시고 실수하는 것이 미덕이라고 이해하는 경우가 많습니다. 그래서 회식 때 술을 마시고 비틀대거나 다소 실수를 해도 이해해주는데 반대로 그럴 경우 일본인은 자기 관리를 못 한다고 합니다. 한국 사람은 또 다음날 출근해서 괴로워하면 인간미가 있다고 하는데 일본은 다음날 출근해서 헤매면 마이너스입니다. 이는 술에 관해서 우리는 굉장히 관용적이며 일본은 굉장히 엄격하다는 이야기입니다. 술 마시고 추태를 부리면 굉장한 실례이기 때문에 일본 사람은 술 취하기 전에 취했다고 말하고 사라집니다. 그리고 진짜 술을 좋아하는 사람들은 집에 돌아가는 길에 혼자서 마시거나 집에 가서 마십니다. 그런 면에서 좀 외로운 편이죠. 한국 사람은 술이 세다는 것이 어떻게 보면 자랑거리이기도 합니다만 일본에서는 술을 마시고 휘청거리면 자기관리를 못 한다고 인식됩니다.

마지막으로 건배 문화와 횟수를 보겠습니다. 앞으로 여러분이 국제교류를 할 때 도움 되게 말씀드리면 한국과 일본, 중국의 건배 문화는 다릅니다. 일본은 딱 한 번만 건배합니다. 앞에서 이야기했듯이 회식이든 무엇이든 시작할 때 다 같이 모여서 한꺼번에 시작하는데 그때 한 번만 건배합니다. 그에 반해 한국 사람은 자기 기분에 따라 수시로 합니다. 중국 사람은 홀수로 건배합니다. 첫 번째 건배 제창은 호스트의 좌장이 합니다. 손님이 해서는 안 되며 기다려야 합니다. 두 번째도 호스트의 그 다음 서열의 사람이 한 번 더 합니다. 세 번째 서열에 있는 사람이 또 한 번 세 번째로 건배하고 나면 손님이 건배할 수 있어요. 여러분이 기회가 되어 이러한 서로 다른 문화를 유심히 관찰하면 도움이 되지 않을까 하는 생각이 듭니다.

다음으로 〈사진 3〉은 일본의 전통 요정이 남아있는 교토의 기온(京都 祇園)으로 거리 산책하다 운이 좋으면 예쁜 게이샤를 만날 수가 있어요. 이분들은 게이샤입니다. '오도리코(踊り子)'라고도 부르며 일본 전통 춤을 춥니다. 아주 예뻐서 사진을 찍었습니다. 저 사진은 10년이 더된 사진입니다.

〈사진 3〉

그리고 〈사진 4〉의 위(A와 B)는 한국이고 밑(C와 D)은 일본입니다. 술 따르는 방법도 나와 있습니다만, 한국은 아주 자유분방하고 일본은 조금 격식화 되었다고 보시면 됩니다.

<사진 4>

여섯 번째로 '더치페이'라고 하는 와리깡(割り勘) 문화입니다. 한국과 일본의 또 다른 차이로 참고해 두시면 좋을 것 같아요. 한국인은 화끈하고, 일본인은 쫀쫀하다고 오해할 수 있는데 일본인은 1엔까지 나누어 계산합니다. 그러다 보니 밥 먹으러 가서 한꺼번에 하면 복잡하니까 보통 계산을 따로 합니다. 그 자리에서 계산기로 계산해서 모아서 내기도 합니다. 일본은 와리깡 문화이고 한국은 와리깡 문화가 없다고 생각합니다. 그러나 한국도 와리깡 문화가 있죠? 교대로 한 번씩 내는 교대 와리깡 문화죠? 그런 문화 차이가 조금 있는데 일본은 사장이 특별히 낸다든지 하는 경우를 제외하곤 공적으로 회식해도 다

같이 나누어 내는 경우가 많아요. 선배일 경우도 자기가 좋은 일이 있어 돈을 조금 더 낼 경우는 있으나 자기가 완전히 다 부담하지는 않습니다. 반면 한국 사람은 상사, 선배일 경우 계속 부담하는 경우가 많죠? 한국은 교대 와리깡 문화라고 하면 일본 사람은 의아해 합니다. 비쌀 때 내는 사람과 쌀 때 내는 사람, 연속으로 두 번 내거나 한 번만 내는 사람이 있어 불공평하다는 거죠. 그럴 때 저는 한국은 돈 내는 것이 곧 매너이고 능력이다. 그리고 몇번 연속해서 내는 사람이 있을 수도 있는데 그건 한국 사람의 정이라고 말합니다. 이렇게 미묘하게 차이는 있으나 국제교류에서 상황에 따라 다르지만 보통 처음 환영할 때는 대접해주고 기본적으로는 더치페이하는 것이 오해를 줄일 수가 있습니다.

일곱 번째 한일 인사 문화에서 한국과 일본이 좀 다른 것은 한국 사람은 만날 때를, 일본 사람은 헤어질 때를 소중히 합니다. 그래서 한국 사람들은 사람을 만났을 때 악수하고 어깨도 두드리며 확 다가갑니다. 반면 처음 만났을 때 일본 사람들은 천천히 다가갑니다. 곤니찌와(こんには), 오하요(おはよう) 등 간단하게 인사합니다. 그리고 헤어질 때 일본 사람은 한국 사람을 보고 '바람같이 사라진다'고 표현합니다. 공항에서 작별할 때 한국 사람들은 잘 가라고 인사하곤 돌아서 가 버립니다. 그런데 일본사람은 보통 세 번 인사합니다. 공항에서 들어가라며 인사하고, 또 중간쯤에서 이렇게 인사하고, 그리고 멀리 가서 다시 또 손 흔들고 그러죠. 그에 비하면 한국 사람은 헤어질 때 등을 빨리 돌린다고 생각합니다. 일본에서 보통 친구와 같이 전차를 타고 가다가 내가 먼저 내려야 하면 먼저 실례하겠다고 인사를 합니다. 그

다음에 내리기 전에 문가에서 다시 또 인사를 합니다. 그리고 내려서는 또 잘 가라고 손을 흔들며 인사합니다. 보통 기본 세 번은 인사합니다. 이렇듯 헤어질 때를 소중히 하는 일본과, 바람과 같이 이동하는 한국의 차이는 농경민족과 기마민족의 차이가 아닐까? 하고 저는 생각하곤 합니다.

또 하나 일본 사람은 조그만 선물을 굉장히 좋아합니다. 선물할 때도 보통 5천 엔 이하, 많아도 만 엔 이하로 하며 비싼 선물은 하지 않습니다. 비싼 선물은 뇌물이라고 생각합니다. 뇌물은 어떤 부탁을 하기 위한 것으로 생각합니다. 그래서 1천 엔에서 2천 엔 사이의 과자 같은 것으로 자기 마음을 표현합니다. 여러분도 자기의 마음을 표현하고 싶을 때 조그만 선물을 준비하는 것이 좋지 않을까 생각합니다.

그다음 사죄 문화도 좀 다릅니다. 일본 사람은 어떤 문제가 있을 때 먼저 사과하는 데 반해 한국 사람은 이유를 쭉 설명하고 끝까지 사과하지 않는 편이죠? 예를 들어 일본 사람은 공공장소에서 조금만 몸이 부딪쳐도 먼저 미안하다거나 잘못했다고 사죄하고 시작합니다. 한국 사람들은 아무런 반응이 없는 경우가 많습니다. 그런 사소한 부분에서 조금 차이가 있습니다.

다음으로 일본인의 복장과 성격적 특징입니다. 일본인은 검은색 등 깔끔하고 수수한 것을 한국인은 밝은 색깔의 화려하고 개성이 강한 것을 선호합니다. 이런 부분이 특징적이라고 말할 수 있습니다. 그래서 일본에서의 공적인 행사일 때는 조금 어두운 색깔의 옷을 입는 것이 좋지 않을까 생각합니다.

그다음 우리는 쉽게 친구를 만드는데 일본은 그렇지 않습니다. 우리나라 학생들에게 친구가 몇 명이냐고 물으면 보통 5명에서 10명이라고 합니다. 그런데 일본 학생한테 친구가 몇 명이냐고 물으면 제일 친한 친구 한명 또는 두 명 정도라고 하죠. 없다는 경우도 있습니다. 이렇게 친구 사귀기는 어렵지만 한번 사귀면 연락을 자주 안 해도 오래갑니다. 반면 우리나라 사람은 친구 만들기는 쉬운데 유지하기가 어려워요. 연락하고 만나고 밥 먹어야 하고 그렇죠? 그런 차이가 있습니다. 그래서 일본인이 한국 친구가 계속 밥 먹자고 한다며 제게 말하기도 합니다.

다음으로 일본인은 나이, 가족 등 사적인 질문은 비교적 하지 않는 편입니다. 우리는 호구조사처럼 물어보죠? 일본인은 자기가 생각하는 취미나 일에 대한 것은 물어보는데 개인적인 것은 잘 물어보지 않습니다. 일본은 사생활을 존중하고 상당히 엄격합니다. 예를 들어, 남자 친구가 있느냐?고 물어볼 수는 있는데 왜 없느냐?고 물어보면 상당히 실례가 되고 와전되면 성희롱 즉, 세쿠하라(セクハラ, sexual harassment)가 될 수 있습니다. 마찬가지로 결혼했냐?고 물어보는 건 괜찮아도 왜 안 했느냐?고 물어보는 것은 곤란하겠죠.

다음으로 통신매너인데요. 처음에 일본 친구를 사귀면 호칭이 한국과 좀 다르죠. 일본 사회에서는 다 그 사람의 성씨를 부릅니다. 일본의 성은 25만 가지가 넘습니다. 중국은 성은 4,700여 종류 있는 반면 우리는 약 300여 가지로 그렇게 많지 않습니다. 일본은 회사에서 성만 불러도 동성이 몇 명 없습니다. 다 통하거든요. 그런데 우리나라는 성이 비슷하다 보니까 이름으로 구분하는 경우가 많죠? 일본은 성으로 구분합니다. 그러나 회사나 학교에서 그 사람의 성을 부른다고 해서 일본사람 집에 전화걸어 '다나카 상' 바꿔 달라고 하면 그 집사람 모두 다나카 상이니까 누구를 말하는지 모르는 경우가 있습니다. 그래서 이름을 따로 불러줘야 합니다. 성만 말하면 굉장히 당황해 하죠. 그리고 또 전화를 걸 때도 나는 누구누구이며 누구누구 친구라고 밝히고 바꿔 달라고 해야겠죠. 끊을 때도 상대방이 먼저 끊을 때까지 기다리는 게 예의입니다.

그 다음에 이메일의 경우도 우리는 알았다는 의미에서 답장을 안 하는 경우가 있죠? 일본은 알았다고 답장을 하고 또 고맙다고 답장을 하고 이메일을 상당히 많이 주고받는 편입니다.

앞에서도 이야기했듯이 일본은 소음에 민감합니다. 공공장소에서는 소음에 조심하는 것이 좋겠습니다. 예를 들어 식당이나 전차에서 어린아이가 있는 경우 부모가 딱 밀착을 합니다. 우리는 놔두죠? 뛰어다니거나 시끄럽게 하는 것은 굉장히 실례입니다.

지난주 강연하신 김향숙 교수님 비디오에 이병헌하고 김태희가 나오는 부분에서 일본 학생이 질문했죠? '한국 사람들은 이야기 할 때 얼굴을 가까이 붙이고 하던데 왜 그렇습니까?'라고 말입니다. 여기에는 문화적인 이유가 있습니다. 우리 학교 일본인 교수님이 그래요. 학생이 질문하는데 굉장히 가깝게 다가와서 당황스럽다는 거죠. 스킨십

과 거리에 관한 연구를 전문용어로 personal space에 관한 연구라고
합니다. 여러 나라와 민족, 개인 마다 좋아하는 거리나 공간이 있는데
국가마다 다르답니다. 어떤 조사에서 personal space가 넓은 나라가
북유럽 쪽이고 제일 가까운 나라가 남미라고 합니다. 저도 브라질 친
구가 있는데 너무 딱 붙어서 스킨십을 상당히 많이 해요. 그래서 제가
'이 사람이 날 좋아하나?'라고 착각한 적도 있어요. 어쨌든 그렇게 다
릅니다.

　그리고 한국과 일본도 달라요. 한국은 두 사람 간의 거리가 가깝고
일본은 조금 멉니다. 동성 간의 스킨십도 우리나라 사람은 여학생끼리
팔짱 끼거나 손잡는 경우가 있죠? 그런데 일본에서는 그러면 바로 이
상한 관계로 간주합니다. 언젠가 신주쿠의 신오쿠보 거리에서 젊은 여
자 둘이 손잡고 걸어가고 있는데 사람들이 전부 신기하게 보고 있는
거예요. 저는 딱 보고 한국 사람인 줄 바로 알았죠. 이렇게 일본에서
는 동성끼리 팔짱 끼거나 손잡는 경우는 100% 없고 있다면 뭐랄까 이
상한 경우입니다. 앞에 말한 참고 문헌 중 NHK 한글 강좌의 저의 칼
럼 제1화가 이 주제였어요. 제가 30년 전 대학교 1학년 때 펜팔로 일
본인 친구를 사귀었어요. 우리는 친하면 술 한 잔 마시며 어깨도 허벅
지도 두드리잖아요. 여행 온 친구와 술 한 잔하고 제 하숙방에서 같이
잤죠. 하숙방이다 보니 시트도 이불도 베게도 전부 하나밖에 없잖아
요. 그래서 베개는 친구에게 양보하고 저는 사전에다가 수건을 말아서
잤어요. 이불도 같이 덮었는데 이 친구가 이불을 안 덮는 거예요. 조
금 이상한 자세를 하고 계속 이불을 차는 거예요. 제법 쌀쌀한 날이었
는데 친구가 수시로 이불을 걷어차는 바람에 저는 계속 이불을 덮어주

고 그랬어요. 결국 이 친구는 그 다음날 감기에 들고 말았죠. 그래서 이 친구가 왜 그렇게 이불을 걷어 냈을까 궁금했지만 물어보지 못하다가 긴 세월이 지나 제가 일본에 유학 갔을 때 그 이유를 알았어요. 그 친구는 술 마시며 자기를 또닥거리고 어깨동무도 하고 그러니까 굉장히 이상하다고 생각을 했대요. 그리고 일본에서는 형제라도 같은 이불을 덮고 자는 경우는 거의 없거든요. 일본에서는 마트에서 2인용 이불을 사기 어려워요. 특별한 경우가 아니면 전부 개인용 이불밖에 없어요. 그래서 부부나 형제나 한 방에 자도 이불이나 시트는 따로 덮어요. 보통 한 방에 자도 싱글 침대가 두 개 놓여 있는 경우가 많죠. 제가 자세히 관찰해 보니까 젊은 부부를 제외하곤 거의 대부분 같은 이불을 덮지 않는 것 같아요. 게다가 부부가 각 방을 쓰는 경우도 많아 자기만의 공간을 갖고 싶어 하는 것 같이 보였습니다. 이런 부분들이 한국과 일본의 다른 점입니다. 가까이 가는 걸 굉장히 부담스러워 해요. 그래서 일본 사람은 한국 친구와 걸으면 자꾸 비스듬히 걸어요. 한국 친구는 계속 다가가려 하고 일본 사람은 계속 멀어지려고 하거든요. 그래서 바로 옆에 앉는 것을 부담스러워 하는 일본 사람은 보통 자리에 앉을 때도 친한 친구가 아니면 띄우고 앉아요. 그리고 줄 설 때도 일본 사람은 조금 거리를 두고 섭니다. 한국 사람이 바싹 붙어서면 깜짝 놀라죠. 그리고 뒤에 줄선 사람이 너무 가까이 다가와서 이상하고 불안하다는 거예요. 이렇게 personal space가 일본과 한국은 크게 차이가 납니다. 물리적인 거리뿐만 아니라 심리적인 거리도 멀어요. 연인끼리도 상대방의 것은 상대방 것이니까 침범하지 않으려고 해요. 상대방의 문자, 이메일을 봐서 이혼 사유가 되는 경우가 있죠. 부부라도 이메일을 보지 말라는 겁니다. 어쨌든 심리적인 부분도 일본은 자기 세계가 분명하다고 볼 수 있습니다. 우리는 친근한 걸 좋아하고 접촉하는 걸 좋아하니까 강아지와 비슷하고 일본 사람은 조금 거리를 두는 고양이 같다고도 하죠. 그래서 일본에 가면 너무 가까이 다가가지 말고 동성끼리 손잡거나 팔짱을 끼지 않는 것이 좋겠습니다.

다음 〈사진 5〉는 부산외국어대학교에서 제가 사진을 찍었어요. 우리나라에서는 괜찮지만, 일본에서는 굉장히 이상하게 보일 수 있겠죠?

〈사진 5〉

다음으로 한국과 일본의 교육관에서 극명하게 다른 부분이 가정 교육관의 차이입니다. 일본의 가정교육에서 아이가 성인이 될 때까지 부모가 가장 많이 하는 이야기나 강조하는 것이 무엇이라고 생각합니까? 일본말로 '히토니 메와쿠 카케루나(人に迷惑かけるな)'입니다. 타인에게 폐 끼치지 말라는 말이죠. 일본은 어릴 때부터 계속 남에게 폐

끼치지 말라고 합니다. 그런데 우리나라 사람은 뭐라고 할까요? 우리나라 사람은 어릴 때부터 '공부해라' '빨리빨리'라는 말도 많이 듣고 살지만 제 생각에는 다른 나라에 비해서 특징적으로 강조하는 부분이 '기죽이지 말라'는 것이 일본과 다르지 않을까 생각합니다. 일본은 태어나서 성인이 될 때까지 한 아이를 교육시킬 때 남에게 폐 끼치지 않도록 항상 조심하고, 협조하며 배려하라고 가르칩니다. 폐 끼치지 않는다는 게 그런 거잖아요? 이렇게 폐 끼치지 않도록 협조, 배려를 제1의 덕목으로 생각한다면 우리나라 사람은 개인 중심이 아닌가 생각합니다. 앞에서 이야기했듯이 지정학적으로 이렇게 경쟁이 심한 나라에서 기가 죽어버리면 자기주장을 못 한다는 거예요. 강하게 자기주장을 하며 따지지를 못한다는 거죠. 일본은 따지는 것을 버릇없다고 생각합니다. 그러니까 자기주장을 하는 것은 어떻게 보면 따돌림의 대상이 될 수 있어요. 그런데 우리나라는 개성 강한 사람이 이렇듯 험난한 세상에서 살아갈 수 있다고 생각한다는 겁니다. 그래서 자기주장 잘하고 똑똑하고 기가 센 사람으로 만들어야 한다는 것이 한국의 개성 중심 가정 교육관이라면, 일본은 남들과 잘 맞추고 배려하는 조화 중심의 교육입니다. 그러한 부분이 한국과 일본의 가장 다른 교육관입니다. 공동체 의식이 강한 일본과 한국의 개인주의, 우리나라 사람은 일본을 개인주의라고 하지만 제 생각은 반대입니다. 한국이 오히려 더 개인주의입니다. 단체생활에서 일본은 팀워크를 중시합니다. 그런데 우리는 단체생활에서 개인과 개인의 관계, 그 사람하고 나하고 아느냐 모르느냐로 가까운가 그렇지 않은가로 판단하는 경유가 많습니다. 그런데 일본은 공적일 땐 팀워크를 우선시하고 개인생활에서는 프라이버시를 존중합니다. 요즈음 일본의 젊은 사람은 퇴근하고 회식하는 걸 싫어한답니다. 개인 생활을 중시하기 때문입니다. 그런데 우리는 개인 생활을 같이 하자고 그래요. 퇴근 후에 회식하고 또 주말에도 같은 회사사람들과 동호회를 하고 말입니다. 이렇게 한일의 기본적인 교육관에서 조금 차이가 있습니다. 우리가 개성 중심의 교육을 한다면 일본은 조화 중심의 교육을 한다고 생각합니다.

그다음 언어 행동과 오해입니다. 한국식 인사표현과 일본인의 비즈니스 표현이 있네요? 일본의 아침 인사는 '오하요', '오하요 고자이마스'라고 합니다. 우리나라는 '안녕하십니까?', '안녕히 주무셨습니까?' 이렇게 하죠? 다음 미국은 '굿모닝'이라고 하죠? 그런데 이게 의미가 다 달라요. '오하요 고자이마스'의 어원은 '오하야이요우데 고자이마스네(お早いようでございますね), 즉 '오늘 일찍 일어나셨네요?'라는 말입니다. 영어로 '굿모닝'은 '당신에게 좋은 아침이 됐으면 좋겠다'이고 한국 사람은 '안녕하셨나요?', '밤새 잘 계셨습니까?', '밤새 잘 주무셨습니까?'입니다. 왜 이렇게 인사를 하는 걸까요? 밤사이 그 사람의 안녕을 묻는다는 것은 안녕하지 않을 수도 있다는 이야기, 즉 우리나라는 사고도 잦고 전쟁도 잦았으니까 평안하냐고 물어보는 것이 인사가 된 것이 아닌가 생각합니다. 일본의 '일찍 일어나셨네요.'라는 '오하요', '오늘은'이라는 '곤니찌와(今日は)', '오늘 밤'이라는 '곰방와(今晩は)'는 '오늘은 어떻습니까? 괜찮으십니까? 좋으십니까? 좋은 날 됐으면 좋겠습니다.'라는 뜻입니다. 그러니까 뒤의 말을 생략하는 거죠. 일본사람은 생략 표현을 많이 씁니다. 그런데 한국식 표현에서는 '잘 주

무셨습니까?'도 있습니다만 주로 아침에는 '어디 가십니까?' 점심때는 '식사하셨습니까?'라고 자주 묻죠. 그래서 언어로만 직역해서 일본에서 점심때 교수님을 만났는데 '식사하셨습니까?'라고 물으면 깜짝 놀랍니다. '왜 저런 질문을 하지? 밥 먹자는 말인가?'라고 오해를 합니다. 문법적으로 문제가 없지만, 언어는 문화를 함유하고 있기 때문입니다. 저의 NHK 칼럼에서도 언급했는데 제가 아는 일본인이 아파트를 옮겼는데 아침마다 수위 아저씨가 어디 가느냐고 물어봐서 설명하기가 너무나 힘들다는 거예요. 그건 문화적인 부분이니까 설명 안 해도 되는 거잖아요. 이런 언어행동 문화의 뉘앙스를 여러분들도 알고 계셨으면 합니다.

비즈니스 표현에서도 일본사람은 '소우데스네(そうですね)'라는 표현을 많이 씁니다. '소우데스네'는 긍정도 부정도 아니고 'go ahead'라는 겁니다. 말을 계속 하라는 거죠. '소우데스네'는 상대방 말에 응답하는 것뿐이지 '예스'는 아닌데 우리는 긍정으로 생각할 수도 있겠죠? 그리고 '생각해 보겠습니다, 상사에게 물어 보겠습니다' 등 애매한 표현을 많이 씁니다. 그런데 우리나라 사람은 '오케이'로 생각해서 오해할 경우가 많으니 조심해야겠죠.

그 다음에 일본인과 '사쿠라(桜)', 우리말로 '벚꽃'입니다. 지난주 나누어드린 산화(散花)의 미를 즐기는 일본인과 청초함을 즐기는 한국인에 관한 제 칼럼을 읽어보셨어요? 읽어보면 굉장히 재미있을 겁니다. 사쿠라는 일 년에 2주밖에 안 피고 빨리 폈다가 져버리잖아요. 그래서 우리는 빨리 변하는 변절자나 가짜를 사쿠라라고 하고 그다지 좋아하지 않습니다. 그런데 일본에서는 사쿠라를 굉장히 좋아합니다. 왜냐하면, 우리의 인생과 같기 때문이라고 합니다. 인생을 1년으로 비교한다면 즐겁고 행복하고 화려한 시간은 2주밖에 없다는 거죠. 여러분 인생에서도 즐겁고 화려하며 행복한 시간이 많이 있을 것 같지만 1년에 비하면 2주밖에 없다는 겁니다. 1년 내내 기다리고 인내하고 참으면서 사쿠라가 피는 것을 기다렸다가 사쿠라가 피기 시작하여 만개하는 그 2주 동안의 그때를 즐기는 것, 감사하는 것, 이러한 것을 일본사람은 좋아합니다. 일본 사람은 사쿠라를 자신의 삶에 비유하곤 합니다. 그에 반해 한국 사람은 진달래, 무궁화 등 어디서든지 필 수 있는 생명력이 강한 꽃을 좋아합니다. 한국 사람의 국민성과 같다고 생각됩니다. 일본에서는 하나미(花見)라는 꽃구경을 하는 문화가 있는데 지역마다 하나미의 명소가 있습니다. 이때 꽃은 사쿠라를 말하고 이렇게 사쿠라 꽃이 피면 그 밑에 자리를 펴고 마시면서 즐깁니다. 그러다 바람이 불면 사쿠라 꽃이 한꺼번에 눈이 오듯이 떨어집니다. 그 광경은 대단하죠. 정말 황홀할 정도로 아름답습니다. 특히 밤이 아름다운데 각 동네마다 볼 수 있는 풍경입니다.

그다음에 일본인의 종교관인데요. 우리나라 사람은 다른 나라에 비해서 종교적인 성향이 강하다고 봅니다. 그래서인지 몰라도 기독교가 단시간에 빨리 전파되었고 지금은 전 세계에서 선교사를 가장 많이 파견하는 나라 중에 하나죠? 이런 부분에서 우리나라 사람들은 종교적인 응집력과 의존도가 강하다고 볼 수 있겠죠. 통일교도 우리나라에서 생겨 일본에 가서 뿌리 내리고 미국에 가서 꽃을 피웠죠. 이렇게 종교

성향이 강하다는 건 그만큼 우리의 현실적인 삶이 어렵다는 거예요. 종교에 기대지 않으면 해결되지 않는 부분들이 많다는 거죠. 제가 볼 때는 우리나라는 이렇게 종교성이 강하다고 생각하는데 일본은 우리보다 종교성이 강하지는 않지만 그 종류는 다양하다고 생각합니다. 일본 사람은 일상에서 불교적 행사가 많이 있어서 비교적 불교와 밀접하게 생활합니다. 거의 80% 이상이 불교문화지만 불교 신자 수는 꼭 그만큼 많지는 않습니다. 일본 전통적인 종교 신도(神道)도 있죠. 신사(神社)에 가서 결혼도 하고 출생 축하도 하고 매년 신년에는 신사에 가서 인사를 합니다. 일본에는 또 신궁(神宮)이 있어요. 신사하고 다른 점은 신궁은 천황을 신으로 모시는 곳입니다. 신사는 그 지역에 있는 나무, 사람, 자연 등을 신으로 모시는 경우이고 신궁은 천황의 가족, 후손 중에서 훌륭한 사람을 신으로 모시는 곳입니다. 예를 들면 메이지신궁(明治神宮)은 명치천왕을 신으로 모시는 곳이죠. 일본은 모든 게 다 신이 될 수 있습니다. 그래서 신도는 일본의 토속신앙에서 출발한 전통적인 종교라고 할 수 있습니다. 예를 들어 한사람의 일생을 볼 때 아이가 태어나서 30일 후에 신사에 가서 축하하고 그 아이의 건강을 기원을 하는 행사가 있습니다. 그리고 일상생활은 불교식으로 하고 결혼식은 신도식 또는 기독교식으로 합니다. 그리고 마지막 장례식은 불교식으로 하는 등, 이렇듯 여러 가지 종교가 한 사람의 생활 속에서 다양하게 나타납니다. 어쨌든 종교가 생활 속에서 많이 섞여 있다고 보시면 됩니다. 기독교에서 가장 선교하고 전도하기 어려운 나라가 일본이라고 합니다. 우리나라는 기독교인이 30~40%라면 일본은 1%도 안 되지요.

마지막으로 일본의 '비즈니스와 인내'입니다. 일본과 비즈니스를 하기위해서는 인내가 필요합니다. 나중에 여러분이 일본과 거래를 하게 되면 아주 많은 시간이 걸릴 수 있다는 것을 염두에 두시기 바랍니다. 먼저 일본 사람들과는 신뢰를 쌓는 것이 중요합니다. 긴 협의의 터널을 거치는 일본에 비해, 한국은 속전속결로 굉장히 빠릅니다. 국제화 시대에서 한국 사람이 비교적 빨리 경제적으로 발전할 수 있었던 것도 한국인의 빨리빨리 문화의 다이내믹함이 긍정적으로 나타났기 때문입니다. 그에 비해 일본은 굉장히 보수적입니다. 돌다리를 두드리고도 건너지 않는다는 속담이 있을 정도입니다. 이러한 부분은 일본인의 해외 진출에도 영향을 미친다고 생각됩니다. 예를 들면 환경이 열악한 나라나 제3세계 어디를 가도 한국인들은 만날 수 있는데 일본인들은 많이 볼 수 없습니다. 최근 일본의 젊은이들이 활기를 잃어가고 있는 것 중 하나가 이러한 해외에 나가지 않으려는 현상 때문이라는 생각도 해봅니다. 심지어 일본 대학에서는 교환 학생에게 장학금까지 줘도 해외에 나가지 않으려는 경향이 있다고 합니다. 즉, 일본은 받아들이는 것도 신중하지만 여러 가지 새로운 변화를 좋아하지 않는 것 같습니다. 우리도 최근에는 해외에 안 나가려는 경향이 있죠? 그러나 여러분은 외국어대학에 다니고 있으니 기회가 된다면 여러 가지 경험을 위하여 꼭 한번 외국에 나가 체험해줬으면 좋겠다고 생각합니다. 어쨌든 일본 사람과는 시간이 걸리더라도 신뢰를 쌓는 것이 우선이라는 말씀을 먼저 드립니다.

다음으로 우리나라 전후(2차 세계대전 후) 일본관의 변화에 대하여 조금 말씀드리고자 합니다. 한일 관계는 역사적으로 보면 숙명적인 관계입니다. 2차 세계대전 이전에도 물론이지만 고대부터 현재까지 많은 역사적 관계가 있었습니다. 한일 관계를 현대로 좁혀서 보면 해방 이후부터 70년대까지는 무조건 일본을 부정적으로 묘사했죠? 그다음 80년대에 들어오면서 일본과의 경제교류가 활발하게 되면서 일본의 좋은 모습을 조금씩 받아들이며 일본의 긍정적인 면이 부각되기도 하였습니다. 그 후 90년대는 한일 관계가 긍정적으로 발전하면서 일본에 대한 한국인의 부정과 긍정이 한꺼번에 표출되는 시대를 맞이합니다. 1995년 전여옥씨의『일본은 없다』란 책이 히트를 했고 그다음 나온 책이『일본은 있다』입니다. 그 다음에 나온 책은 베스트셀러에 들지 않았지만『일본은 일본이다』라는 책이 나왔죠. 그리고 김대중 정부에 의해 1998년에는 한일 대중문화가 자유화되기 시작하여 2004년에 한일 대중문화의 완전 개방까지 연결됩니다. 2000년대는 그야말로 한일 관계가 다양화 되고 일본과 문화적으로나 인적교류가 활발해 지면서 다채로운 교류의 시대가 됐다고 생각합니다. 그리고 이는 일본에서 한국의 영화, 드라마, K팝 등이 히트치는 한류 붐으로 연결됩니다.

2013년 현재는 또 영토문제라든지, 역사문제가 부각되면서 한일관계가 악화일로의 길을 걷고 있죠. 그런 부분에서 한일 관계는 숙명적인 관계이기 때문에 늘 역사적으로 큰 흐름을 타고 갑니다. 영토나 역사적 갈등에 있어 그것을 우리는 어떻게 바라보고 해석해야 하는지에 대하여 여러분께 조금 말씀드릴까 합니다. 저는 영토문제나 역사문제는 긴 역사의 흐름 속에서 봐야 한다고 생각합니다. 무슨 말이냐 하면 영토문제, 역사문제는 단시간에 해결될 부분이 아닙니다. 몇 백년 몇 천년 사이에 역사가 바뀝니다. 중국도 주인이 많이 바뀌었잖아요. 한국과 일본 관계도 다양합니다. 역사가 바뀔 때 영토의 선이 바뀌는 걸 지금 거론한다고 해결될 문제는 아닙니다. 그럼 그걸 왜 거론할까요? 지금 한국과 일본은 그것을 정치적으로 이용하고 있다고 생각합니다. 정치가 국민의 경제적 사회적 불만을 영토문제 역사문제와 결부시키면서 Nationalism을 자극하여 국민적 단합을 유도하기도 하고, 때로는 표심과 인기를 의식하여 이러한 문제들을 이슈화하면서 문제를 복잡하게 만들어 간다는 겁니다. 그러니까 그런 부분들은 긴 역사의 흐름 속에서 바라보면서 양국과 국민들의 행복에 도움이 되는지 고민 해봐야 하지 않을까 생각합니다. 이러한 다양한 한일 관계에서 중요한 것은 문화교류와 네트워크를 앞으로 어떻게 하느냐가 중요합니다. 그래야 국민 간의 교류를 확대하여 좀 더 탄탄한 토대를 만들 수 있지 않을까 생각합니다. 그래서 21세기의 한일 관계에서는 정치, 경제, 문화, 사회로 나누어 봤을 때 우선 감정적 접근에서 합리적 접근으로 다가갈 필요가 있습니다. 우리가 일본에 감정적으로 다가가서는 더 손해를 볼 수가 있습니다. 그러므로 우리는 좀 더 이성적이고 합리적으로 접근할 필요가 있습니다.

제가 일본과의 관계를 30년 했다고 했죠? 전공은 일본어교육학이지만 역사에 관심이 있어서 자세히 들여다보니까 한일 관계가 역사적으로 반복되고 있었어요. 몽골하고 우리가 1274년 일본을 공격했죠? 일본을 공격할 때 몽골사람만 공격한 게 아니고 주로 한국 사람도 같이 했습니다. 몽골은 현지에서 현지 사람을 썼거든요. 그래서 그 이후에 관계가 소원하다가 그 다음 1529년 임진왜란이 일어나죠? 그 이후에 다시 한일 관계는 단절됩니다. 그리고 조선 중·후기에는 다시 조선통신사의 왕래와 한일 관계가 평화의 시기가 도래합니다. 그리고 1910년 일본이 한국을 침략하여 한일 합방을 통한 일본 식민지시대가 시작됩니다. 이렇게 볼 때 한일 관계가 계속 주기적으로 반복되는데 제가 보니까 최근의 사이클로는 백 년 동안 사이가 좋지 않고 2백 년 간이 사이가 좋은 사이클이 반복됩니다. 이러한 사이클로 볼 때 지금은 정점을 찍고 한일 관계가 좋아지는 과정에 있다고 볼 수 있는데 가장 가까운 '이웃나라'이다 보니 항상 작은 갈등은 상존 한다고 봐야 합니다. 저는 앞으로 한일 관계가 여러 가지 복잡한 역사문제, 영토문제가 있지만 적어도 100년 이상은 전쟁이 없고 좋은 관계가 이어질 것으로 보고 있습니다. 역사문제, 영토문제가 한 번씩 걸림돌이 됩니다만 이를 대승적인 차원에서 큰 역사의 흐름에 맡기고 이런 문제는 양국에 사는 사람들을 위해 슬기롭게 위정자나 우리가 해결해 나아가야 양국이 번성할 수가 있습니다. 그래서 감정적인 접근보다 합리적인 접근으로 좀 더 성숙한 한일 관계가 필요하다고 생각합니다.

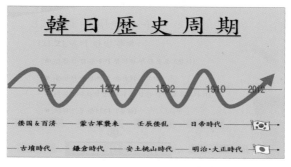

〈한·일 역사 주기〉

그다음 경제, 문화, 사회부문에서는 동아시아 경제의 블록화, 동아시아 공동체, 즉 아시아공동체가 진행되고 있습니다. 한국, 중국, 일본만으로 살아갈 수 없는 시대가 됐죠? 경제적으로는 하나의 블록화가 되어 갑니다. 정치적 국경은 있으나 경제의 국경은 이미 초월했습니다.

그다음 세 번째 다문화사회와 21세기 한일 직업 간 교류입니다. 21세기는 다문화가 될 것이며 일본도 한국도 다문화를 받아들일 수밖에 없습니다. 그다음에 직업 간의 교류가 된다고 제가 10년 전부터 이야기를 했습니다. 이 강의를 시작한 지 약 10년 됐거든요. 10년 전에 직업 간 교류가 된다는 얘기는 뭐냐면 그 당시에는 우리 부산에서 일본에 취업한다는 생각을 못 했어요. 일본사람이 부산에 와서 가게 내는 걸 생각 못 했겠죠? 옛날에는 대기업에서 나왔는데 요사이는 개인 기업에서 나와서 가게를 차리죠. 스시집도 그렇고 일본 라면집도 그렇죠? 일본 비행기를 타고 와서 여기 부산에 가게를 오픈한다는 거예요. 그 다음에 도쿄에 있는 비즈니스호텔이 부산에 4곳이나 세워졌잖아요. 부산역, 중앙로, 서면, 해운대 등 엄청나게 성업 중이죠. 그다음에 우리 일본어과 학생들이 매년 20명 정도가 일본에 취업해요. 이제는 이렇게 사회적으로도 교류가 활발해졌습니다. 옛날에는 대기업이 교류하고 또는 교류단체가 교류했는데 이제는 개인 단계에까지 왔습니다. 직업이 내가 살아가야 할 무대도 이제 달라지고 있다는 겁니다.

저는 나중에 퇴직하면 후쿠오카 쪽에서 좀 살고 싶어요. 후쿠오카에서 6개월, 부산에 6개월 왔다 갔다 하면서 살고 싶어요. 삶의 선택도 앞으로는 더 자유로워질 것 같다는 거죠. 사회적으로도 벌써 이런 다문화사회 그리고 직업 간 교류가 이루어지고 있는 겁니다. 나는 꼭 한국에서만 살아야 한다는 시대는 이미 지나갔다고 봅니다. 제가 어렸을 때 서울 간다는 것은 평생의 큰일로 생각을 했어요. 이제는 초국가적 국제사회를 어떻게 사느냐, 어디서 자기 삶을 영위하느냐, 어떤 직업을 갖느냐가 중요합니다. 한국이어야 한다, 부산이어야 한다고 국한시킬 필요는 없습니다.

다음으로 다른 나라의 문화이해에 대해서는 앞서도 말했습니다만 국제인으로서 갖춰야할 매너로는 다문화 즉, 여러 가지 가치 기준을 존중하는 거예요. 한국적인 가치 기준도 가지면서 일본적인, 중국, 미국, 유럽적인 가치 기준을 갖고 그걸 적절하게 필요할 때마다 골라서 또는 섞어서 조화롭게 표현하는 것이 국제인입니다. 우리는 보통 이문화, 타문화를 접했을 때 두 가지의 반응이 나타나요. 하나는 나하고 다른 문화, 다른 가치관이니까 싫다는 겁니다. 반대로 긍정적으로 생각하는 사람들은 재미있다고 생각하죠. 이문화나 다른 가치관을 가진 사람과 있으면 트러블이 생기기 마련이거든요. 트러블이 싫다고 하면 끝입니다. 하지만 그것을 즐기고 재미있게 생각한다면 새로운 발견, 새로운 창조가 있다고 생각합니다. 그래서 앞으로 여러분이 사는 사회에서는 다문화를 즐길 수 있어야 한다고 생각합니다.

마지막으로 한일 다문화 커뮤니케이션의 방법에서 여러분에게 꼭 말하고 싶은 것은 일본뿐만이 아니라 다른 문화를 접했을 때 문화 상대주의적 접근 또는 문화 다원주의적 접근을 좀 해줬으면 좋겠습니다. 문화상대주의는 A문화와 B문화 중 어느 것이 더 좋고 나쁜지를 판단하지 않는다는 거죠. 어떤 절대적 가치를 가지고 보는 것이 아니라 그 가치를 느끼는 것은 상대적이기 때문입니다. 손으로 밥 먹는 사람, 신발 벗고 걷는 사람, 옷을 안 입는 사람, 정장하지 않는 사람 등 어떤 문화를 가진 사람이 좋다거나 나쁘다가 아니고 그대로 인정해준다는 거예요. 각자의 문화에 상하가 있거나 잘못된 것이 아니라 다르다는 것을 그대로 인정해주고 존중하는 것이 문화 다원주의적 사고입니다.

그래서 여러분이 이성적으로 다른 문화를 접했을 때 흑백논리로 판단하지 않고, 좋다거나 싫다고 호불호(好不好)로 판단하지 않으며 있는 그대로를 인정한다는 겁니다. 그러면서 관찰하십시오. 관찰하면서 뭐가 다른가?, 왜 다른가? 를 생각해보라는 겁니다. 그런 사고를 하는 사람은 미래가 달라집니다. 또한 상대방이 하는대로 따라서 그대로 해보는 것도 그 문화를 이해하는데 매우 중요한 역할을 합니다. 그 나라의 언어가 능숙해지려면 그 나라의 문화와 음식을 알아야 하거든요. 또 그 나라 사람들의 마음을 이해해야 합니다. 그렇게 했을 때 내가 그 문화를 이해하게 되고 그래서 내가 그 문화를 수용하여 활용할 수 있고, 생활할 수 있다고 말할 수 있는 겁니다. 즉, 소화하고 생각한다는 겁니다. 그래서 다언어, 다문화, 다양성, 유연성이 앞으로의 시대에는 여러분들에게 꼭 필요한 덕목이라고 생각합니다.

마지막으로 미래지향적인 한일 관계입니다. 일본을 멀고도 가까운 나라라고 표현합니다. 그런데 저는 한일 관계를 '멀고도 가까운 나라'가 아니고 '가깝고도 가까운 나라'로 만들어야 한다고 생각합니다. 이제는 정치, 사회, 문화 등 모든 분야에서 가깝고도 가까운 나라로 만들어야 합니다. 정치적으로 멀면 문화적으로 사회적으로 가까워지면 됩니다. 제가 좋아하는 말 중에 하나가 과거는 바꿀 수 없지만, 미래는 바꿀 수 있다는 겁니다. 여러분이 대학에 들어왔죠? 지금까지의 과거는 바꿀 수 없지만, 우리가 어떻게 생각하고 어떻게 노력하느냐에 따라서 미래는 바꿀 수 있습니다. 이 부분이 한일 관계에서도 그대로 적용할 수 있다고 생각합니다. 그리고 "국제관계는 이해를 전제로 하지 않는다. 다만 협력을 전제로 한다"라는 부분은 부부관계와 똑같습니다. 여러분 부모님 계시죠? 저도 가족이 있습니다. 부부관계에서 이해가 안 되는 부분이 너무나도 많습니다. 이해를 다 하려면 어렵겠죠? 저는 부부관계와 국제관계는 똑같다고 봅니다. 이해를 전제로 하지 않는다면 무엇을 전제로 하겠습니까? 협력, 협조를 전제로 합니다. 이해 안 되는 부분을 이야기해서 결론을 낼 수 없잖아요. 부부관계도 계속 고함지르고 있을 수만은 없지요. 서로 어떻게 다가가느냐, 어떻게 협력하느냐, 국제관계와 부부관계는 협력을 전제로 해야 합니다.

세계에서 한국과 일본사람이 언뜻 보면 가장 비슷하다고 생각합니다. 서양사람 이나 다른 지역의 사람들과 감정적 교감이 이루어지는 것 보다 한일 관계가 서로 감정을 쉽게 나눌 수 있고 교감이 빨리 된다고 생각합니다. 자주 다투지만 화해도 빠릅니다. 일본사람을 싫어해도 일본에서 대지진이 나니까 빨리 가서 도와주잖아요. 이것은 우리나라 뿐만아니라 일본도 마찬가지입니다.

그다음에 한국의 영업력과 일본의 기술력이 필요합니다. 예를 들어서 자동차를 한 대 파는데 일본 사람보다 한국 사람이 더 잘 팝니다. 일본사람은 기술력이 있고 한국 사람은 상당한 영업력이 있거든요. 일본사람이 만들고 한국 사람이 팔면 됩니다. 그런 부분에서 서로의 장점을 나눌 필요가 있다고 생각합니다.

여러분에게 제가 마지막으로 하고 싶은 이야기는 여러분이 앞으로 만들어 나갈 한일 관계는 조금 더 성숙한 한일 관계를 만들 필요가 있다는 겁니다. 또한 여러분이 사는 사회는 다문화, 다언어의 세계가 되겠죠? 그러한 부분을 우리는 흑백논리로 봐서는 안 되며 그대로를 인정하고 받아들였을 때 새로운 사고, 새로운 창조 또는 새로운 발전이 있다고 생각합니다. 그래서 우리가 타문화에 대해서 오픈하느냐 클로즈 하느냐에 따라서 우리의 미래가 달라집니다. 여러분의 인생도 똑같습니다. 친구나 옆 사람과 서로의 사고를 공유함으로써 더 나은 미래를 맞이할 수 있는 겁니다. 어떤 회사에서 어려운 프로젝트팀에 아주 우수한 사원들만 배치시켰는데 실적이 안 좋은 거예요. 원인을 분석해보니 팀원들이 비슷한 학벌에 비슷한 성향의 출신들로만 구성되었다는 거예요. 그렇게 되면 잘 될 줄 알았는데 그렇지가 않고, 다양한 학벌과 다양한 문화, 또 다양한 가치관을 가진 사람들로 구성하니까 더 좋은 실적이 나더라는 겁니다. 왜냐면 거기엔 새로운 발상이 있거든요. 새로운 문화는 새로운 발상을 가져옵니다. 그래서 앞으로의 우리 사회도 다문화 다언어에 대한 감각을 가져야 합니다. 여러분 영어 하나만 하면 안 됩니다. 두, 세 개 외국어는 기본적으로 해야 합니다. 그리고 또 우리 주변에 있는 다문화가정과 같이 갈 수 있어야 우리의 미래에 원동력이 될 수 있다고 생각합니다.

오늘 강연은 이상 마치겠습니다. 감사합니다.

▌참고문헌 ▌

(1) 정기영(2008.4-2009.3), NHKラジオテキスト, まいにちハングル講座, 「생활에서 보는 한일문화 체험기」.

(2) 김용운(1985), 「한국인과 일본인」, 뿌리깊은나무.

(3) 김용운(1985), 「일본인과 한국인의 의식구조」, 한길사.

(4) 이어령(2008), 「축소지향의 일본인」, 문학사상사.

(5) 루스 베네딕트(2008), 「국화와칼」, 문예출판사.

(6) 홍민표(2010), 「언어행동문화의 한일비교」, 한국문화사.

질의응답

질 문

일본인을 '농경민족'이라고 하셨는데, 왜 그런가요?

답 변

역사적인 근거는 없습니다. 일본은 남북으로 긴 섬나라입니다. 제가 일본을 연구하고 또 생활하면서 많은 사람을 만나 보니까, 일본 사람들은 네 분류의 민족이 모여서 된 것 같아요. 동남아시아나 필리핀에서 올라온 남방민족과 러시아 쪽에서 내려온 아이누 민족, 그리고 우리나라 백제 등을 통해 넘어간 기마민족과 중국에서 넘어간 중국민족 등이 섞여서 된 것 같아요. 그런데 왜 농경민족이라고 시바 료타로(司馬遼太郞)씨가 표현했느냐 하면 일본 사람들의 생활 특성이 협조적입니다. 그리고 혼자 잘 안 하고 늘 같이 합니다. 농업은 혼자 못 하고 마을 단위로 해야 합니다. 마을 단위로 하다 보니 서로 협조하면서 해야 하거든요. 또 일본이 지역적으로 강은 깊고 산은 높아 평지가 별로 없었거든요. 그런 부분에서 일본인의 국민성으로 협조적이며 같이 팀을 이뤄서 잘 하는 그런 특성 때문에 아마 농경민족이라 표현하지 않았나 하는 생각을 합니다. 농경 일이라 하는 것은 혼자 하기가 어렵잖아요.

장 범 수
미얀마어과

이번 강연은 아시아공동체론을 이끌고 계신 정기영 교수님께서 해주셨다. 평소에 강연 때 마다 쉽게 만날 수 있던 교수님이셔서 좀 더 집중해서 들었던 것 같다. 물론 내용도 어렵지 않고 쉽게 이해할 수 있어서 더 재미있었다. 교수님께서는 '한국 일본 생활문화와 매너'라는 큰 주제로 강연을 이끌어 주셨다. 많은 소주제들로 강연을 해주셨지만 가장 기억에 남고 공감했던 내용들을 한번 이야기 해볼려고 한다.

우선 '한·일 명함 문화'라는 소주제에서 우리랑 차이점을 느낄 수 있었다. 일본에서는 항상 명함을 꼭 준비하며 어릴 때부터 명함 건네는 교육을 받는다고 하셨다. 솔직히 우리나라 사람 입장에서 생각해보면 이해가 잘 안가는 부분인건 맞는데 한편으론 일본의 명함 문화를 본받아야 된다고 생각했다. 본받기 보다는 부러웠다고 하는게 더 정확한 표현인거 같다. 솔직히 처음 본 사람은 다시 기억하기가 쉽지 않기 때문에 명함 같은걸 소지하면서 인사할 때마다 하나씩 건네는건 정말 좋은 문화인거 같다.

또 '한·일 와리깡 문화'라는 소주제에서도 약간 부러웠던 거 같다. 처음에 와리깡이라는 단어를 몰랐는데 알고보니 더치페이라고 설명하셔서 정말 관심있게 들었는데 교수님께서는 화끈한 한국인, 쫀쫀한 일본인으로 이해가 쏙쏙 되도록 설명해주셨다. 난 솔직히 쫀쫀한 한국인이 되고 싶고 실제로도 그렇기 때문에 와리깡 문화에서는 일본문화도 나쁘지는 않은 거 같다고 생각했다.

제일 많은 문화의 차이가 있던 '한·일 음식문화' 소주제에서는 배워야 할 문화가 몇 가지 있었다. 첫 번째로는 식사 할 때 소음에 일본인들은 민감하다고 하셨다. 솔직히 우리나라에서는 상상도 못할 일이 아닌가 싶다. 두 번째로는 주어진 음식은 남기지 않는다고 하셨다. 솔직히 제일 본받아야 할게 이런 문화가 아닌가 싶다. 연간 음식물 쓰레기로 예산이 많이 쓰이고 있는 우리나라에서는 일본의 문화중에 이런 문화들은 본받아야 된다고 생각한다.

또 웃으면서 공감할 수 있던 것은 '사죄문화'였다. 먼저 사과하고 보는 일본인에 비해 우리나라 사람들은 이유 설명으로 시작해서 끝내 사죄하지 않는 한국인으로 설명해주셨는데 옆에 있던 친구랑 얼마나 웃었는지 모르겠다. 공감할 수 있다는 게 슬픈 현실이다....

반면에 '인사문화' 주제에서는 서로가 본받아야 된다고 생각했다. 한국인은 만날 때 인사를 중시하는 반면, 헤어질 때 인사를 소중히 하는 일본인이라고 설명해주셨는데 이런 문화들은 서로가 접목한다면 더 좋은 인사 문화가 될 수 있을 거라고 생각했다.

이번 강연은 문화에 대한 강연이라서 그런지 정말 이해도 쉽게 되었고 시간 가는 줄 모르고 들었던 강연이었다. 이번 계기로 인해 일본에 대한 문화도 다시 알게 되었고 일본에 대해 안 좋은 인식이 많았던 나에겐 조금이나마 일본은 이해할 수 있고, 일본에 대한 인식이 바뀔 수 있는 좋은 강연 이었던 거 같다. 또한 서로의 문화를 존중하면서 배울 건 배운다면 더 좋은 문화가 나올 수 있을 거라고 생각했다.

感想文
book response

ジャン・ボンス
ミャンマー学科

　今回はアジア共同体論を指導してくださっている鄭起永教授が講演された。平素、講演のたびに拝見できる教授でいらっしゃるが、さらに集中して傾聴することができた。もちろん、内容も難しくないように理解しやすく説明してくださったので、さらに面白みが増した。

　教授は「韓国日本生活文化とマナー」という大きなテーマを講演で指導してくださった。多くの小テーマも講演されたのだが、一番記憶に残って共感を覚えた内容を感想として述べることにする。

　まず「韓日の名刺文化」という小テーマに我々との差を感じた。日本ではいつも名刺を必ず準備しており、小さなころから名刺を出す教育を受けていると述べられた。正直、我々の国の人々は入り口で考えてみても、理解しにくい部分ではあるのだが、一方で日本の名刺文化を手本とすべきだと思った。手本にするというよりも羨ましいというほうが、もっと正確な表現かもしれない。初めて拝見する人を再度記憶して、忘れないようにするために名刺のようなものを所持しておき、挨拶するたびに1枚ずつ取り出すことは本当に好ましい文化だと思う。

　また、「韓日の割り勘文化」という小テーマでも少し羨ましいと感じた。はじめ割り勘という単語を知らなかったのだが、しってみるとダッチペイだということで大変関心を持って聞いていたのだが、かっとしやすい韓国人、きめ細かい日本人として理解がずっとしやすいように説明してくださった。私は、本当のところきめ細かい韓国人になりたく、実際はそのために割り勘文化という日本文化も悪くないと感じた。

　一番大きく文化差異がある「韓日の食事文化」という小テー

マでは学ぶべき文化がいくつかあった。初めに、食事をするときに騒音について日本人は敏感であると述べられた。本当に我々の国では想像もつかないことだと思った。2番目にはいただいた食事は残してはいけないと述べられた。正直、一番見習わなければならないにはこのような文化だと思う。年間生ごみ処理にかかる予算を多く使う我々の国は日本の文化の中でこのような文化を模範にしなければならないと思う。

また、笑いながら共感できたことは「謝罪文化」である。まず、謝ることより日本人と比較すると我々は言い訳を述べ終わっても謝らない韓国人を説明されたのだが、横にいる友人とどれだけ笑ったかわからない。共感できただけに悲しかったのだが。。

反面、「挨拶文化」　のテーマではお互いに手本としなければならないと思った。韓国人は会うたびに挨拶を重視して、日本人は別れるときに挨拶を重要視すると説明されたのだが、このような文化は互いに重視するとさらに好ましい挨拶文化になると思った。

今回の講演では、文化についてだったのだが、本当に理解しやすい説明で時間が経つのを忘れるほどだった。今機会によって日本について、もう一度知りたいと思うようになり、日本についてよくない印象が多かった私にとって少しでも日本を理解でき、日本について意識を変えることができたよい機会だった。また、お互いの文化を尊重しあうことで、さらによい文化が生み出されるだろうと思った。

아시아공동체 형성에 문화교류가 가지는 의미

중국 동제대학 교수

채 돈 달(蔡敦達)

아시아공동체 형성에 문화교류가 가지는 의미

– 단오(端午) 풍습 사례를 중심으로

2013년 4월 1일(월)

중국 동제대학 교수 채 돈 달(蔡敦达)

중국에서 강의할 때 저는 보통 중국어로 하고, 일본에서는 일본어로 강의합니다. 제가 한국어가 서툴러 오늘 강의에 대해 걱정을 많이 했습니다. 다행스럽게 부산외대 중국학부 김동하 교수님이 한국어로 통역을 해 주시기로 했습니다. 그래서 제가 중국어로 강의를 잘 못하더라도 김동하 교수님이 정확하게 한국어로 여러분께 통역해 드릴 겁니다.

그럼 강연을 시작하겠습니다. 오늘 주제는 '아시아공동체 형성에 문화교류가 가지는 의미'이고, 단오(端午) 풍습에 대한 예를 중심으로 말씀드리겠습니다. 단오는 여러분께서 잘 알고 있듯이, 아시아의 여러 지역에서 다양한 형식으로 존재하고 있습니다. 주로, 3국의 단오 풍습을 말하는 것으로 중국의 단오절(단우지에, 端午节), 한국의 단오제(端午祭), 일본의 단오절(端午の節句)입니다. 오늘은 이와 같이 3국의 단오 풍습을 사례로 들어, 문화교류가 아시아공동체 형성에 가지고 있는 의의에 대해 말씀드리도록 하겠습니다.

〈쫑쯔(粽子)〉

중국의 단오절 풍습은 오랜 역사를 갖고 있습니다. 어떤 사람은 2천 5백년의 역사를 갖고 있다고 하고, 어떤 사람은 2천년이라고도 합니다. 저는 시간문제는 별로 중요하지 않다고 생각합니다. 중요한 것은 문화의 의의입니다. 2천여 년 전이면 기원 전후 사이입니다. 동한말기 학자인 잉샤오(应劭, 153~196)가 쓴 『풍속통의(风俗通义)』에는 '쫑쯔(粽子)'에 대한 기록이 있습니다. 또한, 남조 양나라 학자인 쫑린(宗懔, 501~565)이 쓴 『형초세시기(荊楚歲時記)』에도 형초지방, 즉 지금의 호남성, 호북성 지역에서는 여름까지 쫑쯔를 먹었다는 상황이 기록되어 있습니다.

『형초세시기』에 기록되어 있는 단오에 관련된 내용은 다음과 같습니다.

음력 5월 5일, 단오가 되면 선비·농민·노동자·장사꾼 등 모든 백성들은 야외에 나가 풀이 자란 밭을 밟으며 풀싸움(斗百草)을 하고, 쑥으로 사람모양 인형을 만들어 대문이나 방문 앞에 걸어두어 사악을 기운을 막는다. 단오에는 배 경주를 하며 각종 약초를 캔다. 손목에 오색실을 감고 이를 비삥이라 부르고, 전염병에 걸리지 않도록 기원한다. 또한 서로 팔찌를 선물하며, 구관조를 잡아 사람 말을 흉내 내도록 가르치며 논다.

중국 단오 풍습을 요약한다면, 주로 3가지 내용이 있습니다. 첫째는 땅 밟기와 약초 캐기인데, 이는 봄 이후 질병의 발생과 유행을 예방하기 위해서입니다. 둘째는 화초 캐기, 배 경주, 팔찌선물, 새 잡기 등과 같은 놀이가 있습니다. 셋째는 '쫑쯔'를 먹는 풍습입니다. 한국 '쫑쯔'와 똑같을지는 모르겠습니다만, 일본 '쫑쯔'는 중국 것과는 달리 길고 좁습니다.

이어서 중국 명절을 살펴보겠습니다. 중국에 중요한 명절은 몇 개있습니다. 가장 중요한 명절은 설날이고, 그다음은 선조와 돌아가신 가족을 제사하는 날인 청명절, 그 다음은 단오절, 그리고 중국에 유명한 중양절, 즉 노인절입니다. 이 4가지가 중국에서 중요한 명절입니다.

그럼 중국 단오절에 왜 '쫑쯔'를 먹을까요? 바로 중국 고대 위대한 애국 시인, 굴원(屈原)을 기념하기 위함입니다. 여러분도 아시다시피, 굴원은 그 당시 정치 계층과 대립하였고 끝내 강물에 투신자살했습니다. 고향 사람들은 물고기가 굴원의 시체를 먹지 말라고 단오절마다 '쫑쯔'를 강물에다가 던졌습니다. 조사에 따르면 이것은 전설입니다. 이러한 행동은 사람들이 애국시인인 굴원을 존경하고 사모하는 것을 표현합니다. '쫑쯔'를 먹는 것 말고도, 용선(드래곤 보트) 경주 역시 단오절에 주로 하는 활동입니다. 중국 사람은 자신들을 용의 후계자라고 생각하며 중국은 용에 대한 신앙이 있다고 생각합니다. 사실, 용의 역사를 따지자면, 중국 남쪽지역과 북쪽지역으로 나누어 이 문제를 고려해야 합니다. 왜냐하면, 지금까지 조사된 고고학의 결과들과 중국 소속민족에 대한 전설이나 신화들을 따지면, 최초의 중국 남쪽지역의 신앙은 새와 뱀입니다. 그래서 용과 조금 다릅니다. 저는 남쪽 상하이 사람입니다. 제 부모님 고향은 절강성 닝보시입니다. 이 근처에 하모도(河姆渡) 신석기 시대 유적지라는 곳이 있습니다. 거기서 발굴한 옥기의 무늬 장식은 용이 아니고 새였습니다. 남쪽지역 운남성 귀주시 등 소속민족이 모이는 곳에는, 아직도 새와 뱀을 신앙하고 있습니다. 일본 최초의 토템도 역시 뱀이 대표적입니다. 이것은 토기 무늬 장식에서 표현되었습니다. 즉, 용은 나중에 나타난 것입니다.

따라서 단오절은 중국의 남쪽과 북쪽이 서로 다릅니다. 북쪽의 단오절 풍습은 남쪽에서부터 유래되었습니다. 따라서 북쪽도 단오절 풍습이 생기게 되었습니다. 남쪽과 북쪽 단오절 풍습이 서로 융합하고 교류하면서, 지금 중국의 단오절로 바꿨습니다. 중화문명으로 보면, '황하(黃河)문명' 말고 '장강(長江)'역시 중요합니다. 중화문명은 바로 이두 가지 문명이 융합한 산물입니다. 즉 융합과 변화를 통해, 현대의 중화문명이 생기게 되었습니다. 제가 적은 것이 아니라 다른 사람이 적은 내용입니다만, 시간 관계상 여러분께 일일이 설명을 못하고 주요 내용만 소개해 드리겠습니다. 내용은 주로 단오절의 용·뱀 구조와 중국 남북 지역 문화의 차이로 '남쪽의 새 문화, 뱀 문화와 북쪽의 용 문화는 오랜기간의 융합을 통하여 지금의 단오절 풍습으로 변해져왔다'는 것입니다.

용선 경주를 보면, 옛날 재미있는 묘족 신화가 있습니다. 옛날 고서에는 용선경주만 기록했지만 배는 어떤 모양인지 기록이 아예 없었습니다. 제가 보기에 그냥 일반 배이고 용머리가 없는 것 같습니다만, 이 묘족 신화에, 어떤 나쁜 용에 대한 이야기가 있었습니다. 이 이야기는 어떤 용이 나쁜 일을 했습니다. 그래서 사람들이 이 용을 응징하려고 합니다. 권선징악을 하기 위하여 이 용을 극형에 처하고 먹으려고 했지만 나중에 이 용은 후회하고 사람들이 단오절에 게임이나 경기를 할 수 있도록 배로 변신했습니다. 그러니까, 용은 처음부터 제사의 대상이 아니고 전설의 동물이었습니다. 사악한 용이 참회하고 신물로 변신하는 것이었습니다.

그리고 '쫑쯔'를 먹는 이야기도 마찬가지입니다. 왜 '쫑쯔'를 강물에 던져 버렸지요? 조금 전 말씀드린 바와 같이 물고기들이 굴원의 시신을 먹어 버릴까봐 '쫑쯔'를 던지는 것입니다. 용은 원래 중국 사람들이 상상한, 존재하지 않은 신물입니다. 이 논문의 저자는 이 두 가지 관계를 정확하게 정리했습니다. 그러니까, 원래 남쪽의 뱀 신앙은 '쫑쯔' 먹기, 물고기에게 '쫑쯔'를 먹이로 주는 것으로, 나중에 뱀이 물고기를 매개로, 용으로 변하는 것이었습니다. 즉 '뱀→물고기→용' 이렇게 변천해왔습니다. 한국에도 어도룡문(魚跳龍門)이라는 말이 있죠? 한국에서는 '개천에서 용난다'는 말로 사용되고 있고, 중국에도 있습니다. 바로 물고기가 용으로 변신하는 말입니다. 뱀 문화와 용 문화가 서로 융합해서 뱀이 물고기를 통하여 용으로 변신했습니다. 이와 관련된 지식은 이 논문에 많이 기록되어있습니다. 여러분이 관심이 있으시면 마밍구이(马明奎)가 쓴 논문 등을 조사해보시기 바랍니다.[1] 그리고 중국 남쪽 지역에 '백사전'이라는 이야기가 있습니다. 이 이야기가 중국 전통극과 춤으로 변경했습니다. 역시 뱀과 관련 된 이야기입니다.

다음에 한국 단오제를 살펴보겠습니다. 한국 단오제는 강릉지역을 중심으로 하는 것입니다. 제가 자료를 조사한 바로는, 한국 단오제는 천 년의 역사, 또 이 천년의 역사라는 말도 있습니다. 제가 생각하기

---

1) 马明奎,《端午节的龙蛇结构和南北方文化差异研究》,《民族文化研究》, 2010年 第4期.

에는 숫자는 중요하지 않고, 중요한 것은 역시 내용입니다. 이 조사와 연구를 통해서 중국 단오절과 한국 단오제가 많이 다르다는 것을 알게 되었습니다. 음력으로, 3월 20일부터 5월 6일까지 약 한 달 반 정도 기간입니다. 여러분은 다 한국분이라 많이 알고 계시니까 강릉 단오제에 대해서는 그만 소개하고 강릉 단오제에 대한 중요한 몇 가지만 말씀드리겠습니다.

한 가지는 제사로, 영신(신맞이), 고제(무속) 등이 포함됩니다. 또 다른 한 가지는 민속공연입니다. 줄넘기, 탈 만들기, 무당 공연, 탈춤 등이 포함됩니다. 마지막으로는 단오 풍습 체험입니다. 이렇게 보니, 강릉 단오제는 제사, 놀이, 공연이 중요한 내용입니다. 이중 제사가 완전한 형식과 내용을 보존해왔습니다. 이것은 강릉 단오제의 핵심 부분이라고 봅니다. 여기에는 '쫑쯔'를 먹는 풍습과 용선경주 풍습은 없습니다. 이 이야기는 다시 하겠습니다.

이제 일본의 단오절을 보도록 하겠습니다.

일본 단오절은 양력이며 5월 5일입니다. 메이지 유신 후, 1872년 일본은 음력이 양력으로 바꿨습니다. 그래서 지금은 모든 행사를 양력으로 하고 있습니다. 최초에 에도 막부가 '5절구(五節句)'를 만들었습니다. 1년 동안 5가지 연중행사로 '인일(人日)·상사(上巳)·단오(端午)·칠석(七夕)·중양(重陽)'입니다. 이 5절구 중, 단오는 1948년 남자 아이와 여자 아이가 같이 보내는 명절을 정했습니다만, 지금은 남자 아이를 위주로 하는 절(節)입니다. 또, 일본에는 '창포(菖蒲)'라는 식물이 있습니다. 창포의 일본 발음이 상무(尙武)와 비슷해서 '남자 아이가 건강하게 자라다'라는 뜻을 포함합니다. 그 날에는 집집마다 '고

이노보리(鯉のぼり)'를 세웁니다. 고이노보리(잉어와 같이 생긴 원통형 깃발)는 일본 특유 물건이고, 한국이나 중국 두 나라 모두에는 없는 것 같습니다.

다시 한국 단오제로 돌아오겠습니다. 한국 단오제와 일본 단오절의 경우, 어떤 자료나 관련된 기록을 살펴보면, 중국문화의 영향을 받은 것을 알 수 있습니다. 이것은 객관적인 자료입니다. 지금, 한국 단오제에 쑥떡을 먹고 익모초 즙을 마시며, 부녀자들은 창포물에 머리를 감거나 창포 액으로 화장을 하는 풍습, 그리고 일본에 창포물에 목욕하거나 처마 밑에 창포를 거는 등의 풍습이 있습니다. 이런 풍습은 지금의 중국 단오절에 '쫑즈'를 먹거나 '웅황주(雄黃酒)'를 마시는 풍습과 좀 다르지만 같은 점도 있습니다. 그러니까, 단오절은 중국에서 기원했다는 것은 중국 사람뿐만 아니라 지금 앞에 앉아계신 한국 학생들과 일본 사람들도 인정하셔야 합니다. 하지만, 중국에서 기원한 단오절이 오랫동안의 나라간 교류를 거쳐 각 나라와 민족의 독특한 명절로 변하였습니다. 이것도 인정해야합니다.

제가 방금 말했다시피, 지금 중국 단오절은 중국 남북문화나 장강문화와 황하문화가 서로 융합한 산물입니다. 즉, 장강 유역에서 발원한 단오절 풍습은 시대와 지역에 따라서 많이 변했고, 원래의 단오절 축제 형식도 다소 증가하거나 변했습니다. 그러나 주변의 나라와 민족들이 단오절을 받아드린 과정에서 연대와 민족 특성상, 본래의 축제 형식을 유지하면서도 각 나라와 민족들의 고유한 요소도 추가되었습니다. 대표적인 예는 한국 강릉 단오제입니다. 한국 단오제가 제사, 놀이, 공연의 삼위일체가 되며, 완전한 형식과 내용을 유지해왔습니다.

1967년, 한국 강릉 단오제가 '중요무형문화재 제13호'가 되었습니다. 오히려 저는 한국 강릉 단오제를 통하여 중국의 단오제에서는 이제 거의 사라진 요소를 찾아 엿볼 수 있지 않을까 생각해봤습니다. 예를 들면, 어떤 제사 형식이나 탈춤 등 이런 요소들이 지금 중국 운남성, 귀주성과 장강 유역 근처 시골 지역에 존재하고 있습니다. 그들은 무슨 관계인지 나라와 민족 사이 교류의 목적으로 보면 연구할 만하다고 생각됩니다.

강의 주제는 '아시아공동체'입니다. 공동체라는 말은 우리 삶, 그리고 각 나라의 관계를 좋게 만들고 여러분이 어떻게 평화적으로 함께 살아갈지, 지역의 공동문화와 경제발전을 어떻게 공유할지가 포함됩니다. 그렇기 때문에 제가 특별히 강조하고 싶은 점은, 우리는 중국이든 한국이든 일본이든 전부 나라의 개념으로 구분하고 있다는 점입니다. 하지만, 만약에 우리가 5백년이나 천년 더 길게 보면, 이러한 나라의 개념이 분명하지는 않을 것입니다. 그래서 우리는 전통문화와 같은 문제를 생각할 때, 꼭 이 점을 주의해야합니다. 현재의 정치적인 외교적인 문제와는 별도로 문화만 보는 것이 더 중요합니다. 이 문화는 중국문화고, 저 문화는 한국문화고, 그 문화는 일본문화로 생각하면 시야가 좁지 않습니까? 그러나 우리가 아시아지역 환경의 조건으로 문화 문제를 보면 더 뚜렷하고 객관적으로 지역의 전통문화를 이해할 수 있습니다.

저는 최근 '축제'에 대하여 연구를 하여, 그와 관련된 논문을 2편 적었습니다. 하나는, 일본의 축제인 '마츠리'(祭り, 단오제와 비슷한 축제로 제사, 놀이, 공연이 포함됨)를 중국의 축제와 비교하는 내용입니

다. 또 한편은 일본의 유명한 축제에 대해서입니다. 이 연구를 통해 재미있는 현상을 알 수 있었습니다. 축제는 원래 중국에서 기원한 많은 요소들이, 일본에서는 많이 유지되고 있는 반면, 중국에서는 이미 사라졌다는 것입니다. 그래서 일본 '마츠리'에 대한 연구는 중국의 전통적이고 역사적인 축제를 연구하는 것과 마찬가집니다.

예컨대, 방금 말씀드린 것과 같이 제사는 한국 강릉 단오제의 핵심 부분이라고 했습니다. 이와 같은 제사는 중국 상하이나 베이징에서는 보지 못할 수 있으나, 중국 운남성이나 귀주성, 그리고 다른 외진 시골에서는 볼 수 있다는 것입니다. 탈, 탈춤 이런 전통 축제는 소수민족 지역에 많이 보입니다. 일본에 탈로 하는 '노(能)'라는 예능이 있습니다. 한국의 강릉 단오제의 '강릉 관노가면극' 공연도 탈로 공연하는 것입니다. 다시 말해, 어떤 의미로 말하면 한국 강릉 단오제는 한국의 문화이고, 일본 단오절은 일본의 문화이고, 중국 단오절은 당연히 중국의 문화입니다. 하지만 이것을 아시아지역 환경 조건으로 생각하면, 이것들은 바로 지역문화나 아시아문화의 일부분입니다. 서로 스며들고 융합하고 영향을 받은 것입니다.

한 예를 들어보겠습니다. 여러분도 아시는지 모르겠지만 2005년 한국 강릉 단오제가 '세계무형문화유산 걸작 명단'에 등록되었습니다. 이는 중국에서 큰 반응과 논쟁을 불러 일으켰습니다. 좋게 말하면 한국 강릉 단오제는 원래 우리 중국 단오절이라고 했고, 어떤 이들은 막말로 우리 중국 단오절을 뺏겼다고 했습니다. 하지만 이것은 사실이 아니고 오해입니다. 바로 서로 이해가 되지 않아서 이런 논쟁을 일으킨 것입니다.

여기 청화대학교 루샤오펑(刘晓峰) 교수님 논문2)이 있습니다. 이분의 전공은 민속학이고, 저술한 내용은 저보다 더 전문적이고 권위가 있습니다. 이 논문에 중국이나 한국에 대한 사실이 많이 있습니다만, 한 문장을 소개하겠습니다.

"역사상 중국 고대문화가 이 지역 문명의 문화적 핵심 역할을 하며, 주변 민족과 사회 발전에 큰 영향을 끼쳤습니다. 이런 영향은 오래된 역사의 흐름 중에서 사실적인 문화공유로 진화 되었습니다."

여러분이 주의하셔야 하는 것은 바로 '문화공유'입니다. 이 '문화공유'는 우리 아시아문화에 대한 공유입니다. 우리 아시아 문화권은 바로 공동의 문화로 형성된다고 생각해야 합니다. 마지막으로 루샤오펑 교수님은 논문에서 이렇게 적었습니다.

"민족과 국가의 구조에 벗어나고, 동아시아 지역이 공유하는 문화 기초를 고려하는 것은 이론문제이며 현실문제입니다. 동아시아의 발전 역사에, 우리가 현대 민족국가의 주권 개념을 평계로 무형문화유산의 문화 소유권 문제를 고려하며, 무형문화유산의 문화 국경을 정해서는 절대 안 됩니다."

국가마다 국경선이 있습니다. 중국 국토 면적은 965만km^{2}입니다. 한국이나 일본 역시 다 국경선이 있습니다. 하지만 문화에는 국경선이 없다고 생각합니다. 민족학 학자이자 연구자의 신분으로서, 단오절의 전후관계가 어떻게 되는지를 조사하는 것은 중요합니다. 그러나 우리처럼 일반 국민이라면 이럴 필요는 없다고 생각합니다. 그래서 이번

2) 刘晓峰,《端午节与东亚地域文化整合——以端午节获批世界非物质文化遗产为中心》, 华中师范大学学报(人文社会科学版)第50卷 第3期, 2011年 5月, p.123.

한국 강릉 단오제가 '세계무형문화유산 걸작 명단'에 등록된 사건에 대한 반응과 논쟁을 통하여 다른 나라나 다른 민족 문화에 대하여 어떻게 이해하냐가 중요하다고 생각합니다. 하지만 생각만 쉽죠? 사실 이는 어려운 일입니다.

예를 들어서 중국에서 기원한 단오절이 한국에 와서 조선 민족 특유한 요소들과 융합했습니다. 그리고 지금까지 잘 유지하고 있습니다. 이것은 쉬운 일이 아닙니다. 그래서 3가지 관점을 여러분께 말씀드리고자 합니다.

첫 번째, 다른 나라나 민족의 문화를 어떻게 볼 것인가입니다. 우선 서로 존중해야 합니다. 나라나 민족의 크기는 존재하지만 문화에서는 크기와 우열이 존재하지 않습니다.

두 번째, 서로 이해하는 것이 중요하다고 생각합니다. 한국 강릉 단오제가 '세계무형문화유산 걸작 명단'에 등록된 사건이 중국에서 큰 방응과 논쟁을 일으킨 이유는 서로 이해가 안 되었기 때문입니다. 여기서 재미있으면서도 깊이 생각해 볼 사건을 소개하겠습니다. 2005년 한국 강릉 단오제가 '세계무형문화재 걸작 명단'에 등록된 후, 2009년에 중국도 등록 신청을 했습니다. 중국이 등록 신청했을 때, 호북성 자귀현(秭归县)의 '굴원 고향 단오 풍습', 황석시(黃石市)의 '서쪽국경 배경주'(西塞神舟会), 호남성 멱라시(汨罗市)의 '멱라강변 단오 풍습', 강소성 소주시(江苏苏州)의 '소주 단오 풍습'이 전부 포함 되었습니다. 즉, 호북성, 호남성, 강소성이 단오절로 다 같이 신청한 것입니다. 그래서 전통적이고 내용적인 문화유산이면 누구 것인지 소유권에 상관 없이 세계적으로 인정을 받을 수 있습니다. 신청시기를 보면, 중국 단오절에 대한 UNESCO 무형유산 등재 신청은 한국 신청 성공의 자극을 받아서 한 행동입니다. 하지만 이것은 고유한 문화의 내용과 가치에 영향을 주지 않습니다. 둘 다 우수한 세계 인류 무형 문화유산이기 때문입니다.

세 번째는 서로간의 교류입니다. 교류를 하지 않으면 이해가 안 되고, 서로를 믿지 못하고, 당연히 존중하지도 않게 됩니다. 그래서 교류는 아주 중요한 것입니다. 교류는 친척을 방문하는 것처럼 왕래를 해야 이해 될 수 있는 것입니다. 이해를 해야 문제가 생겼을 때, 서로서로 의사소통을 통해 그 문제를 해결할 수 있는 것입니다. 강릉 단오제를 다시 한 번 예로 들면, 직접 강릉 단오제를 구경하고 싶습니다. 저는 아직 강릉에 가본 적이 없지만 강릉에는 강이나 하천이 있다고 들었습니다. 단오절에, 중국이 용선경기를 하는 것처럼, 강릉의 강이나 하천에서 조정경기를 하면 아주 좋다고 생각합니다. 이렇게 된다면, 진정한 교류가 생길 수 있지 않겠습니까? 중국은 한국의 강릉 단오제에서 어떤 것을 끌어 들일 수 있을 것이고, 중국의 용선경기도 한국에 수출할 수 있습니다. 강과 하천으로 이루어진 지역의 지리환경은 모두 비슷합니다. 따라서 이런 방식으로 교류하면 더 편리할 것입니다.

다음은 문화공유, 문화교류에 대한 이야기를 하려고 했는데 시간문제로 바로 관련된 논문의 어떤 관점을 소개하겠습니다. 린젠(林堅)선생의 '동아시아 문화권과 동아시아 공동체'[3]라는 논문이 있습니다. 이 논문에서 좋은 관점을 소개해 드리면 다음과 같습니다.

"문화집단 사이의 융합과 교류는 국경을 초월하여 여러 문화권에서

---

3) 《东亚文化圈和东亚共同体》.

진행할 수 있다. 같은 문화권의 내부와 외부, 원형과 변형, 전파와 수용이라는 구조는 단방향의 유통관계가 아니라, 서로간에 학습, 소화, 발전, 개조를 해온 관계이다."

또 한 편은 절강성 절강공상대학교 왕융(王勇) 교수님이 작성하신 논문입니다. 이분은 제가 아는 교수님이세요. 이 논문의 제목은 '동아시아 문화권(중심과 주변)'[4]입니다. 여기서 그는 이렇게 말하고 있습니다.

"동아시아 문화권과 중국 문화권은, 불교 문화권과 인도 문화권이 다른 것처럼 다릅니다. 동아시아 문화권은 총괄적인 개념이고, 여러 측면으로 세분할 수 있습니다. 물론 대부분은 중국에서 기원했지만 모든 측면에서 그 중심이 중국에서 기원한 것은 아닙니다. 그 시작과 끝은 중국에 있습니다. 하지만 중심과 주변의 관계는 아시아 공동체의 참고가 될 수 있습니다."

저는 왕융 교수님의 말씀이 아주 객관적이라고 생각합니다. 이 교수님과 친해서 항상 교류를 하고 있습니다. 사실은 제 개인적으로도 왕융 교수님의 관점에 동의합니다. 중국 전통문화의 전승과 발전은 우리 중국의 노력과 계승이 필요할 뿐만 아니라 전 아시아, 특히 동아시아와 관련된 나라가 같이 발전시켜야 합니다.

마지막으로 '아시아공동체'를 이야기하겠습니다. 정치 · 경제교류 문제도 중요하지만 문화교류가 없으면 안 됩니다. 문화교류는 하루아침에 이루어지는 것이 아니고, 오랫동안 끊임없이 노력해야 이루어질 수

---

4) 《东亚文化圈 : 中心与边缘》.

있는 것입니다. 각 국가와 민족이 상호 문화교류를 잘 해야 하며, 가장 중요한 것은 서로 존중하지 않으면 교류는 진행될 수 없다는 것입니다. 또한 이해는 문화교류의 기초입니다. 상대방을 이해하지 않으면 왜 교류하는지도 알 수 없을 것입니다. 교류하는 목적은 서로간의 학습, 상호 도움, 상호 존중을 통해서 달성할 수 있다고 생각됩니다. 즉, 아시아공동체 형성에 있어서 문화교류는 아주 중요한 것이라고 할 수 있습니다.

시간관계상 강의가 짧아 아쉽습니다. 이제부터는 강의에 대한 질문 시간을 갖도록 하겠습니다. 상하이에서 강의했을 때도 그랬습니다. 제가 여러분들한테 하는 강의는 질문을 유도하기 위해서입니다. 제가 답변을 하지만 유일한 정답은 없습니다. 이렇게 하는 이유는 제 스스로 강의한 내용도 정리하고, 여러분도 자기의 생각을 정리 할 수 있기 때문입니다. 이렇게 해서 여러분 스스로 생각해보고, 더 나아가 같이 토론해서 발전할 수 있게 하는 것이 바로 질문과 답변 시간을 가지는 목적입니다. 제 강의는 여기까지입니다.

감사합니다.

질의응답

질문 1

다른 나라도 이와 같은 단오절 풍습이 있는지요?

답변 1

풍습이 있는 것 같습니다. 하지만 중국, 한국, 일본, 그리고 베트남처럼 많지는 않은 것 같습니다. 어떤 풍습이나 축제는 화교 때문에 생긴 것입니다. 역사적으로 보면, 풍습은 방금 말했다시피 상기 4개 나라가 제일 많습니다.

질문 2

왜 용과 뱀은 중국 풍습에서 중요한 의미를 지니게 되었습니까?

답변 2

하모도 유적지(신석기시대, 약 7,000년 전)에 새 무늬의 옥을 발견했습니다. 뱀은 장강 문화에 특별한 지위가 있습니다. 뱀과 벼농사는 밀접한 관계를 가집니다. 운남성과 귀주성 등에 있는 소속민족들은 아직도 뱀에 대한 신앙이 있습니다. 신화 전설인 '산해경(山海经)'기록을 보면, 호남성 장사시 마왕퇴(馬王堆) 고분에서 출토한 복희·여와(伏羲·女媧)그림은 사람 머리고 몸은 뱀입니다. 일본어를 배우거나 '일본서기'를 보신 학생들은 아마 아시리라 봅니다. 즉 산신, 즉 산림의 왕 오모노

누시노카미(일본의 신)는 바로 뱀입니다. 남매 뱀 무당에 대한 전설도 있었습니다. 종합해보면 뱀 신앙이 일본에서도 유행합니다. 제가 부산 박물관에서 뱀을 주제로 한 전시회를 봤습니다. 뱀은 한국에서는 '부귀'의 의미가 있고, 가족한테 복을 주거나 재산을 지킨다는 말도 있습니다.

그리고 홍산문화(신석기시대, 약 5,000년 전)에 옥용(옥으로 된 용 모양의 장식품)을 발견했습니다. 이것은 최초로 발견된 용 신앙의 신물입니다. 황하는 은왕조와 상왕조의 발원지이었습니다. 위치는 지금 중국 하남성입니다. 환경고고학 조사를 보면, 황하 부락 사람들은 장강 쪽으로 갔고, 원래 장강 유역 사람들은 산으로 갔습니다. 이들은 지금의 사천성, 운남성, 귀주성으로 간 것입니다. 이들 중 적지 않은 숫자가 지금의 현지 소속민족으로 변했습니다. 전설에 등장하는 싼먀오(三苗)가 바로 이들입니다.

여러 가지 풍습들은 각지로 전파되고, 어떤 풍습은 지금까지 현지에서 유지되고 있습니다. 우리 중화민족은 스스로 '용의 승계자'라고 부릅니다. 관심이 많은 학생들은 관련된 책을 보시기 바랍니다. 이와 관련된 내용을 서술한 서적은 아주 많습니다.

올해는 뱀띠 해입니다. 뱀의 이미지는 좋지 않지만, 용의 이미지는 좋습니다. 용과 뱀은 12간지(띠) 있으며, 용은 앞에 있고, 뱀은 뒤에 있습니다. 이것도 재미있죠? 하나는 전설의 신물(神物, 성스러운 물건)이고 하나는 실제 동물입니다.

감/상/문
book response

김 정 기
영어학부

먼저 중국 채돈달 교수님의 지치지 않는 열정적인 강의를 듣게 되어 영광이며 단오라는 풍습이 우리나라뿐만 아니라 중국, 일본에도 있다는 사실에 놀라며 오늘 강의 내용에 대해서 짚어보려고 합니다.

단오 풍습에 대해 먼저 중국은 3가지로 요약되는데 땅 밟기와 약초 캐기, 놀이와 쫑쯔 먹기 입니다. 땅 밟기와 약초 캐기는 봄 이후 질병의 발생과 유행을 예방하는 목적입니다. 다음으로 한국의 단오는 강릉단오제의 사례로 보았는데 한 달 반 동안 진행되며 신을 모시는 제사 활동, 민간 전통의 놀이와 경기, 단오 풍습 체험이 있습니다. 정리하면 제사, 놀이, 공연이 주요 내용이며 특히나 제사 의식이 핵심입니다. 일본의 단오는 양력 5월 5일 어린이날이며 특징으로는 집집마다 잉어 모양의 깃발인 고이노보리라는 상징을 답니다. 한국과 일본의 단오는 중국 문화의 영향이 존재합니다. 그래서 일부분은 3국이 유사한 풍습을 지니고 있지만 기원은 중국에 있으나 주변 국가들과 민족들에 의해 받아들여지거나 흡수되는 과정중 이들 국가와 민족의 교유한 요인이 가미되어 각 민족의 독특한 명절풍습을 형성했습니다.

위의 사례에서 볼 때 각기 다른 국가와 민족의 문화를 대할 때, 반드시 서로 간에 존중하는 것이 필요하다. 아시아 공동체의 발전에서도 꼭 필요한 내용이다. 국가와 민족은 크고 작음이 있으나, 문화의 크고 작음은 없다. 이것은 옳고 그름이 없다는 것이다. 더욱이 선진문화 와. 후진문화의 차별은 없다. 다만 강대국의 논리에 따라 가는 것일 뿐이다. 원래 중국의 단오는 장강유역 일부 지역의 민속활동이었지만 변화와 발전을 통해서 현재의 형식과 내용을 갖추고 되었던 것처럼 한국과 일본도 근원은 같지만 모두 각자 다른 변화와 벌전 역사를 가지고 있으며, 모두 존중 받아야 하고, 서로 상호간에 존중해야 한다. 아시아 공동체를 구성함에 있어도 교류와 협력은 하되 각 민족의 고유성에 의한 발전과 변화는 인정해 줘야 한다는 것이다. 획일화보다는 근원은 같으나 다양화를 추구해야 합니다. 그러므로 서로 간의 존중을 필수불가결한 사실입니다. 그리고 서로 간에 이해가 필요합니다. 또 서로간의 교류도 필요합니다. 교류가 부족하면 이해하는 과정에서 장애를 발생시킵니다. 이는 상대에 대한 불신임, 상호간 불 존중을 야기하게 됩니다. 따라서 상호교류는 아주 중요합니다.

마지막으로 아시아공동체를 설립함에 있어서 정치, 경제방면의 합작은 여전히 중요한 게 사실입니다. 그러나 문화교류 역시 소홀히 해서는 안 됩니다. 또 벼락치기로 이룰 수 있는 것도 아닙니다. 지속적으로 유지하고 끊임없이 노력해야 공동체를 조성할 수 있으며 여기서 중요한 건 민족 간의 문화교류를 함에 있어 상호존중이 전제가 되어야 합니다. 동시에 서로간 이해는 문화교류의 기본이며 서로간의 학습, 상호 도움, 서로간의 존중을 통해서 이뤄낼 수 있습니다. 그러므로 아시아 공동체의 설립에 문화교류가 가지는 중요성은 말할 수 없을 정도로 중요하며 핵심이며 아무리 정치, 경제가 협력한다 할지라도 문화의 교류가 없다면 반쪽짜리 공동체라고 할 수 있습니다. 그기에 지금부터 지속적으로 끊임없이 서로에 대한 학습과 이해로 아시아 공동체로 나아갈 수 있는 초석을 놓아야 한다고 생각합니다.

文化交流対构筑亜洲共同体的意義
- 以端午習俗為例 -

2013年 4月 1日(月)

中国上海 同済大学 教授 **蔡 敦 达**

大家好！今天我受鄭起永院長的邀請来這里給大家講課。在中国我一般都是用漢語講課，而在日本呢，講座時通常使用日語。因為不懂韓語，所以今天我有点担心。辛亏有貴校的金東河先生担任韓語翻訳，這様，即便我漢語講得不好，他也能用非常准确的韓語翻訳給大家听。当然了，要是我講得不好的話，責任在我，不在金老師。説得好的話呢，功劳都在金老師。

那我們就開始吧。因為時間的関系，開場白就此打住。有時間的話，尽可能空出来請同学們来提問。我的希望是，今天来听我講課的同学都能够像現在這様笑着、軽松地听完我的講座。今天呢，我要講的是文化交流対构筑亜洲共同体的意義，有関亜洲共同体的講座，大家応該従鄭老師那里了解到了，我在這里就不重复了。我這次的講演題目是《文化交流対构筑亜洲共同体的意義－－以端午習俗為例》。

端午習俗大家都知道，在東亜地区以不同形式存在着。講到東

亜，主要指三个国家的端午習俗－－中国的端午節、韓国的端午祭、日本的端午節句。今天呢，我借這个題目跟大家談談有関文化交流对构筑亜洲共同体的意義。

　　端午習俗在我們中国的歷史比較長，有些人説是両千五百年，有些人説是両千年，我倒覚得時間到底有多久不是問題的根本，我在這里主要談文化上的意義。大家都知道，両千年以前基本上就是公元前后。在東漢末年有个叫応劭的人，写過一本名叫《風俗通義》的書，這本書里就有对吃粽子的記載。之后，南朝梁人宗懍，他写過一本記录荊楚地方、即今天湖南湖北地区民俗的書，書名叫《荊楚歲時記》，大家看一下中国地図就知道，現在的湖南湖北正好在長江比較中游的地区，書中也記录有夏天吃粽子的情況。

　　有関端午節，在這本《荊楚歲時記》里有如下記載，我用現代漢語跟大家稍微講解一下。他這様写的，在農歷五月初五的端午，士農工商各行各業的人都去野外踏青，進行斗百草的游戯，采艾草做成人形懸挂在大門或房屋上，祈祷消灾。当天還有划船比賽的游戯，還采集各种各様的草薬。把五彩糸線綁在手臂上，為的是預防人得病生病，還有互相贈送手鐲，逮八哥鳥等等習俗。

　　所以説，中国的端午節我把它帰類一下，主要有這么三項内容：第一項就是踏青，就是我們現在所説的到郊外去游玩。再有就是采草薬，目的是為了預防開春以后疾病的流行。第二項内容就是游戯，有各种各様的游戯，比較典型的是采草薬、划船。第三項内容是吃粽子，PPT图片中的粽子好像是中国的粽子，不知道韓国的粽

子是不是和它一樣，因為日本的粽子和它不一樣，是那種長長的細細的，没有這么大。

接着順便説説有関中国的節日。中国人有几个比較重要的節日，頭等重要的是春節，然后就是這几天的清明節，祭祀祖宗或過世的親人，接下来就是端午節，再接下来就是中国比較有名的重陽節，也就是我們所説的老人節，這四大節日是我們中国比較重要的節日。在中国端午節為什么要吃粽子呢？是為了紀念我們中国古代的一位偉大的愛国詩人，叫屈原。大家知道。屈原因為和当時的統治階級不合，然后投江自尽的，之后家郷的人民為了紀念他，在每年端午的時候就把粽子扔在河里，為的是不讓河里的魚吃掉屈原的身体，而讓魚来吃粽子。据考証這只是一种伝説，表現了人民大衆対愛国詩人的敬仰和愛戴。這実際上是一种附会。除了吃粽子以外呢，特別是近几年我們中国也在恢夏和光大优良的伝統文化，端午賽竜舟就是其中的一項活動。現在中国人都喜歡称自己為竜的伝人，大家也都覚得我們中国是竜的信仰。但実際上，如果要追究它的歷史，我們還得要従中国南北方両个方面来考慮這个問題。

為什么這么説呢？ 因為根据現在的考古成果以及有関中国少数民族的伝説、神話等等，中国南方的信仰最早是鳥和蛇，所以和竜還是有点不一樣。我是南方上海人，父母出生在浙江宁波等地。比如説在浙江宁波附近就有个叫河姆渡的新石器時代遺址，在那里発掘的玉器的紋飾不是竜而是鳥。在南方的云南貴州等少数民族聚集的地方，他們到現在還保持着对鳥和蛇的信仰。在日本最早的図騰也

是蛇，這在繩紋時代的土器紋飾和造型中就有表現，竜也是以后才出現的。

所以説，端午這個節日在中国的南方和北方也有不同。産生于南方的端午習俗流伝到北方，于是北方也有了端午習俗，南北方端午習俗的融合和交流，最后産生了也就是我們現在中国的端午節。而從中華文明来看，除了黄河文明以外，我們最近還提到了長江文明，中華文明是這両大文明的融合，也就是説在融合変化中形成了現代的中華文明。

我這里也有一篇文章，不是我的論文，是別人的，主要是論述端午節的竜蛇結构和南北方文化的差异。但是因為内容太多，我就不一一介紹了，下面我把它的一些主要内容介紹給大家。我的目的是想説端午節因為時代和地区的不同也発生了很大的変化和演変，也就是説南方的鳥文化、蛇文化和北方的竜文化，它們経過漫長的融合和嫁接，形成了我們現在的端午習俗。

比如説以賽竜舟為例来看，就有這么一个很有趣的苗族神話。我剛才也説過，在以往的古籍上只是談到賽船或賽舟，但是這个舟或船是个什么形式的呢？没有提到，我估計也就是一般的小船，而不是像現在這樣，有个竜頭在上面。剛才提到那个苗族故事，我跟大家稍微展開一下。這个苗族故事講什么呢？有一条悪竜做了坏事，人民要懲罰它，先把這条竜分尸，然后要吃掉，這樣做的目的是懲悪揚善。但后来這条竜忏悔了，変成了一条船，讓大家在端午時可以用来游戲、比賽。因為変成船之后竜就可以為人民服務了，可以載人渡河了。這个故事告訴我們，竜一開始并不是用来祭拜的東

西，而是种传说中的動物，但是邪惡的竜忏悔后却成了一种神物。

還有吃粽子的故事也是一樣，為什么要把粽子扔到河里去呢？剛才説過了，是把粽子扔到河里喂魚吃，以免魚把投江自尽的愛国詩人屈原的身体吃掉。而竜本身是中国人想象出来的一种不存在的神物。這篇論文的作者把這两方面的関系梳理得很清楚。也就是説，本来是南方的蛇信仰，通過吃粽子、丢粽子到河里去喂魚，然后又通過魚這么一个中介物，使得蛇向竜転化，就形成了"蛇－－魚－－竜"這种演变。比如説"魚跳竜門"的故事在韓国也有吧？中国的是"鯉魚跳竜門"，講的就是魚变成竜的故事。這里很形象，就是蛇变身成魚，然后再变成竜。説的就是蛇文化与竜文化的一种对抗，蛇経過魚這种中介物然后变化成了竜。有関這方面的知識，這篇論文里講了很多，仮如大家有興趣的話可以查看這方面的資料。(馬明奎《端午節的竜蛇結構和南北方文化差异研究》、載《民族文化研究》2010年第4期)另外，在中国的南方，還流伝有《白蛇伝》的故事，這个故事還被改变成了戲曲和舞蹈等文芸形式，講的也是与蛇有関的故事。

接下来我再講一下韓国的端午祭。韓国的端午節主要是以江陵為主，据我所看的資料説韓国的端午祭已有一千年的歷史，也有的説已有两千年的歷史，但我覚得数字并不重要，重要的是内容和展開。我通過一些学習、考察和研究，覚得韓国的端午祭与中国的端午節有很大的不同。它従農歷三月二十到五月六日，前后要持續一个半月。江陵端午祭我就不一一介紹了，因為大家都是韓国学生，对這方面都比較了解。在江陵端午祭中這几項是很重要的，一項是

祭祀，包括迎神、祭神和送神等等；另一項是民間伝統的競技表演，包括跳繩、仮面制作、巫俗表演、仮面舞和農楽表演等等；還有一項就是端午風俗体験。這様看来，江陵端午祭中，祭祀、演戲和游芸是其主要内容，而其中的祭祀保存了一个非常完整的形式和内容，這可以説是江陵端午祭的一个核心。它既没有吃粽子的習慣又没有划竜舟的習俗，有関這个話題我下面還要展開，现在讓我們来看一下日本的端午節句。

　　日本的端午節句按公歴即5月5日。在明治維新以后，大概是在1872年，日本改農歴為公歴，所以现在都是用公歴来計算的。最早的是江戸幕府制定的 "五節句"，也就是五个"節句"，其中有一个叫"男孩節"，到了1948年就定為男童和女童一起過的節日，但是现在是以男孩子为主的節日。日本有种植物叫"菖蒲"，這个"菖蒲"的日語発音和"尚武"相同，所以就有一种祝愿男孩儿茁壮成長的意思。到那天家家都会懸挂所謂的"鯉魚旗"，寓意"鯉魚跳竜門"。"鯉魚旗"好像是日本独特的，中国没有，韓国応該也没有吧。

　　下面我們再回到韓国的端午祭這个話題上来，韓国的端午祭和日本的端午節句，我們仮如看一些資料，看一些相関的記載的話，就会発現它受到了中国文化的影響，這是客観存在。即便现在，韓国在端午那天吃艾子糕，喝益仁汁，還有婦女喜歡用菖蒲水洗頭、化妝等等。在日本人也有洗菖蒲浴，或在屋檐下挂菖蒲和艾蒿駆邪的習俗。這些雖然与中国现在端午節吃粽子、飲雄黄酒等不尽相同，但是還是有相同的地方。也就是説，端午節起源于中国，有関這点

不僅我們中国人，還有在坐的韓国同学，或者是日本人，都应該是承認的。但従換一个角度来考慮這个問題的話，起源于中国的端午節在被周邊的国家和民族所接受和吸収的過程中，加入了這些国家或民族的固有元素，在各自的文化根基中形成了各国、各个民族独特的端午習俗。這一点在我們对待伝統文化的時候必須要肯定，必須要承認的。

我在上面講到過，現在中国的端午節是融合了中国南北方文化、或称長江文明与黄河文明的産物。換言之，発源于長江流域的端午習俗，由于時代和地区的不同，在中国就已発生了很大的变化，増加或改变了原来的節慶成分。而周邊的国家和民族在接受和吸収的過程中，由于接受年代和民族特性的関系，不但保留了其原来的節慶成分，而且還加入了這些国家和民族固有的節慶元素。韓国江陵端午祭可謂是个典型，江陵端午祭是集祭祀、演戲、游芸于一体的綜合性節慶活動，具有完整的形式和内容。早在1967年，江陵端午祭就已成為韓国国家級"第13号重要文化遺産"。我還在想，通過江陵端午祭能否窺視到某些源自中国，但中国已不夏或很少存在的東西，即其原始面貌？例如，一些祭祀儀式、仮面表演等等，年代理应遠古，中国的云南、貴州地区及長江流域省份的偏僻農村地区应該還有存在。它們相互之間的関系如何？従促使各国各民族間文化交流的目的来看，値得研究。

因為我們的講座是講亜洲共同体，所謂共同体，就是要大家学会如何和平地相处，如何共享地区的共同文化，如何共享地区経済発展的成果，従而使我們的生活、各国的関系变得越来越好。所以呢，我在

這里要特別強調的是，所謂的中國也好，韓國也好，日本也好，這是我們現在根据国家的概念划分的。仮如我們把它放在五百年或一千年或更長的遠古来看的話，这种概念就沒有這么清楚，我們在看待伝統文化的時候必須要注意到這一方面。我們撇開現時的政治外交，光談文化的話，這点就顯得更加重要。比如說這个文化是中国的文化，這个文化是韓国的文化，這个文化是日本的文化，這樣就会比較狭窄。而我們把這个文化放在亜洲這樣一个大的地域环境来看待的話，我們就能更加清晰、更加客観地看待我們這个地区的伝統文化。

我最近对這个節慶也進行了些研究，写了両篇有関節慶的文章。其中一篇是講日本的節慶，主要是和中国節慶的比較。另一篇是講日本有名的祇園祭，其中有很多中国的元素在里面。但是，到后来我発現一个非常有趣的現象，有很多元素，本来是在中国這一疆域里面的東西，即中国文化的元素，現在的日本還保留着不少，但在中国已経失去了。所以呢，研究日本的節慶，従某种意義上說，就是研究我們中国以前的、伝統当中的、歴史当中的節慶。這个对我剛才講到的江陵端午祭也同様适用。比如剛才講到的江陵端午祭中的祭祀是其三大内容之一，是核心内容。這些内容呢，在上海可能看不到，在北京可能也看不到，但是在我們国家的云南、貴州地区，還有一些偏僻的農村，就有這方面内容的存在。比如仮面具、仮面表演，在這些少数民族地区非常多。在日本有种叫"能"的芸能，"能"表演也使用仮面具，然后是韓国江陵這叫官奴表演，這个也是带仮面具表演的。

所以呢，従某种意義上而言，韓国的江陵端午節是韓国的文化，

日本的端午節句是日本的文化，而中国的端午節是中国的文化。但要是把它放在亚洲這个地域环境来看的話，它就是這个地区文化、或者説是亚洲文化的一个組成部分，因為它們之間存在互相滲透、互相交流、互相融合、互相影響的関系。

這讓我想起一件事情，不知大家是否知道，也就是在2005年，韓国的江陵端午節入選《世界人類非物質文化遺産代表作名录》，這在我們中国就引起了很大的反響和争論。説得好听的是韓国的江陵端午節本应是我們中国的端午節，説不好听的呢，是人家韓国的江陵端午節搶了我們中国的端午節。而其実呢，這不是事実，而是誤会，或者説是因為不了解而引発的。

我這里有一篇清華大学的劉曉峰教授写的文章，他是專門搞民俗学的，写的比我專業，比我権威。他的文章比較長而且写了許多事実，既有中国的又有韓国的，等等。我在這里将他的其中的一些東西給大家介紹一下。

他是這様写的："歴史上中国古代文化作為這一地域文明的文化核心，対周邊的民族和社会発展具有強大的影響力。這份影響在漫長的歴史中已経演化為一种事実上的文化共享。"(《端午節与東亜地域文化整合－－以端午節獲批世界非物質文化遺産為中心》p.123，載華中師范大学学報(人文社会科学版)第50巻第3期，2011年5月)我想提醒同学們注意的是，這里的"文化共享"也就是我強調的我們亜洲文化的共享，我們亜洲文化圏就是由共同的文化而形成的，我是這様認為的。最后，劉曉峰教授還写道："在此意義上，超越民族国家框架，思考東亜地区区域合作的文化基础，是一个理論問題

同時也是一个现实问题。立足于東亚发展的歷史中，我们必須清楚的意識到我们不能僅僅依靠现代民族国家的主權概念来思考非物質文化遺産的文化産權問題，并依此划定非物質文化遺産的文化邊境。"一个国家有一个国家的邊界，這我们大家都在講的，中国有這么一个邊界、965万平方公里，韓国也有這么一个邊界，日本也有這樣一个邊界，但是在文化層面，我覚得应该是没有邊界的。

对于搞民俗学的学者或研究人員来说，搞清楚端午節是怎么一个来竜去脉，当然很有必要。但对于我们一般的国民来说，我覚得就没有這个必要。所以呢，通過以上韓国江陵端午節入選《世界人類非物質文化遺産代表作名录》這件事引发的反響和争論，我在思考我们应该如何对待不同国家、不同民族的文化，這说起来容易，但要正确对待却并非易事。

比如说我剛才講到的江陵端午節這个例子，它従中国伝到我们现在所说的韓国這个国家里，到了這个地方后，它融入了很多朝鲜民族的因素，而且呢，自従它在江陵有了這么一个端午節以后就一直保存到现在。這非常不容易啊！每年盛大隆重地举行儀式，成了韓国有名的、具有特色的伝統節日。

為此，我在這里想講三点；第一点：我们应该如何对待不同国家、不同民族的文化？我说啊，首先必須要互相尊敬，国家和民族，可能会有大有小，但是文化无大小，更无优劣之分。

接下来我覚得還要互相了解，互相了解非常重要，前面列举的江陵端午節入選《世界人類非物質文化遺産代表作名录》這件事情，在中国之所以引发很大的反響和争論，這其中就是因為有許多不了解

所引起的，因為不了解才会产生問題、引发誤会。還有一个事实也很是有趣，发人深思。在江陵端午節2005年申請世界遺产成功后，之后的2009年我們中国也申請了，但中国申遺的時候，有几个地方像湖北秭帰県的"屈原故里端午習俗"、黄石市的"西塞神舟会"、湖南汨羅市的"汨羅江畔端午習俗"、江蘇蘇州市的"蘇州端午習俗"，也就是説以湖北、湖南、江蘇三个省一起申請的，申請対象都一様。所以説只要是真的、好的、伝統的、有内容的文化遺产都会得到世界的公認，這里不存在你的我的或者誰的問題。而従時間順序上看，中国有関端午節的申遺行動某种程度上可以説是受到韓国江陵端午節申遺成功的"刺激"下引发的，但這也并不影響它固有的文化内涵和价值，因為両者都是优秀的世界人類非物質文化遺产。

第三点是互相交流，因為欠乏交流才会产生理解上的障碍，導致対対方的不信任，不尊重也由此而产生，因此互相交流就顕得非常的重要，交流就好像走親戚一様，礼常往来多了，了解就加深了，不僅加深了了解，也能在产生問題的時候及時溝通，化解矛盾，従而解決問題。

再拿江陵端午節来作為例子，我个人非常希望能去江陵端午節看看，江陵這个地方我没去過，据説也有大江大河，能够在這里尽情划船比賽，我覚得這非常好，這様的話就有了真正的交流，江陵端午節有些做法可以引入到中国，而江南一帯划竜舟的比賽也可以輸出到江陵去，因為有許許多多的河川有着相近的地理环境，這様交流起来就更加方便。

下面我本想接着講講文化共享、文化交流的問題，但由于時間関

系，我直接介紹有関論文的相関観点，有位叫林堅的先生，他写過一篇《東亜文化圏和東亜共同体》的文章，他有个観点写的比較好，我在這里介紹一下這个観点："文化群体間的吸納吞吐可以跨文化圏進行。在同一文化圏内，内核与外源，原型与变形，輻射与収容文化之間，并非単向流通関系，而存在相互学習、消化、発展、改造的関系。"

還有一篇是在杭州的浙江工商大学王勇教授的論文，王勇教授是我熟知的教授，現在北京大学教課，任特聘教授。他文章的題目叫《東亜文化圏：中心与邊縁》。他是這样写道："東亜文化圏不等同于中国文化圏，就如仏教文化圏不等同于印度文化圏，東亜文化圏是个籠統的概念，其実可以細分為許許多多層面，雖然其大部分的源頭在中国，但并不是所有層面的中心，自始自終一直在中国。……中心与邊縁的関系可以作為亜洲共同体的参照。"我覚得王勇老師説話非常客観。因為跟他関系比較熟，所以也経常交流。実際上，我个人确実也很賛同王勇教授的観点。中国伝統文化的伝承和発展，特別在現在，不僅需要我們中国的努力和継承，還要靠整个亜洲、特別是東亜相関国家一起来推動它向前発展。

最后談談創設亜洲共同体，其中的政治経済交流固然重要，但是文化交流必不可少，而且文化交流并非一朝一夕就能成就的，需要持之以恒，不懈努力，方能造就。要做好各国各民族間的文化交流，互相尊重是前提，否則就无法交流，同時互相了解是文化交流的基础，互不了解对方，也就不知道為什么要交流，互相交流的目的是要達到互相学習、互相帮助和共同提高，因此文化交流对創設

亚洲共同体的重要性不言而喻。

因為時間关系不能講很多，下面把時間留給同学提問題，我在上海講課也是這樣的，我們做老師的給你們一個引導或者説是一個介紹，不会提出所謂"唯一正确的"結論性東西，我所提出結論性的東西也是我自己總結的東西，而并非要讓你們去這樣想、這樣做，我的目的是要大家有大家的思考，大家有大家的結論，這樣的話，大家可以独自思考、共同討論，然后才能够達到共同提高這一目的。我的話到這里為止，謝謝大家。

 问题1

其它国家也有端午节风俗吗？

答案1

习俗好像也有，但是好像没有像中国、韩国、日本，还有今天没讲到的越南的习俗多，因为有些习俗(节日)也是因为华侨的原因，假如从历史来看的话，就是刚才所讲的四个国家比较多。

 问题2

为什么龙和蛇在中国风俗里面具有重要的意义？

答案2

河姆渡遗址(新石器时代，距今约7000年)中就发现有鸟图案的玉饰品，蛇在长江文明中具有特殊的地位，蛇与稻作关系密切，至今云贵少数民族地区的蛇信仰根深蒂固，神话传说的《山海经》中有其记述，湖南长

沙马王堆古墓中出土的伏羲女娲图就是人头蛇身。学过日语或看过《日本书纪》的同学可能知道，三轮山神，即森林之王大物主神的真面貌是蛇，传说还有兄妹蛇巫的故事，总之，蛇的信仰在日本也非常流行，我在釜山博物馆看到前些日子举办过蛇专题的展览，蛇在韩国有"大富大贵"的寓意，会给家族带来家福、守护家财。

另在红山文化(新石器时代，距今约5000年)就发现有玉龙(用玉石做成的龙饰品)，这是至今发现最早的龙信仰实物。而黄河是殷商部落的发源地，也在现在的河南一带。据环境考古学成果表明，黄河部落南下长江，原本长江流域的部落人都跑到山里去了，比如四川、云贵等地区，不少就成了现在的少数民族，传说中就有所谓的三苗。许多习俗传到各个地方去，有些还保留至今。而现在我们中华民族喜欢自称"龙的传人"。如果感兴趣的话，你可以看一下这方面书籍。这方面书籍很多。

蛇是今年的生肖年，蛇的形象不好，但是龙的形象好一些。蛇和龙都在十二生肖中，龙在前面，蛇在后面。这也很有意思。但一个是架空的神物，一个是实际存在的动物。

(本文根据讲课录音整理，后经本人校阅

感/想/文
book response

キム・チョンギ
英語学部

　まず、中国の蔡敦達教授の疲れることなく熱心な講義を聴くことができて光栄であり、端午の節句という風習が我々の国だけでなく中国や日本にもあるという事実に驚くとともに今日の講義内容について推定してみようと思う。

　端午の節句の風習についてまず中国は3種類に要約されているのだが、土踏み、薬草探し、遊びとチョンチュモッキである。土踏みや薬草探しは春がすぎて流行する疾病や流感の予防が目的である。次に韓国の端午の節句は長江端午の実例で見てみると、1ヵ月半の間行われ、神を迎えるチェサ活動、民間伝統の遊びや競技、端午の風習体験がある。整理するとチェサ、遊び、講演が重要な内容でありとくにチェサの儀式が重要である。日本の端午の節句は陽暦5月5日こどもの日で、特徴的なのは家ごとに鯉の形をした旗、こいのぼりが象徴だそうだ。韓国や日本の端午の節句には、中国文化の影響が存在する。そして、1部分は3ヵ国が類似した風習を持っておりながら、その起源は中国にあるのか、その周辺国家と民族に受け入れられ吸収される過程で、国家と民衆の固有要因が加味され、各民族の独特な節句を形成したのである。

　上記例にみたとき、別の国家と民族の文化に接するとき、必ず双方間を尊重することが必要である。アジア共同体論の発展においても絶対必要なことである。国家と民衆には大きさも小ささもあるが、文化の大きさも小ささもないのである。これはもっともなことで陰りのないことである。さらに、先進文化と後進文化の差別もない。強大国の論理についていくだけなのである。元来、中国の端午の節句は長江地域の一部地域の民族活

動に限られていたが、変化や発展を通じて現在の形式や内容を備えること
になったように韓国や日本も根源は同じだが、すべて別の変化や発展の歴
史をもっており、そのすべては尊敬を受けるべく、相互間で尊重すべきで
ある。アジア共同体を構成しても、交流や協力はするが、各民族の交流性
に基づいた発展、変化を認めなければならないのである。拡大化よりは根
拠と同じ多様化を追求しなければならない。ゆえに互いの尊重を必要不可
欠とすることは事実である。そして、互いに理解が必要である。また、互
いの交流も必要である。交流が不足すると理解する過程で障害が発生して
しまうのである。それは、相手側にたいして不信任、相互間に尊重を惹起
できなくなる。ゆえに、相互交流が大変重要なのである。

　最後にアジア共同体を設立したために政府が、経済方面の合併を、依然
として重要視していることも事実である。だからこそ、文化交流をおろそ
かにしてはいけないのである。また、にわか仕事的にそれをすることもタ
ブーである。持続的に維持して、絶え間ない努力をしてこそ共同体を構成
することができ、そこに重要性や民族間の文化交流が合わさると、相互尊
重の存在ができあがるのである。同時に互いの理解は、文化交流の基本が
あって相互間の合併、相互の協力、相互間の尊敬を通じて導びかれるので
ある。だから、アジア共同体の設立における文化交流のもつ重要性は言い
切れないほどの意味をもっており、政治、経済が力を合わせても文化交流
ができないとすると、片側のみの共同体になってしまう。ゆえに、今から
持続的に絶え間ない互いについての学習や理解をすることでアジア共同体
に向かって進む礎を築かなければならないと思う。

아시아공동체와 문화의 다양성

제주대학교 교수

김 여 선

아시아공동체와 문화의 다양성

2014년 6월 2일(월)

제주대학교 교수 **김 여 선**

  부산외대는 산 위에 있어 전망이 좋은데다가 아름다워 굉장히 기분
이 좋습니다. 오늘 강의에 참석한 학생은 주로 몇 학년입니까? 대부분
1학년이네요. 여러분 혹시 제주대학교에 와보셨나요? 수학여행은 제
주도로 오시고 제주대학교에도 들러주세요. 참 아름답습니다.

  강의 공지에서 제 이름 보았을 때, 대부분 그렇게 생각하지만, 여자
인 줄 알았을 겁니다. 지금은 조금 달라졌어도 예전에는 법대에 여학
생이 없었고 여 교수님도 드물었습니다. 제가 시간 강사로 첫 강의에
나가니 약 300여 명의 학생이 있었어요. 여자 교수가 왔다고 소문이
나서 그렇게 되었나본데 제가 들어가니까 학생들이 크게 실망했습니
다. 두 번째 강의에는 학생들이 대부분 수강을 철회하고 30명 정도만
남았습니다. 저는 제주대학교 법학전문대학원에서 학생을 가르치고
있습니다. 우리 학교 법학전문대학원은 한 학년 정원이 40명인데 교
수가 29명입니다. 대부분 학생은 여러분이 흔히 아는 육법 과목을 수
강합니다만, 제가 가르치는 과목은 비 변호사 시험과목이라 강의를 개

설하면 보통 2~3명이 수강합니다. 제가 지금까지 국내에서 강연한 중에서 오늘 학생이 가장 많아 젊어지는 것 같고 기분이 좋습니다.

여러분은 이미 아시아공동체 강좌에 열 번 넘게 참여하셨는데 지금까지 강의를 쭉 들어오면서 굉장히 고민스럽고 혼란스러운 게 있을 것입니다. 도대체 아시아공동체라는 것이 무엇이냐는 문제가 개념화되지 않을 겁니다. 중요한 것이 있습니다. 여러분이 지금까지 배우고 있는 것은 '아시아공동체학'이 아니므로 학문을 배우고 있는 게 아닙니다. 여러분은 지금 아시아공동체를 형성하기 위하여 아시아의 제반 문제를 모두 테이블에 올려놓고 그것을 서로 토론하고 관심을 가져보는 시간을 가지는 것입니다. 그런데 강의 오시는 분이 학문 얘기만 하면 별로 재미가 없습니다. 이 시간은 매우 피곤하여 잠이 오는 오후 시간입니다. 제주대학교도 이 강좌를 개설하고 있는데, 이 강좌를 운영하는 교수님 말씀에 의하면 지난번에 모신 교수님이 철학 얘기만 한 시간 반가량 하니까 학생들이 거의 졸았다고 합니다. 그래서 저는 철학 이야기나 깊은 학문 이야기는 절대 안 할 것이며 강의시간보다 조금 빨리 마치도록 하겠습니다.

게다가 제가 조금 늦게 왔으니 여러분께 선물을 드리겠습니다. 올해 8월 1일 제주도에서 '원아시아 컨벤션'을 합니다. 한국 학생은 초청대상이 아니지만, 캄보디아, 중국, 일본 학생은 옵니다. 여러분 중 두세 분 정도 제주도에 오실 수 있도록 제주대학교 아시아공동체 연구센터에서 비용을 부담하겠습니다. 컨벤션이 끝나고 난 뒤 제주도에서 자전거 투어나 여행도 하시기 바랍니다.

아시아공동체와 다언어 다문화 커뮤니케이션

그럼 아시아공동체 이야기를 하겠습니다. 다음 주에는 '원아시아재단'에서 강의를 하신다는 얘기를 들었습니다만, '원아시아'라니까 좀 거부감이 있죠? 왠지 일본강점기나 제국시대의 대동아공영 같은 느낌이 들죠? 그래서 일본에서 아시아를 다시 한 번 지배하고자 하는 건 아닌가 하는 생각이 들죠? 다음 시간에 아시아공동체를 주창하고 연구재단을 만들어서 강의를 지원해주는 사토요지(佐藤洋治)라는 재단 이사장님이 여러분에게 특강을 하러 오실 겁니다. 그래서 여러분에게 아시아공동체 강좌의 배경에 대하여 간략하게 설명하겠습니다. 사토요지라는 분은 일본의 기업가로 많은 돈을 벌었습니다. 그래서 아시아를 위해서 무엇을 할 것이냐는 생각 끝에 '원아시아 재단'을 만들었습니다. 그에 앞서 '원아시아클럽'이라는 것을 만들어 아시아 지역, 즉 아시아 도시를 중심으로 약 20개 정도의 조직을 만들어 활동하면서 아시아 문제를 주제로 토론했습니다. 또한, 다문화 가정 돕기, 자선의 밤, 청소년 국제문화예술제 등을 지원하면서, 그것보다는 자라나는 젊은이, 즉 대학에 지원하는 것이 훨씬 효과적이라고 생각하셨던 것 같았습니다. 2009년에 '원아시아재단'을 만들었으니 이미 5년이 되었습니다. '원아시아재단'의 설립목적은 6가지 정도입니다. 그중에서 가장 중요한 것이 아시아공동체 형성에 이바지한다는 것입니다. 아시아공동체를 형성하기 위하여 대학에 강좌개설을 지원해 줍니다. 일단 강좌가 개설되고 나면 그 지원에 대하여 어떠한 간섭도 하지 않습니다. 즉, 아시아공동체 형성을 주도한다는 것이 아닙니다. 구체적으로 말씀 드리지 않겠습니다만 저는 개인적으로 매우 존경합니다. 다음 시간 여러분은 이 분과의 만남에서 많은 교류를 하시기를 바랍니다.

'원아시아재단'을 설립하고 5년이 지난 지금 아시아 29개국 300여 대학에 아시아공동체론 강좌를 지원하고 있습니다. 300여 대학에서 많은 학생이 이 강좌에 참여하고 있으며 큰 성과가 있습니다. 저는 얼마 전 캄보디아 바탐방대학이라는 곳에서 강의했습니다. 캄보디아 프놈펜 다음으로 큰 도시로 약 500여 명의 학생이 강의를 들었습니다. 사토요지 이사장님도 가끔 각 대학에 들러 강의하시는데 그때마다 장학금 수여도 하시고 여러분과 소통하며 교류하십니다. 재단을 만들고 난 후 보다 큰 성과를 거두고 있다고 생각합니다.

'원아시아재단'은 2010년부터 매년 컨벤션을 개최합니다. 이 강좌를 준비하는 코디네이터 교수님을 중심으로, 전문 분야의 문제 등 여러 문제를 테이블에 올리고 다양한 형식이나 주제로 언어에 대해 제한 없이 발표하고 토론합니다. 2011년에는 도쿄에서 열렸습니다.

왼쪽이 2011년 도쿄 컨벤션 시 강상중 교수님이며 오른쪽이 2012년 인천 컨벤션 시 사토 이사장님입니다.

2013년에는 인도네시아 반둥에서 열렸습니다. 이곳은 역사적으로 아주 의미 있는 장소입니다. 반둥은 1958년 아시아와 아프리카 29개국을 중심으로 회의가 열렸던 곳으로 제3세계라는 하나의 새로운 정치 이데올로기를 만들어낸 곳입니다.

바로 그곳에서 15개국 300여 명 교수님이 아시아의 문제에 대하여 토론하고 발표하였습니다. 이 사진은 제주대학교 교수님들이 인도네시아 교육 대학에 방문했을 때이며 아주 좋은 성과가 있었습니다.

특히 2014년 컨벤션은 제주에서 개최하자는 결정도 하였습니다. 여러분들도 오십시오. 제주에서 좋은 경험 하셨으면 좋겠습니다. 이것은 2014년 제주에서 개최하는 컨벤션 프로그램의 표지입니다.

"One Asia Convention Jeju 2014"

공동체에 관하여 말씀을 드리겠습니다. 여러분이 가장 많이 들어보는 공동체는 무엇입니까? 경제 공동체입니다. 그렇지 않습니까? 그중 하나가 FTA라는 것인데 경제공동체의 하나입니다. 보통 경제공동체는 지역을 단위로 합니다. EC라는 것도 들어보셨죠? Europe Community, 이것이 대표적인 유럽 경제공동체입니다. 정확한 표현은 EEC로 Europe Economic Community의 약자입니다. 뒤에 더 설명해 드리겠습니다만 지금은 EU라고 합니다. 또한, 안보 공동체가 있는데 한미

방위 상호조약 등이 있습니다. 이것은 우리나라가 미국과 공동으로 외부 세력으로부터 나라를 지키기 위한 조약으로 안보 공동체를 의미합니다. 그다음 안보 공동체로는 유럽의 바르샤바 조약기구인데, 구소련을 중심으로 동유럽권에 있는 국가들이 일치단결하여 서로 공동 방위한다는 내용의 안보 공동체입니다. 그다음 이에 상응하는 대서양 조약기구라는 것을 미국과 서유럽국가들 중심으로 만들었는데 이를 나토라고 합니다. 이러한 기구들은 냉전 시대의 산물입니다. 공동체의 형태는 아주 많습니다. 그러나 중요한 특징은 지역이라는 단위가 중심이 됩니다.

그다음에 통화 공동체도 있습니다. 1997년도 경제 위기, 정확하게 표현하면 금융위기가 있었습니다. 저도 1997년 금융위기로 유학 중일시 귀국한 적이 있습니다. 그 당시 달러 가치가 너무 비싼 것이 원인이었습니다. 그 후 아시아는 통화 위기를 더는 겪지 않기 위하여 태국 치앙마이에서 아시아 주요 국가들이 모여 치앙마이 이니셔티브를 만들었습니다. 즉 '각 국가 간 외화가 부족하면 협정체결국이 서로 빌려주며 자국 화폐로 교환해 준다는 것'입니다. 이런 것을 금융공동체라고 합니다. 공동체는 아시아나 유럽 그리고 나프타의 북미자유경제무역지대와 같이 지역적 단위를 가지는 특징이 있습니다. 전 세계를 대상으로 하는 통합체를 구성하는 것이 아닙니다.

공동체의 두 번째 특징은 가치 지향성입니다. 공동체가 안보 공동체라고 할 때 '안보'라는 지향해야 할 가치가 있어야 한다는 것입니다. 통합이나 경제 등도 공동체의 구성원이 지향해야 할 목표가 되는 것입니다. 예를 들어 경제공동체에서는 공동체 구성원 간에 공동번영과 발전이라는 가치가 있어야 합니다. 금융공동체인 경우에는 구성원 간에 통화의 안정과 물가의 안정 혹은 외환위기의 방지와 같은 공통의 가치가 존재해야 합니다. 대학에는 동아리가 있으며 그 종류가 아주 많습니다. 동아리가 공동체가 될 수 있을까요? 동아리도 공통의 가치관, 즉 지향하는 가치가 같은 경우에는 공동체라고 할 수 있습니다. 그러나 동아리는 어떤 특정한 일(목적)에 관심 있는 사람들이 모인 것이기 때문에 공동체와는 조금 다르다고 생각합니다. 예를 들어 테니스를 열심히 하자, 미팅을 열심히 하자, 탁구를 열심히 하자 등의 목적을 가지는 동아리는 우리가 주장하는 공동체의 기본적인 혹은 내면에 깔린 그 가치 체계하고는 분명하게 차이가 납니다. 우리는 이를 집합주의라하는데 공동체하고는 구분합니다. 이는 곧 목적론적 가치 통합을 주장하는 공동체의 요소가 없다고 말합니다.

세 번째로 공동체는 구성원 간에 내부적으로 무엇이 있어야 한다고 생각합니까? 질서가 있어야 합니다. 공동체 속에서 상호의존하며 구성원 자신의 개성을 나타낼 수 있어야 하는 것이 공동체입니다. 개인의 자유나 창의, 의사결정의 자유, 자치성 등을 가지기 때문에 공산주의 같은 전체주의와는 차이가 있습니다. 공동체 주의는 하나의 이데올로기입니다. 매우 방대한 개념이지만 간단하게나마 알고 계셨으면 합니다. 공동체라는 것은 하나의 기능적인 형태를 의미하는 것입니다. 미국 하버드 대학의 마이클 샌델 교수가 우리나라에서 꽤 인기를 끈적이 있습니다. 그분의 저서 중에 『정의란 무엇인가, 왜 도덕인가』라는 책이 있습니다. 여러분도 대부분 그 책을 읽었을 겁니다. 마이클 샌델 교수는 이 책에서 개인주의를 바탕에 두고 있는 지금의 자유주의 이데올로기가 더는 어떤 이데올로기로서 사람들에게 더 좋고 옳은 삶을 제시해주지 못한다고 말합니다. 그러므로 자본주의가 고도로 발전된다면 더 새로운 이데올로기가 나온다는 주장이 있습니다. 이와 같은 논리로 마이클 샌델은 자유주의에 대한 비판을 내놓습니다. 즉, 우리는 지금까지 좋은 것만을 추구해 왔다는 것이며 이제부터라도 옳은 것을 추구해보자는 것입니다. 마이클 샌델은 정의와 도덕을 통하여 더 좋은 삶보다는 더 옳은 삶을 주장하고 있습니다. 그는 지금의 이데올로기가 좋은 것만을 강조하며 더 많은 이익을 창출하는 것만을 주장하는 것을 비판하고 있습니다. 그리고 이것이 현대사회에서 너무나 큰 문제를 불러일으키고 있기 때문에 우리는 새로운 하나의 이념체, 즉 새로운 하나의 사상이 필요하다고 강조합니다. 이것이 바로 공동체 주의입니다. 그는 좋음에 대해 옳음의 가치를 강조하고 있습니다. 좋은 것보다 더 중요한 가치가 바로 옳은 것이라는 것입니다.

공동체 개념과 유사한 개념으로 세계시민주의가 있습니다. 이것은 획일주의를 의미하는 것으로 정치 철학자인 히터 교수가 세계시민주의를 주장하였습니다. 저는 그 내용은 모호하다고 생각합니다. 이것은 세계가 하나의 공동체와 하나의 질서 속에 구성원으로 존재하는 것을 의미합니다. 물론 평화와 인권이라는 가치 등을 표현하는 데 있어 매우 중요한 의미를 가지지만 하나의 이데올로기로는 객관적 가치 지향성이 부족하다고 판단합니다. 세계시민주의라는 것은 세계 모든 시민이 획일화된 가치를 가져야 한다는 것밖에 되지 않습니다. 세계 시민을 하나의 가치, 하나의 이데올로기로 묶겠다는 것이 세계시민주의의 핵심인 것으로 보입니다. 연대성이 어느 정도 강해야 하는지, 그저 막연한 하나의 정치 이데올로기입니다.

EU라는 공동체가 유럽에서 어떻게 만들어졌는지 살펴보겠습니다. 여러분 중에는 유럽 여행을 하신 분이 계실 겁니다. 유럽은 인종이 서로 비슷하고 종교도 거의 같습니다. 게다가 문화 차이도 거의 없습니다. 그러나 유럽은 매우 오랜 기간 전쟁을 하였습니다. 전쟁 기간도 30년 혹은 100년이나 됩니다. 민족 간의 갈등 또한 우리가 상상할 수 없을 정도로 뿌리 깊습니다. 그 결과 제1차 대전과 제2차 대전을 겪습니다. 제1차 세계대전이 끝나고 오스트리아는 독일로부터 독립합니다. 오스트리아의 니콜라스 백작은 『팬 유로파』라는 책에서 평화 그리고 하나의 유럽을 주창합니다. 아마 유럽공동체의 최초의 시도일 것입니다. 1923년 저서로, 그로부터 30년 뒤 그것이 실현되었습니다.

그런 측면에서 보면 사토 이사장님도 그 가치를 인정받을 만한 것입니다. 아시아공동체의 실현이 100년 뒤가 될지 300년 뒤가 될지 누구도 알 수 없습니다. 아시아공동체는 오랜 기간 인내하여야 할 가치일 것입니다.

다음으로 프랑스의 수상 브리앙이 있습니다. 이 사람도 유럽공동체를 위하여 굉장히 노력하였으며 현실 정치가라는 특징이 있습니다. 현실 정치가로 유럽의 통합을 주장한 것은 브리앙 수상이 최초였습니다. 제1차 대전이 끝나고 제2차 대전이 발발하기 전의 유럽은 굉장히 복잡했습니다. 그럼에도 불구하고 평화와 인권 문제를 지속해서 제기하면서 유럽이 하나의 공동체를 형성해야 한다고 주장한 사람이며 유럽 공동체가 되기까지 많은 이바지를 합니다. 그 외에 많은 사람이 EU를 만들기 위해 노력했습니다.

특히 우리는 장 모네라는 사람을 기억해야 할 것입니다. 장 모네는 프랑스 대통령 드골이 주창한 민족주의를 단호하게 반대했습니다. 드골은 제2차 세계대전 당시, 독일에 부역했거나 반민족행위를 했던 사람들에 대해서 가차 없는 처벌을 합니다. 그의 사상은 '역사 청산'만이 진정한 화해가 가능하다는 것에 기반을 가지는 민족주의 사상가입니다. 드골은 민족주의 노선을 강화하며 대통령으로서 상당한 정치적 기반을 만듭니다. 물론 민족주의를 전파하고 하나의 공동체를 형성하지 않으려는 민족주의 행태가 개인의 이익을 취하기 위해서 그랬던 것은 아닙니다. 장 모네는 '유럽통합의 아버지'라 불리고 있습니다. 유럽은 하나의 공동체로서 자유로운 이동과 거주를 할 수 있을 뿐만 아니라 자유로운 취업이 가능합니다. 독일 사람이 영국에 가서 취업할 수 있으며 스웨덴 사람이 독일에 와서 거주하는데 어떠한 제한도 없습니다. 이것이 장 모네의 구상에서 이루어진 겁니다. 또한, 경제나 통화도 어떠한 제한도 없이 서로 소통이 됩니다. 이것이 바로 인권과 자유를 성숙하게 하는 것으로 생각합니다. 장 모네는 상당히 존경받는 이론가요 사상가입니다.

유럽은 철광과 석탄 등의 에너지 공동체인 유로톰 조약을 만들고 역내 관세를 없애 물품이 자유롭게 이동하도록 한 후에 통화와 정치통합을 추구하게 되었습니다. 최근 유럽에서는 단일헌법을 만들자는 움직임이 있었지만 실패했습니다. 약간의 경제 공동체나 정치 공동체보다는 더욱 완전한 형태의 통합, 즉 단일한 헌법을 만들 경우 정치 공동체가 가능해진다는 생각을 하고 있습니다. 물론 아직 만들진 못했지만 언젠가는 만들어질 것으로 생각합니다.

유럽이 통합되어가는 과정에서 중요한 것이 있습니다. 바로 독일의 역할이었습니다. 독일 아데나워 총리는 프랑스 엘리제궁에서 1963년 엘리제 조약을 체결하고 프랑스와 화해했습니다. 유럽뿐만 아니라 세계에서 가장 대립하던 양쪽 국가가 화해한 것입니다. 그리고 양국은 진정한 화해를 위하여 노력하고 있습니다. 1972년 독일의 총리 빌리 브란트는 러시아를 방문하여 독일과 러시아의 화해를 천명하였고 폴란드를 방문하여 진정으로 나치의 잘못을 반성하고 유대인학살에 대해 진심 어린 사과를 하였습니다. 그리고 동서독의 화해와 평화를 위한 행보를 추진하였습니다. 유럽통합에서 독일의 노력은 책임 있는 국가의 진정한 역할을 보여주었습니다.

공동체를 논하기에 앞서 아시아를 살펴봅시다. 아시아는 세계에서 종교의 대립이 가장 심각한 지역입니다. 유학을 신봉하는 사람들이 종교의 단계까지 올라간 것이 유교입니다. 유학에 뛰어난 성인들을 성균관에 배향하여 신으로 숭배하는 것을 유교라고 합니다. 우리나라나 일본 그리고 중국에서 이 유교는 중요한 생활방식이요 가치가 됐습니다. 동남아시아와 한국, 중국 그리고 일본에서는 불교가 아주 성행하고 있습니다. 특히 동남아에서는 생활 일부가 되었습니다. 이슬람교도 아시아에서 많이 발전하였습니다. 정치적 대립과 문명충돌 등도 이슬람이라는 종교의 영향이 큽니다. 아시아에서는 기독교와 천주교도 굉장히 성행하고 있습니다. 이처럼 세계의 모든 종교가 공존하며 종교적으로 대립하고 갈등하는 지역이기도 합니다. 아시아 갈등의 저변에는 종교 문제도 매우 큽니다.

두 번째, 아시아는 가장 다양한 정치 지배 이데올로기가 존재합니다. 북한과 중국은 사회주의 정치체제입니다. 나머지 국가들은 자본주의 체제입니다. 한편 아시아의 많은 국가 중에는 전제정치 즉 왕정이나 입헌군주제를 하기도 합니다. 매우 다양한 정치이념과 체제가 공존합니다. 자유주의나 민족주의 등 다양한 이념이 우리 아시아 사회를 지배하고 있습니다. 아시아 지역의 민족주의는 심각한 상황입니다. 민족주의는 역사와 관련이 있습니다. 일본의 아시아 식민지 정책으로 민족 간의 갈등은 심각한 수준에 와 있습니다. 역사 문제 때문에, 바로 민족주의라는 이데올로기가 각국의 국민 가슴 속에 가득 차있습니다. 우리 민족이 저쪽 민족한테는 절대로 질 수는 없다는 생각이 가득 차 있는 겁니다. 그 민족주의라는 게 지금 우리의 가장 큰 문제입니다. 특히 한국과 중국과 일본 간의 관계에서 가장 큰 문제가 되고 있습니다. 국가 간에 조그만 문제도 이 민족주의 때문에 서로 화해할 수 없는 갈등을 만들고 있습니다. 특히 적대적 상호 의존주의라는 정치적 문제가 더욱 문제를 일으키고 있습니다. 다른 나라와 갈등을 일으켜 자국에서 정치적 이익을 추구하는 것입니다. 예를 들어 일본이 중국에 대하여 식민지 정책의 정당성을 언급하여 갈등을 일으키면 중국도 이에 대응하여 본국 정치가들의 지지율을 상승시키는 정치가들의 행태입니다. 특히 우리나라도 북한이나 일본과 대립하는 것에서 이러한 문제가 나타나고 있습니다. 이것이 지금 아시아의 현실입니다. 정치적 접근은 아시아 발전에 어떠한 도움도 되지 않으므로 여러분의 냉철한 판단이 필요합니다.

아시아에서는 지금 독도, 조어도와 같은 영토문제가 존재합니다. 바로 역사문제에 기반을 두는 민족주의의 발로입니다. 영토문제를 해결하는데 심한 감정적 대립을 하며 전쟁을 불사할 것 같은 일이 일어나고 있습니다. 민족주의는 극단적인 것과 적극적인 것이 있습니다. 문제는 극단적 민족주의가 문제입니다. 극단적 민족주의는 배타성을 가지게 됩니다. 배타적 민족주의는 자기 민족 이외의 민족에 대하여 극단적인 행동도 불사합니다. 최근의 동북아 지역의 민족 간 갈등은 이러한 배타적인 민족주의 정서가 있습니다. 이에 반하여 적극적 민족주의는 자기 민족 우선주의로서 나쁘다고 할 수는 없습니다. 사실은 공동체의 구성원이 되고 근간이 되는 국가를 형성하는 기초입니다. 적극적 민족주의는 바로 타민족을 용인하면서 공동번영을 기반에 두고 있습니다. 이것이 배타성을 가지게 되면 대립과 갈등이 생기는 것입니다.

유럽은 동서남북의 경제력 차이가 많지는 않습니다. 이에 반하여 아시아 지역의 경제력 차이는 동서남북 모두 큰 차이가 납니다. 아시다시피 일본은 세계 최고의 경제 대국입니다. 중국도 굉장히 발전하고 있습니다. 한국도 형편이 많이 좋아졌습니다. 반면 동남아시아 지역의 국가들은 동북아시아보다 경제력에서 많은 차이가 납니다. 여러분이 수강하고 있는 강의실은 세계 어떤 나라의 대학과 비교해도 부족함이 없습니다.

예를 들어 3월에 캄보디아 바탐방 대학에서 특강을 했습니다. 밤 11시 반에 앙코르와트 시엠립 공항에 내렸습니다. 공항과 바탐방 대학과의 거리는 약 160km인데, 5시간이 소요되었습니다. 비가 와서 도로가 유실된 데다가 비포장도로여서 더욱 그랬습니다. 사회 인프라 시설이 매우 낙후되었고 대학 또한 열악한 환경이었지만 바탐방 대학 학생들은 열심히 제 강의를 들어주었습니다. 상대적으로 여러분은 매우 좋은 환경에서 공부하고 있는 것입니다. 또 다른 예를 들면 미얀마, 베트남, 라오스, 캄보디아, 스리랑카 등의 대학 교수님들이 8월 1일 제주도 컨벤션에 참가합니다. 컨벤션에서는 외국 대학교수에게 1,000불의 항공료를 지원해 줄 예정인데, 발표를 부탁한 미얀마의 국립대학 교수님 한 분이 저에게 이메일을 보냈습니다. 완전한 항공료를 부담해주지 않으면 참가할 수 없다는 내용이었습니다. 원아시아 재단에서 모든 부담을 하겠다고 하였습니다만 이것은 그만큼 경제력의 차이가 크다는 것을 말하고 있습니다.

아시아 공동체와 관련하여 우리나라 문제도 이야기해 봅시다. 저는 오늘 민족주의에 관하여 많이 말하고 있습니다. 예를 들어, 여러분이 월드컵 경기 시즌에 해운대에 빨간 티셔츠를 입고 가서 우리 국가대표팀 경기를 응원한다고 합시다. 그 마음속에는 '반드시 저 나라는 이겨야 한다. 저 나라한테는 절대로 져서는 안 된다'는 배타성을 가지고 있습니다. 단순히 우리 국가대표님이 잘해서 이겨야 한다는 것보다 타민족, 혹은 특정 민족과 국가를 적대시하여 배타성을 노출하는 마음이 더 큽니다. 이것은 우리 민족, 단일민족이라는 마음에서 나타나고 있는 것입니다. 우리는 단일민족이라는 긍지를 가지고 살아왔습니다. 저는 이것을 긍지로 삼아야 하는지 잘 모르겠습니다. 그러나 최근 우리도 다문화 사회가 되어갑니다. 이제는 우리 국민이 외국 사람과 결혼도 하고, 그 2세들은 우리 국민이 됩니다. 쉽게 얘기하자면 우리 사회도 이민족이 서로 섞여가는 혼혈사회가 되어가고 있습니다. 물론 서로 생각이 다를 수 있습니다. 이 문제는 문화 다양성과 관련하여 계속 토론해 나갈 것입니다.

한편 우리나라는 남북관계가 굉장히 심각합니다. 또 경제력 집중과 경제 양극화 문제가 대단히 큽니다. 그리고 우리는 이미 노령화 사회로 접어들었습니다. 우리 사회에서는 또 종교적 대립도 심각합니다. 학벌주의와 차별주의가 큽니다. 차별주의에 대해서는 단호하게 반대하여야 합니다. 외국인과 내국인 간 혹은 학벌의 문제, 지역의 문제, 언어의 문제 그리고 경제적 문제를 기반에 두는 것, 이것은 사람의 기본적인 인권을 파괴하는 것입니다. 차별받아서는 안 된다고 생각합니다. 사실 아시아공동체의 근간에는 바로 이러한 실질적인 문제를 극복하고자 하는 의도가 있습니다.

여러분, 아직 '아시아공동체학'이라는 것은 없습니다. '아시아공동체학'이 존재하게 되면 우리는 더는 아시아공동체 강좌를 하지 않아도 됩니다. 우리가 하는 것은 아시아의 많은 문제를 테이블에 올려놓고 토론하는 과정입니다. 경제력 차이, 각국의 노동력, 자유로운 이동의 문제 등을 아시아인이 함께 토론하여 해결하는 토대를 만들고 인식을 같이하자는 것입니다. 아시아공동체라는 것에 어떤 개념이나 정의를 만들어내는 시도를 지속해서 하는 것은 학문적인 분야입니다. 지금 저희가 논의하는 것은 인식의 공유과정입니다. 중요한 것은 우리가 어떠한 공통의 가치를 공유하는가 하는 것입니다. 이제까지 여러분에게 말씀드린 한국과 아시아의 문제 등을 해결하기 위한 어떤 공통의 가치가 있어야 하느냐는 것입니다. 저는 상대편을 인정해주고 차별하지 않아야 한다는 것, 그리고 이를 통하여 인권과 평화의식이 우리가 아시아 공동체로 나아가기 위한 공통의 가치관이라고 생각합니다. 여러분의 국가라는 개념을 좀 더 달리 고민하여야 합니다. 대한민국 국민이라는 개념 속에서 모든 사물을 대립 개념으로 봐서는 안 된다는 것입니다. 나는 대한민국 국민이기 때문에 대한민국 국민 이외에 모든 국민은 나의 적이고, 나는 그들로부터 우리 국가를 지켜야 한다고 봐서는 안 된다는 것입니다. 예를 들어 대한민국 국민인 내가 일본, 중국과 베트남 국민과 협력해서 더 발전되고 더 나은 아시아를 위해서 노력하자는 것입니다. 이것은 국가와 국민을 다른 나라의 국가와 국민이라는 대립 개념으로 보지 말고, 갈등극복을 위한 화해와 상생의 개념으로 보자는 것입니다.

국가와 민족의 대립을 극복하는 길은 여러분 마음을 여는 것입니다. 그 마음을 열기 위해서, 저는 여러분에게 다양성의 문제를 말씀드리고 싶습니다. 우리는 일상사에서 타인의 개성을 인정해주지 않고 타인이 나와 같기를 바라고 있습니다. 우리나라 사람이 이렇게 된 이유 중의 하나가 유교나 군대문화 그리고 정치사상으로부터의 영향이 큽니다. 그동안 우리가 획일화된 사고를 하게 한 이유일 수도 있습니다. 예를 들어, 우리는 외국인이 주변에 거주하는 것에 대하여 거부감을 가집니다. 제주도에는 중국 관광객이 하루에 6천 명가량이 옵니다. 사실 중국 관광객이 와서 질서 파괴를 많이 합니다. 처음에는 제주도민과 중국 관광객 간에 엄청난 문화충돌이 있었습니다. 그러나 제주도 당국에서 중국인 관광객에게 교통질서와 관광문화 등에 대하여 많은 계도를 하고 있으며 제주도민도 그들을 이해하기 시작하였습니다. 왜냐하면, 그 나라에서는 차도로 통행합니다. 좋은 습관은 아니더라도 그것은 그들의 문화일 수도 있습니다. 그러나 이제 제주에 와서 길거리 무단 횡단을 하지 않습니다. 중국인 관광객도 제주를 이해하고 제주도민들도 중국인을 이해하기 시작한 것입니다.

과거에 우리나라 사람이 일본에 가면, 일본인이 우리나라 사람을 차별한 적이 있습니다. 당시에 일본인이 한국 사람을 차별한 저변에는 경제력차이가 존재합니다. 그런데 지금은 그러한 인식이 많이 변하였습니다. 서로 이해하기 시작하고, 동화하고 타협하기 시작한 것입니다. 이것이 바로 다양성을 인정하는 것입니다. 다양성은 타인의 문화, 종교, 언어, 정치적 신념 등을 인정하여 주는 것입니다. 경제력 차이 때문에 타인과 타 국민을 차별하지 않는 것을 말하는 것입니다.

또 하나 중요한 예를 들겠습니다. 우리나라의 결혼 이민자나 한국 국적 취득자는 한국말을 반드시 해야 합니다. 우리 정부는 문화 일원주의를 채택하고 있습니다만, 문화 다양성을 인정하면 자기 나라말을 그대로 사용하여도 됩니다. 다소 불편함은 있겠지만, 그들은 우리 사회에서 그들이 가지고 있는 문화를 자연스럽게 전달하고 표현하게 됩니다. 이것은 무한한 창의성을 발휘하게 합니다. 그 창의성이 이 사회의 성장 동력이 되는 것입니다. 우리가 문화 다양성을 좀 더 이해할 수 있을 때 우리 사회의 많은 갈등도 해소되고, 우리의 경제 성장도 높아질 것으로 봅니다.

아시아공동체로 나아가기 위해서 우리는 무엇을 해야 합니까? 아시아공동체의 이점은 무엇입니까? 바로 평화와 인권 그리고 아시아의 공동번영입니다. 아시아공동체로 나아가기 위해서 우리가 공통으로 해결해야 할 문제 그리고 우리가 가져야 할 인식과 가치는 바로 문화의 다양성이고 차별 금지입니다. 이것을 바탕으로 아시아공동체에 대한 인식을 추구할 때 바로 아시아가 공동 번영할 수 있는 것입니다. 제도적인 아시아공동체의 구축은 정부와 국가의 문제이고 우리가 논의하고 토론하는 것은 인식의 문제이고 전환입니다.

끝으로 제주의 이야기를 하나 덧붙입니다. 제주는 아시아공동체를 형성하기 위해 가장 적합한 모델 지역입니다. 제주는 국제자유도시로 특별자치도이며 평화의 섬입니다. 국제자유도시는 개방된 도시로서 경제적으로 사람과 인력의 자유로운 접근이 가능한 곳을 의미하며 180개국에 대해서 비자 없이 입국할 수 있습니다. 특별자치도는 중앙정부와 분리되어 자치하는 지역을 말합니다. 이렇게 보면 제주도는 자체적으로 규범을 가지고 자치하는 공동체가 지향하는 개념에 가장 적합한 곳입니다. 국제자유도시로서 개인의 캐릭터를 최대한 인정해주는 지역입니다. 평화의 섬은 인권과 복지 그리고 갈등이 해소되는 개념을 지향하는 곳입니다. 제주가 아시아공동체를 형성하기 위해서 나아가고 있는 하나의 좋은 개념을 만들어 나가고 있는 것입니다.

감사합니다.

질의응답

질문 1

일본과 중국을 적대적 상호관계라고 말씀하셨는데 이를 통하여 정치적 기반을 어떻게 마련하는지 궁금합니다.

답변 1

적대적 상호의존이란, 예를 들어 우리나라 대통령이 독도 문제로 담화를 발표하고 지지율이 15% 정도 상승한 적이 있습니다. 어떤 대통령은 독도를 방문하고 지지율이 10% 정도 상승했습니다. 마찬가지로 일본 총리가 조어도 혹은 센카쿠 열도나 식민지 지배의 정당성을 천명하면 지지율이 상승합니다. 이것은 정치가가 자기의 정치적 입지를 공고히 하기 위한 하나의 정치적 행태입니다. 서로 적대적인 공격을 통해서 이익을 취하는 것이라고 하여 적대적 상호의존이라고 표현합니다.

질문 2

하나의 문화까지는 아니더라도 같은 이데올로기를 갖춰야만 공동체가 확립되는 것은 아닌지, 그 상황에서 자신의 것을 조금도 잃지 않고 과연 공동체가 될 수 있을지 궁금합니다.

답변 2

상호 인정을 해주면 가능하리라 봅니다. 예를 들어, 제가 학생이 하는 행동이나 가치관에 대하여 어떠한 간섭도 하지 않고, 학생도 제가 하는 행위나 가치관에 대하여 인정해줬을 때는 가능할 것으로 생각합니다. 학생이 잃을 것도 없고 나도 잃을 것이 없겠지요. 물론 이것은 상호 간에 질서가 있어야 합니다.

감/상/문
book response

ㅣ 윤 지
국지역통상학과

:: 테마 및 강의 내용

아시아공동체를 형성하기 위해 힘쓰고 원아시아재단은 원래 원아시아클럽이라는 이름으로 시작했었다. 원아시아클럽은 2006년 12월에 설립되어 냉전시대 종결로 인한 글로벌화 진행을 배경으로 국가 대 시장의 틀을 벗어나 일반 시민의 자발적 참가를 유도해 하나의 아시아를 자유롭게 즐기는 풍토를 조성하기 위한 취지로 설립되어 다문화 가정돕기와 한중 청소년 국제 문화예술제 등의 행사를 진행했었다. 그 후 아시아공동체 형성을 위한 실질적인 기여를 위한 목적으로 2009년 12월 원아시아재단으로 다시 설립해 아시아공동체 형성을 위한 단체 또는 대학 강좌, 전문적인 연구 등에 전폭적인 지원을 아낌없이 하고 있다. 2011년 일본 동경을 시작으로 2012년 인천, 2013 인도네시아 반둥 등 매년 컨벤션을 개최하고 있으며, 올 2014년에는 제주에서 열릴 예정이다. 그렇다면 원아시아재단이 이토록 힘쓰는 아시아공동체, 이 '공동체'란 과연 무슨 의미를 가지고 있는 걸까? 우선, 공동체란 말 그대로 함께 살아가는 것으로 작게는 학교, 마을, 도시, 아시아, 유럽 등의 다양한 적용범위, 경제 또는 종교, 민족 등의 집단적 이데올로기 같이 지향하는 가치, 유대나 경쟁 또는 상호의존성 등의 내부적 요소에 따라 다양하며, 공동의 규범과 개인의 자유, 의사결정의 자유, 자치성이 보장된다는 점에서 전체주의 공산주의와 차이가 있다. 여기서 공동체주의라는 것이 파생되었는데, 이는 1982년 센델이 자유주의가 간과하는 규범적 통합성과 도덕적 희망을 회복하려는 시도로 '좋음에 대한 옳음의 우선성'을 내세웠다. 또 공동체와 유사한 개념으로는 세계시민주의와 집합주의가 있는데, 먼저 세계시민주의는 공동체와 달리 개인의 개성을 무시하고 가치를 획일화하는 것이고, 집합주의는 단순한 예로 취미가 같은 사람들끼리 모인 동아리 같은 것이라 할 수 있다. 이 두 개념은 공동체가 추구하는 민주적 덕성이나 공공이념이 없다는 점에서 공동체와 전혀 다른 개념으로 구별된다. 현대에서 대표적인 공동체로는 유럽연합이 있는데, 유럽연합이 결성되기 전에는 1, 2차 세계 대전을 기반으로 독자성인가 통합인가를 두고 갖은 갈등과 대립이 있었다고 한다. 현재 우리 아시아는 문명 충돌, 정치 이념의 대립, 다민족, 경제적 차이 등의 현상을 나타내고 있으며, 우리나라만 봐도 단일민족 영향으로 강한 자민족 중심주의, 자유주의에 의한 경제의 양극화, 인구의 노령화, 학벌주의 등의 문제점이 있으니 아마 다른 나라까지 함께 보면 더 많은 문제점이 있을 것이다. 그러나 우리가 자발적으로 민족과 국가의 장벽을 허물고 문화의 다양성으로 인정한다면 앞선 문제점들을 극복할 수 있으리라 확신할 수 있다. 최근 아시아공동체가 다양한 곳에서 화두가 되고 있는 만큼 이를 하나의 학문으로 보는 시각들도 적지 않은데, 이는 아시아공동체학이라는 하나의 학문이 아닌 공동의 가치의 필요성을 인지하고 우리가 앞으로 나아가야 할 하나의 구체적인 목표이다.

∷ 본 강의에 대한 본인의 생각(감상)

강의 마지막 부분에 아시아공동체를 제주도와 비교한 내용이 있었다. 누구나 올 수 있는 국제자유도시이자 한국에서 유일하게 자치권을 가진 특별자치도, 많은 이들의 여행지로 꼽히는 평화의 성이라는 제 주도의 특징이 아시아공동체가 추구하는 다문화, 개성, 조화와 일맥상통하다는 것을 보고 참 신선하다는 생각을 했다. 짧았던 강의 시간과 더불어 카메라 촬영 때문에 원래는 욕도 섞어가며 재밌게 하고 싶었는데 그러지 못했다는 말씀을 듣고 나 또한 그런 꾸밈없는 모습을 보지 못한 게 아쉬웠다.

　　アジア共同体の形成に向け努力してきたワンアジア財団は、
元々はワンアジアクラブという名で始まった。ワンアジアクラ
ブは、2006年12月に設立され、冷戦時代の終結によるグローバ
ル化を背景に国家対市場の枠を越え、一般市民の自発的な参加
を求め、一つのアジアを自由に楽しめるムード作りのため設立
され、多文化家庭への支援と韓中青少年の国際文化芸術祭など
のイベントを行ってきた。その後、アジア共同体形成に向けた
実質的な貢献のため、2009年12月ワンアジア財団を再設立し、
団体や大学の講座、専門的な研究などに全面的な支援をしてい
る。2011年、日本の東京を皮切りに、2012年に仁川(インチョ
ン)、2013年インドネシアのバンドンで毎年コンベンションを
開催しており、今年2014年は済州島で開かれる予定だ。する
と、ワンアジア財団が力を入れているアジア共同体の、この 「
共同体」とは果たしてどんな意味を持っているのだろうか?ま
ず、共同体とは、文字通り、ともに生きていくことであり、小
さくは学校、町、都市、アジア、ヨーロッパなどの様々な範囲
と経済や宗教と民族などの集団的なイデオロギーのように志向
する価値や結束、競争と相互依存などの内部要素によっては多
種多様であり、共通の規範と個人の自由、意思決定の自由、自
治が保障されるという点で、全体主義や共産主義との違いがあ
る。ここで共同体主義というのが新しく出来たが、これは1982
年シェンドールの自由主義が見過ごしている規範的な統合性と
道徳的な希望を回復しようとする試みで「善に対する正しさ
(the right)の優先」を打ち出した。また、共同体と類似した概
念としては、世界市民主義と集合主義があるが、まず、世界市
民主義は、共同体とは異なり、個人のアイデンティティを無視
して、価値を画一化することであり、集合主義は、単なる例と

して、趣味が同じ人同士が集まったサークルのようなことであるといえる。この二つの概念は、共同体が追求する民主的な徳性や公共の理念がないという点で、共同体とは全く異なる概念で区別される。現代の代表的な共同体には、欧州連合があるが、欧州連合が結成される前に1、第2次世界大戦を経験する中で独自性や統合をめぐって葛藤と対立があったそうだ。現在、アジアは文明の衝突、政治理念の対立、民族的、経済的な違いなどの現象が現れており、韓国だけでも単一民族の影響で強い自民族中心主義と自由主義による経済の二極化、人口の高齢化、学歴社会などの問題があるので、世界的には多くの国が問題をかかっていると思われる。しかし、我々が自発的に民族と国家の壁を崩して文化の多様性に認めれば、このような問題は克服できると思われる。最近、アジア共同体が様々なところで話題になっているので、一つの学問としてみなすことも少なくないが、アジア共同体学という一つの学問ではなく、共通の価値観の必要性を認識し、これから私たちが進むべき一つの具体的な目標である。

∷ 本講義の本人の考え(感想)

　講義の最後に、アジア共同体を済州島と比較した内容があった。誰もが訪れる国際自由都市であり、韓国で唯一の自治権を持つ特別自治道は、多くの人々が訪れる旅行先と平和の島といわれる済州島の特徴が、アジア共同体が求める多文化、個性、調和と一脈相通ずることに感心した。講義時間とカメラの撮影のせいで元々は悪口も交えながら楽しく講義がしたかったという話を聞いて、飾り気のない姿を見なかったのが残念だった。

전승담으로 본 아시아 예능의 미학

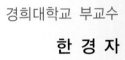

경희대학교 부교수

한 경 자

전승담으로 본 아시아 예능의 미학

2013년 4월 22일(월)

경희대 부교수 **한 경 자**

　안녕하세요? 아시아공동체에 관한 강의로서 8주차인데요, 오늘 것
은 지금까지 진행되어 왔었던 강의들과는 성격이 좀 다를 것 같습니
다. 그래서 도대체 무슨 얘기를 할 건가 하는 생각을 하실 텐데, 제목
은 방금 전 교수님께서 말씀하신 것처럼 도대체 무슨 얘기를 하려고
하는 건가 할 정도로 어려워 보이기는 하지만, 아시아 안에서 문화라
고 하는 것은 매우 비슷한 점이 많다는 것을 재확인하면서, 아시아공
동체라고 하는 것이 어떤 것인가 어떻게 가능한가 하는 것을 생각해보
고자 합니다.

　너무 어렵게 생각하지 않으셨으면 좋겠다는 얘기부터 먼저 드리고
요, 오늘 여러분과 생각하고 싶은 얘기는 이것입니다. 여러분한테 미
리 드렸던 자료와는 조금 바뀌었습니다. 자료를 드린 것이 1주일 전인
데, 그동안 아시아공동체란 무엇인가 하는 점에 초점을 맞추어 조금
보완을 했습니다. 여러분이 가지고 있는 자료와 조금 다른 점이 있다
는 것은 양해해주시기 바랍니다.

그래서 오늘은 아시아공동체와 예능이라고 하는 문제를 보려고 하는 건데, 즉 아시아공동체를 문화적 측면에서 바라보고자 하는 것입니다. 우선 예능의 기원부터 어디서 어디까지가 비슷하게 생겼는지를 보고자 합니다. 두 번째 동그라미는 보시는 것처럼 아시아문화의 공통성이라고 하는 것을 재발견해보고자 하는 겁니다. 여러분은 한국의 고전이라고 하면 떠오르는 것이 무엇이 있나요? 예능이라고 하면 아시는 것은 뭐가 있죠? 탈춤? 그것보다 더 옛날 것. 사물놀이도 똑같이 최근 것이고. 천부인? 천부인은 예능이라고 하기는 조금 그렇고. 또 뭐가 있을까요? 여러분 중에 서울의 종묘라고 하는 곳에 가서 종묘제례악이라는 것을 들어보신 적이 있어요? 처음 듣죠? 그런 얘기를 우선 조금 하려고 합니다. 그런 것들이 어디서 왔던 것인지, 우리나라 고유의 것인지, 아니면 중국에서 온 것인지, 아니면 더 먼 데서 온 건지를 보면서 우리 문화에 대한 이해를 조금 깊이 하고, 그래서 우리 문화랑 또 다른 문화랑 얼마나 다른지를 보면서 다른 나라들의 문화에 대한 이해를 더욱 깊이 하는 데에 도움이 되고자 하는 수업을 오늘 준비했습니다.

오늘의 강의 내용은 목차를 보시면 알겠지만 욕심을 좀 부려봤습니다. 첫 번째 기악과 아악이라고 하는 좀 어려운 부분인데, 이것은 아시아에서 공통으로 있었던 예능이기 때문에, 예능의 기원이라고 하는 것을 생각하면서 여기에 대한 설명을 하려고 합니다. 그 다음에 예악 사상이라고 하는 것에 대한 얘기를 할 겁니다. 그리고 한국과 일본에는 악기와 관련된 전설이 있는데, 악기를 가지고 전설이 어떻게 만들어졌고, 무슨 얘기를 하고자 하는 건지, 한국과 일본의 전설은 어떠한 차이를 보이는지를 볼 수 있으면 합니다. 그 다음에 다섯 번째로 올려놓은 것은 인도의 '전동자설화'하고 판소리 '심청전', 그리고 '셋쿄조루리'라고 하는 일본예능장르의 『사요히메모노가타리』라고 하는 작품이 원래 바탕이 된 이야기가 같은데, 각 나라에서 어떻게 다르게 전개되었는지를 보려고 하는 겁니다. 그런데 아쉽게도 오늘 아마 거기까지는 못 나갈 것 같습니다. 그래서 여러분이 집에 가서서 자료를 보고 생각해보셨으면 합니다. 그럼 수업에 들어가도록 합시다.

기악이라고 하는 말을 들어보신 적이 있으세요? 매우 생소한 낱말이긴 한데, 사전에 찾아보시면 다음과 같이 나와요. 고대의 종교적 예능으로 부처를 공양하기 위한 가무라고 되어있어요. 불교와 굉장히 관계가 깊은 예능인데, 이것은 일본에서 생겼던 것이 아니라, 신라에서 전래되어 왔어요. 그래서 불교가 전래되었을 때에 같이 전래되었다고 하는 건데, 여러분 고등학교 국사시간에 한반도에서 일본으로 문화를 전파한 일에 대해 배운 적이 있지 않아요? 뭐가 있어요? 한국이 일본으로 건네준 것이요. 『천자문』, 또? 『칠지도』? 문화이긴 한데 … 한자. 도자기. 도자기는 시기적으로 조금 뒤 이야기지요. 건축기술도 물론 알려드렸죠. 또? 불교. 불교를 전래했고, 『천자문』도 가지고 갔고, 한자도 가지고 갔고, 『논어』도 전해줬어요. 그래서 지금 한류, 한류라 하지만, 이 옛날에 이 때가 3~400년대인데, 최근 연구에서는 더 일찍이라고 하는데, 특히 한자라든지, 『논어』 같은 서적도 한반도에서 많이 전해주었고, 물론 건축기술도 가르쳐줬었고, 도자기 기술도 가르쳐주긴 했었어요. 그 외에 일찍 전해준 문화 중 하나는, 음악이 있어요.

음악이라든지 춤을 전해줬던 것이 한반도에서 갔던 사람이에요. 그래서 『일본서기』라고 하는 책을 보면, 신라에서 악인 80인이 건너와서 인교(允恭) 천황이 죽었을 때 가무로 추도를 했다는 이야기기가 나옵니다. 그런데 『일본서기』라는 것은 일본 역사서인데, 일본에서 두 번째로 나온 역사서입니다. 거기에 보면, 신라, 고구려, 백제에서 누가 와서 뭘 전해줬다고 하는 이야기가 굉장히 많이 나와요. 그 책 전반부에 악기, 음악을 하거나 춤을 추는 사람들이 많이 건너왔다고 하는 얘기가 나옵니다. 그런데 거기에 어떤 기술이 있느냐면, 백제로부터도 시덕삼근, 계덕기마차, 계덕진노, 대덕진타 등의 악인이 와서 6세기 중반에 매우 많은 문화를 전파했다라고 하는 얘기가 나옵니다. 여기서 '시덕'이라든가, '계덕'이라든지 그런 말이 나오는데, 뭔지 아세요? 국사시간에 다루지 않았나요? 무엇일 것 같아요? 계급이에요 계급. 그러니까 '대덕'보단 '계덕'이 높고, '계덕'보단 '시덕'이 높은데, 관등 명이에요. 여기서 어느 정도의 높은 지위에 있는 예술인들이 건너와서 일본에 음악이라든지, 예능을 전래했었다고 하는 것을 알 수가 있습니다. 이제 이 책은 무엇인가 보면, 『일본서기』는 720년에 만들어졌습니다. 그래서 일본 최초의 칙찬 역사서라고 되어있습니다. 칙찬 역사서라고 하는 것은, 왕이 직접 명령을 해서 역사서를 만들었다고 하는 얘깁니다. 이 책에 일본이라고 하는 말이 나오는 것처럼, 일본이 자기 나라를 일본이라고 칭한 지가 굉장히 오래되었어요. 그러니까 우리나라가 대한민국이라고 한 지는 그렇게 오래되지 않았고, 조선이라고 하는 것도 그렇게 오래 안 됐긴 하지만, 『일본서기』가 나왔을 때, 즉 700년대부터 일본은 대외적으로도 일본이라고 하는 것을 매우 의식하면서, 나라의 이름을 넣어서 책을 썼습니다. 그래서 중국에 대해서 일본의 국위를 명확하게 하기 위해서 이러한 역사서라고 하는 것을 썼습니다. 외국을 의식하면서 역사서를 쓰게 되면, 뭘 쓰냐 하면 자국의 기원부터 쓰기 시작합니다. 그래서 이 책도 그렇고, 또 하나 나중에 설명하는 『고사기』라고 하는 역사서도 있는데, 거기에 보면 일본의 기원이라고 해서 신화들이 많이 나옵니다. 일본서기가 쓰였을 때는, 일본의 히라가나라고 하는 글자가 없었던 시절이기 때문에 한자로 쓰여 있어요.

그 다음에 기악이라고 하는 것에 관해서 이야기합시다. 여러분들의 국사책에 항상 나왔던 사람이라고 생각되는데, 미마지, 생각나세요? 미마지하고 왕인은 들어보셨어요? 왕인은 들어봤겠지요. 두 사람은 거의 세트로 나오는 인물이에요. 왕인은 한자를 전해주거나, 『논어』를 전해줬던 학자라고 한다면, 미마지는 최근 사람들은 뭐라고 얘기하냐면, 1400년 전의 한류라고 말할 정도의 사람이었고요. 미마지라고 하는 사람이 중국 남동쪽 지방에 있던 오나라라고 하는 곳에서 기악을 배워서, 일본에 와서 지금의 나라 지방에 있는 야마토의 사쿠라이라고 하는 곳에서 소년들을 모아서 훈련을 시켰다고 하는 기술이 있습니다. 그런데 이 기악이라고 하는 것이, 미마지라고 하는 사람이 나중에 일본으로 전래해주기 전에 오나라에서 배워왔다고 하는데, 이 기악이라고 하는 것에 여러 가지 설이 있어요. 첫 번째 오나라라고 해서 중국 대륙의 가무이다. 두 번째는 중앙아시아, 티베트, 아니면 인도의 가면극이다. 세 번째, 그리스의 미모스라고 하는 것이다. 여러분 마임이라는 것 아시죠? 그런 흉내내는 연극을 미모스라고 하는데, 거기서 온 것이 아니냐 하는 설도 있는 겁니다. 그다음에 또 하나는 한국에서 '오'라고 발음하는 이 한자가, 일본에서는 구레라고 발음합니다. 구레 라고 읽는 것은, 우리나라의 구례지방이라고 생각을 해서, 구례지방에 서 왔던 산대놀이가 전해진 것이라고 하는 사람들도 있어요. 그래서 기원이 어떻게 됐는지는 모르지만, 굉장히 멀리에 기원을 두고 있다고 하는 설과 가까이는 한국에 있다는 설이 있는 겁니다.

그 다음은 백제 기악인데, 우리나라에서 재현을 한 것이 아니라 일 본에서 재현을 한 것이에요. 그러니까 일본에서 지금 기악을 재현을 하면서, 원래는 백제에서 온 거니까 백제기악이라고 해서, 우리나라로 부터 지금 전해져 있는 것들을 이렇게 가지고 와서 기악 공연을 하고 있는 모습이에요. 가면극인데, 가면이 굉장히 커요. 그리고 지금 일본 의 가면극으로서 유명한 것은, '노(能)'라고 하는 전통극이 있는데, 그 가면은 굉장히 작아요. 노에서는 얼굴이 다 가려지지 않는 가면을 쓰 는 것에 반해서, 기악에서 쓰는 가면이라고 하는 것은, 얼굴 전체를 다 덮는 굉장히 큰 가면을 쓰고 있어요. 여러분 혹시 처용무라고 하는 것을 본 적이 있나요? 처용무 옛이야기는 들어보셨죠. 처용무 이야기 는 들어보셨을 텐데, 그것이 우리나라에는 춤으로 전해져오고 있어요. 이 춤은 가면을 쓰는데, 이 기악에서 쓰는 것과 비슷한 크기의 가면입 니다. 기악에 대해서는 영상을 보여드리면 좋은데, 그럴 시간이 조금 없어서 넘어가도록 하겠습니다.

그 다음은 아악입니다. 기악은 안 들어봤을 수 있는데, 아악은 들어보시지 않으셨을까요? 아악처럼, '아'자가 들어가면 고상하다는 뜻이 있어요. 그래서 일반 서민들이 아니라, 궁중에 있는 왕이나 귀족들이 즐기는 음악이라는 뜻입니다. 그런 지위가 높은 사람들 것은 우리 서민들이 즐기는 것보다 형식, 격식이 차려져 있는 음악이에요. 아악이라고 하는 것에는 중국에서 온 사상이 담겨 있습니다. 유교사상을 바탕으로 하는 천지 종묘를 위한 제사의 '악'을 의미하며, 넓게는 물론 제사에서 쓰거나, 하늘과 땅의 신에게 제사를 지내거나, 종묘, 왕이나 조상에게 제사를 할 때 쓰는 예능이긴 한데, 넓게 보자면 궁중에서, 지금 살고 있는 사람이 즐기고 놀기 위한 향응악도 아악이라고 합니다.

유네스코 문화유산이라고 들어보셨어요? 유네스코 문화유산으로 지정되어 있는 것이 뭐가 있죠? 우리나라의 공연 문화 중에 유네스코가 지정해준 것에는 강릉 단오제, 아리랑, 판소리, 그다음에 그것 외에 방금 말했던 종묘제례악이라고 하는 것이 들어갑니다. 유교사상이 바탕이 되다 보니까 중요시하는 것이 '예와 인'이라고 하는 것이에요. 예는 알겠죠? 예가 뭐예요? 예의? 예라고 하는 것은 사회질서를 유지하고 인간관계를 원활히 유지하기 위해 지켜야 할 사회생활상의 규범, 행동양식. 그러니까 사회질서를 유지하기 위해 필요한 것입니다. 인이라고 하는 것은 배려, 사랑, 인정이라고 하는 것이고 유교에서는 최고의 덕목이라고 간주되고 있습니다. 타인과 친해지면서 배려하는 마음을 가지고 공생을 실현하는 실천윤리라고 하는 점에서, 이것을 음악 속에 집어넣자고 한 것이죠. 이런 덕목을 바탕으로 했던 점에서 아악은 중요한 예능이라고 할 수가 있습니다.

한국의 아악이랑, 중국의 아악이랑, 또 일본의 아악은 비슷하겠다고 예상을 할 수 있는데, 그 외에 중국에서 베트남으로도 아악이 전해졌고 현재 베트남에도 남아있습니다. 그래서 아악이라고 하는 것은 동아시아만의 문화가 아니라 동남아시아를 포함한 문화라고 할 수가 있을 것입니다. 아악이라고 하는 것이 중국에서 각 국가로 전파되었는데, 각 나라마다 특성을 가지고 발전을 해왔습니다. 시간 관계상 그것에 대한 영상은 자료에 올려놓은 사이트에서 확인해보시기 바랍니다.

조선에서 아악은, 아악이라고 하기도 하고, 바르다, 올바르다고 해서 정악이라는 표현도 씁니다. 그래서 우리나라에서는 5월이 되면 종묘에서 종묘제례악을 하거나, 아니면 이게 원래 유교에서 왔던 것이기 때문에 공자의 제사에서 많이 쓰입니다. 그래서 성균관에서 이것을 제례악으로 사용하고 있습니다.

그 다음에 일본의 아악은 또 다른 특색을 가지고 있습니다. 중국에서 전래되어 왔었던 아악이 그대로 전해지지 않고, 중국에서 즐겨 썼던 예능 중에서 서민들이 즐겼었던 속악 쪽이 일본으로 들어왔기 때문에, 중국, 조선, 베트남과는 조금 다른 아악의 양상을 보이고 있습니다. 아악이 전래되었던 것은 아마 8세기 정도라고 추정이 되고 있습니다. 임읍국이라고 하는 곳이 있습니다. 어디라고 생각되세요? 오늘 나왔던 국가로는 조금 전에 베트남이 나왔고, 그리스도 나왔고, 조선, 중국, 일본 나왔어요. 임읍국이 어딜까요. 인도 쪽이에요. 인도 쪽에 있었던 나라에서 온 스님이 여덟 종류의 무악을 전래해줬다고 합니다.

아악이 음악을 중심으로 한 것이라고 한다면, 춤이 있는 것을 무악이라고 합니다. 이 무악이 바로 인도에서 일본으로 간 것은 아니고, 한반도를 거쳐서 전해져갔어요. 그래서 옛 일본에서는 외국에서 들어왔던 예능들을 가르치는 사람들이 있었습니다. 기록에 보면 고려악사, 악생이라고 되어있어요. 고려라고 해서 고려 시대의 고려가 아니라 고구려를 지칭해요. 그래서 고려의 악사라고 하는 것은, 사라고 하는 것은 스승이라고 하는 뜻이니까 교사죠. 가르치던 사람도 있었고, 고려악생이라는 학생도 있었고. 그래서 고구려의 음악, 신라의 음악, 백제의 음악도 들어왔었고, 게다가 당나라의 음악도 들어왔었다고 하는 것을 기록들로부터 알 수가 있습니다. 9세기경에는 이렇게 들어왔었던 것을 정리하기 시작해요. 그래서 외국에서 들어왔지만 일본 나름대로 정리를 한 것이랑, 외국에서 들어온 것이랑은 분리를 하는데, 좌무랑 우무로 나눈 것입니다.

좌무라고 하는 것은, 당나라에서 들어온 것이라고 한다든지, 인도에서 들어온 것들이 속하고, 우무라고 하는 것에는 고구려라든지, 신라, 백제에서 들어온 음악들이 속합니다. 아악 중에서 춤이 붙어있는 것을 무악이라고 말씀드렸지요. 인도에서 중국, 한반도를 거쳐서 일본에 전래가 되었고 지금은 일본에만 남아있어요. 기악이라든지 아악이라고 하는 것이 중국, 조선, 일본만의 것이 아니라, 넓게 저 서쪽에서부터 들어왔었다고 하는 것을 확인을 할 수가 있습니다.

다음으로 예능의 기원에 대해 이야기하고자 합니다. 예능의 기원에 대해서 중국과 일본에 대해서 잠깐 보도록 합시다. 지금 봐왔던 것처럼, 아악이라고 하는 것도 중국에서 들어왔지만, 조상에 대한 제사라든지, 하늘과 땅의 신에 대한 제사를 지냈을 때 쓰는 예능이었는데, 점차 형식, 틀이 갖추어지면서 습관화되기 시작합니다. 처음에는 누군가에게 보여주는 것이었고, 누군가를 즐겁게 해주는 것이었다고 하는 향응에서 나온 것이 예능이라고 하는 것을 염두에 둡시다.

그런데 처음에는 보여주는 사람이 있고, 보는 사람이 있다고 했을 때, 보는 사람이 위인 것 같아요? 아래인 것 같아요? 보는 사람이 위겠죠. 거기에 대한 얘기를 잠깐 하려고 합니다. 그래서 예능을 보여준다고 하는 것은 어떤 것인지 전승담 다시 말해 전설에서 확인해보자고 합니다. 아메노우즈메라고 하는 일본의 신이 있습니다. 일본의 신 중에서 혹시 아는 신이 있어요?

이자나기. 이자나기의 자식 중에 누구를 알아요? 일본의 국기가 뭘 상징해요? 태양. 태양신이 누구죠? 일본의 태양신인 아마테라스(天照)는 하늘 천에다가 비추다 조 자를 써서 하늘을 비추는 신이라 합니다. 남자 신이라고 하는 사람도 있지만, 일반적으로 여자 신이라고 알려져 있습니다.

가구(神楽)라고 하는 예능이 있는데 신 신자에다가 음악 악 자를 써요. 신을 즐겁게 한다는 의미겠지요. 가구라는 신화를 재현하고 있습니다. 『고사기』라고 하는 아까 언급했던 『일본서기』보다 조금 전에 나왔던 책인데, 신화가 많이 들어가 있어요. 여기에 아메노우즈메라고 하는 사람이 나옵니다. 사람이라기보다는 신인데, 아마테라스라고 하는 신이 자기 동생, 스사노오라고 하는 신한테 화가 나서 바위동굴 안에 들어가 버려요. 그런데 태양신이 동굴 안에 들어가서 안 나오면 세상이 깜깜하죠. 깜깜해서 온갖 신들이 그 아마테라스를 바위동굴에서 바깥으로 꺼내기 위해서 노력을 해요.

신들이 동굴 바깥에서 놀아요. 춤을 추거나 노래를 하면서, 굉장히 좀 떠들썩하게 놀아요. 놀면서 손뼉 치고 그러니까, 아마테라스는 자기가 최고의 신이라고 생각을 하고 있는데, 자기가 바위동굴 속에 들어갔는데도 아무도 자기에게 신경을 안 쓰고, 오히려 바깥에서 놀고 있는 소리가 들리니까 이상하다고 생각을 해요. 그래서 바깥을 들여다 보았더니 이때다 싶어 동굴 앞에서 기다리고 있던 신이 아마테라스를 확 잡아끌어 바깥으로 끄집어냈다고 하는 이야기입니다. 이 신화에서 아메노우즈메라고 하는 여자 신이 바위동굴 앞에서 춤을 췄었던 겁니다. 이것이 일본에선 예능의 기원이라고 전해지고 있는 것입니다. 바위동굴 바깥에 모여있는 신들을 즐겁게 한다는 의미가 컸던 것인데, 그때 아메노우즈메가 굉장히 우스꽝스러운 모습으로, 예를 들어 옷이 거의 다 벗겨진 모습으로 춤을 추거나 했던 것입니다. 오른손에 들고 있는 것은 방울입니다. 조금 있다가 삼종의 신기에 대한 설명을 할 때 다시 방울에 대한 이야기를 할 겁니다. 잘 기억하고 계세요.

1800년대에 신 그림만 잔뜩 그리는 화가가 있었는데, 그 사람이 그린 그림이에요. 아마테라스라고 하는 태양신이 동굴에 들어갔을 때의 모습이고, 여기에 나와있는 사람이 아메노우즈메에요. 그래서 옷이 벗겨지면서도 굉장히 우스꽝스러운 춤을 추고, 여기에 모여있던 신들을 즐겁게 하고 있는 모습을 볼 수 있는 장면이에요. 여기에 악기를 연주하는 사람들도 있고. 여기 이게 뭐죠? 닭이죠. 왜 여기 닭이 있을까요? 여러분 혹시 일본 여행 가본 사람 있어요? 일본 여행 갔을 때, 신사에 가본 적 있어요? 들어가 보지 않아도 괜찮지만, 지나가거나 요? 우리나라에서도 임금님이 돌아가신 사당에 가면 입구에 대문처럼 생긴 것이 있는 것을 보신 적 있어요? 일본에도 신사에 이 대문처럼 생긴 것이 있어요. 그것을 도리이(鳥居)라고 얘기해요. 도리(鳥)라고 하는 것은 새라는 의미인데, 새 중에서도 닭을 가리켜요. 그래서 닭이 거기에 있었다고 하는 겁니다. 신사를 상징하는 건축물인데, 이 신화에서 나왔다고 이야기되고 있어요. 이 신화에서 닭이 이렇게 있었다고 해서, 신사에 도리이라고 하는 것을 세워놓게 되었다는 얘기가 있습니다. 이 사진은 지금 설명한 신화의 배경을 바탕으로 지어진 신사입니다.

아까 방울이 나왔었지요. 우리나라와 일본은 왕의 중요한 표시가 되는 물건이 있는데, 그것에 세 가지가 있어요. 그게 천부인하고 삼종의 신기라고 하는 겁니다. 천부인이라고 하는 것은 고조선의 환웅이 환인에게서 받는 세 가지 물건이에요. 들어보신 적 있으세요?

검, 거울, 방울. 방울일 수도 있고 북일 수도 있다고 그래요. 일본에서는 삼종의 신기라고 하는 것이 이와 비슷합니다. 하늘에 있는 니니기노미코토라는 신이 지상의 인간들을 다스리러 내려올 때 아마테라스가 검을 줍니다. 니니기노미코토가 지상에 있는 인간들을 다스리려고 할 때 건네받았던 보물이 세 가지 있습니다. 지금도 이것이 일본에서는 천황을 상징하는 세 가지 보물로 간주되어 있어요. 우리나라의 천부인과 비슷한데, 한 가지 방울만 달라요. 물론 방울도 그렇고 구슬도 그렇고, 주술적인 의미가 있어요. 구슬이라고 하는 것은, 우리가 새끼줄에 고추를 다는 것처럼, 나쁜 기운이 들어오지 못하게 막는 것이랑 똑같은 기능을 하는 것입니다. 방울은 신하고 연결해주는 물건이에요. 주술적인 도구라는 점에서 같지요. 왜 방울일까요? 예능을 할 때, 여러분은 방울을 무슨 용도로 사용하는 거라고 생각해요? 방울의 용도. 뭔가를 알릴 때죠. 어떤 가게에서 손님이 들어왔을 때, 손님이 온 것을 알 수 있도록 방울이나 종을 문에 달아놓지요. 그것과 같은 의미에요. 일본에서는 어디에 있느냐 하면 신사에 있어요. 신사에서 신에게 절을 할 때 굉장히 커다란 방울이 달려 있어요. 그걸 치는데, 왜 치냐면 '나 왔어요'하는 것을 신한테 알리는 거예요. 그런데 춤을 추면서 방울을 울리는 것은, 물론 그 소리로 신을 즐겁게 한다는 뜻도 있지만, 역시 뭔가를 하고 있다는 것을 알리는, 신하고 연결하는 그런 기능이 있었던 물건이라고 할 수가 있습니다. 그런 것을 우리나라에서는 굉장히 중요시했다고 할 수가 있겠죠. 물론 일본에서도 아마테라스의 신화에서도 방울을 들고 아메노우즈메가 춤을 췄으니까, 마찬가지긴 한데, 천부인과 삼종의 신기의 차이가 방울의 유무에 있다는 점입니다. 일본의 삼종의 신기라고 하는 것에는 거울이 있죠. 우리도 마찬가지로 천부인에 검이 있습니다. 구슬이라고 하는 건 이렇게 비뚤어진 구슬이에요. 어떻게 보면 새끼줄에 거는 고추랑 비슷하게 생겼다고 할 수가 있죠.

태양신을 동굴 밖으로 끌어내기 위해서 춤을 췄다고 하는 것이 일본 예능의 기원이라고 한다면, 중국 책에선 다음과 같이 나옵니다.

『산해경』이라고 하는 책이 있어요. 산은 산 산이고, 해는 바다 해 자. 그리고 경은 경전 경 자인데, 그 안에 이렇게 한문으로 쓰여있어요. 그런데 거기에 나오는 것은, 형천이라고 하는 신인데 한자로 이렇게 쓰면 좀 어려워 밑에 해석(참조 1)을 달아놨습니다.

[참조 1] 『산해경』, 『해외서경』

- 形天與帝爭神, 帝斷其首, 葬之常羊之山, 乃以乳為目, 以臍為口, 操干戚以舞
- 형천은 황제와 이곳에 이르러 신의 자리를 두고 싸움을 했다. 황제는 그의 머리를 잘라 상양산에 묻었다. 젖을 눈으로 삼고 배꼽을 입으로 삼아 도끼와 방패를 들고 춤췄다. ; 패자로서의 충성을 맹세하는 춤.
- 형천 … 음악의 신.

여기서도 형천이라고 하는 신은 음악의 신이라고 중국에선 얘기를 합니다. 『산해경』이라고 하는 것은 굉장히 오래된 기원전 6세기경에 나왔던 중국의 신화이고 지리서인데 책이 참으로 흥미롭습니다. 여러분 시간 날 때, 중간고사 다 끝났을 때 『산해경』이라고 하는 책을 한번 봐 보세요. 그림도 있는데, 굉장히 신기해요. 왜 신기하냐 하면, 기원전 6세기에 중국 사람들은 세계 각국의 사람들을 이렇게 생각했구나 했던 그림들이 있어요. 그러니까 이 사람들도, 중국 외에 다른 곳을 가보지 않았기 때문에, 사실 조선이 어떻게 생겼는지 모르는 사람들도 있었을 것은 상상이 됩니다. 신화이기도 하지만, 지리서인 이 책에는 중국 주변에는 이런 나라들이 있고 이런 사람들이 산다고 하는 기술이 있어요. 그림까지 넣으면서. 어떤 나라는 다리가 긴 사람만 사는 나라라고 하는 것도 있고, 아니면 배에 커다란 구멍이 뚫려있는 사람들이 사는 나라가 있다는 등, 요괴, 괴물 같은 사람들이 사는 나라라고 하는 것까지 표시가 되어있어서, 옛날 사람들의 세계관이라고 하는 것도 엿볼 수 있어서, 『산해경』이라는 책은 좀 두껍긴 한데, 그림책이라고 생각을 해서 한 번 보시기 바랍니다. 참 재미있는 책이에요.

형천이라고 하는 신은 황제하고 서로 신을 하겠다고 싸움을 했어요. 그러다가 결국은 머리가 잘려나갔어요. 머리가 잘려나갔는데도 불구하고 의지를 불태우면서 자신의 젖가슴을 눈으로 삼고, 배꼽을 입으로 삼으면서도 마지막까지 도끼와 방패를 들고 싸웠다고 나옵니다. 이것은 춤을 췄다는 것이죠. 그렇게 하면서 싸웠다고 해서 이것은 중국에서는 패자로서 승자에게 충성을 맹세하는 춤이라고 간주됩니다. 황제에게 지긴 했지만, 최선을 다해서 끝까지 싸우면서 마지막에 충성을 맹세하는 춤이었던 것입니다. 목이 잘려나갔는데, 젖가슴 있는 데를 눈으로 삼고, 배꼽을 입으로 삼았고, 도끼와 방패를 가지고 춤을 췄다, 그런 신이라고 해서 지금도 이렇게 남아있는 유명한 신이라고 합니다.

그러면 이렇게 복종하는 춤이 중국에만 있었냐고 하면 그렇지 않고, 일본 신화에서도 찾을 수가 있어요. 그래서 여기에서는 야마사치와 우미사치라고 하는 신의 얘기입니다. 형 우미사치하고 싸우게 된 야마사치가 싸우고 나서, 형을 항복시킨 이야기에요. 형하고 아우가 싸운 계기는 굉장히 작은 일이었어요. 야마사치가 동생인데, 자기는 이제 산에 먹을 것이 없어서 바다에 가서 낚시를 해보겠다고 나갔어요. 그때 형이 가지고 있었던 낚싯바늘을 빌려 간 거예요. 낚싯바늘을 빌려 간 것까진 좋았는데, 워낙 낚시를 잘 못하니까 낚싯바늘을 잃어버려요. 그랬더니 형이 성격이 좀 나빴어요. 동생이 아무리 사과를 해도 사과를 안 받아줘요. 사과를 안 받아주니까 안되겠다 싶어서 자기가 가지고 있었던 검을 가지고 천 개쯤 낚싯바늘을 만들어서 갖다 줬는데, 필요없다, 원래 내 것을 찾아내라고 그러는 거예요. 그러다 보니까 어떻게 해요. 형의 비위를 맞추기 위해서 바닷속에 찾으러 들어가게 됩니다. 그런데 운이 좋게, 마음씨가 착해서 그런지 바닷속에 들어갔는데, 용궁에 가게 돼요. 용궁에 가서 거기에 있는 공주님이랑 맛있는 음식 먹고 그러다가, 한참 만에 돌아와요. 돌아올 때 그를 그렇게 괴롭혔던 형을 이기기 위한 도구 몇 가지를 받아요. 그중에 조수간만을 자유자재로 할 수 있는 도구가 있었어요. 그걸 이용해서 형이 물에 빠져서 익사하게 만들어요. 좀 잔인하죠? 그래서 그때 항복한 형이 뭐라고 얘기하냐 하면, 만약 살려준다면 나의 자손들은 너를 위해서 종속을 하고, 배우가 되겠다고 얘기해요. 나의 자손들을 절대로 너에게 배반하지 않고, 너를 위해서 항상 이렇게 즐겁게 해주는 사람이 되겠다고 맹세하는 이야기에요. 나는 너에게 항복하겠다고 하는 뜻을 예능으로 보여주는 하야토 춤이라고 하는 것입니다. 지금도 남아있는데, 복종의 표시로 물에 빠졌었던 모습을 춤으로 보여주는 겁니다.

그런 식으로 해서 복종을 나타내는 춤이라고 하는 것이 있었는데, 그것이 중국에만 있었던 것도 아니고, 일본에도 이런 얘기가 있었다고 하는 것입니다. 한국 쪽에도 아마 찾아보면 있을 텐데, 그것까지는 찾아보지 못했었고, 다음에 또 찾아보도록 하겠습니다.

그 다음에 가무라고 하는 것은 아까도 말했던 것처럼, 『산해경』도 그렇고『고사기』도 그렇고, 신들이 했었던, 신이 기원이었던 것이었습니다. 『산해경』에는 신이라고까지 할 수는 없지만, 준이라고 하는 천제(天帝)가 나옵니다. 그의 아들들이 가무를 만들었다고 나와요. 그런데 가무를 처음으로 만들었다고 하는 것, 그러니까 일반인들이 만들 수 있는 그런 것들은 아니었다고 하는 얘기에요. 그리고 아들들이 거문고를 만들었다, 북을 만들었다, 종을 만들었다, 그런 식으로 악기를 만드는 것도 모두 다 천제와 천제의 아들들이 담당했다고 하는 얘기가 나와요. 조선에서도 거문고를 만들고, 가야금을 만드는 이야기 등 악기를 만드는 전설들이 있는데, 일본의 악기와 관련된 전설들은 모두 다 전래되어왔던 악기에 대한 얘기들이에요. 그래서 자기네들이 만든 것이 아니라, 전래된 것을 바탕으로 전설을 만들었다고 하는 점에서, 일본의 문화의 한 측면을 볼 수도 있습니다.

『논어』의 제2권에 보면 팔일무(八佾舞)라는 것이 나와요. 종묘제례악에 쓰이는 춤이에요. 일무라고 하는 춤인데, 이것이 지금은 대만에 남아있고, 우리나라만 남아있어요. 그러다 보니까 유네스코에서 문화재로 지정을 해줄 정도로 굉장히 귀중한 문화이기도 합니다. 논어에 다음과 같이 나와요. '공자가 계씨에 대해 이렇게 말씀하셨다. 팔일무를 집 마당에서 춤추고 있다. 계씨가. 그러한 결례를 내가 참을 수 있다면, 나는 다른 모든 어떤 결례라도 참을 수 있다'라고 하는 얘기에요. 그런데 도대체 팔일무를 마당에서 춤추는 것이 왜 나쁜가 하는 것을 잠깐 설명을 할게요.

팔일무는 예악사상 중에서 예와 악이 치세의 근본인데, 춤을 추는데도 춤을 추는 인원이라는 것은, 계급에 따라서 정해져 있어요. 그러니까 이게 사회질서를 유지하는 데 필요한 것이긴 한데, 천자라고 해서 천제는 가로 8명, 세로 8명이니까 64명이죠. 그 사람들이 춤추는 것을 허락을 했고, 제후들은 36명, 그보다 아래에 있는 단계의 사람들은 16명이고, '사'라고 하는 사람에게는 4명 밖에 허락이 안 되어있었요. 화면으로만 보면 굉장히 지루해요. 그런데 직접 가서 보면 장엄하고 스케일이 아주 큰 춤이에요. 일본에서는 이것이 안 남아있습니다. 일본에서는 아악이라고 하는 것이 전래되긴 했지만, 군무로 되어있지는 않았어요. 세로 여덟, 가로 여덟, 64명이 춤을 추면 왕을 위한 춤이라는 뜻이에요. 종묘에서 조선 역대의 임금님에 대한 제사를 할 때, 똑같이 춤을 춰요.

한쪽은 문무라고 해서 무관들의 춤, 한쪽은 무무라고 해서, 무관들의 춤입니다. 양손을 들었다 내렸다 오른쪽에 들었다 찔렀다 내렸다해서, 조금은 단순하고 어떻게 보면 지루한 춤이긴 합니다. 서울에 있는 국악고등학교 학생들이 담당하기도 합니다. 여학생들은 국악고등학교가 가장 많고, 성균관에서 하는 경우 성균관대학 학생들이 많이 합니다.

춤추는 사람들이 손에 들고 있는 것들을 위물이라고 부르는데, 그것도 각각 의미가 있습니다. 색깔이라든지, 들고 있는 물건 같은 것들은 약간씩 차이가 있습니다. 예악사상이라고 하는 것은 주나라 때 근본이 갖춰졌어요. 공자는 예악에 관한 최초의 사상가이기도 하고, 악이라는 것을 매우 중요시한 사람이에요. 악이 왜 중요하냐. 여러분은 음악을 왜 배워요? 음악을 배우는 이유? 정서를 위해서도 필요하죠. 그러면 서양의 클래식 같은 경우는, 그걸 배우면 뭐에 도움이 될까요? 음악이라고 하는 것은 물론 여러 가지 의미가 있는데, 공자가 생각한 것은, 사람을 선으로 이끌기 위해서 굉장히 중요한 역할을 하는 것이라고 봤어요. 착한 사람을 만들기 위해서 악을 배우는 것이 도움이 된다. 그래서 악이라는 것에 대해서 중요성을 강조했었는데, 두 번째에 썼던 것처럼, 예라고 하는 것도 물론 사람에게 중요한 것이긴 하지만, 문화적으로 악이라고 하는 것도 대단히 중요하다는 얘기를 하고 있어요. 아까 계씨라고 하는 사람은 황제도 아니고, 일개 귀족에 불과함에도 불구하고 팔일무를 췄었다는 얘기를 했어요. 그래서 공자로서는 그것은 절대로 용서를 못하는 것이라는 것이에요. 사회질서를 유지해야 한다는 것을 높은 이상으로 생각했던 문화인데, 계씨라는 사람이 아무 생각 없이 팔일무를 추고 있어서, 이건 도대체 있을 수가 없는 일이다. 내가 이것을 그냥 간과하고 넘어간다고 한다면, 나는 이 세상에 못 참을 것도 하나도 없다는 식으로 얘기하면서 예의범절이 안 되어있는 사람이라고 하면서 계씨를 비난했던 것입니다. 그것이 그만큼 중요했기 때문에 논어에 집어넣을 정도의 이야기였다고 하는 거예요. 그런데 이 이야기는 우리나라 전설 등 기록에 안 나와있어요. 그런데 이상하게도 일본서기 안에는 나와요. 어떤 이야기냐 하면 소가노에미시라고 하는 사람이 자기 조상의 사당인 조묘에서 팔일무를 췄어요. 그런데 일부는 집어넣었는데, 일부는 아까 얘기했던 것처럼 팔일무 자체는 일본에 전해지지 않았어요. 그런데 소가노에미시라고 하는 사람이 계씨와 거의 동일시되는 괘씸한 사람으로 나와요. 어떤 사람이었는지 잠깐 얘기하자면, 소가노에미시라고 하는 사람은 아스카 시대의 호족이었어요. 그런데 아들 이루카하고 권력을 잡고 자기 마음대로 정치를 하고 살았던 사람이에요. 천황이고 뭐건 간에 안중에 없었던 그런 사람이기 때문에, 나중에 결국 암살을 당해요. 그 정도로 나쁜 일을 하고 자기 마음대로 하고 살았던 시기가 고쿄쿠(皇極) 천황 때입니다. 그래서 고쿄쿠(皇極) 천황 때 이 두 사람, 소가노에미시와 소가노이루카라고 하는 사람의 전횡이 너무 심했으니까 책에도, 역사서에 기록될 정도였던 것이죠. 사실은 팔일무라고 하는 것이 뭔지도 아마 모를 거예요. 일본 책 안에 기록된 팔일무가 여기 말고는 한 군데도 안 나와요. 그런 춤이 전래되었다는 얘기도 없고요. 결국은 소가노에미시가 죽게 되는데, 나중에 소가노 이루카가 암살당하는 장면까지 일본에서는 그림책으로까지 만들었어요.

그 다음에 악기와 관련된 전설 중에서 여러분이 아는 것은 뭐가 있나요? 어릴 때부터 유치원 때부터 읽었던 책 중에 악기가 나오는 이야기 없을까요? 몇 가지가 있는데 그중에서 가장 중요한 건 만파식적이라고 하는 전설입니다. 『삼국유사』에 나오고, 신라의 신적이라고 해서 신이 내려준 피리 이야기에요. 대나무로 피리를 만들었고, 그 피리를 불면 나라가 평안해진다고 하는 전설이 있는 피리에요. 이 피리라고 하는 것 자체가 신라에서 만들어졌고, 이 악기라고 하는 것이 나라를 구하는 역할을 한다고 하는 것을 기억해둡시다.

맨 마지막 세 번째 동그라미에 있는 것(참조 2)처럼, 이런 얘기가 만들어진 것은, 그때 그만큼 사회의 상황이 별로 안 좋았었기 때문에 사회를 안정시키기 위해서 그런 전설이 만들어졌던 것입니다.

[참조 2] 악기와 관련된 전설
만파식적(萬波息笛) ● 삼국유사에 전하는 신라의 신적(神笛) ● 왕이 이 피리를 부니 나라의 모든 근심과 걱정 해결되었다고 전해짐. ● 정치적 불안을 진정시키기 위해 강력한 왕권을 상징할 수 있는 신물(神物)이 필요.: 호국사상

결국은 내가 나라를 구하겠다고 하는 상징적인 의미를 보여주기 위해서 이런 전설이 만들어진 겁니다. 이 전설에는 호국사상이 담겨있다고 말해지지요.

그다음에 가야금에 관한 전설입니다. 우륵은 가야의 악사인데 나중에 제자와 함께 신라로 망명한다는 얘기입니다. 그다음 세 번째로 왕산악은 고려 말기의 정치가로 거문고를 만들었다고 하는 전설이 있습니다. 한국에도 이렇듯 악기와 관련된 전설들이 있는데, 오늘은 주로 일본 쪽 전설에 대해 말씀드리겠습니다. 일본의 전설, 전승담에는 악기 이야기가 많이 나와요. 악기가 그만큼 중요했었나 하는 생각이 들게 합니다. 한국과 달리 국가와 연관 지은 얘기는 거의 없어요. 거의 대부분이 개인의 이야기입니다. 오늘은 세 가지를 말씀드리지는 못하고, 첫 번째 책과 두 번째에 있는『곤자쿠모노가타리슈』라고 하는 책을 보도록 합시다(참조 3).

[참조 3] 일본의 악기 설화(전설)
● 『우쓰호모노가타리(宇津保物語)』 ● 『곤자쿠모노가타리슈(今昔物語集)』 ● 『헤이케모노가타리(平家物語)』

세 번째『헤이케모노가타리』라고 하는 것은 전쟁 이야기에요. 일본에서 12세기 경에 전쟁이 일어났을 때, 전쟁 이야기를 책으로 만들었어요. 모노가타리라는 말은 이야기라는 뜻이에요. 어떤 일들을 이야기하다라고 하는 뜻인데,『헤이케모노가타리』라고 하는 것은 헤이케 가문의 사람들이 전쟁에서 있었던 이야기들을 하나의 이야기로 만든 것

입니다. 무사들이 나와서 이 사람들이랑 저 사람들이랑 어디서 싸워서 이렇게 졌다라든지, 이런 얘기들이 쭉 나옵니다. 그런데 이 전쟁 이야기인『헤이케모노가타리』안에 피리 얘기가 나와요. 예를 들면 다음과 같은 이야기가 있습니다. 어떤 무사가 싸움터로 나가 젊은 사람을 죽였는데, 나중에 봤더니 그 사람 몸 안에서 피리가 나왔다는 얘기입니다. 즉, 음악을 즐길 정도로 교양이 있는 사람을 내가 죽였구나라는 생각을 하게 되는 거죠. 전쟁터에 악기를 들고 나오는 것만 해도 상상하기 어려운 일인데, 그런 얘기들이 많이 나옵니다. 그리고 악기를 가지고 있는 것에 대해서도 '이놈이 전쟁터에 나오는데 한심한 놈이구나'라는 생각을 하지 않고, 대단히 교양 있는 사람이었구나라고 감동을 하는 것입니다. 일본인한테는 악기라든지 악기 연주에 대한 생각, 마음이라고 하는 것이 조금 다른 나라하고 다른 점이라고 생각이 됩니다.

반복해서 얘기했던 것처럼, 악기라고 하는 것은, 중국도 중국에서 만들었고, 조선 한반도에서도 한반도에서 만들었다고 나오는데, 일본에서는 악기는 일본에서 만들었다고 하는 것은 그렇게 많이 나오지는 않아요. 많이 나오지는 않는데, 이걸 보시면『우쓰호모노가타리』라고해서 10세기 후반 쯤에 만들어진 책이에요. 매우 긴 장편인데 줄거리를 줄여 설명하자면 이거에요. 금이라는 악기, 그러니까 가야금이라든지 거문고와 비슷한 악기를 연주하는 그 명인 일가들의 4대에 걸친 이야기에요. 금의 연주, 그러니까 가야금이라든지 거문고라든지 악기연주를 한다고 하는 것은, 교양 중의 최고의 교양이라고 생각되었던 그런 시대였어요. 이 이야기는 일본의 첫 음악 전승담이라고 할 수도 있습니다.『우쓰호모노가타리』의 줄거리를 간단하게 보면, 도시카케라는 사람이 당나라에 악기를 배우러 가요. 일본이 악기라든지 음악에 대해서 뒤떨어졌으니까 당나라로 가는 거죠. 당나라로 가는데 그 당시에는 선박을 운전하는 기술이 별로 좋지 않다 보니까 어디까지 갔냐 하면, 페르시아까지 가버려요. 그래서 페르시아에 가서, 거기서 도사한테 금의 비곡을 배우고 돌아오게 됩니다. 그리고 그때 보물과 같은 금을 얻어서 돌아온다고 나와요

이 당시는 12세기쯤인데 이런 모습으로 일본 사람들이 지냈었는데, 책 안에 저렇게 악기가 나오는 걸로 되어있어요. 악기까지 받고 귀국했는데, 딸이 태어나고 얼마 안 지나서 병에 걸려 죽어버려요. 아빠가 돌아가셨으니까 어렵게 살아가게 됩니다. 좋아하는 사람이 있어서 아들까지 낳게 되었는데, 가난을 비난하는 사람들 때문에 좋아하는 사람에게 폐가 될까 봐 산속에 들어가서 살아버려요. 산속에 들어가서 사는 그림이 이거에요. 저 안 쪽에 있는 사람이 엄마고, 이쪽 앞에 있는 아이가 아들인데, 산속에 들어가서 이렇게 아빠가 페르시아에서 가서 가지고 온 악기로 악기 연주를 합니다. 그랬더니 동물들이 감동을 해서 먹을 것을 갖다 줘서, 그들이 굶지 않고 잘 살았다는 이야기가 나오는 부분의 그림이에요. 조금 황당한 이야기이기도 하지요.

한편 여자의 남편도 그녀와 아들을 여기저기 찾게 되는데, 아무리 찾아다녀도 못 찾아요. 못 찾고 있다가, 어쩌다가 산속에서 그 악기를 연주하는 소리를 듣고 '나의 아내의 악기 연주 소리구나' 하고 찾아가서 재회하게 됩니다. 나중에는 산속에 사는 그들을 도시로 데리고 와서 행복하게 잘 살았다고 하는 이야기입니다.

이와 같이 악기가 사람의 재회 계기가 된다고 하는 것은, 일본 문학

안에서 계속 반복해서 나옵니다. 레퍼토리의 하나라고 할 수 있을 정도로 악기 소리라고 하는 것을, 일본인들은 굉장히 신비롭게 생각하는 것 같아요.

그 다음에 『곤자쿠모노가타리슈』라고 하는 옛날이야기책이 있어요. 옛날이야기를 잔뜩 모아놓은 책인데, 약 천 개의 이야기가 있어요. 일본에서 가장 크고 오래된 큰 설화집이에요. 그런데 이 안에는 인도의 얘기도 있고, 중국의 얘기도 있고, 일본의 얘기도 있어요. 왜 『곤자쿠모노가타리슈』라고 하는가 하면, 모든 이야기가 '지금은 옛일이 되었지만'이라고 시작을 해요. 우리나라 옛날이야기 시작에 '옛날 옛날에'라고 하죠. 그와 비슷한 겁니다. 이 책은 지금은 옛날이 되었지만이라고 하는 부분에서 『곤자쿠모노가타리슈』라는 이름이 되었어요. 이 안에 악기 전설이 많이 들어가 있습니다.

『곤자쿠모노가타리슈』 권 24를 보면, 겐조라고 하는 비파가 나와요. 일본에선 악기마다 이름을 하나씩 붙여놨어요. 저 악기 외에도 나중에 나오는 피리에도 이름이 있고, 하여튼 악기들에 다 이름이 지어져 있습니다. 이것은 겐조라고 하는 비파를 오니라고 하는 도깨비한테 뺏기는 얘기에요. 여기서 나오는 사람이 미나모토노 히로마사라는 귀족인데, 악기의 명 연주자입니다. 악기에 대해서는 아주 조예가 깊은 그런 사람이었어요. 귀족 중에서는 유난히 감수성도 예민하고, 악기를 잘 다루는 사람인데, 그런 사람이었기 때문에 빼앗겼던 이 악기를 찾아올 수 있었던 것입니다. 조금 긴데 얘기하자면, 겐조라고 하는 비파는 천황이 가지고 있었는데, 어느 날 궁중에서 사라져버렸어요. 사라져 버렸다는 얘기를 히로마사가 듣게 됩니다. 악기를 너무 아끼는 사람이다 보니까 마음 아파하고 있었어요. 그런데 어느 날 밤에 궁궐 경호를 하고 있을 때 어디선가 비파 소리가 들려와요. 그래서 이 소리는 겐죠의 소리인 것 같다고 해서 소리가 나는 쪽으로 걸어가요. 그때 시중드는 애 하나 데리고 홀연히 쭉 가다가, 라죠몬(羅城門)이라고 하는 곳에 도착해요.

교토는 길이 바둑판처럼 나 있었어요. 라죠몬은 전체 도시를 지키는 문이라고 생각하시면 되는데 그 바깥쪽은 사람의 왕래가 적은, 즉 초인간적인 것이 사는 곳이라 여겨졌어요. 그런 곳이기 때문에 라죠몬에는 도깨비가 산다고 여겨진 거예요. 나중에 기근이 일어났을 때 사람들이 죽어도 시체를 처리하질 못 해서, 즉 화장을 하려고 해도 불을 때려면 땔감이 필요하다 보니까, 시체를 화장하지도 못 해서 라죠몬에다가 갖다 버리는 일이 생겨요. 라죠몬이라고 하는 데는 단순히 문이 아니라, 위에 누각처럼 되어있어서, 말하자면 기둥만 있고 층이 있는 그런 집 모양을 하고 있어요. 지금 남대문처럼 생각하시면 될지도 모르겠네요. 거기에 오니(鬼)가 많이 살았다는 얘기입니다. 거기서부터 소리가 들려서 히로마사가 가서 얘기를 해요. '이건 우리 궁궐에 있었던 겐죠 같은데'싶어서 연주하는 사람이 누구냐 고 했더니 순순히 도깨비가 연주를 하다가 자기는 모습을 나타내지 않고, 겐죠 비파를 끈으로 묶어서 내려다 돌려주었다고 하는 얘기에요. 그런데 그것도 역시 아무에게나 돌려주는 것은 아닐 텐데, 히로마사가 워낙 악기의 소리를 잘 알아듣고 그러니까 너라면 돌려주겠다고 해서 돌려줬던 거예요. 겐조에 관한 또 다른 전설이 있는데 이 겐조라고 하는 비파가 성격이 좀 나빠요. 앞서 설명한 이야기에서 결국은 오니한테 뺏겼던 걸 찾아왔는데, 그 후 궁궐 안에서 화재가 났을 때 아무도 자기를 보호해주지 않았다고 해서 스스로 나와서 도망 갔다고 하는 전설이 『곤자쿠모노가타리슈』 2집 안에 나옵니다. 또 한 가지는 자기가 마음에 안 드는 사람이 연주를 하면 소리를 안 낸다고 해요. 그러니까 어느 정도 수준이 안 되는 사람이면 소리를 안 내버린다고 하는 그런 전설도 있고, 먼지가 많이 쌓여 있으면 먼지가 쌓인 대로 짜증을 내기도 한다는 마치 사람과 같은 악기였다고 하는 전승담이 이 『곤자쿠모노가타리슈』에 많이 나와요.

이 히로마사하고 악기에 대한 전설은 아주 많이 나온다고 말씀드렸는데 『짓킨쇼』라고 하는 설화집 안에서는 오니와 교감이 되는 사람으로 나와요. 악기 소리에 대해서 굉장히 민감한 사람이다 보니까, 오니하고도 교감이 되는 거죠. 우리도 흔히 말하죠. 악기를 잘 하는 사람은 하늘과도 교감을 한다고 하는 그런 비유도 있는데, 그런 것처럼, 히로마사는 오니하고 교감을 해서, 아주 귀한 보물 피리라고 하는 하후타츠를 받았다는 얘기도 있습니다. 그리고 『고콘쵸몬쥬』라고 하는 옛날이야기집 안에는 다음과 같은 이야기가 있어요. 도둑이 히로마사 집에 들어갔어요. 히로마사가 귀가해서 도둑한테 이것저것 도둑맞았다고 한탄하고 있을 때, 남아있었던 것이 피리, 필률이었어요. 도둑이 피리를 갖고 가봤자 피리를 불 줄 알아야 소용이 있으니까 피리는 놓고 간 건데, 히로마사는 슬퍼서 그 마음을 '아, 난 슬프다. 이렇게 도둑이 다 가져가면 어떡하지'라며 피리로 부니까 도둑이 피리 소리를 듣고 돌아와요. 이렇게 피리 연주를 잘하는 사람이라면 내가 물건을 훔쳐서는 안되겠지 하고 다시 돌려놓았다고 하는 전설이 있습니다. 그 정도로 굉장히 소리에 민감하고 악기 연주에 뛰어난 사람이었다고 하는 그런 전설이라고 할 수 있지요.

그리고 오늘은 다루지 못하는 데, 우리나라의『심청전』이라고 하는 것이 어떤 얘기인지는 여러분 아시죠? 심청의 아버지 눈이 안 보였다가 보이게 된다는 그런 얘긴데, 효에 관한 얘기죠? 효에 관한 설화를 효행 설화라고 하는데, 심청전과 비슷한 이야기가 인도의 설화에 있어요. 물론 불교 색이 짙지요. 인도의 전동자설화는 전동자라고 하는 애는 나중에 죽다가 소생하게 되고 아버지가 눈을 뜨게 된다는 얘기입니다. 이 얘기는 불교 색이 짙은데, 심청전도 소설이었을 때보다는 판소리였을 때가 불교 색이 좀 옅어요. 속인들에게 더 가까운 얘기여서 그런지 해학적인 부분도 많고, 풍자적인 내용도 많습니다. 위정자들을 비판하고 그들을 풍자하는 내용들도 많이 들어가 있습니다. 그다음은 『사요히메모노가타리』라고 하는 것을 연주한다고 할까, 표현하는 예능이라고 하는 것이 '셋쿄조루리'라고 하는 것입니다. '셋쿄조루리'라고 하는 것은 '설'자에다가 '경'자를 쓰는데, 불교를 유포하기 위해서 일반 서민들이 알아듣기 쉽게 설교를 할 때, 말로만 하면 이해하기 어려우니까 인형을 가지고 설명을 했다고 하는 것이에요. '셋쿄조루리'라고 하는 것은 사람이 컵 같은 걸 가지고 있는데, 이것으로 북의 반주를 맞추듯이 반주를 맞춰주고 있는 모습입니다. 이런 모습이었던 것이 조금 더 지나면 앞에다 상자 같은 걸 매달고 인형극으로 설명하게 되는 겁니다. 지나가는 서민들한테 불교의 교리를 얘기하는데, 그것을 경전 그대로 이야기하면 어렵기 때문에 '심청전'과 같은 그러한 얘기로 만들면서 효를 실행해야 한다는 얘기를 하는 거죠.

효행을 해야 한다는 것을 강력하게 전달하기 위해서 잔인한 장면도 많이 넣긴 합니다. 어쨌든 같은 인도 얘기가 한국과 일본에 전해져서 각 나라에서 다른 이야기가 되었는데 거기에는 비슷한 점도 있고 다른 점도 있는데, 어떤 이유로 그런 변화가 생겼는지도 나중에 줄거리를 자세히 읽고 생각해보시면 좋겠습니다.

마지막에 공자가 했던 얘기로 다시 돌아가지요. 공자가 무슨 얘기를 했냐 하면, 사람이 인이 없으면 예를 배워서 무엇을 할 것이냐, 그리고 인이 없으면 악, 음악이라든지 무용이라든지 알아서 뭘 하겠냐 그런 얘기를 합니다. 인이라고 하는 것이라든지, 예라고 하는 것은 사회 질서를 유지하는 것도 중요하긴 하지만 남을 배려하고 공생을 하자라고 하는 얘기가 들어가 있었던 것입니다. 그래서 지금 한류를 각 세계에 전파하여 많은 사람들이 같은 문화를 공유하고 있는데, 이것은 예전에 페르시아, 그리스로부터 문화가 전파되어 왔었고, 그런 문화의 영향을 각 나라가 받아왔었던 것과 차이가 없습니다. 그래서 공생을 실현할 수 있는 힘이라고 하는 것이, 음악이라든지 예능의 힘이지 않을까 하는 생각이 들었고, 오늘 조금 옛날 얘기긴 하지만 예능에 대한 설명을 했던 것입니다. 이것으로 강의를 마치고자 합니다. 잘 들어주셔서 감사합니다.

질의응답

질문 1

아까 전의 아악 이야기인데, 그 아악이 일본에서만 전해진다고 하셨잖아요? 한국에서만 전해지는 아악은 있는지.

답변 1

한국에서만 전해지는 아악, 한국에서 특별히 만들어진 것은 … 궁중 무용이라고 하는 것은, 굉장히 독특한 것들이 많아서요. 춘앵전이라고 하는 것은 일본에도 있긴 한데요, 한국과 달라요. 우리나라는 궁중에서 보여줬었기 때문에, 임금님 한 사람을 상대한다고 하기는 좀 그렇긴 하지만, 왕만을 위해 한 사람이 춤을 보이는 경우도 있고, 아까 봤던 것처럼 군무가 되는 경우도 있고 합니다. 일본의 아악, 무악이라고 하는 것은 스토리가 있는 것들이 많은데, 우리나라 것은 처용무는 스토리가 있는데, 나머지 궁중에서 하는 아악이라고 하는 것들은 스토리성이 적은 무용이 많아요. 음악이랑 무용적인 요소가 많아서, 그런 쪽에서는 일본하고는 좀 다른 점이라고 할 수가 있어요.

질문 2

일본의 기악은 거의 대부분 가면을 쓰고 하나요?

답변 2

일본의 기악은 아까 나왔었던 기악은 가면을 쓰고 합니다. 가면극이라고 쓰여있었던 것처럼 가면을 쓰고 해요. 레퍼토리는 많지 않아요. 그래서 각각 가면을 쓰고 각각 다른 작품을 하는 게 아니라, 저 사람들이 다 같이 등장해요. 물론 그중에서는 가면을 안 쓰는 등장인물도 있기는 한데, 아가 보여줬었던 것 말고 또 몇 개가 있는데, 그게 하나의 스토리에요.

질문 3

아까 악기에 대해서 말씀하셨는데, 한국은 나라를 구하는 얘기였고, 일본은 천황이 가지고 있다는 얘기를 했는데, 중국과 베트남의 경우는 악기에 대해서 어떻게 생각하는지 알고 싶습니다.

답변 3

중국과 베트남 쪽의 지식이 좀 없어요. 그래서 중국에서 악기를 만들었다고 하는 전설이 있는 것까진 확인했는데, 그 내용에 대해서 제가 여기서 여러분에게 설명할 정도로 분석하지는 못해요. 그리고 베트남에 대해서는 사실 베트남 연구자료라고 하는 것이 제가 읽을 수 있는 언어로 되어있는 것이 좀 적었어요. 그래서 베트남어를 제가 한다면 조금 더 살펴봤을 수도 있는데, 그런 점은 저의 발표의 한계점이라고 할 수가 있어서, 앞으로는 그쪽도 살펴보도록 하겠습니다.

고조선의 삼신기나, 일본의 삼종의 신기가 지금까지 보존되어 있는지 알고 싶습니다.

답변 4

삼종의 신기는 보존이 되어있기는 해요. 그런데 물론 그게 한번 분실이 되었던 것들이 있어서, 있다고 하는데 진짜인지 아닌지도 모르는 것이긴 합니다. 황실에 있는 것도 있고, 신사에 있는 것도 있고, 일단 다 현존하고 있어요. 그런데 우리나라 천부인에 대해서는 잘 모르겠어요. 일단 일본은 그걸 계속 이어받아서, 천황이 대를 바꿀 때마다 그걸 전해주는 것이 의식으로 되어있기 때문에 남아있긴 한데, 한 군데에다가 다 모여져 있는 것은 아니고, 각각 다른 데에다가 보존이 되어있습니다.

질문 5

삼종의 신기와 천부인 얘기가 나왔었는데, 중국에 대해선 설명을 안 하셔서 중국에도 혹시 신물이 있는지?

답변 5

여러분의 관심의 폭이 굉장히 넓다 보니까 중국까지 가네요. 사실 중국에 대해서 아는 척하고 나왔지만, 사실 중국어를 잘 못하거든요. 한문을 조금 읽을 줄 안다 뿐이고, 자료를 찾아서 중국의 도서관에 가서 읽을 수 있으면 참 좋은데, 그렇게까지도 못하는 상황입니다. 중국에도 국가를 상징하는 보물이 있다고 전해져 있습니다. 일본 문학작품을 보아도 중국 조정의 상징이 되는 물건이라고 해서 정이라고 하는 것이 나옵니다. 검이라고 하는 건 물론 칼이기 때문에 무력을 상징하기도 하는 것입니다. 일본에서 거울이라고 하는 것은, 아마테라스가 그것을 전할 때, 나를 보듯이 하라고 하는 것이라고 해요. 그만큼 자기를 섬기라고 하는 얘기도 있는 것 같습니다. 그리고 아까 구술에 대해 얘기했던 것처럼, 주술적인 얘기이기도 하고, 물론 그게 마귀를 쫓는 얘기도 있고, 어떤 부분에서는 목걸이처럼 만들어서 호신용으로 쓰기도 한다고 합니다. 여기에 대해서는 여러 연구자가 논문에 각각 여러 가지 얘기를 해요. 우리나라 천부인은 그게 아니다 그러고, 일본의 삼종의 신기는 이거다 그러면서 여러 가지 설이 있어서, 명확하게 말하는데 조금 어려움이 있는 것 같아요. 물론 천부인이라는 얘기가 나왔을 때는 그 물건을 다 얘기하지 않는 것이 많아서 어떤 데에서는 북이다라고 하는 얘기도 있는 것처럼, 명확하게 말하기는 좀 어렵습니다.

(영상 장면)

이건 일본에서 촬영을 한 건데, 소리만 좀 들어보세요. 들어보셨어요? 이 멜로디. 이건 일본 아악인데요. 일본의 피리 소리가 조금 특이하긴 한데, 굉장히 소리가 높죠. 그런데 이게 아악에서만 높은 게 아니라, 나중에 노라고 하는 중세에 생기는 가면극에서도 피리 소리로 시작이 되어요. 세상을 찢는 그런 느낌이 드는 그런 소리인데, 아까 보셨던 거랑 한국 아악이랑 일본 아악이랑 봤을 때 차이점이 뭐라고 보였어요? 큰 차이점이 있어요. 지금 봤을 때 중요한 것은, 무대가 있을까 없을까, 그 차이. 아까 일본 쪽은 네모난 정사각형으로 되어있었습니다.

한편 우리나라에서 무대가 있는 예능이 생긴 지가 언제인지 아세요? 근대에 들어올 때까지는 무대가 없었어요. 무대가 없었고, 일본은 저렇게 아악이 들어가서 전래가 됐을 때 무대를 만들었다고 해요. 저렇게 작으니까 군무라고 하든지, 많은 사람들이 올라가는 것이 거의 없고, 두 사람이 하거나 한 사람이 하거나 많아도 몇 명. 무대가 있는지 없는지가 굉장히 큰 차이인데, 일본의 예능을 연구하는 사람 중에서, 특히 외국에서 유학하러 오는 사람들이 뭘 연구하느냐면, 무대를 연구하는 사람들이 많아요. 일본 예능에서 무대가 주목을 받아요. 아악의 무대, 노라고 하는 무대도 그렇고, 가부키의 회전 무대 같은 것도 생긴 것이 근대가 아니라 1600년대에 만들어졌던 것이에요. 전근대에 만들어진 무대예술이라고 하는 것에 대해서도 깊은 관심을 가지고 있어요. 베트남 것을 잠깐 볼까요. 색깔에 대한 차이라고 하는 것을 보면 또 재미있을 텐데, 제가 색에 대한 조예가 조금 없어요. 그래서 여러분이 동아시아를 바라볼 때 색깔에 대한 감각의 차이라고 하는 것을 봐도 굉장히 좀 재미있을 거예요. 그리고 계급에 따라서 입을 수 있는 색깔이라고 하는 것이 다르긴 했었습니다.

그런 것은 우리나라랑 좀 차이가 있어요. 짝지어서 하는 것은 우리나라엔 거의 없죠.

너무 독특하고 도대체 어느 나라에서 전해진 거야라고 할 정도로 중국에서 전해져 온 것은 아닌 것 같은 느낌이 드는 그런 모습이죠.

이러한 춤들에 대한 것은, 아까 전승담이라는 말로 묶어버렸지만 문학작품 속에 많이 나옵니다. 여러분 혹시 『음양사』라고 하는 영화를 보신 적 있어요? 음양사에 나오는 얘기는 아까 나왔던 『곤자쿠모노가타리슈』라고 하는 책에 들어가 있었던 이야기가 바탕이 된 거예요. 음양사를 보면 이런 춤들을 귀족들은 다 춰요. 음양사는 만화로도 되어 있는데 귀족들이 춤을 추고 있는 모습에는 의상들도 아주 예쁜 색깔로 색칠이 되어 있고, 춤에 대한 의미, 발생 배경 등도 설명이 되고 있으니까 혹시 관심이 있는 사람들이 그런 만화책을 보아도 재미있게 일본 고전 예능을 이해할 수 있을 것 같습니다.

나 하 란
EU지역통상학과

경희대 교수님이신 한경자 교수님이 전승담으로 본 아시아예능의 미학이라는 테마를 주제로 정해서 강연을 하셨다. 아시아 공동체를 문화(고전예능)의 측면에서 바라보고 이를 통해서 아시아 문화의 공통성을 발견하고, 타 문화에 대한 이해를 위한 강의였다고 생각한다. 기악과 아악에 대해서 알아보고 예능의 기원에 대해서도 알아보았다. 기악과 아악은 아시아 고통적으로 가지고 있는 문화라고 한다. 기악은 기원에 대해서 여러 설이 있다고 한다. 오나라, 중앙아시아, 그리스 미모스 등... 기원은 알 수 없지만, 멀리에서 왔다는 것은 추측할 수 있다고 한다. 기악은 고대의 종교적 예능으로 부처를 공양하기 위한 가무라고 한다. 얼굴을 덮는 큰 가면을 쓰고 춤을 추는 것인데, 가면이 한국, 중국, 일본에의 특징 뿐 아니라 동아시아에서 보기 힘든 특이한 가면들이었다. 괴리감이 느껴지는 가면이었고 인상적이었다. 또한 아악은 유교사상을 바탕으로 하는 천지 종묘를 위한 제사의 악을 의미한다. 고대 중국을 기원으로 해서 일본, 조선, 베트남 등지에 전래된 음악이고 예를 중시하여 국가의 위엄, 장엄함을 나타내기 위한 목적이 있었다고 한다. 시작은 고대 중국이었지만, 각 나라의 아악은 각자의 특색을 가지고 있다고 한다. 공자도 예악에 대한 중요성에 대해 말했다고 한다. 공자는 예도 중요하지만 악을 배우는 것도 중요하다고 주장했다고 할 정도로, 옛날 예능의 중요성은 크게 차지하였다는 것을 알 수 있었다. 악기에 대한 일본에 관한 전설에 대해서도 말씀하셨고, 일본은 악기가 중요한 의미를 차지한다고 한다. 그래서 악기에 관련된 이야기도 많다고 하셨다. 그 중에서 전쟁과 관련된 이야기 중에서 피리에 관한 이야기도 해주셨다. 마지막으로 공자의 말씀을 하고 강연을 마치셨다. 공자의 말씀이 사람이 인의가 없으면 예를 습득해서 뭐가 될 것이며, 인이 없으면 악을 알아서 어찌하겠는가라는 말씀인데, 이 말씀은 인의나 예라는 질서를 지키는 것도 중요하지만, 남을 배려하는 마음도 중요하다는 뜻이라고 한다. 지금 함께하는 사회, 공생에 대해서 강조하고 있지만, 옛날 그 당시에도 이러한 것을 중요시 했다는 것을 알 수 있었다. 이번 강의를 통해서 그동안 관심을 가지지 않았던 생소한 분야인 예악에 대해서 알 수 있었던 좋은 기회였다고 생각한다. 일본이 이런 문화를 가지고 있었다는 것도 알 수 있었고, 예악이 그 당시에는 상당히 영향을 미치고 있었다는 것을 새삼 깨닫게 된 날이었다. 아시아 공동체를 위해서, 또한 앞으로 국제 사회에서 함께하려면 지식도 중요하지만, 서로의 교양을 아는 것의 중요성도 알게 되었다. 서로의 교양을 알면, 서로에 대한 이해도 깊어지기 때문이다. 문화에 대해 우위를 두지않고, 이해하고 받아들이면서 공존하는 사회가 점차 다가왔으면 좋겠다고 생각한다.

ナ・ハリン
EU地域通産学科

慶熙大学教授である韓京子教授が伝承として見たアジア芸能の美学をテーマにして講演をされた。アジア共同体を文化の(古典芸能) の側面から眺望してみると、これを通じてアジア文化の共通性を発見し、他文化について理解をするための講義であったのだと思う。器楽や雅楽について調べて、芸能の起源についても調べてみた。器楽や雅楽をアジアの苦悩を持っている文化だということだ。器楽は起源について様々な説があり、呉国、中央アジア、ギリシア、ミモスなど。。起源はわかりえないが、遠く立ってやってきたものだという推測ができるということだ。器楽を古代の宗教的芸術として釈迦如来を供養するためのものを歌舞という。顔を覆い大きな仮面を使って踊りを舞うことなのだが、仮面が韓国、中国、日本での特徴のみだけでなく、東アジアでも珍しい特別な仮面であった。乖離感が感じられる仮面だが、印象的だった。または、器楽は儒教思想を基にして天地宋廟のため祭祀の悪を意味するという。古代中国を起源として日本、朝鮮、ベトナムなどの地で、伝来された歌で礼を重視して、国家の危険、荘厳を表現するための目的があったということである。始まりは古代中国であったが、各国の雅楽を各自の特色として持っているということだ。孔子も礼悪について重要性を語ったとされる。孔子は礼も重要だが、悪を学習することも重要だと主張されるほど、昔、芸能の重要性を大きく支持されたことは知られている。器楽について日本に関する伝説についても述べられ、日本は器楽が重要な意味を持っているそうだ。だから、器楽へ関与する話も多いのだとおっしゃられた。その中でも戦争や関連する話の中で笛に関する話もされた。最後に孔子の言葉をもって講演を終わられた。孔子の言葉は人の仁義がなければ、礼を習得して何になるのか、仁がな

ければ悪がわかってもどうするものか、というお言葉だったのだが、これは仁や礼という秩序を守ることも重要だが、他人を配慮する心も重要だという意味だそうだ。今共にある社会、共生について強調するが、昔の当時にもこのようなことを重要視していたことがわかった。今回の講義を通じて関心をもっていなかった疎遠な分野の礼悪について知ることができたよい機会だったと思う。日本がこのような文化を持っていることもわかり礼悪がこれと同時に相当な影響を受けているということに今更のように気づいた日だった。アジア共同体のために、または将来国際社会とともに生きるためには知識も重要だが、互いの教養を知ることの重要性も知ることができた。互いの教養がわかれば、互いについて理解も深まるためだ。文化について優位をおくのではなく、理解し受け入れることで共存することは社会が次第に近づくためによいことだと思う。

한국의 디아스포라 공공외교의 교류와 소통

후쿠오카대한민국총영사관 영사

윤 희 찬

한국의 디아스포라 공공외교의 교류와 소통
(Diaspora Public Diplomacy)

2013년 4월 29일(월)

후쿠오카대한민국총영사관 영사 **윤 희 찬**

안녕하세요. 윤희찬입니다.

간단히 제 소개를 드리면, 1991년 외교부입부 이래 주밴쿠우버총영
사관, 주멕시코대사관, 뉴욕소재 주유엔대표부, 그리고 주이라크대사
관과 2011년도 일본대지진이 발생한 지역인 주센다이총영사관에서
외교관으로 근무를 하였습니다. 최근에는 한·일 관계연구를 위해 후
쿠오카에 있는 규슈대학에서 파견되어 한·일 관계발전방향에 관한
연구를 하고 있습니다.

여러분 학교와는 인연이 없습니다만, 조그마한 에피소드가 있어 간
단히 소개를 하고, 본 강의를 들어가도록 하겠습니다. 주이라크대사관
근무 시절에 대사관에 아랍어를 할 수 있는 직원이 없었기 때문에 아
랍어통역을 채용하려고 했습니다만, 당시 이라크가 전쟁 중이었기 때
문에 하루에도 민간인 사상자가 100여명 이상 발생해서, 이라크를 근
무하겠다고 신청하는 사람이 한 사람도 없었습니다. 2달 정도 연장공
모를 해서 딱 한 사람, 그것도 남성이 아니라 여성분이 신청을 하였습

니다. 용감한 여성분의 이력서를 보니까, 여러분 학교의 선배였습니다. 당시 대사관내에는 대사관을 경비하는 해병대 대원을 포함하여 한국인 40명, 현지인 20명 정도가 근무를 하고 있었습니다만, 대사관내에는 화장실 겸 세면장이 4개밖에 없어서 아침이면 화장실 전쟁입니다. 여성분을 채용하기 위해서는 별도의 시설이 없어서 결국 채용을 하지 못했습니다만, 아무도 근무하지 않겠다는 그 곳에서 여러분 선배께서는 위험지역임을 무릅쓰고 근무를 하겠다는 적극적인 모습에 감명을 받은 적이 있어, 오늘 여러분의 학교에 와서 그 분의 생각이 떠올랐습니다.

오늘 수업과목이 아시아공동체라고 듣고 있어 무엇을 준비할까, 고민을 많이 해 보았습니다. 결국 공동체라는 것은 서로의 문화를 이해하고 다함께 어울려 잘 살자고 하는 개념입니다. 그러한 의미에서 오늘 강의를 '디아스포라 공공외교'에 관해 준비를 해 보았습니다. 디아스포라라는 말은 여러분들에게 생소하게 들릴 것입니다. 혹시 여러분 중에도 '디아스포라'라는 말을 들어본 적이 있습니까? 나중에 구체적으로 용어에 대해 자세히 말씀을 드리겠지만, 강의를 들어가기 전에 간단하게 말씀을 드리면 '디아스포라'란 자신의 모국을 떠나 해외에서 생활터전을 잡고 자신의 모국의 정체성을 유지하면서 살아가는 민족 공동체를 의미합니다. 여러분들의 모교가 외국어대학이라는 특성으로 앞으로 여러분들 중에서 많은 분들이 기업체의 주재원, 정부기관, 이민, 국제결혼 등 자의든 타의든 해외에 많이 진출하실 것입니다. 여러분이 해외에 거주하시면 거주국의 문화와 법을 잘 지키고, 많은 현지인 친구들을 사귀고 좋은 관계를 유지한다면 결국 한 울타리에 사는 공동체가 될 것입니다. 더 나아가서는 여러분의 모국, 대한민국에 대한 국격(國格)을 높이는 것입니다. 오늘 강의는 먼저 공공외교란 무엇인지 개념부터 이해를 하고, 디아스포라 공공외교에 대해서 설명토록 하겠습니다. 시간적인 여유가 있으면 국제기구 진출과 정부에서 추진하고 있는 해외 공공일자리 등에 대해서도 간단하게 소개를 드리고, 질문을 받는 순으로 진행하도록 하겠습니다. 우리나라에서도 '공공 외교'에 대한 개념이 시작된 것은 2~3년에 불과합니다. 아직까지 생소한 개념입니다만, 지난해 연말 대통령 선거에서 새누리당은 '매력 한국건설'을 위한 '국민외교시대 개막'을 민주당은 '국민과 함께 하는 공공외교'라는 슬로건을 내세웠습니다. 왜 각 정당들이 공공외교를 내세웠는지, 한번 보도록 하겠습니다. 공공외교란 자국 정부는 물론 국민들도 함께 외교의 주체가 되어 다른 나라의 국민을 직접 접촉, 상대를 해서 문화, 기여, 정책홍보 등 수단을 통해 외국대중의 마음을 얻어서 국가 이미지 및 국가 브랜드 제고, 글로벌 영향력 증대 등 원하는 방향으로 외교활동을 이끌어 가는 것이 공공 외교라고 말할 수 있습니다. 우리나라와 같이 자원도 하나도 없고, 대외의존도가 높아서 무역으로만 먹고 사는 나라로서는 대외 이미지가 무엇보다 중요합니다. 결국 해외 우리상품의 판로나 외국관광객, 투자 유치는 물론 해외신용도 등에 상당한 영향을 줄 수 있기 때문입니다. 생존차원에서 공공외교를 강화해 나가야 할 것입니다. 최근에 들어와서 외교정책을 수행하는데 있어서 다른 나라 국민들뿐 만아니라 우리나라 국민들의 이해와 지지와 참여가 중요해지고 있습니다. 즉, 외교정책을 수행하는데 있어서 무엇보다도 우리국민들의 지지 없이는 불가능하다는 것을 알게 되었기 때문입니다. 대표적인 사례가 '2008년 미국산 쇠고기 수입반대 촛불시위'일 것입니다. 당시 이명박 대통령은 값싸고 맛있는 미국산 쇠고기를 수입해서 공급해주면 우리 국민들이 상당히 기뻐할 것이라고 생각했는지는 모르겠습니다만, 국민과 소통 없이 정치적인 판단에 따른 수입결정이 국민들로부터 엄청난 저항을 받았던 것입니다. 이 이후 외교부는 국민과 함께 하는 외교를 추진하고자 공공외교를 도입하게 된 결정적인 계기가 되었다고 생각합니다. '공공외교의 핵심 포인트는 사람들의 마음을 얻는 것'입니다.

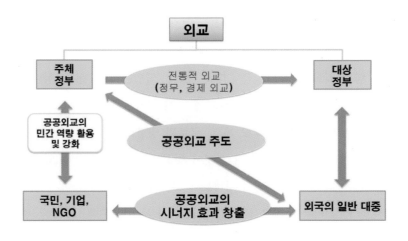

出典：趙啓正, "中国의 公共外交"

〈표 1〉 전통외교 VS 공공외교

상기 〈표 1〉을 보시면 주체정부와 대상정부간의 외교가 전통외교가 되겠습니다. 즉 전통외교는 정무, 경제를 중심으로 한 자국과 상대국간의 접촉과 소통을 의미합니다. 특히, 전통외교는 자국의 대외정책과 대외관계에 따라 상대국과의 관계가 좋아질 수 있고, 나빠질 수도 있습니다. 대표적인 예가 한·일 관계일 것입니다. 그렇지만 공공외교는 효과가 나타나기까지는 상당한 시간이 걸리지만, 지속성이 있습니다. 그리고 정치적인 영향을 크게 받지 않습니다. 2004년 Joseph Nye는 외교의 수단으로서 하드파워, 그리고 소프트파워, 이 두 개를 어울러서 스마트파워를 중심으로 외교활동으로 전개해야 한다고 주장했는데 이것이 모든 나라에서 정설로 받아들이고 있습니다. '공공 외교'라는 것은 미소냉전이 한창이던 1965년, 미국의 플래쳐스쿨 교장으로 재임 중이던 굴리온 박사가 공공외교라는 말을 처음 사용했는데, 냉전기간 동안에는 공산화 저지, 미국의 자유주의 사상 전파 등 엄청난 위력을 발휘하였습니다. 공산권이 몰락하면서 공공외교에 대한 유용성에 다시 의문이 생겨나게 되었습니다. 그렇지만 21세기에 들어와서 공공외교가 다시금 조명받기 시작하였습니다. 왜, 냉전 종식으로 사라진 이 용어가 다시 등장했을까요. 등장배경에는 9.11 사태입니다. 세계최강의 군대를 갖고 있고, 경제력을 갖고 있으면서, 가장 관대한 대외원조를 하고 있는 미국이 왜 세계 여러 곳에서 반미주의에 직면해야 되는가에 대해서 미국 외교는 심각하게 고민하기 시작하였습니다. 그래서 들고 나온 해결책이 냉전시대 때 사용했던 공공외교입니다. 타국 대중과 교류하면서 서로 문화를 이해하고 마음을 사야 한다는 것을 새삼 깨닫게 된 것입니다. 민주주의가 확산되니까, 외교정책수립과정에서 시민들의 목소리가 커졌습니다. 더군다나 인터넷과 SNS의 발달로 말미암아 그 영향이 더 커졌습니다.

흔히 공공외교라고 하면 대표적인 것이 문화외교와 그리고 대외홍보, 더 나아가서는 개발협력 기능 일부도 이제 공공외교 범위에 포함된다고 할 수 있겠습니다. 최근에는 한류가 우리나라를 외국대중에게 알리는 데 크게 기여를 하고 있지만, 과거에는 한국을 알리는 데에는 해외 진출한 우리기업들이 크게 기여를 했습니다. 대표적인 사례가 〈그림 1〉의 쿠바 10페소짜리 지폐 사진입니다. 지폐 뒷면의 도안은 '현대중공업'이 쿠바에 납품, 설치한 '이동식 발전설비'입니다.

 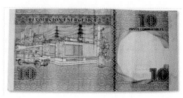

뒷면   앞면

〈그림 1〉 쿠바 10페소 사진(현대중공업 쿠바 전력 사업)

쿠바가 2003년도, 2004년도 허리케인으로 인해 쿠바 발전설비의 40%정도가 파괴가 되어 전력난이 심각해졌습니다. 심각한 전력난 해소를 위해 쿠바 카스트로 평의회의장이 직접 전면에 나서서 국책사업으로 추진하게 되었고, 쿠바정부의 고민을 한방에 해결해 준 것이 사진에 보시는 현대중공업의 이동식 발전설비입니다. 이 이동식 발전설비는 40피터 컨테이너 정도의 크기로 별도의 송전 및 변전설비 없이 발전설비 1대에 동시에 6,000세대가 불을 밝힐 수 있는 설비라고 합니다. 대단하죠. 쿠바 전역 44개소, 모두 544기가 설치되어 쿠바의 에너지 혁명을 일으켰다고 합니다. 쿠바정부는 이것을 기념하기 위해

현대중공업 발전설비를 10페소짜리 지폐에 도안하게 된 계기라고 합니다. 한 기업의 제품이 화폐에 도안된 것은 아마 현대중공업이 세계 유일할 것입니다.

다음은 각 나라의 예를 보겠습니다. 미국은 냉전 후 사라졌던 미 공보처의 기능을 재인식해서 국무부 안에 공공외교 및 공보담당 차관직을 설치하였습니다. 미국 문화원을 재외공관으로 통합운영하고 있습니다. 일본의 공공외교 목표는 이전의 군국주의 국가라는 이미지에서 평화를 사랑하는 민주주의 국가(peace-loving democracy)라는 새로운 이미지로 전환을 위해 공공외교를 적극 수행해 오고 있습니다. 프랑스의 알리앙스 프랑세스, 영국의 브리티시 카운슬, 독일의 괴테 인스티튜드 등 다른 강대국들도 공공외교를 강화해 나가고 있습니다. 중국도 중국 위협론과 아시아 지배론에 대한 대안으로서 '중국의 평화적 부상' 또는 '중국의 평화적 발전'이라는 개념을 탄생시키고 체계적인 공공외교 전략을 수립하여 시행하고 있습니다. 우리나라 문화원과 국제교류재단을 하나로 묶은 형태라고 할 수 있는 '공자학원'을 2004년에 처음 설립해서 현재 약 100개국 340여개가 운영 중에 있습니다. 캐나다의 경우에는 공공외교 분야에서 큰 진전을 이룬 국가로 평가를 하고 있습니다. 대인지뢰금지협약의 안건을 만들었습니다. 그래서 인간안보 개념을 정립하여 이에 대한 상당한 명성을 얻고 있습니다. 노르웨이는 일찍부터 평화에 대한 이미지 구축작업을 했었고, 큰 성과를 거두었습니다. 호주, 뉴질랜드는 깨끗한 자연을 유지하려고 하는 노력을 했고, 그것에 대한 이미지가 굳어져 있습니다. 이스라엘은 최초로 공공외교와 디아스포라를 담당하는 장관직이 생겨났고 공공외교를 추진하고 있습니다.

　다음은 우리의 공공외교의 전략에 대해서 살펴보겠습니다. 결국 공공외교라고 하는 것은 우리외교에 있어서 국가이미지, 국가브랜드 강화를 통해 글로벌 영향력 증대의 역할을 하고 있는 것입니다. 한국의 공공외교는 무엇을 가지고 공공외교를 전개를 할 수가 있겠습니까? 우리의 경우는 경제 및 민주화를 동시에 달성한 국가로서 개도국의 성장 모델을 제시할 수 있을 것입니다(일본 : 백오십년만의 고독). 한국은 2차 세계대전 이후 독립한 140여개 개도국 중 유일하게 최빈국 원조 수혜국에서 선진국 원조공여국으로 되었습니다. 특히, 한국은 일반적 개도국과 같은 환경에서 식민지 지배, 전쟁, 극단적인 빈곤 등 개도국의 보편적 유형 모두 경험했기 때문에 재개발 상태의 개도국에게 성공모델 및 희망을 제시할 수 있을 것입니다. 한류는 지금 대단위로 퍼져나가고 있습니다. 일본에서 한류의 영향력에 대해서 간단히 설명을 드리면, 여러분들께서 한석규 씨가 주인공으로 나오는 '쉬리' 영화를 잘 아시죠. 이 영화가 국내는 물론 일본에서도 상당한 히트를 쳤습니다. '쉬리' 이후, 일본의 TV에서 한국 드라마를 방영하기 시작했고, 이것이 한류가 시작된 계기였습니다. 여러분도 너무 잘 아시는 배용준 씨와 최지우 씨가 주인공인 '겨울연가', 일본에서는 '후유노소나타(冬のソナタ)'라고 하죠. 아마 2003년인가 2004년도에 일본에서 방영이 되었습니다만, 저는 그때 미국 뉴욕에서 근무를 할 때였는데, 어느 날 일본서점을 잠시 들렀습니다만, 일본서점의 진열장의 대부분이 '후유노소나타' 책이었습니다. 겨울연가가 일본국내뿐만 아니라 해외에 있는 일본인들에게까지 공전의 히트를 친 것입니다. 한류가 인기를 끌기

이전까지는 일본인들의 한국에 대한 인식은 과거 자신들의 식민지였었고, 독재정권에 맨 날 데모만 하고, 가난해서 엄청 궁상을 떨고, 피해의식만 사로잡혀 있는 귀찮은 이웃나라라고만 생각을 했었습니다. 그런 일본인들에게, 어느 날 TV에 보이는 한국은 과거 자신들이 생각하는 이미지와는 달리 한국의 풍요롭고, 발전된 모습을 보고, 차츰 한국에 대한 이미지가 변하기 시작했습니다. 심지어 한국 드라마를 보겠다고 일본인들의 한국어 교육 붐이 일어났습니다. 우리정부에서는 재일동포의 민족교육과 한국어를 가르치기 위해 각 지역마다 한국교육원을 설립해서, 한국에서 선생님을 파견해서 동포 2, 3세에게 한국어를 가르치고 있습니다만, 실상은 한국교육원에 한글을 배우려고 하는 재일동포 2, 3세는 거의 없습니다. 수강생들의 90% 이상이 일본인들입니다. 그 만큼 일본인들이 한국에 대해 많은 관심을 갖고 있다는 것입니다. 한류가 일본에 끼친 영향은 많이 있습니다만, 3가지만 거론하겠습니다. 첫 번째가 재일동포의 민족 자긍심 회복일 것입니다. 과거 미국에서 흑인들이 미국사회에서 차별받듯이 일본에서는 재일동포가 흑인들처럼 핍박받고 차별을 받았습니다. 제가 잘 알고 지내던 재일동포분이 고기집, 일본말로는 야키니쿠점(燒肉屋)을 운영하고 있습니다. 일본에서 한류가 들어오기 전에는 자신이 한국인이라는 것을 드러내지 않고 살았다고 합니다. 그 만큼 그분이 피해의식이 많았던 것입니다. 어느 때부터인가 겨울연가, 대장금 등 한류의 인기로 일본인들이 한국을 보는 시각이 과거와는 달리 180% 바뀌어졌다고 합니다. 그 이후로는 자신의 가게에도 배용준 씨, 이영애 씨며 한국 인기 드라마 주인공의 포스터를 부치는 등 떳떳하게 한국인으로서 가게를 운영을 하고 있다고 합니다. 두 번째는 일본에서의 한류가 한국 상품의 인지도를 크게 높였다는 것입니다. 전 세계에서 일본 만큼 시장이 폐쇄적인 나라가 없습니다. 일본인 자신들도 자기 나라의 물건이 최고라고 생각을 하고 외국상품에 대해서는 굉장히 배타적입니다. 특히 한국 상품에 대해서는 물어볼 것도 없습니다만, 한류의 파급으로 한국 상품에 대해서도 좋은 인식을 갖게 되었고, 많은 우리업체들이 일본에 진출할 수 있는 계기가 마련되었다는 것입니다. 세 번째가 우리와 똑같이 일본인들도 한국을 가깝고 먼 나라라고 생각을 하였습니다만, 한류의 영향으로 '가까운 이웃으로 비슷한 문화를 공유하고 친밀한 나라'라는 인식을 심어주었습니다. 일본 예를 들어 보았습니다만, 이 만큼 문화의 힘이라는 것은 한 나라 국민의 마음을 움직일 수 있다는 것입니다. 아울러, 스포츠(일본 예, 야구, 축구 등), SNS, 우리로서는 공공외교를 추진하는데 있어서 다른 나라보다 훨씬 좋은 토양을 가지고 있다고 생각합니다. 그러면 구체적으로 어떤 전략을 가지고 있느냐. 우리 정부에서는 〈표 2〉에서 보는 것처럼, 공공외교의 비전, 목표, 추진과제를 설정을 하고, 착실히 추진 중에 있습니다. 그렇지만 공공외교를 정부에게만 맡겨놓을 수가 없습니다. 모든 국민들이 다 참여를 하고 즉 시민단체, 언론계, 학계, 경제계, 재외동포 모든 힘을 합쳐서 추진해야 할 것입니다. 한국의 공공외교는 최근에야 다양한 외교 목표에 다양한 수단을 동원하는 복합 외교개념을 도입하였고, 그 방안의 하나로 공공외교를 추진하고 있습니다. 2011년 12월에 공공외교대사를 최초로 임명했고, 외교부 내 조직 면에서도 2012년 1월에 '공공외교정책과'를 두게 되어, 전 세계에 있는 약 160개의 우리 대사관이나 총영사관을 통해 가시적인 공공외교 사업을 추진하고 있습니다.

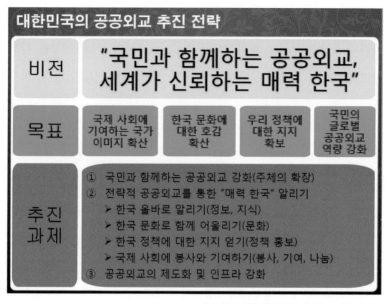

〈표 2〉 대한민국의 공공외교 추진 전략

다음은 새로운 공공외교의 가능성으로서 주목을 받고 있는 주체들이 바로 해외에 흩어져 살고 있는 재외동포들 즉 '디아스포라'에 관해 말씀을 드리도록 하겠습니다. '디아스포라'라는 용어가 다소 생소하게 들릴지도 모르겠습니다. 그러면, 먼저 용어정의부터 해 보도록 하겠습니다. '디아스포라'는 그리스어로 성경 신명기 28:25에서 추방과 관련된 내용 "그대가 이 땅의 모든 왕국에 흩어지고"를 히브리어에서 그리스어로 번역하면서 처음 사용되었습니다. 유대인들은 크게 2차례 자신들의 터전인 유대 땅, 다른 말로 하면 팔레스타인 땅에서 추방되어 해외로 유랑생활을 했던 것입니다. 첫 번째 추방이 기원전 607년 바빌로니아인들이 유대왕국을 멸망시킨 후, 기원후 70년 로마제국이 유대지방에서 유대인을 쫓아내는 부분에서 '디아스포라'라는 낱말이 쓰여 지금의 의미를 얻게 되었습니다. 즉 '디아스포라'는 난민의 형성과 관련된 것으로 본토를 떠나 생활하며 그들 나름의 문화, 전통을 간직하며 결속력을 가졌던 유대인 민족의 역사를 의미하기도 합니다. 학자마다 '디아스포라'의 용어의 견해가 조금씩 다르지만, 일반적으로 '디아스포라'는 특정 인종이 자의적이든지 타의적이든지 기존에 살던 땅을 떠나 외부에서 그들의 정체성과 민족성을 상실하지 않고 세대교체를 반복해 온 공동체를 의미합니다. '코리아 디아스포라'라고 하면, 우리 민족이 모국을 떠나 생활기반을 둔 거주국에서 한민족이라는 정체성과 민족성을 상실하지 않고 세대교체를 반복해 온 공동체를 의미합니다. 디아스포라는 지리적으로 국내에 존재하는 것은 아니지만 같은 민족이라고 하는 동질성, 정체성이라는 관점에서 국내 사회구성원에 준하는 존재감을 가진 주체들로서의 공공외교의 중요한 대상이며 동시에 주체가 될 수 있습니다. 특히, 해외동포들이 가지고 있는 '민간'으로서의 성격, 글로벌한 네트워킹이 가능하다는 점, 출신국은 물론 거주국의 문화와 체제를 인지하고 있다는 점 등은 공공외교의 주체로서 큰 자산 및 가치를 가지고 있습니다.

디아스포라 공공외교의 외교 정책적 가치는 크게 4가지로 들 수 있습니다. 첫째는 해외 우수한 두뇌들의 본국 과학기술 발전을 위한 자산(과거 정보통신부가 해외에 있던 과학자들을 한국으로 불러들여 IT 분야의 주요 사업을 발전시킨 사례), 둘째가 모국에 대한 중요한 해외투자의 주체, 셋째가 모국의 문화와 매력을 확산시키는 현지 교두보,

넷째가 모국의 외교적 목표를 지지하는 외국내 로비세력의 외교 정책적 가치가 있다고 할 수 있겠습니다. 사례를 들어보면, 여러분들 중에 『요코 이야기(〈그림 2〉)』라는 책을 들어 본적이 있습니까?

〈그림 2〉 요코이야기(미국판)   〈그림 3〉 요코이야기(번역본)

이것은 미국판 역사왜곡 교과서이야기입니다. 원 제목은 『대나무 숲 저 멀리서(So Far from the Bamboo Grove)』로 일본계 미국인 작가 '요코 가와시마 왓킨스'의 자전적소설입니다. 한국에도 번역본 〈그림 3〉이 출간되었습니다. 이 책의 내용은 1945년 8월 15일, 일제가 패망한 후, 북한 청진에서 살고 있던 주인공과 가족이 한반도를 떠나는 과정을 그리면서 조선인들이 일본 부녀자들에게 강간과 폭력을 일삼았다는 내용인데, 일본인을 피해자, 한국인을 가해자로 묘사한 내용을 담고 있습니다. 열한 살 소녀의 눈높이로 씌어져있고, 드라마틱한 요소도 있기 때문에 미국의 많은 학교에서 영어 읽기 교재로 채택하고 있습니다. 이 문제가 촉발된 계기는 보스턴에서 산부인과 의사로 일하는 '아그네스 안' 박사가 2006년 어느 날 학교를 다녀온 아들이 울면서 "왜 한국인은 일본인에게 그렇게 나쁜 짓을 많이 했나요?"라고 말한 것이 계기가 되었다고 합니다. 이 후 '아그네스 안' 박사는 '바른 아시아역사 교육을 위한 부모회'를 결성하였고, 미국 내 한인단체들과 협력을 해서 책의 허구를 밝히기 위하여 일본, 중국에까지 다녀오는 등 『요코이야기』의 퇴출운동 전사로 나섰습니다. 이 책의 문제는 일본이 한국을 식민지화한 역사적 배경 설명 없이 일방적으로 피해자를 가해자로 뒤바꿔버려 한국인을 파렴치범으로 묘사하고 있기 때문에, 미국 동포사회가 격앙된 반응을 불러 일으켰고, 미주 한인사회가 똘똘 뭉쳐 학교교재 퇴출운동을 시작하였습니다. 퇴출운동 후 2년만인 2008년 11월 '요코이야기'를 캘리포니아주 교육위원회는 공청회를 통해서 학교교재에서 퇴출시켰습니다. 그리고 미국 내 다른 지역에서도 지금도 퇴출운동을 하고 있습니다. 이러한 활동이 미국 사회 우리 동포단체들의 조직적이고, 꾸준한 노력을 통해서 큰 성과를 이루어 내었다고 생각합니다. 만약 우리 정부가 앞장서서 퇴출운동을 했다고 하면, 제 생각에는 역효과가 났을 것입니다. 이 만큼 '디아스포라'도 뭉치면 엄청난 힘을 발휘할 수 있다는 것을 실례를 들어 보았습니다.

　디아스포라 공공외교의 성공적인 해외사례로써 유대인의 사례를 보도록 하겠습니다. 여러분도 너무나도 잘 알고 계시겠지만, 유대인의 힘은 대단합니다. 2005년도 SBS에서 제작한 '유대인의 미국'이라는 다큐멘터리를 보게 되면, 미국사회에서의 유대인의 영향력은 어떠한지 잘 알 수 있습니다. 유대인 디아스포라 네트워크의 중심에는 세계유대인총회(World Jewish Congress: WJC), 미국유대인협회(American

Jewish Committee: AJC), 미국 이스라엘공공문제위원회(The American Israel Public Affairs Committe: AIPAC) 등의 막강한 정치적 영향력을 지닌 단체들이 존재하고 있습니다. 이중 미국 이스라엘공공문제위원회(AIPAC)는 일반적인 유대인 커뮤니티는 아니지만, 미국 정부에 대해 이스라엘 문제와 관련된 로비를 하는 단체입니다. 이 단체의 정책 컨퍼런스에는 오바마 대통령, 힐러리 클린턴 국무장관, 토니 블레어 전 영국 총리 등을 초청할 수 있을 정도로 그 힘이 막강한 단체입니다. 미국의 대외정책을 좌지우지 할 정도의 영향력을 가지고 있습니다.

지금까지 유대인 사례를 보았습니다. 한 민족의 디아스포라 역사와 이들을 연결하는 어떤 네트워크가 있는지를 보도록 하겠습니다. 코리안 디아스포라의 역사는 19세기 중엽부터 시작되었기 때문에 유대인, 중국인, 그리스인, 이탈리아인 등 세계의 여러 민족들에 비교해서 짧습니다. 그렇지만 우리민족처럼 미국, 캐나다, 일본, 중국, 남미, 독립국가연합처럼 다양한 정치경제 체제에서 다양한 형태의 적응을 시도했던 민족은 역사상 그리 흔치 않습니다. 한민족 디아스포라 역사는 크게 4가지 시기로 구분해 볼 수 있습니다. 첫 번째 시기는 1860년대부터 1910년(한·일 합방이 일어난 해)까지인데, 이 시기에는 구한말의 농민, 노동자들이 기근, 빈곤, 압정을 피해서 국경을 넘어 중국, 러시아, 하와이로 이주하였습니다. 두 번째 시기는 1910년부터 1945년(한국이 일본 식민통치로부터 독립한 해)까지인데 이 시기에는 일제 치하에서 독립운동, 일제의 수탈을 피해 만주와 일본, 러시아로 이주, 강제징용으로 일본, 사할린으로 이주하였습니다. 세 번째 시기는 1945년부터 1962년(우리정부가 이민정책을 처음으로 수립한 해)까지인데, 이 시기에는 한국전쟁을 전후해서 발생한 전쟁고아로서 입양아(5000명), 미군과 결혼한 여성(6000명), 유학 등의 목적으로 미국 또는 캐나다로 이주하였습니다. 국제결혼과 입양아가 전후 한인 이민자의 2/3을 차지하고 있습니다. 네 번째 시기는 1962년부터 현재까지인데 이때부터 정착을 목적으로 한 이민이 시작되었습니다. 이 시기에는 정부에서 최초로 이민정책을 수립하여 국내 잉여인구의 이민실시와 이민자의 국내송금을 외화획득 목적으로 집단이민과 계약이민을 시작하였습니다.

다음은 한상네트워크에 관해 설명 드리겠습니다. 과거에는 재외동포가 타 국가에 사는 재외동포에 대해서는 별로 관심을 갖지 않고 서로간의 교류도 미약했지만, 최근에는 '한상네트워크'와 같은 경제협력 네트워크를 활성화하려고 정부와 민간이 함께 노력하고 있습니다. 재외동포재단과 매일경제신문이 주관을 해서 2002년부터 시작된 '세계한상대회(The World Korean Business Convention)'가 대표적인 네트워크입니다. 세계한상대회는 국내외 경제인들이 서로 교류하고 정보 교환을 할 수 있는 기회를 제공하고 있습니다만, 회의기간이 불과 3~4일에 밖에 되지 않아 본래의 목적인 네트워크 구축에는 한계가 있습니다. 그래서 재외동포재단은 2011년 6월 온라인 '세계한상정보센터'(www.hansang.net)를 구축해서 기존의 '세계한상대회'의 한계를 극복하고 온라인을 통해 지속할 수 있는 세계한상네트워크를 구축하여 보완했습니다.

다음은 우리 정부의 디아스포라 정책입니다. 한국의 재외동포정책은 무엇보다도 정부의 '재외동포'와 관련해서 설치한 기구와 '법령정비'를 들 수 있습니다. 〈표 3〉에서 보는 바와 같이, 우리나라의 재외 동포 정책은 이스라엘, 중국 등 해외국민들에 대한 정책이 이른 시기 부터 있었던 국가들과 달리 비교적 뒤늦게 추진되었습니다.

일자	설치기구 및 법령	특징
1996.2	국무총리소속 '재외동포위원회' 설치	
1999.9	재외동포법 제정	1948년 대한민국 정부 수립 이후 해외로 이주한 사람'으로 한정
2004.3	재외동포법 개정	중국과 구 소련 등 재외동포 포함(차별폐지)
2007.3	방문 취업제 실시	방문취업 체류 자격 신설하고, 동포 간 차별 해소 위한 재외동포 사증발급제도 개선
2009.12	재외동포 영주 자격 신청완화	
2009.2	공직선거법 개정	OECD회원국 중 마지막 재외선거제도를 도입 국가
2012.4	국회의원 선거	재외국민 최초로 투표권 행사

〈표 3〉 재외동표정책 추진 관련기구 및 법령 정비

국내 문제(경제발전, 북한과의 체제경쟁, 정권홍보)에 집중했고 또한 많은 재외 동포들이 중국, 소련 등 공산국가에 살았기 때문에 특별한 교류를 하기가 어려웠습니다. 하지만 탈 공산권 해외 동포들이 한국 노동 시장에 진출하기 시작했고 또한 인건비 상승에 따른 저임금의 해외노동자 고용 등 우리나라 경제 구조의 변화로 이들을 필요로 하게 되었으며, 동시에 세계화로 해외 동포들의 한국경제와의 연계가 심화 되면서 본격적으로 재외동포정책이 추진되었습니다.

재외동포법과 더불어 우리정부는 재외선거 제도 도입을 통해서 재외동포 정책에서 변화를 모색했습니다. 한국은 OECD 회원국 중 가장 마지막으로 재외선거제도를 도입한 국가입니다. 2009년 2월 12일에 공직선거법 개정과 재외선거제도 도입을 통해 재외국민도 국내 선거에 참여할 수 있게 되었습니다. 지난해 2012년 4월 국회의원 선거에서 재외국민들은 최초로 투표권 행사를 한 바 있습니다. 코리아 디아스포라 결집의 제도적 한계로 재외투표권 제한과 이중국적 부여 문제입니다. 먼저, 현행 재외선거제도는 한국 국적의 외국 일시체류자와 외국 영주권자들의 투표권을 인정하고 있습니다. 또한, 이중국적을 허용하고 있지 않습니다. 하지만 이것은 결국 해외에 거주하는 한인들을 부분적으로 인정하는 것으로 한인 네트워크를 모두 결집할 수가 없다는 한계가 있습니다. 최근 예를 들면, 미국에서 자수성가하여 과학자로서 사업가로서 미국에서 크게 성공한 미국 시민권자 김종훈 박사는 박근혜대통령의 미래창조과학부장관으로 지명을 받았지만, 국내의 반대여론이 높아, 장관직에서 결국 사퇴하고, 미국으로 다시 돌아간 것은 우수한 해외인력의 유치라는 측면에서 제도적인 한계를 말할 수 있을 것입니다. 이와 같이 이중국적을 놓고 해외 인적 네트워크의 활용이라는 취지에서 국내에도 찬성론도 있는 것은 사실입니다. 많은 국가들이 해외 우수 인력의 유치측면에서 이중국적 정책을 펼치고 있습니다. 1977년 캐나다를 필두로 하여 아르헨티나, 콜롬비아, 코스타리카, 이스라엘, 대만 등지에서 이중국적을 허용하여, 현재 전 세계 국가 절반 정도가 이중국적을 허용하고 있는 것으로 알려져 있습니다. 중국은 자국의 기술 발전을 위해서 엔지니어나 IT 종사자 등에 한정해 이중국적을 허용하고 있고, 인도는 역시 기술과 자본 유입을 목적으로 미국, 영국 등 7개국 국적자에게만 한정해 이중국적을 허용하고 있습니다. 한국의 이중국적 허용 문제는 여전히 이중국적자들의 병역 의무 회피 가능성, 이중국적에 대한 전반적으로 부정적인 국민 정서, 외교적 마찰 등 여러 면에서도 논란이 있습니다. 디아스포라 공공외교의 실현에서 앞으로 이 문제는 안과 밖의 갈등 그리고 해외 디아스포라 내의 갈등을 야기할 수 있는 민감한 문제입니다.

한국의 디아스포라 공공외교의 과제를 보면, 첫째, 해외 디아스포라 네트워크의 형성 및 재구조화의 과제입니다. 해외에 흩어져 있는 한인들은 지역별 모임을 결성하고 있지만 특히 취약한 부분은 현지 국가의 주류사회와 상호작용을 통해 영향력을 발휘할 수 있는 단체가 많지 않다는 점입니다. 특히 새로운 세대들이 기존 한인회와는 무관하게 살고 있으며, 한인 2, 3세대들은 유대인 못지않은 높은 교육열로 가까운 장래에 미국사회에서 한인들이 주류사회에 눈에 띄게 진출할 것입니다. 앞으로 이들을 연결하는 네트워크를 어떻게 형성하여 자신들의 권익향상은 물론 주류사회 영향력을 발휘할 수 있는 네트워크를 조직화하는 것이 가장 시급한 과제일 것입니다. 둘째, 해외 디아스포라 네트워크와 조응할 수 있는 국내 NGO, 시민단체 간 중심이 된 다양한 공공외교 주체들의 조직화입니다. 이를 통해, 독도문제, 동해표기 문제 등 다양한 이슈를 상호공유하고 협력을 한다면 큰 힘을 발휘할 것입니다. 셋째, 안과 밖을 네트워크로 엮어 낼 수 있는 네트워크형 디아스포라 공공외교 조직을 정부에서 주도적으로 나서서 한상네트워크와 같은 네트워크를 촘촘히 만들고, 기존에 있는 네트워크를 효율적으로 관리, 정비해 나가야 할 것입니다. 장시간에 걸쳐 디아스포라 공공외교에 대해서 강의를 드렸습니다만, 오늘 저의 강연이 여러분들의 지식의 축적과 앞으로 해외 진출할 경우, 조금이라도 보탬이 되었으면 합니다.

다음은 여러분들이 외국어를 전공하는 특성을 감안해서 국제기구 진출은 물론 개발도상국에서 봉사와 나눔을 실천하고 싶은 학생이나 지역학 분야에 관심이 있는 학생들을 위해 국제기구 진출은 어떤 방법 있는지와 함께 '한국국제협력단(Korea International Cooperation Agency)'에 대해서 간단하게 소개하겠습니다. 국제기구 진출에는 여러 방법이 있습니다. 1차적으로 공무원 등 정부기관에 입사를 해서 즉, 외교부, 기재부, 환경부, 농림부, 한국은행 등 근무를 하면서, 나중에 관련 국제기구로 파견 나가는 방법과 아니면, 우리정부에서 주관하는 JPO 시험을 통한 국제기구 진출, 그리고 유엔국별경쟁시험(YTT)을 통해서 국제기구로 진출을 할 수 있습니다만, 어느 것 하나 국제기구에 취업한다는 것은 그리 쉬운 일이 아닙니다. 그래도 여러분들에게 가장 현실적으로 국제기구 진출에 용이한 것이 JPO라고 생각합니다. JPO는 우리정부가 우리국민의 국제기구 진출을 돕기 위해 1996년부터 시행한 제도로써 우리정부가 경비일체를 지원하고 있습니다. 이 제도는 유엔에서 직접 채용하는 것이 아니라, 우리정부에서 채용해서, 유엔의 정원 외 직원으로 1~2년간 근무를 하고, 근무평가에 따라 정식으로 국제기구 직원으로 채용하는 제도로서 국제기구 진출에 그래도 가장 용이한 제도로 평가되고 있습니다. YTT(유엔사무국 국별 경쟁시험)도 있지만, 쿼터제라 국제기구 진출이 쉽지가 않습니다. YTT는 재작년인가 부산외국어대학교에서도 유엔직원이 직접 와서 설명회를 한 적이 있다고 듣고 있습니다. 국제기구에 도전을 해

보고 싶은 학생들은 제 개인적인 생각이지만 JPO에 도전해 보시기 바랍니다. 특히, 국제기구 진출에 도전하고자 하는 학생들은 1차적으로 제일 중요한 것이 언어(영어와 유엔공용어 중 불어나 서반어)일 것입니다. 그리고 국제기구가 필요로 하는 관련전문분야(인권, 경제, 군축, 국제법 등)를 차근차근 준비를 하고, 열심히 노력을 한다면 여러분의 꿈은 반드시 이루어질 것입니다. 유엔 등 국제기구 근무가 좋은 것은 세계각지를 돌아다니면서, 자기가 원하는 분야에서 봉사활동과 그 분야의 최고 전문가가 될 수 있다는 것입니다. 특히, 국제기구직원의 복지와 보수수준은 세계 최고의 수준입니다. 유엔 회원국 중 최고의 보수를 받는 국가의 공무원보다 상위의 보수를 주도록 규정이 되어 있습니다. 아울러, 자녀들의 대학을 갈 경우, 미국을 가든지 유럽을 가든지 상관없이 모두 지원을 해 주고 있고, 5년 이상을 근무하게 되면 평생 연금이 나온다고 합니다. 저도 유엔 등 국제기구 근무를 하고 싶지만, 능력이 안 되어서 못갑니다만, 여러분들 중에도 많은 분들이 국제기구에 진출하였으면 좋겠습니다. 유엔봉사단이나 유엔인턴도 앞으로 여러분의 국제기구진출에 도움이 될 수가 있고, 사전에 경험을 쌓을 수 있으니, 여러분의 커리어에 많은 도움이 될 수 있다고 생각합니다. 젊다는 것이 무엇이겠습니까? 꿈과 희망과 도전입니다. 유엔봉사활동이나 인턴에도 가능한 한 도전을 해 보시기 바랍니다. 국제기구에 관한 자세한 사항은 외교통상부내에 국제기구 인사센터가 있습니다. 문의를 하시면 상세한 정보를 받을 수 있을 것입니다.

다음은 우리나라의 대외원조에 대해 간단히 설명토록 하겠습니다. 먼저, 세계 선진 공여국들의 2011년도 ODA(대외원조) 실적을 보시

면, 미국이 307억 달러로 세계 최대의 원조 공여국입니다. 우리나라
는 13억 달러 정도의 규모로 순위는 17위입니다만, 우리나라와 경제
규모가 유사한 호주, 네덜란드, 캐나다, 스페인 등과 비교할 때 한참
저조한 것을 알 수 있습니다. 우리나라 ODA 규모를 우리와 경제규모
가 비슷한 국가와 비교를 해보면 그래프(〈표 4〉)를 보시는 것처럼 그
규모가 너무나 작습니다.

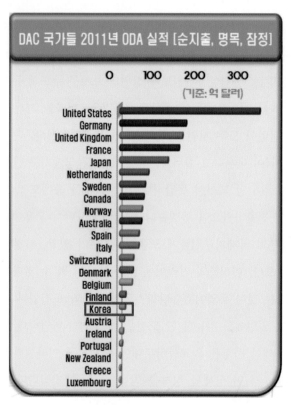

〈표 4〉 2011년 DAC 국가들 ODA실적(총규모)

2011년도 우리나라의 ODA 규모는 국민총소득대비(GNI) 0.12%에 불과해서 여타 OECD 선진공여국 회원국 평균보다 한참 낮은 수준이고, 유엔에서는 우리나라의 대외원조를 국민총소득(GNI)대비 0.7%를 권고하고 있습니다. 특히, 반기문 유엔 사무처장이 2008년도 방한 시에 "우리나라의 국제기여수준이 국제사회에 차지하고 있는 위상에 걸맞지 않는다. 유엔사무처장으로 부끄럽다"라고 말한 적도 있습니다. 지금 우리나라의 대외원조 수준을 볼 때, 앞으로 대외원조의 규모가 지금보다 배 이상이 늘어날 것입니다. 당연히 대외 원조 집행기관인 KOICA(한국국제협력단)의 위상과 규모도 엄청나게 커질 것입니다. 그렇게 된다면 어떻게 되겠습니다까? KOICA도 많은 인력들이 필요할 것입니다. 이것을 대비해서 코이카 같은 기관에 입사할 준비를 해보는 것도 좋을 것이라고 생각합니다. KOICA가 외교부 산하에 있으므로 직간접으로 KOICA 직원들과 접촉할 기회가 많습니다. KOICA 직원들은 일에 대한 보람이 외교부 직원들보다 훨씬 높습니다. 개인적인 생각입니다만, 해외 사무소 근무를 나가게 되면 외교관여권을 소지하고, 거의 외교관 수준의 대우를 받습니다. 복지도 외교부보다 훨씬 좋습니다. 그리고 해외에서 대외공여물자 등을 모니터링하고 해당국에 어떤 대외원조를 해야 하는지 해당국과 협의하는 등 권한도 상당합니다. 해당국에서 얼마나 잘 해주겠습니까? 제가 보기에는 국제기구에 대한 취업은 낙타가 바늘구멍으로 들어가는 만큼 어렵지만, KOICA는 플랜을 잘 준비를 해서 공부를 해 나간다면 입사가 그렇게 어렵지 않다고 생각합니다. 제가 KOICA 직원은 아니지만 여러분이 저개발국가에서 봉사와 나눔에 대한 꿈과 열정을 가지고 있는 학생들은 반드시 도전을 해 보시기 바랍니다. KOICA 제가 강추합니다.

제가 오늘 디아스포라 공공외교에 관해서 강의를 드렸습니다만, 공공외교의 가장 중요한 포인트는 '해외대중의 마음을 얻는 것'입니다. '해외대중의 마음을 얻는 방법' 중의 하나가 우리보다 못살고 어렵게 살아가는 저개발 국가들의 국민에 대한 기여와 봉사일 것입니다. 이러한 측면에서 '개발분야'가 젊은 여러분의 꿈과 열정을 쏟아 부울 만큼 충분한 가치가 있고, 보람이 있을 거라고 생각합니다. 그러한 것을 보시고 미래를 투자하시기 바랍니다. 열심히 공부하시고, 나중에 해외에서 저와 만나게 되면 제가 맛있는 차라도 꼭 대접하도록 하겠습니다.

지금까지 강의를 경청해 주셔서 감사를 드립니다.

감/상/문
book response

강 정 민
비즈니스일본어학부

9주차 강연에서는 공공외교라는 내용을 가지고 강연이 진행됐다. 제목에서도 나왔듯이 '디아스포라'와 '공공외교'란 무엇인가부터 알아봐야 할 것이다.

먼저 디아스포라란 무엇일까? 디아스포라는 우리가 주로 알고 있는 재외동포와 비슷한 의미이다. 한국의 국적을 가지고 외국에 거주하거나 영주권을 가지고 있는 사람들을 뜻한다.

그렇다면 공공외교란 무엇인가?

우리가 주로 알고있는 외교는 전통적 외교로 외교를 하는 주체는 각 나라의 정부였다. 각 정부끼리 지식과 정보를 주고받으며 소통하는게 지금껏 우리가 알고있는 외교의 방식이었다면, 공공외교는 주체가 정부 뿐 만이 아니라 국민들도 포함이 된다. 공공외교를 주도하는 주체가 각 정부와 외국의 일반대중들인 것이다. 이 공공외교 방식은 직접 현지에 나가서 살아가고 있는 대중들을 중심으로 하기 때문에, 좀 더 구체적이고 더 다양한 방면에서의 외교활동이 가능하다. 대중문화, 예술, 홍보, 지식, 언어, 기업 등 등 많은 분야에서 외교활동이 가능한 것이다. 이로 인해 각 국가에서의 공공외교는 국가이미지, 브랜드 강화가 될 수 있으며, 좀 더 글로벌 영향력을 증대시킬 수 있다.

이런식으로 디아스포라 공공외교를 합쳐서 본다면 해외에 거주하고있는 국민들이 다양한 방면에서 그들이 바로 공공외교의 주체로서 외국사람들과 다양한 글로벌 네트워킹을 하는 것이다.

이미 디아스포라 공공외교의 대표적인 사례가 있다. 바로 유대인들이다. 이들은 다양한 그들만의 네트워크를 통해 조직적이고 다양한 분야에서 활동하고 있다. 자신들이 주체로 현지사회에서 모국과 교류를 하고 있으며, 현지 사회에 기여를 할 뿐 만아니라 자신들의 권익도 향상시키고 있다. 이렇게 우리도 유대인들 처럼 현지에 거주하고 있는 디아스포라(재외동포) 공공외교를 실현하기 위해서 많은 노력을 해야할 것이다. 지금도 물론 하고 있지만 조금 더 체계적이고 다양한 공공외교 주체들이 나서서 네트워크를 형성해 나가야 할 것이다.

그리고 재외동포 뿐만아니라 우리가 할 수 있는 공공외교는 없을까? 방법이 없는 것은 아니다. 직접 해외에 거주를 하는 방법도 있지만 국가에서 지원을 해주는 프로그램도 많다. 바로 국제기구/개발 협력(KOICA)에서 진행하고 있는 '국제기구초급전문가(JPO)'제도와 유엔사무국 국별경쟁시험(YPP), 유엔평화봉사단, 유엔인턴, World Friends Korea(정부 통합 해외봉사단), ODA청년 인턴, 주니어 컨설턴트 등이 있다. 이처럼 다양한 프로그램으로 해외에 진출 할 수 있는 기회는 많다. 이러한 프로그램을 이용하는 방법도 좋고, 직접 나서서 해외사람들에게 한국을 알리고 다양한 교류를 할 수 있는 방법은 많다.

우리도 디아스포라(재외동포)들 처럼 공공외교를 실현 시킬 수 있는 가능성이 무궁무진 할 것이다. 인터넷이란 엄청난 네트워크망을 이용하는 방법도 있을 것이고, 직접 발로 뛰어가는 방법도 존재할 것이다. 앞으로 미래사회의 공공외교 주체는 바로 우리들이고 새로운 공공외교의 가능성을 보여주는 디아스포라들에게도 많은 관심을 가져야할 것이다.

　9週目は、公共外交という内容を含めた講演であった。テーマにもあるように'ディアスポラ'と'公共外交'とは何かということについて述べていく。

　まず、ディアスポラとは何か? ディアスポラは我々は主に周知している在外同胞と似た意味をもつ。韓国の国籍をもちながら、外国に居住して永住権をもつ人々のことである。また、共有外交とは何なのか?

　我々が主に周知している外交として伝統的な外交を行っている主体は、各国の政府である。各政府同士で知識や情報の受け渡しをして疎通しているものが、今まで我々が知っている外交の方法であり、公共外交とは、主体が政府だけでなく国民たちも含まれている。公共外交を率いる主体が各政府と外国の一般人たちだということだ。この　公共外交方式は直接現地に出て住んでいる一般人を中心としているため、さらに国際的であり、もっと多様な方法での公共外交が可能である。大衆文化、芸術、広告、言語、企業などなど多くの分野活動が可能である。このため、各国では公共外交は国家イメージ、ブランド強化になるように、さらにグローバルな影響力を増大させている。

　このように、ディアスポラと公共外交をあわせてみると海外で居住していることは国民が多様な方式で彼らがすぐに公共外交の主体として外国人たちと多様なグローバルネットワークを形成しているのである。すでにディアスポラ公共外交の代表的事例がある。他ならならぬユダヤ人たちである。彼らは多様な彼らだけのネットワークを通じて組織的に多様な分野において活動している。自分たちが中心となって現代社会で母国と交流をしながら、現在社会に寄与するばかりでなく自分たちの権益も形成させているのである。このように、我々もユダヤ人のよ

うに現在に生きていることはディアスポラ(在外同胞) 公共外交 を実践する
ために、とても努力しなければならない。今ももちろんしているのだが、
もう少し体系的に多様な公共外交自体が立ち上がり、ネットワークを形成
しなければならない。

　それから、在外同胞だけでなく我々ができることが公共外交に存在する
だろうか? 方法がないわけではない。直接海外へ居住するという方法もある
が、国家で支援代行できるプログラムが多くある。まさに、国際機構、開
発協力(KOICA) で行われている'国際機構初級専門家(JPO) 制度や国際連
合事務局、グローバル競争試験(YPP)、国際連合平和慈善団、国際連合イ
ンターンWorld Friends Korea、ODA青年インターン、ジュニアコンサルタ
ントなどがある。このように多様なプログラムで海外へ進出することがで
きる機会が多い。このようなプログラムを利用するという方法も好まし
く、直接出て行き海外の人々へ韓国を紹介しながら多様な交流をするとい
う方法は多くある。

　我々も、ディアスポラのような公共外交を実現させることのできる可能
性は無窮無尽にあるだろう。インターネットのように巨大なネットワーク
を利用する方法もあり、直接駆けつけるという方法も存在する。将来社会
の公共外交自体が、まさに我々であり、新しい公共外交の可能性を示して
くれているディアスポラへも多くの関心を持たなければならないだろう。

아시아문화공동체를 위한
다문화커뮤니케이션 교육

창신대학교 교수

이 상 진

아시아문화공동체를 위한 다문화커뮤니케이션 교육

2014년 5월 19일(월)

창신대학교 교수 **이 상 진**

방금 소개를 받은 창신대학교에 근무하는 이상진이라고 합니다.

오늘 저는 부산외대로부터 강의 의뢰를 받기 전부터 학생들을 지도하는 수업 중에 자주 사용했던 명제인 '다문화' '이문화' '커뮤니케이션'에 대해서 평소 생각해 왔던 바를 여러분들과 함께 생각해 보도록 하겠습니다.

'다문화' '이문화' '커뮤니케이션'이라고 하면 여러분들은 어떻게 해석하고 있는지는 모르겠지만, 아마 여러분들 대다수가 다문화, 이문화라 하면, '국적'이나 '민족'을 먼저 떠올리지 않나요?" "여러분들의 국적은 어디입니까? "Made in Korea죠? "대한민국 맞죠?" 그럼 지금 이 순간 외국 하면 어느 나라가 연상되나요? 원(One) 아시아재단에서 지원하는 아시아공동체론 수업이니만큼 아시아권에 있는 나라들을 우선 염두에 두고 있지 않을까 하는데, 저는 그러한 국적이라는 것을 매개체로 삼긴 삼지만, 실질적인 이야기는 국적이 아닌 인간 대 인간으로서 이야기를 풀어 가 볼까 합니다.

지금까지 '아시아공동체론'이라는 강의를 여러 교수님들로부터 들으면서 가장 기억에 남는 키워드가 있다면 무엇이 있을까요? 한번 답해 볼 학생 있습니까?

자 이번 강좌를 들으면서 가장 많이 들었던 단어, 나왔던 단어, 기억나는 것 없나요?

(학생) 공동체

우리 학생 무슨 과 누구인가요?

(학생) 비즈니스 일본어과 이미라입니다.

자 공동체 말고, 또 무엇이 있나요?

(학생) 문화의 여유.

(학생) 문화상대주의. 문화상대주의.

(학생) 다양성 다양성.

(학생) 세계화.

(학생) 이웃.

여러분 여기서 한 가지 생각해 보도록 합시다. 두 달 넘게 진행되고 있는 이 강좌의 중심 키워드를 떠올리면서 혹시 그 단어들 속에 1인칭 '나'는 빠져 있고 그냥 제3자적, 관객의 입장에서 강의를 들어왔다고 생각하지 않나요? 다시 말하자면 '우리'는 있는데 '한국'은 있는데 '나

아무개'는 빼고, 혹시 남의 이야기하듯이 그 단어나 용어를 이해하고 받아들인 것은 아닌가? 라고 여러분께 질문을 던져 보고 싶습니다.

저는 이 강의를 진행하는 방법으로 '나'가 '나'이기 위한 하나의 방편으로서 다문화, 이문화, 커뮤니케이션에 접근을 해볼까 합니다.

'세계인' 듣기 어떻습니까? 세계인 하면? 왠지 모르게 듣기 가슴 벅차다. 긍정적인 의미로 와 닿나요? 부정적인 의미로 와 닿나요?

(학생) 긍정적이에요.

그럼 글로벌은? 그것도 긍정적으로 느껴지지요? 모두 다 좋은 말이지요. 그리고 자주 듣는 말이기도 하고요.

자, 그럼 세계인이 되고 국제인이 되고, 글로벌인이 되기 위해 여러분 중에 "나는 이런 걸 해 봤다." "지금 현재 하고 있다." 또는 "이런 걸 할 것이다." 있으면 이야기해 보도록 하세요. 자 여러분들은 외국어대학교 학생이잖아? 특히 어문학을 전공하고 있는 학생들 한번 답해보기 바랍니다.

여러분 생각해 보세요. '세계화', '국제화', '글로벌화', 왠지 있어 보이는 용어 같지 않나요? 그리고 여러분들 모두는 '세계화', '국제화', '글로벌화' 사회 속에서 인재로 인정받고 싶고 활약하고 싶다고 생각하고 있죠? 그러니까 여러분들은 비싼 등록금을 내고 귀한 시간을 내어서 이 시간 이 자리에 와 있는 거 아닙니까? 이 질문에 정답은 없습니다. 한번 편안하게 대답을 해보시죠.

(학생) 외국인 친구들을 사귀려고 합니다.

외국인 친구들을 사귀려고 지금 노력하고 있나요? 있다. 지금 현재 진행형이다 그렇죠? 또 다른 친구?

　(학생) 지금 번역가 자격증을 따기 위해서 공부 중입니다.

　(학생) 통역 자원봉사를 하고 있어요.

　(학생) 글로벌 브랜딩 대회 나갔어요. 거기서 어떤 걸 하셨나요?

　(학생) 동영상을 만들어서…. 아~ 동영상을 만들어서,

자 여러분 한번 생각해 보세요. 여러분들과 저는 지금 무엇을 하였나요? 제가 질문하고 여러분은 답하고 있죠? 이런 행위를 무엇이라고 할까요? 이러한 일련의 활동이 다름 아닌 커뮤니케이션의 일종입니다. 그렇잖아요? 자 여러분들의 연령과 제 나이가 같나요?

　(학생) 다릅니다.

다르죠? 여러분들과 상당한 연령적 차이가 있습니다. 그리고 소속된 학교가 같다? 다르죠? 즉 말해서 여러분과 나는 무엇이 다르다? 평상시 향유하는 문화가 다릅니다. 생긴 것도 하는 일도 성격도 다 다릅니다.

그러나 여러분들과 나는 같은 언어인 한국어를 사용하고 있기에 불편함 없이 대화를 통한 소통을 나누고 있습니다.

여러분, 여러분들은 지금까지도 그러하였겠지만, 이 시간 이후에도 연령이나 성별 국적과 관계없이 수많은 사람과 다양한 관계 속에서 살아갈 수밖에 없습니다. 그러한 인간관계에 적응하지 못하고 버텨내지 못하고 인정받지 못하면 결국 어떻게 될까요? 여러분들의 미래는 없는 게 됩니다.

성공적이며 의미 있는 인간관계 형성을 위해서 가장 필요한 것은 상대가 누가 되었든 나 이외에 나 옆에 있는, 나 뒤에 있는, 나 앞에 있는 사람들과의 관계 형성을 위한 커뮤니케이션 능력이 여러분이 공부하고 있는 전공 이상으로 아주 중요한 역할을 하리라 생각합니다.

그래서 오늘 이 강의의 목적을 '국제화, 세계화, 글로벌화라는 이름으로 지구촌 사회의 다민족, 다문화가 급속도로 진행되는 현대사회에 있어서 자신과 상대방의 공생·공영과 상호 존중을 위한 정보의 교환, 공유 등 공통의 의미 형성을 위해 필요한 이문화 커뮤니케이션 능력의 중요성 인식과 함께 이해도를 향상시키고 개인적인 관계나 공적인 관계에 의해 발생하는 제반 문제점을 해결할 수 있는 능력을 함양하여 올바른 글로벌 인재로의 성장 방안을 사고케 하는 것'으로 잡고 관련된 사항들의 기본적인 개념을 설명하고 이러한 능력을 갖추기 위한 방법을 모색해 보도록 하겠습니다.

문화의 정의

여러분 '다문화'라는 말이 나왔고, '이문화'라는 말이 나왔습니다. 사실 나도 이 용어에 대해 본격적으로 검토하기 전까지는 별다른 차이를 두지 않았는데, 두 용어의 의미를 구분해 보기 위해 사전도 찾아보고 인터넷 검색도 하고, 관련 도서도 뒤져 보았는데, 문제는 '문화'라는 단어의 정확한 개념 정리가 우선적으로 필요하다는 생각을 하였습니다.

돌이켜 보니 학창시절 교양 강좌 시험 문제에 '문화의 정의에 대해서 논하시오'라는 문제를 푼 것 같기도 한데, 그때나 지금이나 '문화'에 대한 명쾌한 정의를 내린다는 것은 쉬운 일이 아니라고 생각합니다.

그러나 기존의 자료를 인용하여 문화에 대한 정의를 나열해 보면,

'인류가 스스로 구축한 유형, 무형의 성과 및 생활양식에 대한 총칭'

'연령별, 지역사회별, 혈연 조직 등의 특유한 고유성을 가진 것'

'학습에 의해 전습됨과 동시에 상호 간의 교류에 의해 발전하는 것'

'조직의 구성원이 된다는 것은 그 조직의 문화를 몸에 익힌다는 의미이다'

'인간은 동시에 복수의 조직에 소속할 가능성이 있으며 다른 조직이라도 공통의 문화가 존재할 수 있다'

등 다양하게 표현할 수 있는데 이러한 각종 정의를 조합하면 문화란 '각각의 민족, 지역, 사회, 개인이 태생적으로 소유하고 있으며 학습에 의해 전습되고 상호 간 교류에 의해 발전한 인간 생활양식의 총칭이다'라고 개인적으로 정리하고서 개별 문화의 몇 가지 특징을 통해 '문화'에 대한 일반적인 이해를 해보도록 하겠습니다.

개별 문화의 보편성과 특수성

'다문화' 또는 '이문화'를 논하는 경우의 '문화'라고 하면 보통의 경우 민족과 국적의 구분에 의한 '문화'를 연상하는 경우가 많은데, 저는 '개인'이라는 부분을 조금 강조하고 싶습니다만, 우선 인간이라면 누구나 태생적으로 가진 문화가 있기 마련입니다. 그런데 나에게는 태생적으로 자연스럽기 그지없는 문화가 다른 개인에게서는 그렇지 않은

경우가 흔히 있음을 알 수 있습니다.

여러분, 저나 여러분들은 식사 시에 숟가락과 젓가락을 아무런 거리낌 없이 사용을 합니다. 하지만 이 세상에는 젓가락과 숟가락을 쓰지 않는 문화도 상당히 많이 존재합니다. 이뿐만 아니라 입는 옷도 마찬가지입니다. 같은 나라 안이라 하더라도 예를 들면 부산을 떠나 서울만 가도, 대구만 가도, 유행하는 패션이 어딘가 조금씩 다르다는 것을 느낄 수 있으며, 의, 식, 주를 포함한 일련의 문화현상은 지역 및 개인에 따라 차이를 보이는데 문화권에 따라 일정한 유행에 의해 나름대로 독립된 문화권을 형성하고 있음을 알 수 있습니다. 여기서 주목할 것은 독립된 문화권을 형성하는 '유행'은 돌발적이라기보다는 일정 기간 알게 모르게 동일 문화권을 구성하는 개인에 의해 학습되고 전습된다는 것입니다.

이렇게 개인과 개인 간의 상호 관계 형성에 따라 발생하고 학습, 전습된 인간 생활양식을 총칭하는 것이 '문화'가 아닐까 합니다.

눈으로 보고, 입으로 먹고, 귀로 듣고, 코로 맡고, 손으로 만지고, 다리로 차고 하는 일련의 행위들도 조직 구성원들 간의 상호활동을 통해 일정한 고유한 양식을 가진다면 '문화'라고 이름 붙일 수 있다고 생각합니다.

다음으로 우리들이 '문화'라는 개념을 이해하고자 하는 경우 반드시 사전에 인식하고 있거나 인정해야 하는 것이 독립된 '문화'는 '보편성'과 '특수성'을 가지고 있다는 사실입니다. 그럼 '보편성', '특수성'이라는 것은 무엇일까요? 사전에는 '보편성'이란 "모든 것이 두루 미치거

나 통하는 성질" "특수성을 가진 개체들이 공유하고 있는 성질"로 나와 있는데,

여러분들이나 나 우리 모두가 가지고 있는 성질. 배고프면 여러분들 무엇을 합니까? 밥 먹지요? 길에 돈이 떨어져 있으면 어떻게 합니까? 주어서 주머니에 넣고 싶죠? 예쁜 여자 멋진 사람 만나면 뭐하고 싶나요? 말도 붙여 보고 싶고 사귀어 보고 싶기도 하고. 즉 인간이라면 누구나가 느낄 수 있는 기본적인 마음의 현상 또는 성질로 보편성을 이해하고자 합니다.

그리고 이어서 '특수성'입니다. '특수성'은 "일반적이고 보편적인 것과는 다른 성질" "집합을 이루고 있는 요소들 중의 어느 하나가 가진 특성"으로 정의되고 있습니다.

'문화'는 고유한 '특수성'을 가지고 있다. 예를 든다면 같은 한국의 대학생이라고 하더라도 제가 소속되어 있는 창신대학 학생들의 문화와 부산외대 학생들의 문화는 다른 모습을 가지고 있습니다. 범위를 좁혀서 보더라도 이 강의실에는 부산외대라고 하는 공동의 공간 속에서 생활하는 부산외대의 보편적 성향을 가진 학생들이 모여 있지만 옆 사람 한번 쳐다보십시오. 자신과 어느 정도 동일하다고 생각합니까? 결코 같지 않죠? 다르죠? 또한 같은 학과 학생이라 하더라도 같은 학과라고 하는 보편성은 가지고 있을지 모르지만, 각자가 가진 기본적인 생각이나 사고의 틀은 각기 다르다는 사실에 동의할 것입니다.

그러기에 우리는 '문화'의 개념을 이해하는데 있어 '개별 문화는 다른 개별 문화로 대체할 수 없는 독자성과 특수성을 가지고 있다'는 기

본적인 인식하에 개별 문화의 이해를 위해서는 '범인류적인(인간적인) 인식과 접근이 필요하다는 사실이 중요하다고 하겠습니다.

그럼 지금까지 '다문화' '이문화'를 이해하기 위한 전단계로 '문화'라는 개념을 이해하기 위해 '문화'가 가지는 '보편성'과 '특수성'의 특징을 살펴보았는데 한 20년쯤 전인가? 지금 돌아가셨는데, 인간문화재 박동진 선생님이 북을 두드리면서 한 광고에 나와 하신 말씀 혹시 기억하시나요?

"우리 것은 좋은 것이여!"

아마 이 자리에 있는 학생들 중에는 태어나기 전 이야기일수도 있겠지만 워낙 유행한 대사라서 한 번쯤은 이 말을 들어본 적이 있을 것입니다. '신토불이'라는 말과 함께 대유행한 문구인데 들어본 적 있죠? "우리 것은 좋은 것"이라고 하는 이 문장에서 혹시 어떠한 문제점을 못 느끼시나요? 생뚱맞게 무슨 소리야 싶으시죠? 무슨 문제가 있겠습니까? 없잖아요? 그렇죠? 자 여기서 한 가지 생각해 보도록 합시다. 우리 것은 좋은 거야. 틀림없습니다. 그렇다면 우리 것 말고 남의 것은? 남의 것은 어떨까요?

요즘 우리 사회를 보면 거의 모든 현상에 대해 이분법적 접근에 의한 갈등이 심각한 사회문제도 대두되고 있는데 조금 무리한 접근이기는 하지만 "우리 것은 좋은 것이야!"라는 말속에 "남의 것은?"이라는 질문을 나 자신에게 평상시 해 보곤 하였습니다. 혹시나 우리 것을 소중히 여기고 계승 발전시키자고 하는 원래의 취지에서 벗어나 이분법적인 시각으로 '남의 것' '타 문화'에 대한 배척심이 포함되어 있지 않은가 하는 우려감도 가져 보았습니다. 그래서 지금은 "우리 것은 좋은 것이야!" 그리고 "남의 것도 좋은 것이야!"라고 하는 각각의 개별 문화가 가진 보편성과 특수성을 공히 인정하는 시각을 가질 때 비로소 우리 것의 가치가 더욱 빛을 발휘할 수 있다는 생각을 가지게 되었습니다. 여러분들은 어떠신지요?

인간이 향유하고 있는 모든 문화는 보편성과 특수성을 가지고 있기 때문에 특수성이란 가치로만 보편성을 봐서도 안 되고 보편성이란 가치로만 특수성을 보아서도 안 되는 것입니다. 여러분 한복 좋죠? 자랑스러운 우리의 의복이죠? 어떤 부분이 자랑스러운가요? 색깔이 좋다. 또? 옷맵시가 좋다. 또? 뭐 다른 이유도 많이 있을 수 있겠죠? 그런데 왜 평상시 안 입고 다니시죠? 지금 이 자리에 아무도 입고 있지 않죠? 한복이 가지는 우리의 의복문화의 특수성은 우수한데 현대 생활에 있어서 편리성이라는 보편성 부분에 있어서는 인정할 수밖에 없는 한계가 있다는 것이겠죠?

그렇다 보니 우리가 지금 입고 있는 것은 편리성에서 앞서는 서양식 의복문화에 기본 한 복장을 하고 있는 것입니다. 입는 것뿐만 아니라 음식도 주거 환경도 마찬가지의 이야기를 할 수 있을 것입니다. 우리들이 향유하는 문화는 우리의 전통적인 것만으로 이루어진 것이 아니라 다른 민족, 다른 문화의 영향을 수용한 상태에서 접목, 계승, 발전되고 있는 것입니다. 그래서 저는 여러분들에게 전하고 싶습니다. '우리 것이 좋은 것만큼 남의 것도 좋다고 하는 생각, 다른 문화를 인정하는 열린 사고를 가져야 한다.'고 말입니다.

이어서 문화의 보편성과 특수성을 바탕으로 '문화의 상대주의'의 개념을 살펴보도록 하겠습니다.

여러분 일상생활 속에서 가족이나 학교 친구, 교수님, 나를 알고 있는 모든 사람들로부터 자신의 존재감을 인정받고 싶으시죠? 그리고 사회로부터도 당당히 자신의 능력을 인정받는 당당한 사회인이 되고 싶으시죠? 그런데 평상시 여러분들은 주변 사람들을 얼마나 인정하고 있으신가요? 인정의 기준은 무엇인가요? 어떠한 편견, 선입견에 의해서 주변 사람들이 여러분들을 평가하고 있다면 과연 여러분들의 마음은 어떨까요? 범위를 조금 넓혀 보겠습니다. 소위 선진국으로 분류되는 유럽이나 미주의 문화와 아시아, 아프리카 등의 문화에 대해 균형 잡힌 시각을 가지고 있다고 자신할 수 있나요?

모든 문화는 앞에서 이야기 한 대로 보편성과 특수성을 가지고 있기에 이러한 문화를 이해함에 있어서는 '상대주의(相對主義)'의 관점이 필요하다는 것을 기억해 주십시오. 문화의 상대주의를 이해함에 있어서는 두 가지 관점, 태도가 필요한데 먼저 '모든 문화는 우열을 가릴 수 없는 대등한 관계에 있으며 특정한 하나의 사회가 가진 문화의 세련됨은 외부 사회의 주관적 척도에 의해서 측정할 수 없다'라고 하는 윤리적 관점과 '자문화의 상대화를 전제 조건으로 상대 문화의 가치관을 이해하여야 하며, 상대 문화, 상대 사회의 있는 그대로의 모습을 보다 긍정적으로 이해해야 한다'는 방법론적 관점을 항상 염두에 두길 바랍니다.

개별 문화의 정체성과 유동성

문화의 개념을 이해하기 위한 다음 단계로 '개별 문화의 정체성과 유동성'에 대해 알아보도록 하겠습니다.

여러분들이 알고있는 운동선수 중 정대세, 추성훈(秋山成勳), 이충성 3명에 대해 말씀드리겠습니다.

다들 알만한 운동선수들이죠? 이 세 명의 선수들은 모두 일본에서 태어난 재일교포 선수들입니다. 재일교포라고 하면 국적은 어디일까요? 여러분은 혹시 재일교포는 반드시 대한민국 국적을 가지고 있어야 한다고 생각하지 않습니까? 사정에 의해 일본으로 귀화를 한 재일교포에 대해 민족을 배신한 사람이라고 색안경을 쓰고 보신 적은 없나요?

정대세 선수는 대한민국 국적을 가지고 있지만 지난 월드컵에서는 북한 선수 자격으로 출전을 하였고 추성훈 선수와 이충성 선수는 여러 사정에 의해 대한민국의 유도 국가대표의 꿈이 좌절되자 일본 국적을 취득한 사람들입니다.

여러분은 이 세 명의 선수를 한국인일까요? 아닐까요?

다음으로 방송에 자주 나오는 하일(Robert Harley) 씨와 얼마 전까지 한국관광공사 사장을 역임한 이참(Bernhard Quandt)씨가 있습니다. 어디로 보나 한국인이 아니죠? 그러나 이 두 사람은 모두 대한민국 여권을 가지고 있는, 즉 한국 국적을 취득한 사람들입니다. 그럼 이 두 사람은 한국인일까요? 아닐까요?

다음으로 안현수 아니 '빅토르 안'선수입니다. 안현수 선수의 사정에 대해서는 더 이상 설명이 필요 없을 테고 그럼 안현수 선수는 한국인일까요? 아닐까요?

한 가지 질문을 드리겠습니다.

여러분들이 정말 꿈꾸어 왔고 그 꿈을 위해 모든 것을 바쳐왔는데 대한민국의 국적으로는 실현 불가능하다는 현실에 직면한다면 국적을 선택하시겠습니까? 자신의 꿈의 실현을 선택하시겠습니까? 만약 꿈을 위해 국적을 포기한 경우 여러분은 한국인일까요? 아닐까요?

너무 극단적인 질문일지는 모르겠지만 우리가 지금까지 절대적 가치, 변할 수 없는 것으로 여겨 왔던 국적이라는 것도 경우에 따라서는 얼마든지 변할 수 있다는 것을 인정하시겠나요? 이것이 여러분들에게 전하고 싶은 '개별 문화의 정체성과 유동성'의 사례입니다. 개별적인 문화는 본질적으로 가지고 있는 특성인 정체성을 특징으로 하지만 이러한 정체성도 상황에 따라 유동적으로 변할 수 있다는 사실입니다.

지금 우리 사회는 다문화 사회에 접어들었습니다. 우리의 문화권에서 생활하고 있는 다양한 국적의 외국인들의 문화가 함께 어우러지는 과정 속에서 우리의 문화는 과거로부터의 정체성은 유지하면서도 새로운 우리의 문화 창출로 유동적으로 변화해 갈 것입니다. 문화는 고인 물이 아닌 것입니다.

또 하나 질문을 해볼까요?

이 자리에 앉아 있는 여러분들 "나는 우리 부모님처럼 살고 싶다?" 과연 몇 퍼센트 정도 될까요? 아마 대다수는 부모님으로부터 좋고 긍정적인 영향을 받았다 하더라도 "나는 부모님보다 더 나아야 되겠고, 우리 부모님 같은 인생은 절대 살고 싶지 않다" 생각하고 있을 것으로 예상이 되는데, 부모님 보다 나아지고 싶다고 하는 것은 부모님에 의해서 만들어진 여러분 가정의 정체성에서 벗어나고 싶다는 의미로 해석해 보았으면 합니다. 즉 달리 표현하면 발전적이고 나은 방향으로 옮겨 가고 싶다는 것이겠지요. 때문에 이렇게 대학에 와서 공부도 하고 있는 거고, 다양한 방법으로 자기계발을 위해 노력을 하고 있는 것 아닐까요?

지금까지 문화가 가지는 개념을 이해하기 위해 '보편성과 특수성'에 대해 먼저 이야기하였는데 하나의 개별 문화가 가지는 '보편성과 특수성'이 결국에는 그 문화의 '정체성'을 형성하게 되고 이러한 '문화의 정체성'은 고정적인 아니라 언제나 '유동적'으로 변화할 수 있는 만큼 문화의 개념을 이해하는데 있어서는 '문화의 상대주의'적인 관점에 근거하여 이해하고자 하는 태도가 필요하다는 것으로 일차 정리하고 '이(異)문화'와 '다(多)문화' 이야기로 넘어가도록 하겠습니다.

이(異) 문화와 다(多) 문화

이 강의의 테마가 '다문화 사회와 이문화 커뮤니케이션'인 만큼 이 주제에 대해서 이야기해보도록 하겠습니다. '다문화'와 '이문화' 상당히 비슷해 보이기는 하지만 이 두 용어는 다른 성격을 가지고 있습니다. 일반적인 정의를 살펴보면, '다문화'는 하나의 국가 또는 사회 속에 인종, 언어, 역사·문화적 동질성에 기반을 둔 복수의 공동체가 존재하는 상황으로 아시아계, 남미계, 아프리카계 민족 등이 공존하는 미국 사회나 불교문화, 기독교 문화, 유교문화 등이 공존하는 우리 사회가 다문화 사회의 사례이며, '이문화'는 국가, 민족, 종교, 성별, 연령, 직업, 사회적 지위, 출신지 등 개별 문화 주체가 가지고 있는 다른 문화를 지칭하는 것으로 돼지고기나 소고기를 먹어서는 안되는 문화, 김치에 젓갈을 넣는 문화와 넣지 않는 문화 등이 그 사례라고 볼 수 있습니다.

그런데 다문화와 이문화는 항상 같이 존재하고 있습니다. 예를 들어 보자면 이 자리에서 강의를 듣고 있는 여러분들은 잘 느끼지 못하겠지만 제삼자가 볼 경우 타 대학의 학생들과는 다른 여러분들만의 색깔을 가지고 있습니다. 소위 말하는 부산외대만의 학풍, 캠퍼스 환경 등 타 대학 학생들과는 어딘지 모르게 구분되는 보편성과 특수성에 의한 정체성을 가지고 있습니다. 그러나 같은 정체성을 가진 동일 공동체이기는 하지만 개별 학과별로 다시 살펴보면 전공별로 또 다른 성격의 특징을 보이고 있습니다. 이 경우 학과별로 다른 성격의 문화를 '다를 이(異)'의 이문화라고 칭하며 이러한 이문화가 복수로 존재하게 되면 그 사회 조직은 '많을 다(多)'의 다문화가 되는 것입니다. 즉 부산외대 속에도 이문화와 다문화가 공존하고 있다는 것입니다. 규모를 키워 같은 부산지역의 대학이라고 하더라도 각 대학들은 인근의 대학들과는 차별화된 자신들만의 문화를 가지고 있기에 타 대학과는 다른 이문화를 가지고 있는 것이며 개별 이문화의 대학들이 함께 모이기 되면 부산지역의 다문화적 대학문화가 되는 것입니다. 이처럼 범위를 키워 가다 보면 대한민국, 아시아, 전 세계의 대학문화까지 같은 방법으로 구분 지울 수 있을 것입니다.

각기 다른 이문화들이 모여 하나의 사회를 구성하고 있는 것이 다문화 사회라는 것입니다.

몇 가지 예를 들어 보겠습니다. 먼저 비빔밥입니다. 비빔밥은 시금치, 콩나물, 고사리 등의 각종 나물과 고추장을 밥과 함께 비벼 먹는 우리의 대표적인 음식입니다. 비비기 전의 그릇에 담긴 비빔밥을 연상해 주십시오. 젓가락으로 하나하나의 재료를 분리해 봅시다. 아마도 나물 백반이 될 것입니다. 각 재료들이 가진 맛 그 어느 것 하나 같은 것이 없습니다. 이것이 재료의 이문화이며, 각기 다른 재료들이 하나로 어우러져 새롭게 만들어 내는 맛이 다문화인 것입니다.

다음은 김치입니다.

같은 김치라고 하더라도 그 종류는 헤아릴 수 없이 많으며, 지역마다 가정마다 담그는 방법에서 오는 맛의 차이가 있습니다. 이처럼 다양한 종류와 맛이 이문화이며 이 모든 김치를 한데 묶어 한국의 대표 음식으로 통칭하는 것이 다문화인 것입니다.

우리들 가족 구성도 마찬가지입니다. 같은 부모님에게서 태어난 형제자매라 하더라도 성격의 차이를 보입니다. 이것이 이문화이며 형제자매 가족이 한데 모이게 되면 다문화인 것입니다. 우리 사회도 마찬가지입니다. 남녀노소, 각기 다른 성별과 연령층의 구성원들이 향유하는 것은 이문화이며 이들이 함께 모여 향유하는 것은 다문화인 것입니다.

즉 다른 개별 문화의 존재 없이 다양하며 복합적인 문화의 창출은 불가능한 것입니다. 전 세계적으로 볼 때 우리 문화처럼 개별 이문화와 다문화가 절묘하게 공존하는 문화도 없지 않나 생각합니다.

다문화 사회 형성을 위한 이문화 커뮤니케이션 능력

이제 우리 사회는 다문화 사회라고 하는 큰 시대적 변화 중심에 놓여 있습니다. 단일민족, 단일문화 중시 사상만으로는 더 이상 존재하기 힘든 시대적 상황에 직면해 있습니다. 이와 같은 사회적 환경의 변화 속에서 여러분들에게 요구되는 능력이 다름 아닌 '이문화 커뮤니케이션 능력'입니다. 이 점에 대해서 이야기를 이어가도록 하겠습니다.

'커뮤니케이션'이라는 용어는 '소통'이라는 시대적 화두와 직결되는 말인데 커뮤니케이션은

"문화와 마찬가지로 가시적인 것이 아니라 주관적인 개념이다"
"정보를 전달하여 반응을 이끌어 내는 일련의 상호 활동"
"일련의 규칙에 의해 행동의 제요소 혹은 생활의 제양식을 공유 하는 것"
"인간에게 있어서 커뮤니케이션은 기초적인 사회화 과정이다"
"개념적인 다양성에도 불구하고 사람들은 정보, 관념, 태도, 감정, 경험을 공유하는 기저적(基底的) 속성을 가지고 있다"

라고 정의 내릴 수 있는데 여기에 '이문화'라는 말을 덧붙인 '이문화 커뮤니케이션'은 1946년 미국의 내무성이 각국에 파견하는 대사, 외교관, 대사관 직원들의 외국 근무 수행을 위해 개발한 사전 준비 연수 프로그램을 실시하면서 전 세계적으로 확산된 용어로

"국가, 민족, 종교, 성별, 연령, 직업, 사회적 지위, 출신지 등 개별

문화 주체가 가지고 있는 다른 문화 간에 일어나는 제반 상호활동"으로 정의 내릴 수 있는데, 이문화커뮤니케이션 능력을 갖추기 위한 조건으로는 '언어능력' '역사, 문화 이해 능력' '고정관념, 편견의 벽을 극복할 수 있는 능력' 등이 필요합니다.

그리고 이문화 커뮤니케이션을 실천하기 위해서는 '상대방에 대한 경의감과 상대방의 사고방식, 입장에서의 상황 판단'과 '자신과 전혀 다른 가치관, 상식을 가진 사람과 교분을 쌓으며 관찰하고 흉내를 내거나 상대방 행동에 대한 구체적 이해의 폭을 넓힐수록 자신의 상식, 가치관, 문화 이해의 범위가 확대된다'는 측면과 '동서양을 불문하고 외국인과의 교류, 교섭시에는 상당한 의식이 수반되지 않으면 자문화 중심적인 단계에서 벗어나기 힘들다는 측면을 함께 감안하여 '타자와의 커뮤니케이션 능력은 어느 한쪽의 일방적인 전달이 아니라 서로 간의 상호 전달이라는 시점에서 접근하는 것이 무엇보다 중요하다'라는 인식을 가져야만 합니다.

이문화 커뮤니케이션 능력을 갖추기 위한 체험의 필요성

지금 이야기한 '이문화 커뮤니케이션 능력' 여러분 모두 갖추고 싶죠? 그리고 이 능력을 국내는 물론이고 전 세계를 무대로 발휘해 보고 싶다는 생각을 누구나 다 가지고 있을 것입니다. 그렇다면 어떻게 하면 이러한 능력을 갖출 수 있을 것인가? 다양한 방법이 있겠지만 오늘 저는 여러분들에게 한 가지만 권해 드립니다. 바로 '여행'입니다. 여기서 이야기하는 여행은 해외여행만을 의미하는 것이 아닙니다. 가깝게는 여러분들이 살고 있는 지역만이라도 구석구석 살펴보는 일상 속의 여행까지 포함하는 것입니다. 다시 말하면 길을 한번 떠나 보라는 것입니다.

국제화가 급속도로 진전되는 환경 속에서 다음 세대를 짊어질 청년세대 여러분들이 국내외의 다른 지역, 전 세계의 동년배 세대와의 교류를 통하여 상호 이해도를 높여 가는 기회를 가지는 것은 영속적인 이문화 이해와 다른 개별 문화, 인간과의 우호관계를 유지하고 세계평화에도 공헌할 수 있으리라 생각합니다. 15세부터 25세 사이의 청년여행자가 전체 국제 관광(여행)객의 20% 이상을 차지할 만큼 증가하고 있는 만큼 여러분들도 학습, 노동, 봉사활동의 다양한 형태로 자신 이외의 외부의 사람, 문화와 접촉하는 체험을 반드시 청춘시절에 가져 보기 바랍니다. 이와 같은 이문화 체험을 통해 여러분들은 자신은 물론이며 자신의 속한 국가, 사회가 가지는 문화에 대한 객관적인 분석과 평가가 가능하게 되며 발전시킬 수 있는 능력을 가지게 될 것입니다.

이문화 커뮤니케이션을 실천하는데 있어 참고로 해야 할 점 하나만 더 설명하겠습니다. 이문화 커뮤니케이션에 있어서 가장 걸림돌이 되는 것이 언어적인 부분이라고 생각하기 쉬운데 사실은 그렇지 않습니다. 비(非) 언어 커뮤니케이션에 대해 잠시 말씀드리겠습니다.

전체 커뮤니케이션 중 언어를 사용하여 메시지를 전달하는 비중은 약 35%에 불과하며 비언어에 의한 커뮤니케이션이 약 65%에 이른다는 연구 결과가 있습니다. 비언어 커뮤니케이션은 언어만으로 전달하기 힘든 메시지를 보완하는데 중요한 역할을 하며 많은 사람들은 말(언어)보다는 그 이외의 표현 방식을 오히려 진실하게 받아들이는 경향이 있다고 합니다. 동일한 언어행동이라도 문화권에 따라서는 다른 의미(오해)로 받아들여지는 경우도 많은 만큼 이 부분에 대한 세심한 정보 수집과 배려가 필요할 것입니다.

문화융합을 위한 제언 - 화(和)의 정신 -

점점 강의 주제로 접근하고 있는데 이번에 이야기할 키워드는 '문화융합'입니다.

'융합'이라고 하면 이 시대의 키워드이기도 한데 '문화융합'이란 '이문화를 받아들여 자국 문화와 융합시켜 독자적인 새로운 문화를 창출하기 위한 일련의 활동 및 현상'이라고 정의를 먼저 내리겠습니다. 이 정의를 오늘 이야기한 용어들로 바꾸어 말하자면

'다른 문화가 가지고 있는 특수성, 및 유동적인 정체성과 자신이 속한 문화의 특수성, 정체성의 융합을 통해 새로운 창의적인 문화를 내는 창출해 내는 것'이라고 정의하고 싶습니다.

그러나 주의해야 할 것은 단순히 합쳐 놓은 그것만으로는 문화융합이 아닙니다. 그냥 짬뽕입니다. 합치고 난 다음에 뭘 할 거냐? 융합 이후에 기존의 문화와는 다르게 발전적으로 창출한 그 무엇이 있을 때 진정한 문화융합이 이루어지는 것입니다. 이문화 공생(共生)을 통한 바람직한 다문화 사회의 구현을 위해 필요한 가장 근본적인 정신은 '화하다' '서로 응하다' '합하다'라는 의미의 '화(和)'의 정신이라고 생각합니다. '화(和)'가 들어가는 단어들을 살펴볼까요? '평화(平和)' '조화

(調和)’ ‘화합(和合)’ ‘화목(和睦)’ ‘친화(親和)’ ‘온화(溫和)’ 등등 ‘화’라
는 글자로 이루어진 단어 중 부정적인 뜻을 가진 단어는 없습니다.

주관적이기는 하지만 ‘화(和)’의 개념이 나타나는 양상을 두 가지로
구분하여 살펴보겠습니다. 먼저 개인 또는 개별 문화를 원형, 삼각형,
사각형, 오각형, 육각형 등으로 구분 지워 보겠습니다. 이 모형은 〈그
림 1〉과 같이 각기 다른 개별적인 모습으로 존재를 합니다.

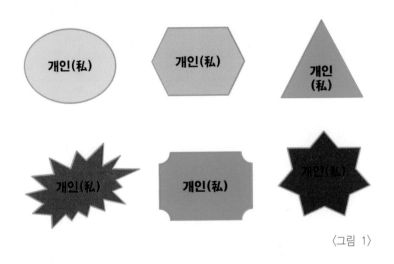

〈그림 1〉

이런 개인(문화)가 자신이 속한 국가, 사회, 조직이 가지는 가치관
에 의해 합쳐지는 경우인데 자료 〈그림 2〉의 A형과 B형으로 두 가지
패턴이 있을 수 있습니다.

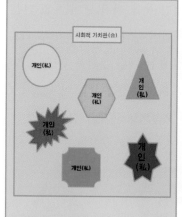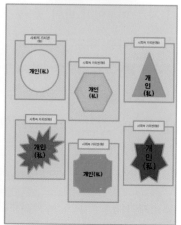

〈그림 2〉

　인간이 개별적으로 존재할 경우에는 사회적 가치관이 작용을 하지 않지만 개별적 존재들이 사회를 이룰 경우에는 예외 없이 속한 공동체(조직, 사회, 국가 등)의 가치관에 의해 영향을 받게 됩니다. 그런데 이 경우 공동체의 가치관 속에 전체 개별 주체들을 함께 포함시켜 버리는 경우(자료 그림 A형)와 개별 주체별로 공동체의 가치관을 캡슐식으로 개별적으로 포함시키는(자료 그림 B형) 경우입니다. 이후 A형의 경우는 기존의 독립적이며 개별적인 유형이 합쳐져 전혀 새로운 모습의 문화유형을 만들어 냅니다. 한편 B형은 독립적이며 개별적인 기존의 유형이 형태를 그대로 유지하면서도 개별 문화 주체들을 하나로 응집시키는 모습을 만들어 내고 있습니다. 그 어느 쪽을 두둔하거나 우열을 가릴 생각은 없습니다. 모두가 독자적인 방법에 의한 융합을 시도하고 있고 차별화된 새로운 문화유형을 만들어 내고 있기 때문에 좋고 나쁨을 논한다는 것은 불가능하다고 생각합니다. 다만 어느 쪽이건 개별단위의 독립된 문화 주체들이 융합하여 전혀 다른 새로운 형태의 문화를 만들어 내건 기존의 정체성을 최대한 존중하건 중요한 것은 서로 서로의 개별 문화 주체들의 존재감이 인정되는가 여부에 해당 공동체의 문화융합의 성패가 달려 있다고 보는 것입니다.

결혼이라는 남녀 간의 사회적 결합을 통하여 종족을 보존하고 사회를 발전시킴에 있어 남녀가 각기 가지고 있는 조상의 DNA가 어떤 형태로든 전달되듯이 우리가 속한 현대 사회는 자신 원하든 원치 않든 끊임없이 다른 문화 주체들과 어우러질 수밖에 없습니다. 다른 문화를 가진 이문화 주체들은 인류의 역사가 이어지는 한 이러한 반복적인 융합을 통해 새로운 문화를 만들어 내는 다문화 사회를 살아 갈 밖에 없는 것입니다.

오늘 여러분들에게 '다문화 사회와 이문화 커뮤니케이션'이라는 주제로 이야기를 개념 정의를 중심으로 펼쳐 왔는데, '나'라고 하는 개별 문화 주체가 존재하기 위해서는 '나'이외의 다른 개별 문화 주체의 존재에 대한 인정과 이문화간의 공생(共生)을 위한 커뮤니케이션을 통해 우리가 살고 있는 대한민국은 물론이며 아시아를 넘어 이 지구촌의 다문화가 영속될 수 있을 것입니다.

서서히 이야기를 마무리하겠습니다.

우리 사회는 순혈주의에서 다문화주의로 변화하고 있습니다.
자국 인재만으로는 새로운 사업의 추진, 신기술의 개발은 불가능한
시대를 여러분들은 살아가야 합니다.

'화(和)'의 정신으로 이(異) 문화 커뮤니케이션 능력을 길러 다(多)
문화 공생(共生)사회 실현에 기여할 수 있는 글로벌 인재가 되길 바랍
니다.

감사합니다.

감/상/문
book response

박 주 형
커뮤니케이션
일본어학부

∷ 테마 및 강의 내용

*다문화 사회와 인문화 커뮤니케이션
*키워드 : 다양성, 문화, 공동체, 국제화, 세계화 등등

공동체란 공동의 이해관계를 가진 사회적 집단을 말한다.
그 예로는 가족, 지역, 학교, 회사, 국가 등이 있고 독립적 구체
적으로 행동한다.

문화란 각각의 민족, 지역, 개인이 태생적으로 소유한 것으로
학습하고 전습되며 상호간 교류를 통해 발전한다.
인간생활 양식의 총칭이며 정체성, 유동성을 가진다.

국제화 1:1 (국가 대 국가)로 되어있는 관계
세계화, 글로벌화 1:다 다:1 다:다 (지구 하나의 별)의 관계
국제화와 세계화의 공통점으로는 개방성을 가진다는 점과 자유
를 강조한다는 것이다.

글로벌 중심주의를 이루기 위해서는 지리적, 민족적 선입견을
뛰어넘어야 할 필요성이 있다. 글로벌화의 문제점으로는 빈부격
차가 갈수록 커지고, 환경, 지역, 국가의 고유문화를 파괴시킨다.
(무조건 글로벌만 쫓아갈 필요는 없다.)

이문화 → 다문화
커뮤니케이션능력조건에는 언어능력, 역사, 문화이해 능력, 고
정관념, 편견의 벽을 극복 할 수 있는 능력이 요구된다.

和 - 화하다. 서로 응하다. 합하다.

상대방을 존중함으로써 자신도 존중을 받게 된다.

앞으로는 화의 정신으로 이문화 커뮤니케이션능력을 길러 다문화 공생사회에 기여할 수 있는 글로벌 인재가 되야 한다.

다문화 사회, 글로벌 사회 등을 겪어보기 위한 간접적 경험의 가장 좋은 방법으로는 역시 책(독서)이다. 책을 읽음으로써 하나씩 알게 되는 것이 많아지고, 아는 것이 많음으로써 상대방을 생각하게 되고 서로를 배려하며 그렇게 알아감으로서 인정하고 다름도 알 수 있게 되는 것이다.

感/想/文
book response

パク・ジュヒョン

コミュニケーション
日本語学部

*多文化社会と人文化コミュニケーション.
*キーワード：多様性、文化、コミュニティ、国際化、グローバル化等

　コミュニティとは、共通の利害関係を持つ社会的集団をいう。

　その例としては、家族、地域、学校、会社、国などがあり、独立かつ具体的に行動する。

　文化とは、それぞれの民族、地域、個人の生まれとともに獲得することで、学習されて伝わり、相互の交流を通じて成長する。人間の生活様式の総称であり、アイデンティティと流動性を有する。

　国際化 1:1(二国間) の関係
　世界化、グローバル化 1:多 多:1 多:多(地球一つの星)の関係
　国際化とグローバル化の共通点としては、開放性と自由を強調することである。

　グローバル化を実現するためには、地理的や民族的な先入観を乗り越えなければならない。グローバル化の問題点としては、貧富の格差がますます拡大し、環境、地域、国の固有文化を破壊する。(グローバルだけを求める必要はない。)

　異文化 → 多文化
　コミュニケーション能力の条件は、言語能力、歴史、文化理解への能力、固定観念と偏見の壁を乗り越えられる能力が求められる。

　和 － 和する。お互いに応じる。適合している。

相手を尊重することで、自分も尊重される。

　これからは和の精神で異文化コミュニケーション能力を育み、、多文化の共存・共栄社会に貢献できるグローバル人材を目指すべきである。

　多文化社会とグローバル社会が経験できる間接的な方法としてはやはり本(読書)を読むことである。読書により知識が貯まり、相手への理解と配慮していく中で、相手を認めることで違いも分るようになる。

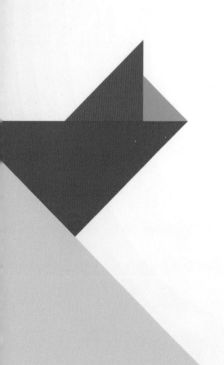

도시를 중심으로 본 아시아공동체간의 교류와 소통

부산국제교류재단 사무처장

김 영 춘

도시를 중심으로 본 아시아공동체간의 교류와 소통

2013년 5월 20일(월)

부산국제교류재단 사무처장 **김 영 춘**

여러분 반갑습니다.

오늘 강의는 저의 소개, 한·중·일 3국의 갈등과 협력, EU의 성립 과정, ASAN의 성립과 발전, 부산의 국제화와 민간교류의 순서로 진행을 하겠습니다.

저는 1958년에 태어나서 부산에서 초·중·고등학교를 다녔는데 아마 여기에 우리 후배들이 있을 것 같습니다. 수영초등학교, 대연중학교, 동래고등학교를 거쳐 서울대학교 농대 임학과에 입학했습니다. 농대 임학과는 아시다시피 나무 '수풀 림(林)'자 아시죠? 임학과에 들어갔었는데 지금 가만히 돌이켜 생각해 보면, 제가 대학 1학년 때 여러분들과 같은 이런 자리에서 강의를 들으면서 제 인생을 시작했더라면 하는 생각을 한번 씩 해봅니다.

저는 그 당시에는 몰랐는데 제가 '어학에 관심이 유난히 많았던 것이 아닐까?'라고 생각합니다. 고등학교 때에도 그 당시에 당연하게 영어를 했고, 그리고 부산에 있다 보니 일본인을 길에서 자주 보면서 일본사람하고 대화를 하면 어떨까? 하는 호기심에서 대학 입시 과목과 관계도 없는 일본어공부를 시작하기도 했습니다. 영어도 특출하게 잘한 것은 아니었습니다만 영어공부도 계속하면서 비록 서울 농대 임학과에 들어갔지만, 그 당시에는 10월 유신의 억압적인 시대 분위기에서 학교마다 서울대학교에 많이 넣는 학교가 좋은 학교다라는, 지금도 그런 경향이 많이 있죠? 그래서 강압적으로 서울대학교에, 어찌 보면 저는 수학 쪽에 계산통계학을 공부했으면 어떨까? 이런 생각도 했었는데, 계산 통계는 서울대 공대 쪽인데 실력이 좀 안될 것 같아서 사실 적성을 따지지 않고 서울농대에 들어가면서 왠지 그냥 도시에서 쭉 살았지만 숲이 좋을 것 같아서 임학과를 택했습니다.

대학을 졸업 하고 군대도 여기 부산에서 전투경찰로 다녀왔으니까 거의 평생을 부산에서 보냈는데 졸업 후, 행정, 사법, 외무, 기술고시 4개 중에 하나인 기술고시에 도전하여 임업직으로 해서 '부산시 녹지과 삼림계장'을 85년 9월부터 27살 나이에 맡았습니다.

산불방지라든지 소나무 재생충이라든지, 이런 일을 하다가 87년에 지방행정연수원에 영어 과정을 신청했습니다. 시험을 치고 영어 과정에 들어갔는데 3개월 동안 그 당시 내무부 지방행정연수원이니까 서울시를 제외한 제주도부터 전국 시도에서 행정고시 출신들 5급, 6급 공무원들이 3개월간 영어 교육을 받았는데, 거기서 전혀 뜻하지 않게 제가 1등을 하면서 내 영어 실력이 이렇게 뛰어났나? 하는 그런 자부심을 느끼면서 수료를 했습니다.

그래서 90년도에 공무원 국비유학, 그 당시에는 총무처에서 관장하는 국비유학 시험을 치는데, 영어권으로 가고 싶었지만 영어권 같은 경우는 지방자치분야, 지방재무분야 이런 식으로 제목이 정해져서 2년간 영어권 유학을 갈 수 있는데, 저는 기술직이다 보니 영어권은 갈 수 없었습니다. 유학하고 싶은 마음에 별도 과제 없이 실력 별로 선발하는 제2외국어권의 일본어를 공부해 시험에 합격했습니다. 제2외국어인 일본어, 불어, 독일어 같은 경우는 부처별로 한두 명씩 배정하여 20명 정원으로 선발했는데 그 당시 내무부 배정이 두 명이였습니다. 내무부 본부 그러니까 지금 안전행정부 본부하고 각 시도 다 합쳐서 1명인데, 제가 90년에 시험을 보고 당당히 합격을 해서 91년 8월에 일본의 치바대학 석사과정 연구생으로 유학을 가게 되었습니다. 그 당시에는 일본어를 어느 정도 하는 상황에서 갔는데, 일본어 잘하는 게 어떻게 보면 일본사람들이 조금 멸시하는 기분이 들고 역시 영어를 잘해야 뭔가 존경하는 분위기라서 거기서 시간나는대로 영어 학원을 계속 다녔습니다. 또 91년도에 유학을 가서 보니까 그 당시에 중국이 본격적으로 개방을 하면서 유학생을 참 많이 보았습니다.

중국유학생들과 친해지면서 고등학교 때 우연히 접한 몇 마디의 중국어를 기억해 대화하면서 중국어공부에 대한 흥미가 일어났습니다. 92년 수교 전까지만 해도 중국은 완전히 '죽의 장막'이라 전혀 우리나라와 교류도 없고 중국에 대한 정보가 없는 그런 시절이었지만, 중국유학생들을 보면서, 특히 조선족을 우연히 만나는 게 너무 신기했습니다. 나보다 두 살 위인 박영길이라는 조선족을 만났는데, 2005년 북경 유학 때 산동 태안에 있는 그를 수소문 끝에 찾아가 만나 지금도 연락을 하고 지내고 있습니다. 제가 최초로 조선족을 91년도에 일본

유학에서 만나면서, 한국말이 통하고 우리 민족의 정서를 일부 공유하는데서 그 친구하고 본격적으로 친해졌습니다. 그래서 제가 일본에 있으면서 NHK 교육방송을 보면서 중국어를 조금씩 조금씩 공부하면서 한국에 돌아와서도 매일 EBS를 통해 중국어 공부를 했던 것입니다. 하루 평균 5분도 안 되겠지만 기왕에 배운 언어를 잊지 않고 계속 써야 하니까 영어도 그렇고 일본어도 그렇고 꾸준히 이렇게 해왔습니다.

제가 94년 3월에 귀국해서 '공원과 공원관리계장', '동래구 지역경제과장'도 하고 95년도에는 영어시험에 통과하여 미국 시라큐스 대학에 3주간 갈 기회가 있어 다녀왔습니다. 부산시에 국제협력과도 있고 문화관광과 등 많은 부서가 있는데, 국제교류와 관련 있는 분야가 아닌 녹지분야에서만 28년간 생활을 해왔습니다.

제가 개인적으로 공무원 생활하면서 시련을 좀 많이 겪었는데 그 당시 이야기를 간단히 하자면, 황령산 스키돔하고 관련되는 일이 있습니다. 저는 스키돔을 개발해야 된다고 주장했는데 당시 안상영시장은 우유부단하게 시간을 끌면서 결국 해결이 안 되었습니다. 그 일과 관련해서 제가 있기가 애매한 상황에서 2004년 말에 부산외대에서 중국어 시험에 합격하여 2005년 북경에 1년간 자의 반, 타의 반으로 그 당시 방문학자, 일종의 교환교수 비슷한 개념으로 북경 임업대학에 유학을 하게 되었습니다. 제가 일본유학도 부산시 공무원 중에는 제일 처음으로 가게 되었고, 중국 유학도 제일 처음으로 방문학자 자격으로 간 셈입니다. 물론 미국, 영국 쪽 영어권이라든지 프랑스 쪽은 그 전부터도 많이 있고 또 중국도 파견형태로는 많이 갔습니다만, 부산외대에 와서 정식으로 시험을 쳐서 중국 유학을 간 사람은 제가 최초로 테이프를

끊었다고 해도 과언이 아닙니다.

물론 좀 전에 말씀드린 바와 같이 꾸준히 하루에 한 5분, 10분이라도 중국어를 공부하면서 시험에 앞서 3개월 정도 본격적으로 중국어 공부를 해서 2004년 11월경에 시험 합격을 하고, 결국은 2005년 2월에 1년간 북경 임업대학에 간 것입니다. 그 당시 중국어를 조금 하기는 했지만 충분한 대화가 가능한 수준은 아니었습니다. 1년간 'Language Course'에 들어가 집중적으로 수업에 참여하고 기숙사에 돌아와서는 시간만 나면 TV를 보았습니다. 중국은 워낙 방언이 많기 때문에 몇몇 프로그램을 제외하고는 항상 자막이 나옵니다. 저런 글자는 어떤 식으로 발음을 하는가? 저런 상황에서는 어떤 표현을 쓰는가? TV자막을 보면서 드라마라든지 중국 TV를 보는 게 중국어 공부에 도움이 많이 되었다고 생각합니다. 하여튼 지금도 집에 가면 틈틈이 중화TV를 보면서 중국어 공부를 합니다. 그런 식으로 매일 꾸준히 조금씩이라도 영어, 일본어, 중국어를 공부를 하면서 기왕 배운 것 잊지 않으려고 노력하고 있습니다.

2010년에 시청 내부 사정으로 또 한 번 시련이 닥쳐옵니다. 또 타의로 지방행정연수원에 1년간 고급리더과정 교육을 가게 되었습니다. 그 당시에는 나는 출세도 못하고 조직에서 항상 이렇게 따돌림을 당한다는 실망감을 갖고 타의에 의해서 갔습니다만, 결과적으로 돌이켜보면 '위기는 기회'라고 저한테는 하나의 발전의 계기가 되었다고 볼 수도 있겠습니다. 지방행정연수원에는 대부분 제 또래인 50대 초중반, 시·도의 과장급 공무원들의 연수과정인데 1년간 연수를 하면서 의무적으로 논문을 쓰게 되어 있습니다. 대부분 나이 많은 공무원들이므로 대충 베껴내고 합니다만 저는 이 기회에 뭔가 하나 의미 있는 논문을 하나 써야겠다는 생각으로 '한·중·일 민간교류 활성화 방안'이라는 논문을 썼습니다. 논문이라기보다는 제 자신을 어필(PR)한 것 비슷하게 제가 어떻게 일본어를 공부를 하게 되고 유학을 가게 되고 거기서 중국어, 영어를 어떻게 했다는 부분과, 앞으로 동아시아 공동체를 형성하기 위해서는 한·중·일 민간교류를 활성화해야 되겠다는 내용이었습니다. 최근에 국가 간에 역사, 영토 문제로 갈등이 심해지고 있기 때문에 민간 교류가 활성화 되어야하겠다 하는 식의 결론으로, 그렇게 무겁지 않은 내용의 논문을 쓰고 주변에 홍보도 많이 했습니다.

다시 녹지정책과장 자리로 왔지만 공무원생활이 적성에 안 맞는 것 같아서 2012년 8월 국제교류재단 사무처장 공모를 할 때에 시장님을 찾아가, 제가 이런 논문도 쓰고 이렇게 해왔기 때문에 부산국제교류재단 사무처장은 제가 적임자라고, 이 분야로 보내주십시오 라고 하였습니다. 물론, 시장이 보내는 것은 아닙니다. 공모를 통해 3대 1의 경쟁을 뚫고 2012년 9월에 국제교류재단 사무처장으로 일을 하게 되었습니다.

여러분들은 외국어대학이라는 외국어를 매개로 한 전문분야를 공부하는 학생들이기 때문에 여러분들에게 자극이 되기를 기대합니다. 외국어대학에는 일본어과도 있고 중국어과도 있는 걸로 알고 있습니다만 일본어, 중국어를 하더라도 영어도 알아야 되고, 기왕이면 서로 우리하고 가장 가까이에 있는 중국어, 일본어, 러시아어까지도 할 수 있으면 더 친근해지고 더 교류를 원활하게 할 수 있지 않느냐는 뜻에서 장황한 제 소개를 드렸습니다.

지금 사실 우리 한·중·일 간의 갈등은 최근에 와서 좀 더 심해진 것 같습니다. 본 강좌의 취지는 동아시아 특히 우리 한·중·일이 EU처럼 하나가 되자, 궁극적으로는 EU처럼 사람도 물자도 빈번하게 자유롭게 오가는 그런 평화로운 체제를 만들고자 하는 것으로 알고 있습니다. 이와 같은 취지에서 '원아시아재단'이 생겨났고 '아시아공동체론'이라는 본 강좌도 그런 배경 하에서 만들어진 것으로 알고 있습니다. 여러분들에게 길게 설명을 드리지 않아도 잘 아시는 바대로 최근에 위안부, 역사 교과서, 동북공정(東北工程)과 같은 것이 문제가 되고 있습니다.

위안부는 고노담화에서 분명히 잘못을 인정했음에도 불구하고, 하시모토 오사카 시장이라는 젊은 친구가 '위안부는 있을 수도 있다'라는 식으로 이야기하는 것을 최근 신문에서 보셨을 겁니다. 역사 교과서 문제의 경우, 아베 수상이 뭐라고 하죠? 전에 담화에서 무라야마 총리가 '일본이 아시아 각국을 침략하여 많은 피해를 줬다'고 인정을 했는데, 침략을 한 적이 없다고 무라야마 전 수상의 담화도 무시하면서 우경화의 경향을 띠고 있습니다. 동북공정 문제는, 지난해 중국의 지안이라는 곳에 박물관이 만들어지면서, 중국에서는 고구려와 발해는 중국의 하나의 지방정권이라고 하는 식으로 '한·중' 간에도 역사 갈등이 있습니다. 또 영토문제에 있어서도 잘 아시는 대로 중국하고 일본이 센카쿠 열도를 둘러싸고 서로 자기의 영유권이라고 주장하면서, 얼마 전에는 전투기까지 동원하여 전쟁 일보 직전까지 가는 것처럼 보이고, 홋카이도 위쪽에 있는 북방 4개 섬은 전쟁 때 러시아가 점령했다며 일본에 돌려달라고 주장해 왔고, 지난달에는 아베수상이 러시아를 방문해서 푸틴 대통령하고 이 문제에 대해서 의논했다는 뉴스도 봤습니다. 독도 분쟁은 여러분들도 잘 아시다시피 명백하게 사료나 또 현실적으로 우리나라가 지금 실효적으로 지배하고 있음에도 불구하고 일본 땅이라고 자꾸 주장을 하고 있죠. 이와 같이 '한국과 일본, 한국과 중국, 그리고 중국과 일본'에서 갈등이 끊임없이 이어지고 있습니다.

그런데 우리 3국의 협력과정을 보면 지금 이렇게 첨예하게 대립하고 있습니다만 '민간단체와 학자들, 그리고 일부정치권'에서도 '한·중·일도 결국은 EU나 ASEAN처럼 서로 협력하고 교류를 통해서 서로 평화를 정착하고 공동번영을 해야 되겠다'하는 인식을 진작부터 하고 있었습니다. 그래서 1999년에 'ASEAN+한·중·일 정상회의'가 처음 열렸었는데, 당시 일본의 오부치 총리가 제안을 해서 한·중·일 정상회의를 정기적으로 갖자는 제의를 하고, 2008년에 일본 후쿠오카에서 ASEAN 회의 후에 다시 3국이 첫 정상회의를 가졌습니다.

2009년에는 '제 2차 3국 정상회의'가 북경에서 열렸고, 중국의 원자바오 총리와 일본의 하토야마 총리와 만난 정상회의에서 이명박 대통령이 '자 그렇다면 말로만 우리가 협력하자고 하지 말고 실질적이고 효율적인, 체계적인 한·중·일 3국의 협력을 위한 상설사무국을 설치를 하자'라는 제안을 하게 됩니다. 한국이 일본도 가깝고 중국도 가깝고 중간에 있으니까 또 중국이나 일본이 큰 나라라고 하니까 한국에 설치하면 어떻겠느냐? 라고 제의를 하고 3국 정상들이 다 동의를 했습니다. 그래서 2010년 12월에 사무국 설립협정 서명을 하고 2011년에 중요한 내용이니까 국회에 동의를 받아야겠죠? 국회의 동의를 받아서 3국 협력 사무국이 서울에 설치가 됩니다. 하토야마 총리는 합리적이어서 한국과도 분위기가 좋았는데, 오키나와 미군기지 때문에 총리에서 물러나게 되었습니다. 지금은 아소 총리, 그리고 하토야마는 부총리를 하고 있습니다. 우리 같으면 생각하기 어렵지 않습니까? 총리를 하던 사람이 부총리를 하고 있는데, 어쨌든 한·중·일 협력사무국이 2011년 9월에 서울 광화문 옆에 설립이 됩니다. 저도 한번 가봤습니다만 한·중·일 협력사무국은 평화와 공동번영을 지향하는 3국의 정치적 의지의 표시이기도 합니다. 그리고 과거 갈등과 경쟁의 역사를 넘어 동북아 평화와 공동번영의 역사를 지향하는 3국의 강력하고 미래지향적인 정치적 메시지를 전달하는 그런 계기가 됩니다.

한·중·일은 지구상에 봤을 때 중요한 위치를 차지하고 있습니다. 사실상 인구로 봐서도 중국이 벌써 15억이 넘지 않습니까? 일본이 한 1억 2천, 한·중·일만 하더라도 전체 세계 인구의 25%를 차지합니다. 또 중국이 G2로 올라서면서 GDP면에서 세계 2위, 일본이 세계 3위이고 한국이 GDP 15위로 한·중·일 3국을 합치면 전 세계 GDP 총합의 약 20%를 차지할 정도로 큰 영역을 차지하고 있습니다. 외환보유고에서도 중국이 1위, 일본이 2위, 한국이 7위인데, 전체 세계 외환보유고의 50%를 차지할 정도로 큰 지역이 되겠습니다. 그래서 이제 한·중·일은 NAFTA라든지, EU에 이은 세계 3번째의 경제 권역을 형성할 수 있는 기반은 마련됐다고 볼 수 있습니다.

이 한·중·일 협력사무국이 자카르타에 있는 ASEAN 사무국, EU 사무국, 덴마크 코펜하겐에 있는 노르딕 사무국 등과 같은 역할을 수행하고 동아시아 지역통합에 기여를 하기 위한 기초는 닦아진 것이죠.

3국 협력이 EU라든지 ASEAN에 비해서 출발은 늦었지만, 지금은 잠시 주춤하지만 단기간에 빠른 성과를 나타냈다고 볼 수 있습니다. 3국 협력을 제도화해서 보다 높은 차원의 지역협력이 필요한 시점이 됐다고 보는데, 사무국 조직을 보시면 초대 총장을 우리 한국에서 맡아서 하고 사무차장은 일본과 중국에서 2년 임기로 번갈아 합니다. 또 2년 후에는 일본 측에서 사무처장을 맡고 중국과 한국에서 사무차장을 맡아 3개국이 똑같이 서로 의논해가지고, 언어도 한국어, 일본어, 중국어를 같이 병기를 하고 있습니다. 또한, 예산도 3분의 1, 그러니까 한국, 중국, 일본이 3분의 1씩 예산도 투자를 하고 직원들도 3개국에서 정확하게 3분의 1씩 파견 받아가지고 서울 광화문에 한 · 중 · 일 협력 사무국이 본격적으로 일을 시작을 하고 있습니다. 물론 우리나라에 있다 보니 운전기사라든지 잔심부름 하는 사람, 이런 사람 포함하면 아무래도 한국이 좀 많겠지만 원칙상 3분의 1씩 공동 분담하는 그런 체계가 되겠습니다.

사무국의 주요 기능이라면, 3국간의 다양한 협의체의 운영을 지원하고 또 기존 협력 사업을 활성화하고 또 새로운 협력 사업을 발굴하고 3국 협력의 이해 증진, 3국 협력 관련 연구 수행, 자료 데이터베이스를 구축하고, 또 다른 국제기구와 연락 및 조정 역할을 맡도록 되어 있습니다. 출범 이후 환경, 재난 등 장관급회의가 정례화 되는 등의 성과도 많았습니다. 그런데 2013년, 3국 정상회의가 8월에 우리나라에서 개최될 것으로 되어있습니다만, 워낙 갈등이 심하다보니까 일정이 취소되었습니다. 그리고 외상회의가 일본에서 지난달에 개최되려고 했다가 위안부 문제, 또 영토문제 때문에 우리나라에서 외교통상부

장관이 못가겠다 하는 등, 최근에 와서 이런 갈등이 있습니다.

하지만, 제 5차 회의는 베이징에서, 6차 외교장관 회의는 2012년 닝보에서, 제 1차 3국 농업장관회의 등, 3개국 간에 아주 빈번하게, 장관급 회의 또 정상회의에 대한 뒷받침을 하고 있는 것이 3국 협력 사무국의 등장 이후의 효과라고 보시면 되겠습니다. 이제 3국 협력사무국이 국제 포럼도 열고, 미국 전략문제연구소와의 간담회와 포럼을 통해서 3국 협력의 기반을 다져나가면서, 2011년 3월 일본 후쿠시마 대지진 이후로 3국간 재난 관리 분야에서 협력회의, 한·중·일 재난 대비 훈련 등은 좋은 사례라고 할 수 있습니다.

다음으로, 한·중·일 FTA도 3국간에는 특히 농업분야를 둘러싸고 워낙 경제적인 격차가 크기 때문에 순조롭지는 않습니다. 그러나 한·중·일 FTA가 체결되어서 궁극적으로 한·중·일의 항구적인 평화체제와 번영에 도움이 될 것이라는 인식을 가지고 학계와 외교통상부 실무진을 중심으로 한·중·일 FTA가 지금 계속 협의가 되고 있습니다.

향후 전망을 하기가 참 난감해졌습니다만, 당초 우리가 99년 처음 제안대로 순조롭게 되었더라면 최근까지 더 많은 진전과 발전이 있지 않았나 싶습니다. 최근에 일본 측의 아베 총리 등장 이후로 급격하게 분위기가 식었습니다만, 한·중·일 협력사무국을 통해서 한·중·일 FTA가 지역협력의 허브로 육성해야 된다는 것에 대해서는 다 공감을 하고 있습니다. 최근에 여러분들 아시다시피 북한의 내부문제로 많은 변수가 있죠. 그래서 이제 많은 사람들이 여러 분석을 합니다만, 중국 쪽에서도 일부 민간 전문가들이 '북한은 사실상 붕괴 중이다, 북한은 정상적인 국가가 아니다'라는 이야기를 하고, 마치 하나의 '조폭집단과 비슷한 불량배들이 모인 집단'이 아니냐는 인식이 굉장히 높아지고 있습니다. 즉, 세계 여러 나라에서 특히 중국에서도 반대하는데도 핵 개발을 밀어붙이는 비정상적인 국가이므로 한·중·일 협력에 앞서 북한 문제에 대해서 우리가 슬기롭게 대응을 해야 된다고 인식하고 있는 것입니다. 불과 얼마 전까지만 하더라도 중국은 북한 편을 들면서 순망치한(脣亡齒寒)이라고, 북한이 망하면 자기들은 바로 미국과 전선을 마주하는 귀찮은 상황이 오기 때문에 어떻게든지 북한을 유지시켜야 되겠다는 것이 대체적인 중국의 판단이었습니다. 그런데, 최근에 와서 중국의 민간 전문가들을 중심으로 '그게 아니다, 오히려 한국이 통일을 할 수 있도록 도우는 게 중국에 이익이 된다'라는 시각들이 많이 늘어나고 있답니다. 북한 때문에 중국도 얼마나 골치 아픕니까? 북한이 핵개발을 하면 일본도 하려고 할 것이고 한국도 하려고 할 것이고, 그럼 결국은 중국으로 봐서도 엄청난 부담이겠죠. 그래서 이제 일부 전문가들은, 북한이 붕괴하면 중국이 길림성, 흑룡강성, 랴오닝성과 같이 동복의 4성으로 편입하지 않겠느냐 이런 분석도 과거에 많이 있었습니다. 북한은 면적으로 흑룡강성보다 더 작으니까요.

하지만, 또 다른 전문가들은 중국이 과연 그렇게 하겠느냐? 라고 분석합니다. 지금 중국이 가장 정치적으로 고민하는 문제가 사실은 변방의 소수민족들입니다. 티베트나 신장 위구르 자치구의 경우, 독립하려고 분신하고 아우성치고 있지 않습니까? 중국이 정치적으로 가장 민감하게 반응을 하고 신경을 쓰고 있는 부분이 중국의 통일을 저해하는 변방의 소수민족들인데, 또 북한까지 동북 4성에 편입해가지고 독립시켜 달라고 테러를 일으키면 얼마나 골치 아픕니까? 역사적으로 보더라도, 중국이 한반도에 개입해 별 재미를 못 봤다고 판단하거든요. 수(隋)나라가 왜 망했습니까? 고구려 침략 때문에 망했습니다. 또, 당나라가 나당동맹에서 곤욕을 치렀고, 명나라는 임진왜란에 참전함으로써 멸망의 길로 접어들었듯이, 중국은 한반도 문제나 전쟁에 개입해서는 자기들의 체제까지 흔들린다는 역사적 경험이 있기 때문에 한국이 주도를 해서 통일하는 게 중국의 국익에 더 도움이 된다는 시각들이 많이 늘어나고 있다고 합니다. 저는 이게 바로 우리 민간교류의 힘이 아닌가 생각합니다.

지금 중국 유학생들이 부산에 한 5천명 가까이 됩니다. 얼마나 많은 중국 유학생들이 와있고 중국에서 한류 붐을 통해서, 수교 20년을 지나면서 얼마나 한국에 대해서 좋은 인식을 가졌습니까? 사실상 경제교류 면에서도 우리나라가 가장 많이 수출하고 수입하는 나라가 중국입니다. 중국 측에서 봐서도 4, 5위 정도에 들 정도로 한국하고는 지금 떼려야 뗄 수 없는 아주 깊은 관계가 되고 있다고 생각합니다. 사실상 민간 부분에서 한·중 우호 교류를 위해서 엄청나게 노력을 했습니다. 특히 한류 붐을 들 수 있습니다. 제가 2005년에 북경에 1년간 있을 때 그 당시에 '대장금'이라는 드라마가 굉장히 유행을 했었거든요. 저는 한국에 있을 때도 대장금을 본 적이 없었습니다. 제가 중국에 가서 중국어로 나오는 대장금을 처음부터 끝까지 보면서 감동했는데, 2005년 그 당시 중국은 완전히 대장금 판이었습니다. 대학 기숙사에서 지냈는데, 학교 구내식당에도 '오나라 오나라'라는 대장금 주제가가 나오고, 저녁마다 대장금을 보고, 아침이면 '다음번엔 어떻게 전개될 것 같으냐, 그 노래를 어떻게 배우느냐, 그 노래 가사 좀 가르쳐달라'라고 하는 중국 사람들이 주변에 많았습니다. 그리고 제가 남경에 갔다 오는데, 기차 안에서도 계속 대장금의 주제곡이 들리고 남경의 거리 식당에서도 대장금 주제가가 나올 정도로 온 중국이 대장금 열기라고 해도 과언이 아닐 정도였습니다. TV만 틀면 대장금, 겨울연가 등 한국드라마 일색이었습니다. 지금은 오히려 혐한 분위기에 정책적으로 드라마 수를 줄였다는데, 2005년도에는 거의 절정이 아니었나 생각을 합니다.

이런 점을 생각하면, 민간교류가 얼마나 중요한지 알 수 있습니다. 국가적인 체면과 자존심이 있기 때문에 영토 문제라든지, 역사 문제에서는 어쩔 수 없습니다만, 민간끼리는 계속 교류해야 한다고 생각합니다. 민간교류의 힘을 통해서 중국인과 지도부의 시각을 바꾸고, 중국 전문가들이 한국으로의 통일이 오히려 중국의 국익에 더 부합한다는 판단을 하고 있다고 생각됩니다. 우리 부산국제교류재단(BFIA, Busan Foundation for International Activities)은 이런 상황에서도 일본이라든지 중국과는 흔들림 없이 교류를 해가고 있습니다. 이 강좌를 마련한 '원아시아재단'과 'BFIA'의 국제활동과 민간교류의 활성화, 그리고 시민의 국제화의식이 중요하다는 말씀을 드리고 싶습니다.

EU문제에 대해서는 여러 번 나왔습니다. EU는 여러분이 아시는 것처럼 마치 하나의 국가처럼 움직이지 않습니까? 근데 역사를 보더라도 유럽은 한마디로 전쟁의 역사입니다. 오랜 로마시대부터해서 끊임없이 전쟁이 이어져왔습니다. 1차 세계대전, 2차 세계대전을 통해서 얼마나 많은 유럽인들이 죽고 다치고 아우슈비츠학살이라든지, 이런 걸 통해서 엄청난 역사적인 갈등과 전쟁을 겪었죠. 그에 비하면 한국과 중국과 일본은 상당히 얌전한 편이죠. 임진왜란 당시에 일본에 우리가 피해를 입었고, 중·일 전쟁 때 남경학살도 있습니다. 하지만, 유럽에 비하면 심하지 않습니다. 오히려 유럽이 엄청난 전쟁의 고통을 겪은 대륙이라고 할 수 있습니다. 그런 뼈아픈 역사의 반성 위에서 EU 탄생의 배경이 되었는지 모르겠습니다만, EU가 처음에 유럽의 '석탄 철강 공동체'를 만든 것도 '석탄과 철강'을 독일이 개발하여 또 전쟁을 하지 않을까 싶어서 프랑스가 나서서 우리가 공동 관리하자고 하여 시작된 것입니다. 물론 그 전부터 유럽의 통합을 부르짖은 사람이 있었답니다. 장 모네(Jean Monnet), 유럽 석탄 철강 공동체의 창설, 유럽방위공동체로 발전되고, EEC로 경제공동체, 1965년에는 유럽 의회까지 결성이 되는 등 하나하나 진전되어 갔습니다. 1991년에 마스트리흐트(Maastricht)조약에서 유럽연합조약을 맺었습니다. 우리는 미국이 마치 한 나라처럼 알고 있지 않습니까? 그런데, 정식으로 치면 미국도 United States of America이거든요. 합중국인 미국과 비슷한 형태로 각국이 하나의 주처럼 가자는 기본 정신이 1991년에 체결된 마스트리흐트조약이고, 거기서 유럽의 대통령을 뽑고, 유럽의 외무장관을 뽑고, 유럽 대사관을 만들자는 것입니다. 지금 유럽에 다녀온 분이 많지만 국경이 거의 없다시피 하잖아요. 비자, 여권 없이 그냥 통행하고 어디 가서 근로자로 취직할 수 있고 거의 한 나라처럼 움직이게 되었죠. 물론 최근에 스페인이라든지, 그리스 사태에서 보듯이 오히려 EU로 하다보니까 더 잘 못했다고 하여 최근에 영국이 EU에서 탈퇴를 하겠다고 하지 않습니까? 너무 앞서간다 하는 분위기도 있기도 합니다만, 어쨌든 EU가 과거 전쟁의 대륙에서 평화의 대륙으로 바뀐 것은 사실이라는 것을 우리가 알 수 있습니다.

그리고 아세안(ASEAN)도 보면 지금 동남아라고 부르는 10개국이 1967년에 창설이 됐습니다만, 10개국 인구가 6억 6천만입니다. 서울에 외교통상부 출연기관으로 한 지금 아세안도 잘하고 있는 것 같습니다. ASEAN센터가 설립되어 아세안 문화 소개, 기업유치 등의 일을 하고 있습니다. 아세안은 전쟁도 전쟁이지만, 워낙 소국들이 많다보니까 경제적으로 우리가 힘을 합치자는 분위기에서 출범된 배경이 큽니다. 어쨌든 아세안도 2015년을 목표로 EU와 같은 공동체를 만들어 국제사회에서 목소리를 높이려 하고 있으나, 공동체 형성의 실현 가능성은 희박하다고 분석합니다. 그만큼 아세안은 역사적으로 이질감도 크고 경제적 격차도 크고 영토, 여러 분야에서 차이가 크기 때문에 경제적으로는 서로 협력하고 평화체제는 구축했지만, EU와 같이 2015년까지 공동체 창설은 어렵다고 할 수 있습니다. 하지만 하나의 지역 간의 협력 분위기, 공동체 정신은 계속 발전시키고 있다고 볼 수 있습니다. 한국의 아세안 대사가 아세안 사무국이 있는 인도네시아 자카르타에 파견돼 있습니다. 그 만큼 한 나라처럼 움직이는 분위기로 한·중·일공동체 보다는 발전된 형태라고 볼 수 있습니다.

이제 '부산의 국제화·민간교류'에 대해서 이야기를 전개 하겠습니다. 부산은 제 2도시로서, 지난해만 해도 한 260만 명의 외국인들이 부산을 방문하고 서울을 제외하고는 외국 공관이 최고 많은 국제도시라고 해도 과언이 아닐 것입니다. 미국 영사관이 있고 중국, 일본, 러시아, 대만 대표부가 부산에 있고, 명예 영사단은 34개가 되어 있고,

UN묘지도 사실은 국제기관이나 마찬가지입니다. 외국인 학교는 부산 외국인학교, 국제외국인학교, 일본인학교 등 5개나 있고 국제 회의단 체에도 부산은 지금 14개에 가입되어 있습니다. 부정기적으로 모이는 별도 사무실이 있는 것은 아니지만, 한·일해협지사회의라든지, UCLG 세계 지방자치체 연합이라든지, 동북아시아 지방자치체연합에 가입하고 있습니다. 관광진흥기구(TPO, Tourism Promotion Organization) 는 2002년 안상영 시장의 제의로 부산에 세워져 있습니다. 신문에서 보시다시피 부산에서 국제회의가 아시아 순위로서는 4번째로 많이 열리고 있고, 세계적으로는 15위를 차지할 정도로 국제회의가 부산에서 빈번하게 열리고 있습니다. 국제 항공 노선도 10개국 28노선이 취항을 하고 있고, 외국인커뮤니티가 42개, 국제교류단체가 8개, 외국인 지원을 위해서 부산국제교류재단의 글로벌 센터라든지, 외국인 근로자 지원센터, 다문화 지원센터, 외국인 상담기관 등이 외국인 지원기관으로 있습니다.

우리 부산에 현재 외국인이 약 5만 명이 거주하고 있는 것으로 통계가 나와 있습니다. 2003년에 만 6천명이던 것이 해마다 급증을 해서 2012년에는 49,329명, 2013년에는 5만 명을 초과한 것으로 알고 있는데, 이와 같이 해마다 부산에 거주하는 외국인들이 증가하고 있습니다. 국가별로 봐서는 역시 중국이 최고 많은 약 2만 명을 차지하고 있고 그 다음에 베트남이 8,700명, 그 다음 미국, 필리핀, 대만, 인도네시아가 비슷한 수준이고 그 다음 일본, 러시아 순으로 부산에 거주를 하고 있습니다. 입국 사유를 보면, 외국인 근로자가 만 6천명으로서 가장 많은 비중을 차지해서 사상공단, 녹산공단에서 일하고 있습니다.

그 다음으로 베트남, 캄보디아 등 동남아에서 온 결혼이민자가 한 6,500명을 차지하고 외국인 유학생이 6,300명 정도 있습니다. 그 다음 조선족 등 외국국적의 동포가 3천명 정도, 혼인귀화자 3천명, 결혼하고 아이를 놓다보니까 외국인 주민자녀가 7,300명 정도 살고 있습니다.

부산국제교류재단의 목적은 부산의 자매도시, 우호협력도시와 교류를 촉진하는 게 첫째 목적이 되겠고, 두 번째로는 부산에 살고 있는 5만명 외국인들을 좀 편안한 환경에서 살 수 있도록 여러 가지 지원해 주는 것입니다. 세 번째는 우리 시민들의 국제화 마인드를 향상시키는 것입니다. 부산국제교류재단은 시에서 전액 출연 기관입니다. 연간 예산이 한 20억 정도 됩니다만, 부산광역시 행정부시장이 이사장을 맡고 그 밑에 제가 사무처장을 맡고 그 밑에 사무차장과 기획관리팀, 국제교류팀, 외국인지원팀의 3개 팀으로 나눠서 업무를 맡고 있고, 한·러 협력센터가 같이 있습니다.

여러 가지 다양하고 많은 일들을 하고 있습니다만, 그 중 몇 가지 보면, 통번역서비스센터를 설치해 작년부터 운영하고 있습니다. 외국인들이 생활에서 가장 불편을 느끼는 게 의사소통을 도와주는데, 병원 또는 공공기관을 방문할 때, 의사소통을 원활하게 하기 위해 25명의 서포터즈가 언어권 별로 지원해 주고 있습니다. 요청이 있으면 외국인들에게 무료로 통번역 서비스를 지원해주고 있습니다. 그 대신 서포터즈한테는 약간의 실비를 제공합니다.

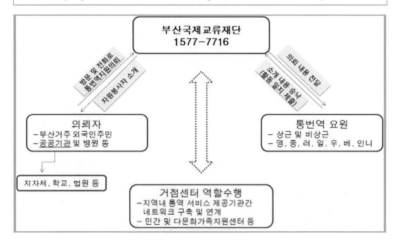

Setting up of Translation/Interpretation Service System

그 다음에 유학생들을 지원하는 프로그램인데 작년 5월에 베트남과 중국 대련에서 유학생을 유치하기 위해 부산의 몇몇 대학들과 같이 유학박람회에 참석한다든지, 외국인 유학생들한테 적지만 장학금을 15명한테 주고 있습니다. 또한, 유학생들이 한국 문화를 체험할 수 있게 기장에 있는 기장문화예술학교에 가서 한국 문화를 체험하게 해줍니다. 그래서 최근에 인기를 모으고 있는 K-POP 댄스 등을 소개하여 유학생들에게 한국에 대한 이해를 높이는 그런 활동을 지원하고 있습니다.

부산은 현재, 자매도시가 최근에 미얀마 양곤이 추가되어서 26개이고 우호협력도시는 5개가 있습니다. 사실은 한 나라에 한 개 밖에 자매도시 체결을 못하니까, 그 대신에 자매도시는 하나있고 우호협력도시라 해서 중국만 해도 톈진, 충칭, 선진이 우호협력도시입니다. 부산은 사실 시모노세키하고 제일 먼저 했습니다만, 오사카가 우호협력도시이고 후쿠오카와 시모노세키 2개가 자매도시입니다. 이와 같이 전세계 많은 자매도시와 우호협력 도시를 맺고 있습니다.

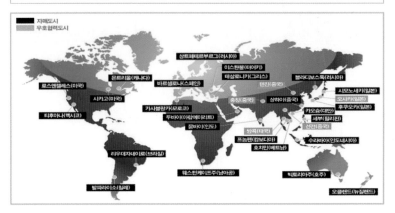

International Relations of Busan City
▷ Sister City Relationships: 25 in 22 countries / Friendship City Relationships: 5 in 3 countries

자매도시와의 기념교류 사업을 위해서 작년의 경우, 이스탄불과 자매결연 10주년 기념으로 터키 이스탄불에서 우리 공연단과 태권도 선수단이 공연을 하고 같이 기념촬영을 하였습니다. 그 외에도 한국전쟁 당시에 참전했던 노군인들을 초청해 UN묘지도 둘러보고 부산시내 관광, 기장예절학교 방문 등 체험프로그램을 하고 있습니다. 부산국제교류재단에는 글로벌 센터가 설치돼서 많은 외국인들이 우리 시민들과 또는 자기들끼리 서로 교류하고 대화할 수 있는 장소도 되어 있고, 부산에 사는 외국인들의 의사소통을 돕기 위해서 한국어 강좌를 하고 있습니다.

그리고 'Life in Busan'이라고 해서 외국인들이 부산에서 생활하는데 필요한 정보들을 제공하고 매달 발간하는 부산 LIFE가 있고 특히 사상 쪽에 외국근로자들이 많이 살고 있는데 한국에 와서 생활하는데 출입국과 노동관련의 불편과 애로사항을 상담하는 그런 서비스도 하고 있습니다. 작년 10월에는 부산시에서 부산외국인 근로자센터를 사상구 모라동 쪽에 만들어서 위탁을 주고 있습니다.

또 'Global Gathering'이라고 하여, 힘들여서 많은 돈을 들여서 세계 여행을 하지 않더라도 하루 만에 전 세계를 여행할 수 있고 또 많은 정보를 얻을 수 있고 많은 친구를 사귈 수 있는 행사입니다. 매년 Global Gathering, 또는 '어울마당'이라고 해서 외국인과 부산시민이 함께 모여서 각국의 전통과 문화에 대한 소개도 하면서 또 서로 친구를 사귈 수 있는 좋은 기회이면서, 세계 각국의 공연을 한자리에서 볼 수 있는 좋은 기회입니다. 작년까지는 매년 10월에 했습니다만, 금년에는 10월에 너무 편중된 행사 때문에 5월로 옮겨서 5월 25일 해운대 나루공원에서 합니다.

그 다음에, 여러분이 많이 듣는 ODA사업(Official Development Assistance)이라고 해서 한국은 원조를 받는 나라에서 원조를 주는 유일한 나라로 바뀌었습니다. 여러분들 부모님, 할아버지께도 많이 들어보셨겠지만 6·25때 얼마나 많은 고통을 겪으면서 원조를 많이 받았습니까? 저도 초등학교 다닐 때 미국 옥수수 빵도 먹고 한 기억도 있습니다만, 그렇게 우리가 원조를 받다가 지금은 이제 캄보디아, 베트남, 아프리카 등 어려운 나라에 원조를 해주는 나라로 바뀌었습니다. 그래서 2011년 11월에는 처음으로 원조회의가 BEXCO에서 열리고 아래 사진은 캄보디아의 프놈펜에 우리 소방차를 지원해주는 장면입니다.

Official Development Assistance (ODA) Project of Busan City

o **Five key areas for ODA**
   ▷ Marine and fisheries, film, firefighting and disaster, environment and waterworks, and education
o **ODA international seminar to commemorate the 1st anniversary of the High Level Forum on Aid Effectiveness Busan (in November)**
   ※ **Projects already implemented**
   - Dispatch of volunteer groups (medical and cultural sectors) in July
   - Loan of 6 firefighting vehicles to Ho Chi Minh City free of charge in July

그리고 외국의 공무원들을 초청해서 부산의 앞서가는 도시 행정 기술을 연수시키는 프로그램도 있습니다. 이와 같이 금년 7월에 계획이 되어 있습니다만, 호치민과 프놈펜에 부산의 의료봉사단체와 문화 봉사단을 우리 대학생들의 신청을 받아서 보내기도 합니다. 그 다음에 자매도시간의 공연단 교류를 통해서 서로 자매도시간의 이해를 높이는 교류를 하고 있습니다.

다음으로, 7개 언어로 중국, 우즈베키스탄, 베트남, 인도네시아 출신의 다문화 가정을 직접 우리 재단에서 채용해서 그 나라 언어로 출입국 · 결혼 · 이혼 · 고용 · 노동 문제에 대해서 애로사항이 있으면 상담을 하고 전문분야에 대해서는 변호사라든지 공인중개사, 노무사가 시간을 정해서 상담에 응하고 있습니다. 또한 학생들을 위한 전문상담 코너도 운영을 하고 있습니다. 그리고 한국어 강좌를 통해서 부산에 있는 외국인들이 한국어로 의사소통을 빠른 시간 내에 할 수 있도록 Life Busan 발간 사업도 하고 있습니다. 그리고 금년 3월 부산의 각 대학들과 유학생지원협의회를 결성했습니다.

Strengthening support for foreigners

Korean Language Courses
· Date: Jan. 30 – Apr. 6(1st session) | Apr. 23 - June 30(2nd session)
  July23 - Sep. 22(3rd session) | Oct. 8 - Dec. 14(4th session)
· Course: Pre-beginning, Beginning, Intermediate, Advanced
· Venues: Busan Global Center
  Social Service Center of Dong-Seo university

'Life in Busan' :
7 languages

작년에 후쿠오카에 가보니 후쿠오카현에는 유학생 지원센터가 만들 어져서 후쿠오카현과 인접한 각 시들과 대학에서 경비를 부담해서 체 계적이고 조직적으로 유학생들을 유치하고 장학금도 주고 취업알선도 하면서 문화, 기업탐방, 인턴십 프로그램을 하고 있었습니다. 부산의 경우는 각 대학별로 경쟁을 하다보니까 대학들 간의 불필요한 예산낭 비, 신경전을 벌이는 폐단이 있었다고 봅니다. 그래서 금년부터는 부 산국제교류재단에서도 각 대학과 좀 체계적으로 유학생들을 지원하고 유치하기 위해서 유학생지원협의회를 구성해서 유학생에 대한 장학금 지급이라든지 유치활동을 벌이기로 했습니다. 지원활동은 경제적 어려움으로 큰 성과는 내지 않는다고 할 수 있습니다. 유학생지원활동은 상담, 인턴십, 기업탐방, 취업특강 등이 되어 있습니다. 유학생들은 언젠가 돌아가면 그 나라에서 중요한 역할을 하고, 그 학생들이 친 부산 인맥으로서, 부산에 대해서 좋은 이야기도 해주고 한국에 대해서 좋은 이야기도 해 줄 수 있는 유학생 대표자들과의 네트워크도 강화할 필요가 있습니다. 그래서 미얀마, 카자흐스탄, 캄보디아, 키르키즈스탄과 같이 소수의 유학생들이 있는 국가들의 유학생들과 부산시민들, 기업인들, 교수들 중에서 관심이 있는 사람들과의 인연맺기 사업도 추진하고 있습니다. 장학금도 좀 더 많이 주고 유학생들이 부산에 취업을 할 수 있도록 좀 더 노력이 더 필요하다고 생각합니다. 부산시민 중에 언어에 관심 있는 사람들을 위해서 세계 언어 교실을 운영하고 있는데 우즈베크어, 몽골어, 힌디어, 타갈로그어, 크메르어 등 11개 언어로서 간단한 인사말 정도라도 배울 수 있도록 했습니다. 우리가 외국어라면 영어, 일본어, 중국어만 우선시하는데, 부산 시민들 중에서도 우즈베크어도 할 수 있는 시민도 있고 몽골어도 할 수 있는 시민들이 있다면 그것도 부산의 국제화 측면에서 바람직하지 않느냐하는 취지에서입니다. 소수 외국어이지만 강좌를 개설하고 있고 그 외, 대학생 모의 UN회의라든지, 다문화출신 영어강사 양성 등 다양한 사업을 전개를 하고 있습니다. 어울마당을 통하여 시민들의 국제마인드를 형성하고 있고 그리고 부산국제교류재단 이외에도 자발적 민간교류단체가 많이 있습니다. 우리 재단이 중심이 되어 부산에 있는 5개 영사관 국제교류활동, 원아시아재단의 네트워크를 통해 서로 협력 조절하는 역할을 강화할 필요가 있다고 생각합니다. 민간외교의 컨트롤 타워 역할을 좀 높인다는 측면에서 민간단체의 심사를 통해 보조금도 주고 같이 정보교환도 하고 있습니다. 여러분이 잘 알다시피 우리나라는 모든 중요한 기능이 중앙에 다 있습니다. 그래서 분권을 많이 부르짖고 있습니다만, 국제교류 분야도 사실 중앙집권이 아주 심한 것 같습니다. 한국국제교류재단(KOICA), 한·중·일 사무국, 한－아세안센터, 국제교육원 등등 모든 국제적인 핵심기능은 중앙에 다 있습니다. 그런 것을 부산에서도 좀 역할을 할 수 있게, 예산을 지원 받는다든지 업무 기능을 이관 받는다든지 그럴 필요가 있지 않을까 생각해 봅니다. 오늘 KOICA 부산지소가 개소를 했는데 KOICA는 여러분 알다시피 해외봉사하는 조직으로 부산에 지소를 만들었습니다만, 이런 지소의 역할을 우리 재단에서 했더라면 하는 그런 아쉬움도 있습니다. 어찌됐든지 이런 중앙에 편중된 국제 관련 단체의 지방 분권화, 네트워크의 강화가 필요하겠다고 봅니다. 그 다음에 부산에는 방금 이야기 드린 대로 자체적으로 민간교류 사업을 하는 곳이 많습니다. 일반적인 친선교류도 있지만, ODA사업을 통해서 개발도상국에 지원을 해주는 '한 끼의 식사 기금'이라든지 기회의 학숙에서는 캄보디아에 체계적으로 지원사업을 하고 있습니다. 아시아 공동체 학교 등이 있습니다만, 저희 재단에서 심사를 통해서 300만원에서 600만원까지 지원을 해주고 있습니다. 국제교류재단이 아닌 일반 민간인이 하고 있는 국가지원 단체의 지원과 통합지원 노력도 필요합니다.

그 다음에 우리 부산이 또 진정한 국제도시가 되기 위해서는 국제기관이 많아야 합니다. 실제 부산은 UN관련 기관은 유엔기념공원(유엔 총장 산하 기구로, 유엔 묘지를 관리), APEC 기후센터, 부산대 EU센터, NOWPOP 동북아 해양오염 방지기구 정도로 그 수가 적습니다. 국제기구의 정의를 내리기 애매한 부분이 있는데 어쨌든 부산이 국제도시라고 들먹이면서도 사실은 국제기구가 몇 개 안된다는 것은 서울도 마찬가지입니다. 서울이나 인천 쪽에 있는 국제기구도 27개, 미국은 3,600개 정도의 국제기구가 있고 경상남도보다도 더 작은 벨기에도 2,100개의 국제기구가 있고 프랑스는 2천개, 스위스도 8백개, 일본도 우리나라보다 10배 많은 270개소가 있다고 합니다. 우리 부산은 극히 적습니다. 그래서 아주 힘들고 어렵지만 국제기구를 부산에 많이 유치하는 노력도 필요하다고 봅니다. 얼마 전에 유엔 산하의 아시아 태평양 어업국이 부산에 오려고 하다가 동경으로 갔는데 아직 결정은 안 났죠. 그런데 부산이 우리나라가 원양 어업에서 너무 남획을 하기 때문에 그린피스한테 고발당하는 바람에 부산으로 오려고 했던 국제어업기관이 결국은 무산되지 않느냐는 이야기가 나오고도 있습니다. 하여튼 우리나라의 입지여건을 봤을 때 부산이 동북아 중심의 국제도시라 하면, 국제기구의 유치도 부산의 국제화에 필요하다는 생각을 하게 됩니다.

저는 설명을 드린 바와 같이 농대 임학과를 나와 거의 28년간 녹지 분야 공무원만 하고 국제 분야는 전문은 아닙니다. 여러분들이 우즈베키스탄, 카자흐스탄, 키르키즈스탄의 학생들과 만나보면 전부 다 능숙하게 영어를 구사하고 있는 것을 알 수 있을 것입니다. 우리 학생들도 당연히 영어를 잘 해야 되고, 제 2외국어, 제 3외국어도 잘해야 되지 않을까 이런 생각을 해봅니다.

감사합니다.

송 미 한
스페인어과

　　이번 주 주제는 '도시를 중심으로 본 아시아공동체 간의 교류와 소통'이다. 그 동안 '나라간의 교류와 소통'에 대해선 들어봤지만 '도시를 중심으로 본 아시아 공동체'는 새롭다. 여기서 말한 도시가 수도인 서울을 말하는 걸까? 아님 부산국제교류재단 사무처장님께서 강의를 하시는 거니까 제목에 나온 도시가 부산은 아닐까? 궁금증을 가지고 강의를 들었다.

　　현재 한·중·일은 동북공정, 위안부, 역사 교과서 등의 역사문제와 센가쿠 열도, 북방 4개 섬, 독도 분쟁 등의 영토문제를 가지고 갈등을 겪고 있다. 그럼에도 불구하고 1999년부터 3국 정상회동을 시작으로 2011년에는 한·중·일 협력 사무국을 출범하기도 했다. 한·중·일 3국의 인구는 세계 전체인구의 25% 규모이고 GDP총합이 전 세계 GDP의 20%를 차지하며, 외환보유고 총합은 전 세계 외환보유고의 약 50%를 차지한다. 이는 곧 NAFTA, EU에 이은 세계 3번째 경제권역을 가진다는 것을 의미한다. 동북아 지역 최초의 지역협력인 한·중·일 협력 사무국(TCS)은 ASEAN 사무국, EU 사무국, 노르딕 사무국 등과 같은 여타 지역 협력 사무국과 상응하는 역할을 수행하고 동아시아 지역통합에 기여한다. 3국의 협력이 비교적 늦게 시작을 했지만 단기간에 빠른 성과를 낳았다. 그러니 3국 협력을 제도화하여 보다 높은 차원의 지역협력을 추진해야 한다. 한·중·일 협력 사무국(TCS)은 3국간의 다양한 협의체의 운영을 지원하고 기존 협력사업의 활성화 및 새로운 협력 사업을 발굴한다. 3국 협력의 이해를 증진하고 3국 협력 관련 연구 수행, 자료 DB를 구축한다. 또한 여타 국제기구와 연락 및 조정한다. 사무국이 출범한 이후 발리, 베이징, 닝버, 제주에서 3국 정상회의를 가졌다. 앞으로 한·중·일 협력 사무국(TCS)을 한·중·일 지역 협력의 허브로 육성하고 통일을 위한 한·중간의 교감을 강화하고 OAC, BFIA 등 민간교류의 활성화, 시민의 국제화 의식을 함양할 것이다.

'아시아 공동체'를 이루기 위해선 한·중·일은 갈등구조를 해결해야 한다. 그러기 위해서는 한·중·일 FTA를 실행하고 한·일 해저터널을 설치하는 등 민간교류를 하고 또한 경제의 국경을 없애기 위해서 노력해야한다. 오늘 강의를 듣기 전까지만 해도 '아시아 공동체'라는게 막연하고 필요성에 대해서도 크게 느끼지 못했었다. 그런데 오늘 조금은 '아시아 공동체'가 뭔지 그리고 그 필요성에 대해 느끼게 되었다.

'아시아 공동체'라는게 나랑 관련이 없는 그냥 이론적인 말이 아니라 우리가 살면서 실현될 수 있는 우리의 가까운 미래라는 생각이 들었다.

感/想/文
book response

ソン・ミハン
スペイン語科

　今週のテーマは‘都市を中心としてみたアジア共同体間の交流と疎通’である。この間‘国間の交流と疎通’について聞いたことはあったが‘都市を　中心としてみたアジア共同体’は初めてである。ここで述べられる都市とは首都ソウルのことなのか？　そうでなければ、釜山国際交流財団の総長が講義をされるからには、テーマの都市とは釜山のことなのか？　気がかりなまま講義を聴いた。

　現在、韓中日は東北工程、慰安婦、歴史の教科書などの歴史問題と尖閣諸島、北方領土、独島紛争など領土問題があり、葛藤のさなかである。それにも関わらず、1999年から3ヵ国正常会合を始め、2011年には韓中日の協力事務局を出帆しようとした。　韓中日3ヵ国の人口は世界の人口全体の25％規模であり、GDP総合は全世界GDPの20％を占めており、外貨保有の総合は全世界の外貨保有の約50％を占めている。東北アジア地域で最初の地域協力をした韓中日協力事務局(TCS)はASEAN事務局、EU事務局、ノルディック事務局などと同じく、その他の地域協力事務局と呼応した役割を遂行して、東アジア統合に寄与している。3ヵ国協力が比較的遅くに始まったのだが、短期間で速い成果が出た。そして、3ヵ国協力を制度化するために、高いレベルの地域協力を推進しなければならない。韓中日協力事務局(TCS)　は3ヵ国間の多様な協議制の運用を支援して、既存の協力事業の活性化及び新しい協力事業を発掘している。3ヵ国協力の理解を増進して、3ヵ国協力関連研究の遂行、資料DBを構築している。または、その他の国際機構と連絡及び調整をしている。事務局が出帆した後、パリ、北京、寧波、チェジュにて3ヵ国正常会合が催された。将来、韓中日協力事務局(TCS)を　韓中日地域協力のハブを育成して、統一のために　韓中日の交感を

強化するOAC、BF1Aなど民間交流の活性化、市民の国際化意識が育成されるだろう。

　'アジア共同体'を構築するために、韓中日は複雑な構造を解決しなければならない。そのためには、韓中日FTAを施行して、韓日海底トンネルを設置するなど、民間交流をして、また経済の国境をなくすために努力しなければならない。今日、聴講前だけだとしても

　'アジア共同体'とは漠然として、必要性についても大きく感じるところはなかった。しかし、今日'アジア共同体'が何なのか、そしてその必要性について少し感じるところがあった。'アジア共同体'という我々と関係なく、ただ理論的な言葉ではなく我々が生きている間に、実現することは近い将来なのではないかと思う。

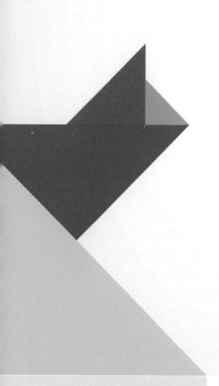

동아시아의 문화교류

일본 도쿄대학 명예교수

가와모토 코지(川本 皓嗣)

동아시아의 문화교류 - 과거와 미래

일본 도쿄대학 명예교수 **가와모토 코지(川本 皓嗣)**

제 전공 분야인 비교 문학은 약 백 년 전에 프랑스에서 학문으로서의 형태를 갖추었습니다. 먼저 1896년에 리옹(Lyon) 대학, 이어 1910년에는 파리 대학에 강좌가 개설되었습니다. 이 두 대학에서 최초로 비교문학을 담당한 페르낭 발당스빼르제(Fernand Baldensperger, 1871-1958)가 태어난 곳은 벨기에와 룩셈부르크, 독일과 인접해 있으며, 자주 독일과 프랑스간의 분쟁의 씨앗이 되었던 로렌 지방이었습니다. 그는 스위스 취리히, 프랑스 낭시(Nancy)와 파리, 영국 옥스포드, 그리고 독일 괴팅겐(Göttingen)과 하이델베르크(Heidelberg)에서 공부를 한 뒤, 프랑스에서 독일 문학과 영문학, 그리고 비교 문학을 가르치기 시작했지만, 마침 19세기에서 20세기로 세기가 바뀌는 이 시기는 유럽 전역을 엄습하는 제1차 대전의 어두운 예감이 무겁게 밀려왔던 시대였습니다. 프랑스는 1871년 보불전쟁(프랑스-프로이센 전쟁 Franco-Prussian War, 1870-71)에서 대승을 거두었으며, 늦게나마 국가 통일을 이룬 이후 근대 산업 국가로서 갑자기 두각을 보이기 시작한 독일에 대한 많은 지식과 깊은 이해가 필요하다는 인식을 갖게 되었습니다. 국경을 접하고 있는 이웃국가이면서도 지금까지 프랑스인은 독일인에 대해 너무나 무관심했다는 반성에서, 20세기에 들어 이 필요성은 시급함을 더해갔습니다. 어떤 의미에서 비교 문학은 이웃국가를 더 많이 알고 더 깊이 이해함으로써 다가오는 큰 전쟁의 위기를 어떻게든 해결하고 싶은 욕망에서 태어난 것이라고 할 수 있습니다.

마침 제1차 세계 대전이(1914년 7월) 발발한지 거의 백 년이 지난 현재, 다시 국제 분쟁에 대한 예감이 어둡게 세상을 뒤덮고 있습니다. 원래 우리들은 백 년 전의 사람들에 비해서, 바로 옆에 있는 이웃과 멀리 있는 이웃들의 일들을 조금이라도 더 많이 알고 더 깊게 이해하고 있다고 말할 수 있을까요? 물론 동아시아 국가 중에는 중국고전 문화 전통의 집단적 기억이라는 공통적 유산이 있습니다. 하지만 이미 이 기억은 동아시아 사람들의 뇌리에서 빠르게 지워지고 있습니다. 더욱이 중국 고전 문화를 배울 수 있는 기회가 극히 적은 젊은 세대는 새삼 말할 필요도 없습니다. 그럼 그러한 공통의 기억 상실을 우리들은 어떻게 채워나가면 좋을까요? 어렵게 모두 공유해온 소중한 지식이 잊혀져가는 근래의 경향을 우리들은 슬퍼해야할지 그렇지 않으면 기뻐해야 하는 것일까요? 중국 고전 문화의 전통이 가져다준 혜택은 이미 많이 거론되고 있으며 또한 앞으로도 똑같을 것입니다. 하지만 여기에서는 관점을 바꾸어 일부러 반대편의 입장, 즉 '악마의 대변인'(Devil's advocate)의 입장에서 이 전통이 동아시아 국가 간의 상호 이해를 지금까지 어떻게 막아 왔는지에 대한 폐해에 대해 말하고자 합니다.

최근 일본에서는 '동아시아 문학'과 '동아시아 비교 문학'이라는 말을 자주 들을 수 있습니다. 지금까지 일한비교문학(和漢比較文学)과 일중비교문학(日中比較文学)이라는 다소 생소한 명칭이 있으며, 게다가 그 이전, 메이지 초기에는 '일본과 중국학(皇漢学)'이라고 하는 분야가 있었습니다. 무엇보다 일본과 중국학은 본격적인 중·일 비교 문화 연구보다는 개국 이후 갑자기 시류를 타고 융성을 자랑하는 서양 연구에 대해 기존의 한학과 국학을 정리해 그렇게 불렀다는 것에 불과하다는 면이 있습니다. 이들은 모두 한국을 비롯한 다른 주변 나라들의 문학과 문화를 거의 도외시하고 동아시아 전체를 일본과 중국의 양극만으로 파악하려고하는 것입니다.

　오히려 지금까지 일본은 문학뿐만 아니라 문화 일반, 심리학에서 정치학·경제학에 이르기까지 서양 문화와의 대비와 교류를 논할 때, 예를 들면 '일본과 서양'과 '일본과 구미' 등으로 극단적으로 불균형적인 양극화(예를 들어 '미국과 교토부(京都府)'와 '일본과 경기도'를 비교하는 것과 같은 것이다)도 활발하게 이루어졌으며 아무도 그것을 의심하지 않았습니다. 그러한 경우에는, 마치 일본이 모든 동양을 대표하는 듯한 착각이 자명한 전제가 되어 인도와 중국, 이슬람권 등의 대문명은 물론, 주변의 한국과 베트남과 같은 다른 문화는 시야에 두지 않았었습니다.

　단편적으로 보면 이것은 일본이라는 섬나라의 고립적인 자기중심주의라는 것보다, 호의적으로 봐도 과도한 자의식의 표현입니다. 하지만 이런 종류의 독선주의와 나르시시즘은 그 이면에 근대 이전에는 막강한 중국 문명에 대한, 그리고 근대 이후에는 역시 강대한 서양 문명에 대한 무조건적인 탄복, 중심 문명에 대한 열등적인 주변 의식을 갖고 있습니다. 결국 주위의 동아시아 국가들이 조금도 일본의 눈에 들어오지 않았던 것은 일본이 근대 이전에는 항상 중국만을, 그리고 근대 이후에는 서양만을 동경의 눈으로 바라보았기 때문입니다.

동아시아의 이른바 한자 문화권, 혹은 유교 문화권은 때로는 서양의 중세 및 르네상스 이후의 라틴 문화권과 비교되었습니다. 하지만 이 둘 사이에는 확연한 큰 차이가 3가지 있습니다. 첫 번째는 라틴어가 공용어인 로마제국은 이미 기원 4세기경부터 쇠퇴하기 시작해, 유럽의 중심 세력에서 멀어진데 비해 동아시아에서는 19세기 중반에 이르기까지 중국이 지배적인 위치를 계속해서 차지하며 주변에 계속적인 압력을 가했습니다. (즉 중세 이후 라틴어는 순수한 지식인 및 성직자의 공통 언어로 살아남은 반면, 한문은 동아시아의 외교 · 정치 · 통상 등에 필수적인 실용어로서의 일면을 간직하고 있었습니다) 두 번째는 유럽에서 라틴어를 읽고 쓸 수 있는 지식인의 수에 비해 동아시아에서 한문을 구사할 수 있는 교양인 쪽이 월등하게 많았습니다.

그리고, 세 번째 차이는 결과적으로 이것이 무엇보다 가장 중요한 점이지만, 유럽에서는 '서기 언어(written language)'(또는 '거룩한 말sacred language')로 라틴어뿐만 아니라 '속어(자국 지방어)'(이른바 '버너큘러vernacular')로 이탈리아어와 프랑스어, 영어와 스페인어, 포르투갈어와 독일어에 의한 국가들 간의 교류가 매우 활발하게 이루어졌습니다. 왕실과 귀족을 비롯한 상류층 계급은 결혼과 방문 · 여행을 통해 자주 왕래하였습니다. 셰익스피어의 역사극『헨리 5세』(Henry V(1599)의 종막(5막 2장)에는 영불(英仏)백년전쟁의 후반, 영국

왕 헨리가 프랑스를 침공하여 아쟁쿠르(Fr. Azincourt; Eng. Agincourt) 전투(1415)에서 승리를 거둔 후, 양국의 화해를 위해 프랑스의 공주 캐서린(Katherine)에 구애·청혼을 했을 때, 공주가 수줍어하며 강한 사투리의 서툰 영어로 대답하는 흐뭇한 장면이 있습니다.(프랑스어는 고딕체로 해석함)

King Henry V

> Fair Katharine, and most fair,
>
> Will you vouchsafe to teach a soldier terms
>
> Such as will enter at a lady's ear
>
> And plead his love—suit to her gentle heart?

Katharine

> Your majesty shall mock at me; I cannot speak your England.

King Henry V

> O fair Katharine, if you will love me soundly with your French heart, I will be glad to hear you confess it brokenly with your English tongue. Do you like me, Kate?

Katharine

> Pardonnez—moi, I cannot tell vat is "like me."

King Henry V

An angel is like you, Kate, and you are like an angel.

헨리 5세

너무나 아름다운 캐서린,

무뚝뚝한 군인인 나에게 가르쳐 줄 수 없나요?

숙녀의 귀에 잠입하여, 그 상냥한 마음에

청혼의 맘을 호소하기에 적합한 말을.

캐서린

폐하는 분명 웃으실 것 같아서, 영국(영어)으로 이야기 할 수 없어요.

헨리 5세

아니요, 아름다운 캐서린. 만약 당신이 프랑스의 마음으로 나를 확실하게 사랑해 주신다면 당신이 서투른 말씨의 영어로 사랑을 고백하는 것을, 나는 기꺼이 듣겠습니다. 자, 케이트, 나를 좋아합니까(like me)?

캐서린

미안해요. "like me"를 모르겠어요.

헨리 5세

천사는 당신과 같으며(like you), 당신은 천사 같습니다. ("vat"은 "what"의 프랑스 사투리. 헨리는 "like me"라는 영어의 의미를 듣고, 대답을 하는 대신 농담을 하고 있다.)

이러한 지배 계급뿐만이 아니라 외교관과 군인, 화가와 음악가, 학생과 상인, 장인의 제자와 성직자들도 다양한 속어를 구사하면서 끊임없이 교류를 지속해 왔습니다.

이에 비해 동아시아에서는 문언문(文言文)으로서 한문은, 발음과 읽기의 차이에 상관없이 모든 국가와 지역의 공용어로서 통용되었습니다. 그들 국가와 지역의 상호 교류라는 점에서 보면 그것은 대체로 중국이라는 중심에서 주변 국가들로 향하는 일방적인 복사의 형태입니다. 그리고 속어(조선어, 일본어, 중국어 등)간의 교류에서는 아마도 세계적인 역사에서 보더라도 이례적이라고 할 정도로 매우 부족한 상태가 오랫동안 지속되었습니다.

전근대 일본에 대해 말씀드리면, 일본인이 동아시아 국가의 사람들과 직접적인 협상을 한 사례는 극히 제한적입니다. 고대 조선과 대륙에서 건너온 많은 '도래인(귀화인)'을 제외하고, 또한 조선의 침략을 목적으로 한 몇 개의 전쟁을 제외하고, 대략적으로 교류라는 좋은 예로 꼽을 수 있는 것은 7세기경부터 헤이안시대에 걸쳐 중국으로 건너간 견수사와 견당사, 중국에서 건너온 도래승, 16세기 중반부터 17세기에 동남아시아에 진출하여 '일본인 마을'을 만든 무사나 상인, 그리고 쇄국 후에는 나가사키에만 출입을 허용한 중국의 무역상인, 장군이 바뀔 때마다 일본을 방문한 조선통신사 등에 불과합니다. 물론 이러한 경우에도 한문 또는 당시의 중국어를 제외한 다른 속어, 즉 조선어와 일본어로 대화가 이루어진 흔적은 거의 없으며(조선통신사의 대화도 대부분 한문 필담을 통해 이루어졌다) 간신히 나가사키의 데지마(出

島)에서 '통사(通事)'라고 하는 속어 전문가가 극소수로 활약하는 것에 불과했습니다. 물론 여기에서 예로 든 것, 이외에도 주로 무역·통상과 망명·이주, 종교·문화 등의 교류를 목적으로 하는 왕래정도가 이루어져 당시의 지방어·속어로 직접적으로 의사소통이 이루어진 사례들이 있었다는 것은 사실입니다. 하지만 그렇다 하더라도, 천 년이 넘는 장기간의 국제적인 교류 실적으로서 '근린 교류(가까운 지역의 교류)'의 나쁨과 부족함은 놀랍지 않습니까?

분명 중국에서 보면, 일본은 신화에서 신선이 사는 곳(봉래蓬萊, 영주:瀛洲)에 비유 될 만큼 멀리 떨어진 섬나라이며, 한국과는 대한 해협이 가로 놓여있습니다. 그러나 영국도 마찬가지로 해협 하나로 대륙과 떨어져 있는 섬나라이입니다. 날씨가 좋은 날에는 부산에서 대마도가 보입니다. 그렇다고 해서 반드시 땅의 거리가 문제가 되는 것이 아니며, 또한 근세의 쇄국이라는 특수한 상황도 극히 일시적인 것에 지나지 않으며 중국과 조선에 대해서는 정도의 차이는 있으며, 항상 교류의 길이 열려 있었습니다. 게다가 일본과 달리 조선은 중국과 바로 붙어 있는 이웃 나라이지만, 그래도 양국의 교류에서는 서로의 속어(당시 중국어의 방언과 조선어)가 한 역할은 한문에 비해서 엄청나게 적었던 것 같습니다.

중국 문명과 한문의 위엄이 너무나 강했기 때문에 주변국에서는 속어를 통한 교류가 심하게 경시되었습니다. 그 증거의 하나로서, 속어에 의한 번역이 극단적으로 적다는 것을 들 수 있습니다. 일본에서는 일찍부터 한문 문장을 축어적으로 직역하기 위한 편리한 방식인 '훈독(訓読)'이라는 방식이 발달했습니다.

君不見黄河之水天上来

奔流到海不復回

그대는 보았는가 하늘에서 내린 황하의 강물이

바다로 쏟아져 다시 돌아오지 못함을

일반적으로 말하는 번역보다는 전사(転写) 또는 오히려 현대의 기계 번역에 가까운 훈독 방식은 일본어로는 결코 자연스럽지 않으며, 더구나 원래 한문의 섬세한 뉘앙스도 정확하지 않은 인공적인 번역 언어를 만들어 냈습니다. 하지만 이 극단적인 축자역이야말로 한어 원문에 근접하기 위한 최선의 수단이었기 때문에(훈독 문장은 가능한 한 정확하고 쉽게 원래의 한문으로 바꿀 수 있도록 만들었다) 일본에서는 한문의 위엄에 의지하고 최고의 권위가 주어졌습니다. 중국 고전은 모두 이런 방식으로 직접' 읽히고, 그 결과 보통 일본어의 보통 번역으로의 길을 미리 막게 되었습니다.

그러나 16세기 말부터 17세기 초에 걸쳐 소수이긴 하지만 속어로 번역이 성공한 사례를 여기서 언급할 필요가 있다고 생각합니다. 이 무렵 예수회(Jesuits)의 선교사와 일본의 크리스찬(Christian)신도들이 종교 서적과 이솝 우화(Aesop's Fables) 등을 자연스럽고 아름다운 당시 구어체로 번역하여 일본에서 처음으로 이것을 활판 인쇄하였습니다. 예를 들어 1593년 규슈 아마쿠사(天草)에서 출판된 로마자로 표기된 『이솝 하브라스(이솝 우화, Esopo no Fabulas)』는 이솝 이야기의 일본어 번역본으로 '매미와 개미의 일'은 다음과 같이 시작됩니다.(오프셋 판, 교토대학 국문학회, 1963. 역자는 『일본 고전전서 크

리스찬(吉利支丹)문학집』, 아사히신문사, 1960)

Aru fuyuno nacabani aridomo amata anayori gococuuo
daite fini saraxi, cajeni fucasuruuo xemiga qite coreuo
morôta: (……)

한겨울에 겨울에 개미들 수많은 구멍에서 오곡을 꺼내 햇빛에
쬐고, 바람에 날리는 것을 개미가 와서 이것을 받다: (……)

하지만 이들 대부분은 라틴어 원문에서 번역된 것입니다. 이런 책이 보통의 의미로 번역을 요구 한 것은 바로 라틴어 외국어였기 때문입니다. 이미 일본 문화의 일부라고 여겼던 한문과는 달리 완전한 외국어였기 때문입니다.

훈독된 한문보다 더욱 더 문제인 것은 불교 경전입니다. 일본에서는 산스크리트어에서 한문으로 번역된 성경이 그대로 사용되었습니다. 승려들은 훈독으로 그 의미를 배우고 정작 독경(讀經)때에는 훈독과는 별도로 확립 된 '음독(音讀)' 방식, 다양한 시대와 지방의 중국 발음을 그대로 일본어 풍으로 고정된 방식으로 읽는 것을 일상화했습니다. 음독으로 된 불경을 이해할 수 있는 사람은 승려 자신 외에는 없음에도, 일부러 이 방식을 선택한 이유는 신자들의 이해를 돕기 위한 것이 아니라 오히려 권위 효과를 노린 것 이라 볼 수 있습니다. 전근대시대 의사가 난해한 한방 용어로, 그리고 현대의 의사가 쓸데없이 난해한 독일어 의학 용어를 사용하며 환자를 본 것과 같다고 볼 수 있습니다.

즉 현대에 이르기까지 누구나 불경을 잘 이해할 수 있는 일본어로 번역하여 대중화하려고 생각하지 않았던 것입니다. 이것도 역시 한문

이라고 하는 권위에 대한 거의 종교적인 숭배의 표상이라고 볼 수 있으며, 르네상스 이후 서양에서 그리스어·라틴어의 고전이 계속해서 속어(자국어)로 번역되었던 것과는 확실한 대조를 보입니다.

에도시대 전기, 장군 쓰나요시(綱吉) 통치하의 겐로쿠(元禄)시대 (1688-1703)에는 당대 중국 속어 학습을 장려하였으며, 동시에 백화 소설(白話小說) 그 외에도 일본어판이 성행하게 이루어져 일문 소설에도 큰 영향을 미쳤던 한 시기가 있습니다. 그 기원은 극히 일부이기는 하지만, 나가사키 무역의 통역은 당나라의 통역사와 명나라 말기 일본에 도망 온 중국의 지식인과 선종의 승려들이었습니다. 그들은 당시의 '살아있는, 생생한' 중국어의 모양을 그대로 전하여 무역·학예·종교 등의 영역에서 기존의 한문 훈독과는 전혀 다른 속어를 통한 교류, 중국 문화들을 자기만의 방식으로 습득하는 방식의 길을 열었습니다. 당나라 시대의 통역은 거의 세습제로 말단 통역사를 합쳐 평상시 8명 정도로 대부분은 명나라 말기의 귀화인들 자손입니다. 그러나 중국어라고 하더라도 직접적으로 접촉이 있었던 남방 방언이 중심이었으며, 북경어는 거의 사용되지 않았던 것으로 보입니다.(이시자키 우조(石崎又造), 『근세 일본에서의 지나(支那)통속문학사』, 고분도서점, 재판 1943년, 11-29페이지 참조)

겐로쿠시대 쇼군 쓰나요시와 그 측근 야나기사와 요시야스(柳沢吉保)는 학문을 장려하고 많은 유학자들을 주위에 모았습니다. 그리고 자주 강연 자리를 마련하여 다른 유학자들에게 '대학'·'중용'·'논어' 등의 강의를 시키고, 쓰나요시와 요시야스 본인들도 강의를 하였습니다. 게다가 주목할 만한 것은 자주 '당화(唐話)'로 강의와 문답을 시도한 것으로, 그 때에는 오규 소라이(荻生徂徠)가 통역을 했다는 기록이 남아 있습니다만, 요시야스의 '당화' 실력은 통역이 없어도 문답을 이해할 수 있는 정도에 이르렀다고 합니다. (이시자키 앞의 책, 49-53쪽 참조). 또한 한시에 대해서도 소라이의 제자, 핫토리 난카쿠(服部南郭)의 『당시선국자해(唐詩選国字解)』를 비롯해, 속어를 통한 한시 해석은 자주 시도 되었습니다. 조선시대에도 두시(杜詩)에서도 비슷한 시도가 있었다고 한다.

그러한 겐로쿠시대의 유학자들 중에서도 나가사키 통역사인 오카시마 칸잔(岡島冠山, 1674-1728)은 중국어 습득을 위해 백화소설을 애독하였으며 여러 '당와' 입문서 외에도 번역서『통속충의수호전(通俗忠義水滸伝, 1757-90)』을 저술하였습니다. 이후 에도와 교토, 오사카에서 명나라 말기에서 청나라에 걸쳐 나왔던『통속삼국지(通俗三国志)』『한초군담(漢楚軍談)』『당태종군담(唐太宗軍談)』등의 통속군담(전쟁이야기) 등, 소위 원사소설(諢詞小說), 즉 '삼언이박(三言二拍)'(『유세명언(喻世明言)』『경세통언(警世通言)』『성세항언(醒世恒言)』및『초각박안경기(初刻拍案驚奇)』『이각박안경기(二刻拍案驚奇)』등의 백화단편소설집이랑 중국의 만담집(笑話集)이 계속하여 번역 출판되어, 몇 개의 번안을 만들어, 일본의 '독본(讀本)' 종류, 만담집, 만담(落語) 등이 되었습니다.

에도시대 초기에도 『전등신화(剪燈新話)』(나중에 산유테엔쵸(三遊亭円朝, 1839-1900)가 전등신화를 모티브로 만담 '목단등롱(牧丹燈籠)'을 창작한 것으로 전해진다)나『당음비사(棠陰比事)』(나중에 만담,

강담(講談), 가부키(歌舞伎)로 인기를 모은 '오오카 사바키(大岡裁き)' 류에 영향을 준 재판소설) 등, 남송과 명나라의 중국소설이 번역되었습니다.

어쨌든, 이것들은 일부분에 백화(중국 구어체)가 포함되었다고는 하지만, 전통적인 한문 훈독 방법으로도 전부 읽을 수 있습니다. 따라서 겐로쿠 시대에 본격적인 백화소설, 완전히 속어로 소설이 도입되었을 때 비로소 본격적인 일본어 번역의 필요성을 통감하였을 겁니다. 이때 처음으로 중국의 속어가 일본어의 일부가 되어 한문과는 다른 진정한 외국어로서의 일본어 속어로 바뀐 것입니다.

이러한 속어 번역은 바로, 일본 문학에 결정적인 영향을 미쳤습니다. 츠가 테에쇼오(都賀庭鐘, 1718?-1794)는 『하나부사조시(英草紙)』(1749)에 의해 '독본'이라고 하는 장르를 창조하였습니다. 이것은 주로 '삼언이박' 등의 백화소설을 번안한 단편 기담집(奇談集)입니다. 이런 추세가 정점에 도달한 것은 우에다 아키나리(上田秋成, 1734-1809)의 단편집 『우게츠모노가타리(雨月物語)』(1776)로, 이것도 백화소설 등에서 얻은 여러 기담을 일본의 아문체(雅文体)에 백화풍의 어휘와 수사를 섞은 독특한 문체로 나타낸 것입니다. 이러한 단편집은 나중에 장편의 본격적인 읽기 책으로 발전하였으며, 다키자와 바킨(滝沢馬琴, 1767-1848)의 『난소사토미 핫켄덴(南総里見八犬伝)』(1814-42) 등이나, 메이지 초기의 소설을 탄생시키게 됩니다. 하지만 이후에도 당나라 언어 학습의 흐름은 끊이지 않고 계속되었으나, 중국문학의 번역 자체는 근대에 이르기까지 다시 겐로쿠 시대와 같은 성황기를 맞이하지는 못했습니다.

한편, 조선의 경우를 보면 항상 중국을 의식할 수밖에 없는 지리적·문화적·군사적인 위치 관계로, 앞서 언급한 한문 중시, 존중 경향은 더욱 강했던 것으로 보입니다. 전근대 한국 문학의 대부분을 차지한 것은 한시와 한문에 의한 사서와 수필이며, 조선 지식인의 한문에 대한 심취와 오랜 기간 속어가 처해온 낮은 지위로 짐작해 보면 조선에서는 중국 문학을 속어로 번역하는 것 등이 거의 문제시 되지 않았던 것 같습니다. 15세기에 한글이 공포 된 후 불교·유교 서적 대역본과 번역본이 나왔지만, 이들은 어디까지나 학습용 보조 교재이었습니다. 또한 한글로 된 서적도 다수 출판되었지만, 이것은 한자를 읽을 수 없는 서민을 위한 것으로 지식층에서는 전혀 문제시 되지 않았습니다.

말할 필요도 없이 조선의 한문 연구와 한문 창작은 고도의 경지에 도달했으며, 수많은 대문인을 배출하였습니다. 일본인도 그 점은 잘 알고 있으며, 예를 들면 에도시대 조선통신사가 일본을 방문할 경우, 일본의 지식인들이 길가의 숙소에서 앞 다투어 조선통신사와 만나기를 원했으며, 그들과 필담을 하거나 시를 주고받는 것을 큰 영광으로 여겼다고 합니다. 그런데 이상하게도 일본 한학에서는 조선의 한문학이 다루어지지 않았습니다. 아마 중국에서도 거의 마찬가지 였을 것입니다.

이러한 것은 모두 중국이라는 거대한 중심 문명으로 부터의 일방적인 복사(따라 함)와 그에 대한 주변 문화의 일방적인 수용이라는 형태의 결과로서 설명 할 수 있습니다. 그 이면에서 움직이고 있는 것은 중심으로서의 중국 문화와 한문의 위엄에 의해 스스로 주변 문화의 권위를 세우려는 사대주의입니다. 유교권, 한자문화권이라고 하면서도 실제적으로는 중국이라는 산 정상에 올라가기 위한 길이 몇 개만 있을 뿐, 그 중턱과 산기슭에서 주변 국가들의 왕래를 위한 길은 대부분 막혀 있었습니다. 그리고 실제로 속어와 방언의 경시라는 점에서는 중국이라는 대국의 내부에서도 사정은 그리 다르지 않습니다.

한편, 중세 르네상스 이후 유럽에서는 상황이 크게 달랐습니다. 확실히 문화의 중심이 이탈리아와 스페인에서 프랑스로 옮겨 갔으며, 그리고 영국과 독일 등에도 그 빛이 미친 큰 흐름은 있었지만 동아시아의 중국만큼 압도적인 지배력을 가진 국가와 언어는 없었습니다. 그래서 동아시아와는 달리 다방면으로 활발한 상호 교류의 네트워크, 반드시 라틴어라는 공통 언어에 의존 할 필요는 없으며 다양한 속어를 통한 커뮤니케이션의 틀이 발달한 것입니다.

근대에 들어 중국 내부 및 주변 문화에 대한 강한 속박이 마침내 풀렸습니다. 서양의 '내셔널리즘'(그리고 문학의 '낭만주의')의 영향 하에 동아시아 국가에서도 한문에 대한 자국의 속어(백화문, 한글, 일문 또는 구어체)에 의한 문학이 현양(顯揚)되었으며, 속어에 의한 창작이 장려되었으며, 이와 동시에 과거의 문학사에 대한 개정 작업이 이루어졌습니다. 그리고 모든 국가에서 속어에서 속어로의 본격적인 번역이 활발하게 이루어졌습니다.

그러나 동시에, 이번에는 중국을 대신해 서유럽 국가들과 나중에는 미국이 전 세계의 중심 문명의 위치를 차지하게 되었습니다. 동아시아라는 한 지역 내에서 중국이 오랫동안 그렇게 해 온 것처럼 근대란 구미 국가들이 그것 이외의 모든 지역과 주민을 철저하게 주변화 시킨 시대입니다. 그 결과, 예를 들어 동아시아의 내부에서는 다시 근대 이전과 유사한 측면의 상호 교류의 결여, 상호 속어에 의한 의사소통 부족이 다시 생겨나게 되었습니다. 모두가 구미라는 중심을 가만히 바라볼뿐, 인근 국가로 눈을 돌려 제대로 된 주변 교류를 하려는 마음의 여유를 갖지 못했기 때문입니다. 이 경우 전근대의 한문에 상당하는 것, 즉 속어에 대한 거룩한 언어는 때로는 독일어, 프랑스어, 영어, 때로는 재빨리 근대화를 시도한 즉 중심에 보다 다가갔던 일본의 언어였습니다.

이러한 서양 중심적인 문화와 언어에 의한 세계의 주변 문화·주변 언어의 강력한 통치는 지금 서서히 사라지고 있습니다. 동아시아국가의 민족들이 서로의 속어로 자유롭게 말을 주고받을 수 있는 시대가 지금 도래하려고 합니다. '동아시아 문학'이랑 '동아시아 비교 문화'라는 새로운 용어는 이러한 최근의 정세를 반영한 것입니다. 한국에서는 일찍부터 동아시아 문학·문화 전체를 일망지하로 바라보는 거대한 규모의 비교연구의 전통이 확립되었습니다. 하지만 구미지역과는 달리 동아시아에서는 애석하게도, 예를 들어 중국어와 한국어, 일본어의 불과 세 언어조차도 모두 구사할 수 있는 사람은 너무나 적습니다. 최근까지 이 세 언어를 어떻게든 구사할 수 있는 능력을 타고 난 사람은 중국의 조선족 자치주 출신으로 일본에 유학한 학생들과 그 외의 극소수의 사람들뿐이었습니다. 저 자신도 불행하게도, 중국어와 한국어도 하지 못하며, 바로 지금이야말로 동아시아의 젊은이들이 영어에만 집중하지 말고, 상호 언어를 배우고, 서로 직접 접하면서 서로가 친밀감을 갖고 서로의 문화(현대 문학·문화)를 이해하는 중요성을 전파해야 할 것입니다.

감사합니다.

▌참고자료 ▌

1. 『전등신화』는 조선의 주석본 『전등신화 구해(剪燈新話句解)』가 일본에서 출판되어 인기가 높았다. 에도에서 인기가 많았던 괴담집을 창시한 아사이 료이(浅井了意, ?-1691)의 가나조시(仮名草子) 『오토기보코(伽婢子)』(1666)는 『전등신화』에 나오는 이야기를 많이 포함하고 있는데, 그것과 함께 조선시대 김시습(1435-1493)의 한문괴담집 『금오신화(金鰲新話)』의 영향도 받았다. 『금오신화』역시 『전등신화』 번안을 포함하고 있다. 조선에서 사라진 이 책이 에도초기(1666) 일본에서 출판되었는데 후에 최남선이 복제해서 한국에도 알려지게 되었다.

2. 사에구사 도시카쓰(三枝寿勝) '한국문학을 맛보다'

3. http://www.han-lab.gr.jp/~cham/ajiwau/contents.html 참조

박 경 순
프랑스어과

이번 강의에서 가장 인상 깊었던 것은 셰익스피어의 역사극 헨리5세를 짤막하게 발췌해서 설명한 부분이다. 사실 나는 비교문학이란 그냥 여러 국가의 책을 읽은 뒤 이 국가의 책은 대체로 이렇고 저 국가의 책은 이렇다는 등 구분하는 거라고 생각했다. 사실지금도 비교문학이 정확히 뭔지는 알지 못하지만, 발췌된 내용을 보고 단순히 책을 읽고 국가별로 분류하는 게 다는 아니라는 걸알게 되었다. 그리고 대부분의 외국 저서들은 번역서만 읽기 때문에 몰랐던 원작의 매력도 알게 되었다. 특히 놀라웠던 부분은 셰익스피어의 문학이 시처럼 박자가 있다는 것이었는데, 이건 처음에 설명했을 땐 감이 잘 오지 않았지만 강연자가 조금 과장된 박자를 넣어 한 문장을 예시로 들었을 때 정말 깜짝 놀랐다. 발췌된부분을 쭉 읽어 봐도, 거의 모든 문장이 강연자가 말씀하신 박자에 따라 읽혀졌다. 이것이 셰익스피어가 고려해서 쓴 것이라니, 이 얼마나 놀라운 일인가? 셰익스피어가 천재 작가라는 평을 받는 것은 단순히 스토리뿐만 아니라 이런 사실들 때문이 아닌가 싶다.

또 흥미로웠던 것은 일본어의 문장 구조에 대한 내용이었는데, 한국과 일본이 한자라는 큰 틀 안에서 독자적으로 언어를 각색하고 발명했다는 것은 익히 알고 있는 사실이었다. 우리 나라가 한글이라는 독자적인 글자를 발명해냈지만 한글은 어느 정도 한자의 음에 기반을 두 고 있는 것처럼, 일본 또한 한자를 그대로 사용하지만 독자적으로 발명한 체계가 있을 줄 알았다. 중국어는 문장방식이 주어, 동사, 목적어 순으로 되는 반면 우리나라와 일본어는 주어, 목적어, 동사 순이니까 그것에 대해 독자적인 언어체계를 가지고 있을 줄 알았는데, 한자의 배치는 그대로 두되 가타카나로 주석을 달아 훈독으로 어순을 바꾼다는 사실이 정말 놀라웠다. 그러니까 쉽게 말해서 쓸 때는 중국어의 문장 방식을 따르고,

읽을 때는 가타카나로 달린 주석을 보고 일본의 문장 방식을 따른다는 것이 아닌가? 세상에, 외국어도 아니고! 엄청 불편하고 어려울 것 같다. 자국민들은 어릴 때부터 사용해서 익숙하니까 어렵게 느끼지 않겠지만… 아무튼 일본의 이러한 문장 구조에 대한 이야기는 처음 들어봤는데 정말 신기했다.

일본어와 한국어, 중국어의 문장 구조에 대한 설명을 듣고 나니 강연자가 강연 초반에 던졌던 질문이 새삼 떠올랐다. 이제 한·중·일 세 국가가 독자적인 언어를 사용하여, 어느 정도 한자를 사용한다고 하더라도 전처럼 한자로 대화를 하거나 각 국이 사용하는 한자를 보더라도 단번에 의미를 알아볼 수 없게 되었는데, 이와 같은 현상을 보고 중국의 구속에서 벗어난 것에 대한 기쁨을 느끼는지, 아니면 많은 나라와의 공통점이 사라져서 안타까움을 느끼는지에 대한 질문이었다. 나는 솔직히 처음 이 질문을 들었을 땐 당연히 전자라고 생각했다. 우리나라에서 한글이 발명되어 보급되기 전에 신분이 낮은 사람은 한자를 배우지 못 해 글을 쓸 줄 몰랐는데, 한글로 인해 신분이 낮은 사람과 아녀자도 글을 쓸 수 있게 되었다. 이것은 신분의 차별이 없어지기 전의 일이었다. 비록 여전히 한자를 쓰는 사람과 쓰지 못하는 사람의 차별이 있었지만, 그래도 아예 글을 쓸 수 없고, 쓸 수 있고의 차별은 사라지게 되었다. 중국의 구속에서 벗어났다는 것보다도 그 사실에 기쁨을 느낀다. 하지만 별다른 공부를 하지 않아도 다른 국가와 문장으로써 대화를 할 수 있다는 것 역시 상당히 매력적인 일이긴 하다. 그게 많은 나라와의 공통점이 사라진 것에 대한 안타까움으로까지 느껴지지는 않는 것으로 보면 나는 아직까지 타국과의 공동체 형성에 대해 사고가 익숙하지 않은 것 같다. 이 강의를 듣기 전까지는 아예 상상조차 못한 일이었지만, 그래도 이렇게 아시아 공동체에 대한 내 생각을 정리해가면서 조금씩 사고가 넓혀지는 걸로도 지금은 괜찮은 것 같다.

パク・キョンスン

フランス語学科

　今回の講義で一番印象が深かったことは、シェイクスピアの歴史劇　ヘンリー5世を少し短く抜粋した部分だ。実際私は比較文学という、ただ色々な国の本を読んだ後、この国の本は大体こうで、あの国の本はこうだ、など区分しているものだと思っていた。実は、比較文学が正確には何なのか、少しも知らなかったのだが、抜粋された内容をみて、単純に本を読んで国別に分類することは、間違っているとわかった。そして、大部分の外国著書は翻訳版だけ読むために、知らなかった元訳の魅力もわかった。特に驚いた部分は、シェイクスピアの文学は詩のような拍子があったということなのだが、これは初め説明したときには、あまり感じなかったのだが、講演者が少し誇張された拍子を入れて、文章を例示したとき本当に驚いた。抜粋された部分をさっと読んでみると、ほとんどの文章が講演者が述べた拍子に従って読まれていた。これが、シェイクスピアが考慮して書いたものなのか、これがどれだけ驚くべきことなのか？シェイクスピアが天才作家だという評価を受けていることは、単純にストーリーだけではなくて、このような事実のためではないかと思った。

　また、興味深かったことは、日本語の文章構成についての内容だったのだが、韓国と日本が漢字という大枠の中で、独自に言語を脚色して、発明したということは事実である。我々がハングルという独自の文体を発明したのだが、ハングルはいくらか漢字の形を基盤にしているということのように、日本または漢字をそのまま使用するのだが、独自に発明する体系があるのだと思った。中国語は文章の形式が主語、動詞、目的語という順番だが、我々や日本語は主語、目的語、動詞の順なので、これについて独自の言語体系を持っていることがわかるのだが、

漢字の配置はそのまま残して、カタカナで注釈を付けて、訓読みで語順を変えるということに、とても驚いた。だから簡単に話せて、書くときは中国語の文章形式とは違って、読むときはカタカナの注釈を見て日本の文章形式に従うということではないのか？ まあ、外国語でもないのに! 途方もなく不便で難しそうである。あの国民達は、小さいころから使っているので慣れているのか、難しく感じることはないのか。。。とにかく日本のこのような文章構成についての話は初めて聞いたのだが、本当に不思議である。

　日本語と韓国語、中国語の文章構成について説明を聴いていると、講演者が講演の前半で投げかけた質問が、今更のように浮かんできた。すでに、韓中日の3ヵ国が独自の言語を使用しており、いくらかの漢字を使用しているとしても、以前のように漢字で対話をしているのか、各国が使っている漢字を見ても、すぐに意味がわかるのだが、これと同じ現象を見ると中国語の構成から抜け出たことについて嬉しく思うのか、多くの国との共通点が失われて惜しく感じるのかについての質問であった。私は、正直初めはこの質問を聞いたとき、当然前者だと思った。ハングルが発明され、普及する前に身分が低い人は漢字を習えず、文を書けなかったのだが、ハングルによって身分の低い人や女子供も文を書けるようになった。これは、身分の差別がなくなる前に起きたことだった。仮に、相変わらず漢字を使える人と使えない人の差別があったとしても、文を書ける書けないの差別はなくなった。中国語の構成を抜け出たことよりも、この事が嬉しいのである。しかし、特に別の勉強をしなくても他の国家と文章でもって対話ができるということは、やはり相当魅力的なことだと思う。これは多くの国との共通点がなくなったということについて、惜しいと感じないことを考えると、私は未だに他国との共同体形成についての思考が不足しているようだ。この講義を聴く前までは、決して想像さえできなかったことだが、それでもこのようにアジア共同体について私の考えを整理しながら、少しづつその知識を増やしている途中なのである。

한국다문화 정책의 현황과 과제

사하구 다문화가족지원센터장

오 희 순

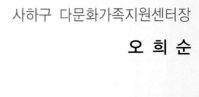

한국다문화 정책의 현황과 과제

2014년 3월 3일(월)

사하구 다문화가족지원센터장 오 희 순

저는 동아대학교 국제전문대학원에서 다문화를 전공하고 현재는 사하구 '다문화가족지원센터'에서 센터장 일을 하면서 동아대학교 등 여러 곳에서 강의하고 있습니다. 법무부에서 시행하는 다문화 사회통합 프로그램, 여성가족부에서 시행하는 다문화 이해교육, 국가인권위원회에서 시행하는 다문화 인권강사, 부산출입국사무소 국제결혼안내프로그램의 예비배우자교육 등 전문 강사로서 강의하고 있습니다.

오늘 여러분과 함께 한국의 다문화정책과 발전 방안에 대하여 알아보겠습니다. 먼저 오늘 강의순서는 다문화정책의 변천 과정과 한국 다문화 정책의 현황 그리고 문제점과 성숙한 사회로의 발전 방안 순으로 진행하겠습니다.

여러분, 2014년 1월 현재 우리나라 국내 체류 외국인은 어느 정도나 될까요? 안전행정부 외국인 현황 조사로는 2008년 89만 명이었던 체류 외국인 수가 2014년 1월 1일 기준 157만 명을 넘었습니다. 이렇게 다문화사회로의 진입이 빠르게 진행되고 있습니다. 모두 알고 계시다시피 지금은 우리나라의 다문화사회 흐름이 본격화되는 시점입니다. 국적을 초월한 결혼은 이제는 남의 눈을 의식할 일이 아니고, 노동현장에서 외국인 근로자를 만나는 일도 어렵지 않습니다. 그런데 이렇게 급속도로 다문화 주민은 증가하는데 우리나라 국민은 아직 다문화에 대한 인식이 개선되지 않았고 안정적인 다문화정책 또한 정착하지 못했습니다. 단일민족이라는 의식으로 오랜 세월 살아온 우리로서는 단기간에 현재의 가치관과 관념을 버리고 변화하기란 매우 힘들다고 생각하지만, 우리는 현실을 인정하고 변해야만 합니다. 그러기 위해서 우리에게는 다른 문화에 대한 포용력과 수용성이 필요하죠. 나아가 수직적 권위의식이나 체면, 또는 '우리'라는 소집단 의식을 벗어나 문화의 다양성과 차이와 다름을 인정하는 성숙한 인식이 필요합니다. 더불어 현실성 있는 다문화정책과 안정적인 정착에 필요한 질 높은 지원이 반드시 수반되어야 할 것입니다. 우리나라 사람의 인식 속에서는 아직도 순혈주의에 젖어 외국인이라는 이민족과 문화 다양성에 대한 수용이 부족한 편입니다. 그러므로 오늘 이 강의를 듣는 학생만큼은 한국의 다문화 정책에 대한 문제점을 올바르게 인식하고 성숙한 사회의 구성원이 되기를 희망합니다.

먼저 다문화정책에 대해 강의를 하기 전 다문화에 대한 우리나라 사람의 인식과 감수성에 대하여 잠시 알아보겠습니다. 한국은, 보내는 나라에서 받는 나라로 발전하였습니다. 1902년 제물포에서 100여 명이 증기선을 타고 하와이로 사탕수수 농사를 짓기 위해 이주를 시작하여 1905년에는 1,000여 명이 멕시코에 '에네켄'이라 부르는 노동으로 이민을 하였습니다. 에네켄이란 말은 마게이(Maguey)라는 식물에서 나오는 실의 이름입니다. 마게이를 에네켄이라고도 합니다. 이 식물은 실, 종이, 비누, 천, 화살촉, 꿀, 시럽 등을 얻어 내는 유용한 식물로 멕시코 이민역사에 등장하는, 한 많은 삶을 살았던 우리네 조상들을 불렀던 명칭입니다. 고종 황제 때, 4년간 일하면 금의환향한다는 말에 Mexico Yucatan 반도의 마게이 농장(에네켄 농장)으로 약 천여 명의 조선인이 제물포항을 떠나 멕시코로 갔습니다. 대한제국은 국력이 약하여 이들을 돌아오게 할 여력이 없었으므로 그들은 영영 조국으로 돌아올 수 없었고 망향의 한을 품은 채 농장에서 흑인 노예처럼 혹사당하며 다른 민족과 혼합되어 살았습니다. 5~6세대가 지난 지금까지 멕시코, 쿠바, 과테말라 등에 그들의 후손이 3만 명 이상 살고 있습니다.

1920년대는 일본으로, 1960년대는 광부와 간호사가 산업전사로서 독일로, 브라질, 아르헨티나 등 남미로는 농업이민을 보내는 '이민 송출국'이었습니다. 그러나 우리나라가 광복 후 50여 년 만에 눈부시게 빠른 경제성장을 하면서 이제는 코리아 드림을 꿈꾸며 동남아시아 등에서 많은 젊은이가 한국을 찾는 유입국이 되었지요. 더불어 중국 조선족 동포를 비롯하여 동남아 여러 나라에서 결혼 이민여성이 급격하게 증가하여 2014년 3월 현재 15만 명을 넘었습니다.

그렇다면 이제는 우리 조상의 슬픈 이민 송출역사를 생각하여 한국으로 들어오는 외국인에 대한 인식을 개선해야 하지 않을까요? 2014년 안전행정부가 발표한 국내체류 이주민현황에 따르면 우리나라에 거주하는 장기체류 외국인, 귀화자, 외국인주민 자녀 등은 총 156만

9,470명인 것으로 조사됐습니다. 이는 우리나라 전체 인구(51,141,463
명) 대비 3.1%에 해당하므로 인구 100명당 3명은 외국인 주민이란 말
입니다.

　외국인주민 수의 전년대비 증가 폭을 보면, 올해 8.6%(123,839명)
가 증가해 지난해 2.6%로 주춤하였던 증가 폭이 다시 확대되었습니
다. 이렇게 증가 폭이 확대된 데에는 중국 교포에 대한 재외동포 자격
대상 확대와 국적요건을 갖춘 외국 국적 동포의 영주자격 신청 증가
등의 효과입니다.

(단위 : 천명)

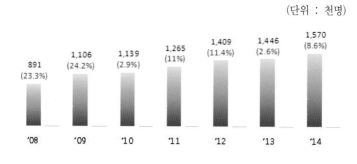

[외국인주민수 변동 추이]

　외국인주민을 유형별로 살펴보면, 한국 국적이 없는 사람이
1,219,188명(전체 외국인주민의 77.7%), 한국 국적이 있는 사람은
146,078명(9.3%), 외국인주민 자녀는 204,204명(13%)으로 나타났
습니다. 한국 국적이 없는 사람 중 외국인 근로자는 538,587명으로
전체 외국인주민의 34.3%를 차지하였고, 결혼이민자는 149,764명
(9.5%), 유학생은 80,570명(5.1%), 외국 국적 동포는 233,265명

(14.9%), 기업 투자자 등 기타는 217,002명(13.8%)으로 조사됐습니다. 한국 국적이 있는 사람 중에는 혼인귀화자가 90,439명(5.8%), 기타사유 귀화자가 55,639명(3.5%)으로 집계됐습니다.

나이별로는 기존의 외국인주민 자녀 나이별 조사에 더해, 올해에는 결혼이민자와 혼인귀화자의 나이별 조사를 추가로 진행했습니다. 그 결과, 외국인주민 자녀 중 미취학 아동과 초등학생이 대부분(83.9%)을 차지하는 것으로 조사되었습니다.

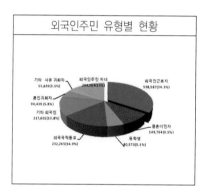

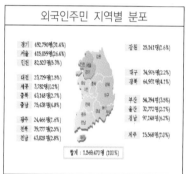

결혼이민자는 20대(35.2%), 30대(29.4%)가 대부분(76.3%)을 차지하였고, 혼인귀화자는 40대(28.9%)가 가장 많은 것으로 나타났습니다.

지금까지 한국에 체류하는 외국인의 동향을 살펴보았습니다만, 여기서 여러분에게 질문을 하나 하겠습니다. 아래 지문을 한번 봐 주세요. 여기 다섯 사람이 등장합니다. 여러분이 한번 상상해보세요. 왜 Bob이 충격을 받을 것으로 생각했을까요?

Ann 은 강 건너 마을에 사는 Bob 을 사랑 합니다. 그런데 어느 날 홍수가 나서 다리가 부쉬져 버렸습니다. Ann 이 Bob 을 만나기 위해서 보트를 가지고 있는 Chris 에게 부탁하여 강 건너 마을까지 데려다 달라고 부탁을 했습니다. Chris 는 그녀와 하룻밤 자는 조건으로 동의를 했답니다. Ann은 그녀의 어머니 Dora 에게 어찌해야 하는지를 물었지만 Dora 는

"네가 알아서 하렴" 이라는 말만 되풀이 할 뿐이었습니다.

결국 Ann은 Chris 의 욕구를 충족 시켜주고 강을 건넜습니다. Bob 을 만나 이 상황에 대해 설명하자 미친듯이 화를 내며 다시는 그녀를 만나지 않겠다고 했습니다. Ann 은 돌아오는 길에 Bob 의 친구 Eric 를 만났습니다. 그녀는 Eric 에게 모든 상황을 이야기 했습니다. 잠시 후 Ann 은 Bob 이 충격을 받을 상황에 대하여 상상하며 기뻐 했답니다. 왜 일까요? 왜 Bob이 충격을 받죠?

Ann과 Eric은 함께 살기로 한 것이죠

답은 이렇답니다. Ann과 Eric이 함께 살기로 했다는 것입니다.

제가 생각할 때는 뭐 이런 일이 다 있을까? 아무리 생각해도 이해가 되지 않는 이야기입니다. 그렇다면 여러분의 생각을 들어 보겠습니다. 지문에 등장하는 5명 중에서 누가 제일 나쁜 사람일까요?

저기 빨간 옷 입은 학생은 누가 제일 나쁘다고 생각하십니까?

> "수단과 방법을 가리진 않았지만, 애인이 보고 싶어서 찾아간 건데 방법이 틀렸다고 해서 절교를 했기 때문에 Bob이 제일 나쁘다고 생각합니다."

저도 그렇게 생각합니다. 얼마나 보고 싶었으면 그런 방법을 선택했을지, 저도 Bob이 나쁘다는 생각이 듭니다.

뒤에서 두 번째 안경 쓴 학생은 누가 제일 나쁘다고 생각하십니까?

"지조가 없고 자기의 인생을 깊게 생각하지 못한 선택을 했기 때문에 Ann이라고 생각합니다."

그렇군요. 저도 그렇게 생각합니다. 같은 여자로서, 별로 맘에 안 드네요.

그럼 저기 검은색 모자를 쓴 여학생은 누가 제일 나쁘다고 생각합니까?

"엄마인 Dora입니다. 딸이 엄마에게 어떻게 할지를 물었을 때, 정말 딸을 사랑한다면 올바른 선택을 할 수 있도록 조언을 해야했다고 생각합니다."

네, 저도 그렇게 생각합니다. 저도 딸을 둔 엄마로서, 제 딸이 만약 그렇게 물었다면 어떻게 해서라도 말렸을 겁니다. 딸을 둔 엄마로서 이해가 가지 않습니다.

지문에 나오는 나라가 만약 미국이라면, 미국에서는 자녀의 인생을 자녀가 선택하도록 한다는 것을 여러분도 잘 알고 계실 겁니다. 만약 지문에 나오는 이야기가 어느 정도 성적으로 개방된 나라라고 한다면 우리가 Ann이나 Chris를 비난할 수 있을까요? 한편 에스키모인은 먼 곳에서 온 귀한 손님에게 자신의 아내나 딸을 동침케 하는 풍습도 있답니다. 그렇다면, 지문에 등장한 인물들의 선택이 어떤 것은 옳고 어떤 것은 그르다고 할 수 있을까요? 지금 대답해주신 학생들의 대답과 제가 제시한 의견 또한 옳고 그름이 아닌 문화의 다양성에 대한 자기 생각일 뿐입니다. 그렇다면 우리는 문화의 다양성을 인정해야 하는 걸까요? 네, 맞아요. 우리는 체류 외국인 150만 명이라는 다문화 시대에 살면서 문화의 다양성을 인정하고, 옳고 그름이 아닌 나와 생각이 다르다는 것을 수용해야 합니다. 다른 것은 틀린 것이 절대 아닙니다. 사람들은 대부분 나와 생각이 다르면 틀렸다고 생각하죠. 다르다는 것은 비교되는 두 대상이 서로 같지 않다는 말이고 틀린다는 것은 셈이나 사실 따위가 그르게 되거나 어긋났다는 것이죠.

외국의 예를 들어 보았으니 이제 우리나라의 예를 들어 볼까요? 갓 결혼한 새신랑이 새댁에게 늦은 밤 국수가 먹고 싶다며 국수를 삶아 달라고 했답니다. 신혼인지라 있는 솜씨 없는 솜씨 모두 동원하여 지금까지 자기가 먹었던 대로 국수를 설탕물에 말아 내놓았습니다. 이를 본 남편은 벌컥 화를 냈습니다. 그도 그럴 것이 지금껏 한 번도 국수를 설탕물에 말아 먹어 본 일이 없기 때문입니다. "어떻게 국수를 설탕물에 말아 먹어? 멸치 다시마 국물에 말아 먹어야지." 아내는 아내대로 화가 났습니다. "무슨 멸치 다시마 물에다 국수를 말아 먹어요? 그럼 앞으로 당신이 요리해요." 아내도 지려고 하지 않았습니다. 그렇게 옥신각신 다투다가 결국은 누가 옳은지 동네 이장한테 물어보기로 했답니다. 이장은 이 부부의 이야기를 다 듣고 나서는 "국수를 설탕물에 말아 먹는 사람은 처음 보았네!"라고 말했어요. 기세등등해진 남편에게 이장이 한 마디를 덧붙이죠. "국수를 멸치 다시마 물에 말아 먹는 사람도 처음 보았네." 이번에는 새댁이 펄펄 뛰겠죠? 티격태격하던 그들이 이장한테 재차 물었어요. "그럼 이장님은 어떻게 드세요?" 그러자 이장이 한마디 했습니다. "국수는 콩국에 말아 먹어야 제격이지!" 어때요? 재미있나요? 재미있는 이야기로 끝날 것이 아니라 깊이 생각해 보아야 하겠습니다.

술을 좋아하는 사람에게 길을 물으면 이렇게 대답합니다. "저 쪽 코너에 호프집이 있어요. 거기서 오른쪽으로 돌면 막걸리 집이 보이고요. 거기서 300m 직진하면 됩니다." 목사님에게 길을 물으면 당연히 "저기 교회 보이시죠? 그 교회를 지나서 100m 가면 2층에 교회가 보입니다. 그 교회에서 오른쪽으로 돌면 됩니다."라고 대답을 한답니다.

사람들에게 '✚' 가 그려진 카드를 보여주면 수학자는 덧셈이라 하고 산부인과 의사는 배꼽이라고 한대요. 그럼 목사는 뭐라고 할까요? 맞아요. 십자가라고 하겠죠. 교통경찰은 사거리, 간호사는 적십자, 약사는 녹십자라고 대답을 한다는 거죠. 모두가 자기 처지에서 바라보기 때문입니다. 한마디로 다른 사람이 '틀린' 것이 아니고 '다를' 뿐입니다.

그래서 우리가 대하는 다문화가족은 '비판의 대상'이 아니라 '이해의 대상'으로 봐야 한다는 것을 강조하고 싶습니다. 그럼 '틀림'이 아니고 '다름'의 관점에서 한국의 다문화정책을 살펴보도록 하겠습니다.

다문화정책이란 다문화주의를 실현하기 위한 정책으로 소수문화를 인정하고 존중하며, 차이에서 오는 차별을 바로잡아 공존을 지원하는 정부의 제도적이고 집합적인 노력이라고 정의할 수 있습니다. 또한, 다문화정책은 다문화주의를 기반으로 하는데, 다문화주의란 하나의 사회에서 다양한 문화가 공존하면서 차별과 편견이 없는 상태로 문화적 다양성을 인정하고 상호 존중하며, 불평등 해소를 위한 정치적, 사회적, 시민적 권리와 적극적이며 정책적인 실천이념을 의미합니다.

다문화정책의 유형구분은 소수자의 다양성 인정 정도, 이민자 수용 방식, 필수 다문화정책 채택 정도, 다문화정책의 내용 등에 따라 다양하게 구분되지만, 일반적으로 타문화 수용방식에 따라 차별·배제모형, 동화주의 모형, 다문화주의 모형 등의 방식으로 구분하고 있습니다. 먼저, 다문화 정책의 추진에 대해서 알아보겠습니다.

다문화 사회의 정책은 첫째, 외국인 일반 관련 정책인 외국인정책 기본계획 둘째, 국제결혼가정 지원 관련 정책인 다문화가족지원정책 셋째, 여성정책 기본계획 넷째, 가족정책으로서의 건강가정 기본계획이 있습니다. 또한, 저출산·고령사회 기본계획과 국가 인권정책 기본계획이 있으며, 외국 인력정책과 마지막으로 동포 정책으로 나뉘어 있습니다.

국가별 다문화 모형을 살펴보면 첫째로 차별·배제모형으로 일본, 독일, 한국 등이 있습니다. 차별·배제모형의 나라들은 유입국 사회가 이민자를 3D 직종의 노동시장과 같은 특정 경제영역에서만 받아들이고 있다는 겁니다. 그리고 국적, 시민권, 선거권 부여와 같은 사회적, 정치적 영역에는 받아들이지 않습니다. 원하지 않는 이민자의 정착을 원천적으로 차단하는 겁니다. 두 번째로 동화주의 모형을 취하고 있는 나라는 영국, 프랑스, 이탈리아 등이 있습니다. 유입국 사회가 자국 구성원이 되기를 원하는 이민자에게는 문화적 동화를 대가로 국민으로 합류하는 것을 허용하는 정책이지요. 그러나 동화주의를 채택한 국가는 이민자와 관련한 사회문제, 갈등 등으로 어려움을 겪고 있습니다. 세 번째로 다문화주의 모형으로는 캐나다, 호주, 미국 등이 있습니다. 이민자가 그들만의 문화를 지켜가는 것을 인정하고 장려하며 정책 목표를 소수민족의 주류사회로의 동화가 아닌 공존에 두는 정책입니다. 다양한 집단의 문화와 가치, 민족 집단의 생활양식을 그대로 두고 한 나라 속에서 공존시키는 정책입니다. 다양한 집단의 정체성을 인정함으로 사회의 분열과 갈등을 예방할 수 있다고 보고 있고, 이는 다양성에 기반을 둔 국민통합 정책입니다.

그럼 우리나라의 다문화정책에 대하여 구체적으로 알아보겠습니다. 다문화 사회의 정책 주요 추진 경과를, 먼저 정책 의제 형성기부터 살펴보겠습니다.

1991년부터 2002년까지의 정책 성과는 성과는 해외노동력 활용과 동포 문제, 국제결혼이주자의 자녀 국적부여문제와 관련 법·제도 등을 정비했다는 것입니다. 하지만 대상자별 체계적 정책 추진 기반이 부재했다는 것이 한계였습니다.

2003년부터 2007년은 정책 기틀 마련기입니다. 이 시기 정책의 성과는 크게 다섯 가지가 있습니다. 우선 외국인노동자와 외국인 일반 관련법을 제정했다는 것과 단순기능직 외국인 근로자 고용 및 국제결혼가정 지원 관련 정책을 체계화했다는 것입니다. 혼혈인과 외국인에 대한 적극적 차별 시정 노력을 했을 뿐만 아니라 외국인정책과 동포정책(민족정책)의 조화를 시도하였습니다. 결혼이주여성과 자녀 관련 실태조사 시행 및 범부처적 지원 대책을 마련하였으며 국제결혼가정 지원 서비스 전달 체계 등을 구축했습니다. 하지만 여전히 동포와 유학생, 난민 관련 이주민 정책은 소극적으로 추진했다는 한계점과 흑백 혼혈 자녀 및 아시아 거주 국민의(사실혼) 자녀 문제에 관련해서는 해결하려는 노력이 부족했습니다.

2008년부터 2012년까지 다문화 정책이 확대된 시기입니다. 외국인 정책 기본계획 수립과 연도별 시행계획에 따라 체계적으로 정책을 추진했습니다. 다문화가족지원법을 제정하고, 다문화가족지원정책 기본계획을 연도별 시행계획에 따라 추진했습니다. 난민법 제정으로 국가 위상이 높아졌고, 결혼중개업 및 국적법 등을 시대적 여건변화에 맞추어 개정하고, 국가 인권 기본 정책에 외국인노동자 인권 관련 부분을 포함한 것이 정책 사업 확대에 대한 성과입니다. 정책사업 확대 기간에 문제점이 있다면, 대부분의 정책적 관심과 지원·예산이 다문화가족에 집중되어 있다는 것과 국가주도의 급속한 제도화 및 정책추진 과정에서 지자체의 정책역량 강화 및 거버넌스(Governance) 구축, 자율적 정책사업 추진의 예산 부족 등입니다.

다음으로 제1차 외국인정책회의에 대해서 살펴보겠습니다. 제1차 외국인정책회의는 2006년 외국인과 더불어 사는 열린사회 구현이라는 비전으로 외국인 인권존중과 사회통합, 우수 외국 인력 유치 지원이라는 목표를 두고, 외국 국적 동포, 결혼이민자·외국인여성과 자녀, 난민, 외국인 근로자, 불법체류외국인, 국민을 대상으로 시행하였습니다. 제1차 외국인정책 기본계획은 2008년부터 2012년까지입니다. 아래 표와 같이 외국인과 함께하는 세계 일류국가를 향하여 적극적인 개방을 통한 국가경쟁력을 강화하고 질 높은 사회통합과 질서 있는 이민행정구역, 외국인 인권옹호를 중심으로 기본계획의 틀을 마련했습니다.

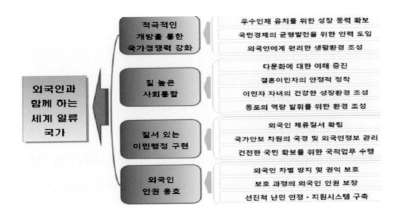

国가경쟁력 강화를 위하여 인재 유치를 위한 성장 동력을 확보하고, 국민경제의 균형발전을 위한 인력 도입과 외국인에게 편리한 생활환경을 조성하는 데 중점을 두었습니다. 그뿐만 아니라 높은 수준의 사회통합을 위해서는 다문화에 대한 이해를 증진하며, 결혼이민자의 안정적인 정착과 이민자 자녀의 건강한 생활환경을 조성하고, 동포의 역량발휘를 위한 환경조성에 중점을 두었습니다. 질서 있는 이민행정 구현을 위해서는 외국인 체류 질서 확립, 국가안보 차원의 국경 및 외국인 정보 관리, 건전한 국민 확보를 위한 국정 업무 수행 등에 중점을 두었습니다. 외국인 인권 옹호를 위해서는 외국인 차별 방지 및 권익을 보호하고, 보호 과정의 외국인 인권을 보장하며, 선진적 난민 인정과 지원시스템 구축에 중점을 두었습니다.

외국인 주민 정책에 대해서 살펴보겠습니다. 첫째로, 정책의 비전과 목표는 열린사회와 성숙한 국가입니다. 그리고 이주민의 적응과 정착, 그리고 통합에 있습니다. 두 번째로, 통합수준과 문화적응 및 집단 갈등 부재 상황과 공동체 구성원, 주민, 주인의식, 적극적 참여, 화합이 중점적인 정책과제가 되었습니다.

　다음으로 다문화가족정책의 기본계획을 살펴보겠습니다. 제1차 다문화가족지원정책의 기본계획은 2010년부터 2012년까지 수립되었습니다. 국제결혼중개업에 대한 관리 및 입국 전 검증시스템을 강화하고, 결혼이민자에 대한 한국어교육 및 의사소통 지원을 강화했습니다. 결혼이민자 직업교육 및 취업지원의 활성화, 이혼 및 폭력피해 결혼이민자 인권보호의 증진, 다문화가족 자녀에 대한 맞춤형 교육지원 등을 강화했습니다. 또한, 다문화에 대한 사회적 이해를 높였으며 다문화가족지원 관련 총괄·조정기능 및 다문화가족지원 서비스전달체계를 강화하였습니다.

　다음은 다문화가족지원정책의 주요 추진 경과에 대해서 알아보겠습니다. 중요한 전환점은 2006년으로 여성결혼이민자 및 혼혈인과 이주자에 대한 차별 해소와 사회통합 지원방안 발표입니다. 당시 발표된 안은 '아시아를 선도하는 다문화 인권국가 구현'을 비전으로 제시하며 3대 추진과제를 내놓았는데, 인권의식을 명시하고 장기적 지원을 고려하는 것과 아시아적 특성을 고려하는 것, 국내 혼혈인 및 외국인뿐만 아니라 베트남, 필리핀 등 그 외 지역에 대한 국외 혼혈인 역시 고려한다는 과제입니다. 혼혈인과 이주자가 그들의 능력을 최대한 발휘할 수 있는 법·제도적 환경을 마련한 것입니다. 또한 '차별금지법'을 제정하였고, 모성보호법과 병역법령을 개정 추진했습니다. 출입국사무소별 인권담당관을 지정하여, 불법체류자 단속과정에서의 인권 침해적 요소의 발굴·개선 등 인권 친화적 제도개선을 추진했습니다. 결혼이민자 가족지원센터를 확대하고 중앙~지방 간, 또는 정부~민간 간 협력네트워크의 구축을 추진했습니다. 현재 전국에 다문화가족지원센터는 215개소가 있습니다.

또한, 우리사회의 뿌리 깊은 '순혈주의 정서'를 극복하고 국민의 '다문화 감수성'을 함양하기 위한 사회적 인식개선을 적극적으로 추진했습니다. 학교 교육을 통해서 청소년의 다문화교육 즉 세계시민교육을 강화했고, 사회교육을 통한 국민의 인식개선을 위하여 외국인의 날 지정 및 다문화 홍보대사 위촉 등 다양한 홍보를 했습니다.

혼혈인과 이주자의 생활현장 방문, 공중파 매체를 이용한 특별기획 방송 및 보도, 공익광고, 방학기간 혼혈아동과 함께하는 다문화캠프 및 국토순례, 외국인 문화행사 등을 적극적으로 개최했습니다. 혼혈인과 이주자의 가장 시급한 욕구를 유형별로 찾아 맞춤형 지원 대책으로 국적취득 가능 여부와 거주지를 기준으로 국내 혼혈인, 국외 혼혈인, 국내 외국인으로 나누었으며 국내 혼혈인과 미군 관련 혼혈인, 결혼이민자 자녀 등에 대해서는 의료·취업·생계·교육 등 분야별 생활 안정대책을 마련했습니다. 국외 혼혈인, 베트남전쟁 혼혈인 라이따이한, 외국 주재 현지 2세 혼혈인 코피노 등에 대해서는 국적취득 지원 및 국가이미지 제고를 위한 방안을 마련했습니다. 국내 외국인 이주노동자와 자녀 등에 대해서는 가장 문제가 되는 아동권의 최우선 보장과 모성보호를 위한 적극적 지원방안을 마련했습니다.

그럼 제1차 다문화가족정책의 평가에 대해 살펴보겠습니다. 주요 추진 성과로는 추진 과제 수가 2011년도에는 중앙 61개, 지자체 327개에서 2012년도 중앙 53개 지자체 481개로, 국제결혼중개관리 및 입국 전 검증시스템 강화 분야를 뺀 모든 분야의 과제가 증가했습니다. 투입예산은 총 3,278억원으로, 예산 비율은 결혼이민자의 정착지원에 40%, 자녀의 성장환경 조성에 31%, 정책추진체계정비에 20%, 사회적 이해제고에 7%, 국제결혼중개관리에 2%가 편성되었습니다.

그리고 외국인정책 연도별 시행계획(2008년~2010년) 상의 사업별 예산 투입규모를 기초로, 정책대상과 다문화사회 정책의 성격을 분석한 연구결과를 살펴보면, 다문화가족 대상 특정 사업이 75.4%라는 높은 비중을 차지하는 것을 알 수 있습니다. 특히 방문교육 사업에 40.3%, 다문화가족지원센터 운영에 13.4%로 전체 예산의 50%를 넘습니다. 즉 특정 사업, 기관 운영이 정책의 핵심이라는 것이지요. 이에 반해 다문화 강사, 이중 언어 강사, 다문화 청소년 전문가 등 현장 인력 양성 예산은 1.2%이고, 교재 및 교육프로그램 개발 예산은 0.9%, 홍보 및 일회성 행사 3.3%, 내국인 대상 다문화교육 등 사회 환경 조성 예산은 0.4%로 낮은 수준입니다.

제1차 다문화가족정책의 한계 및 앞으로 과제는 결혼이민자의 문화에 대한 이해제고와 취학자녀에 대한 지원이 부족했다고 평가받았습니다. 또한, 가족해체에 대한 예방책과 지원책 그리고 결혼이민자의 역량 강화와 취업지원이 부족하였으며 다문화 확산에 따른 부정적 인식의 확산 우려와 다문화가족 정책위원회의 실질적 권한 및 역할 강화가 필요하다는 평가를 받았습니다.

다음은 제2차 다문화정책 기본계획에 대해서 알아보겠습니다. 제2차 다문화가족정책 기본계획 수립의 환경을 살펴보면 첫째, 다문화가족 수가 증가했다는 것입니다. 2020년에는 결혼이민자와 배우자가 각

35만여 명, 자녀가 30만여 명으로 총 100만여 명이 될 것으로 예상합니다. 이는 2011년 대비 75%가 증가하게 되는 것입니다. 두 번째로, 다문화 가족 구성원의 변화를 들 수 있습니다. 나이별 변화로는 다문화가족 구성원의 나이가 많아짐에 따른 정책수요가 예상되는데, 결혼 이민자는 취업 욕구가 증가하고, 한국인 배우자는 은퇴 등 노후준비 등에 직면하며, 자녀는 학령기 자녀 증가로 학습 문제 및 정체성 혼란 등의 새로운 문제가 발생할 것으로 예상하고 있습니다. 이혼과 재혼, 사별 가족 등 다양한 다문화가족 증가로 인해 여러 문제가 발생할 것으로 예상합니다. 그리고 재혼에 의한 중도 입국자녀가 증가하는 추세지만 학습 및 가족관계에 많은 어려움을 겪고 있으며, 배우자와의 사별과 이혼 등으로 체류자격 및 사회·경제적 곤란에 직면합니다. 이에 따른 자녀양육문제에 대한 다문화정책이 필요한 환경입니다.

제2차 다문화정책의 기본계획의 개요를 살펴보면, 환경변화 및 정책 수요를 고려하여 중점 추진과제를 도출하였고, 평등한 가족문화 구축 및 가족서비스를 강화했습니다. 자녀취학 및 학교생활 지원, 군대와 사회의 다문화 이해를 높이고 신규 입국 이민자에 대한 사회 통합적 서비스로 일정 기간이 지난 이민자에게는 취업 지원 등을 강화했습니다. 정책추진을 위한 체계 구축으로 다문화가족지원센터 등 서비스 전달체계를 효율적으로 구축했으며 주요 상대국과의 협력 강화로, 제도적 사각지대를 개선하고 인권침해 예방에 중점을 두었습니다.

정책과제는 여섯 개 분야로 나뉘어 있습니다.

첫째, 다양한 문화가 있는 다문화가족 구현을 위해 상대방의 문화 및 제도에 대한 이해를 높이기 위하여 주요 상대국과의 결혼 전 제도 및 문화교육 제도 강화, 다문화가족 통합교육 강화, 가족구성원 교육, 다양한 배경에 따른 다문화 연구 추진 및 정책수요 파악, 쌍방향 문화 교육내용을 모니터링 하여 모국어를 이용한 부모 자녀 관계 프로그램 등을 조성했습니다. 쌍방향 문화교류 확대 및 사회적 지지 환경 조성을 위해서는 아리랑TV에서 다언어 프로그램 편성 등 쌍방향 문화 다양성 프로그램 확대, 문화공존의 긍정적 효과에 대한 연구 및 홍보에 중점을 두었습니다.

두 번째, 다문화가족 자녀의 건강한 발달 지원을 위해서 기본적 건강정보를 쉽게 알리기 위한 문해력(文解力) 향상방안 실시, 언어 발달 정도를 평가한 후 언어교육 확대, 자녀의 이중언어 교육을 단계적으로 확대, 찾아가는 부모교육서비스를 지원할 계획입니다. 특히 한국어능력을 향상하기 위해서는 인터넷을 통한 언어교육프로그램 공유, 재학 중인 학교에서 특별 언어교육과정을 준비하도록 하였습니다. 학교생활 초기적응 지원을 위해서는 학교 입학 전 프로그램 개발 및 실시, 예비학교 운영, 자녀생활서비스 확대, 중도입국자녀에 대한 초기적응 프로그램인 Rainbow School 운영 등을 하기로 하였습니다. 기초학력 향상 및 진학지도 강화를 하기 위해서는 글로벌 선도학교를 150개 운영하고, 대학생 멘토링 서비스를 지원하며, 직업교육과정 운영을 확대하기로 했습니다. 공교육 등에 대한 접근성 제고로는, 중도입국자녀의 국적 취득 시, 입학절차 안내, 예비학교 및 정규학교 조기 진입 유도, 청소년 사회활동에 다문화 자녀들이 참여하도록 가이드라인 마련, 청소년사회안전망에 다문화 자녀의 상담 및 복지가 포함되도록 재구조 방안을 모색하였습니다.

세 번째로, 안정적인 가족생활 기반 구축입니다. 입국 전 결혼의 진정성 확보를 위해서 국제결혼 사증 심사 강화, 개별인터뷰 시행 실질적 심사 강화, 국제결혼 이민 관련 파견 검토, 결혼 전 신상정보 제공제도 정착화, 결혼중개업체의 동향조사 등을 강화하였습니다. 한국생활 초기 적응 지원을 위해서는 코디네이터를 양성하고 생활안내를 위한 '다누리 콜센터'를 운영함과 동시에 다문화가족 서비스 종합안내지 및 정보매거진 Rainbow 책자를 10개 언어로 배포하고 포털사이트 '다누리'를 10개 언어로 운영하기로 했습니다. 소외계층 지원 강화를 위해서는 사회보장제도에 대한 다문화가족의 수급현황 파악, 정부지원 서비스의 사각지대 발굴 및 개선, 돌봄 서비스 지원, 농촌주택 개량사업 시 취약계층인 다문화가족 지원 등을 확대하였습니다. 피해자 보호 또한 결혼중개업에 의한 피해예방을 위해 사전교육 시행, 피해 상담 지원, 이주여성 긴급지원센터(1577-1366) 운영, 이주 여성쉼터 단계적 확대, 이주여성 보호시설 등을 운영하기로 했습니다.

네 번째로, 결혼이민자의 사회경제적 진출 확대입니다. 결혼이민자 일자리 확대를 위해서 모국에서의 경력, 다국어능력을 활용한 일자리 확대, 자치단체 일자리사업에 참여 확대, 결혼이민자를 고용하는 회사에 최저임금수준의 인건비 및 보험료 지원, 시간제 일자리나 사회서비스 일자리 발굴 및 알선 등을 하기로 했습니다. 직업교육훈련 지원을 위해서는 특화훈련과정 확대 운영, 인턴 등 징검다리 일자리 지원, 농촌 지역 이민자를 위한 기초농업교육 시행, 전문영농 교육 시 이민자의 참여 확대 등을 하기로 했습니다. 결혼이민자 역량 개발을 위해서는 리더십, 단체 활동 교육 시행, 운전면허취득 지원, 모국에서의 자격 인정 방안 마련과 원격교육프로그램 등을 마련하기로 했습니다. 사회참여 확대를 위해서는 정부, 지자체의 정책 결정 과정에 참여 확대, 민간단체 지원 사업에 결혼이민자의 활동 비율이 높으면 가산점 부여, 결혼이민자의 사회참여 기회의 확대, 다문화가족의 자조 모임 등을 활성화하기로 했습니다.

다섯 번째로, 다문화가족에 대한 사회적 수용성 제고입니다. 인종, 문화 등 차별에 대한 법·제도적 대응 방안 마련을 위해서는 인종, 종교에 따른 차별금지법 마련, 법·제도 개선, 문화 다양성 정책 강화, 다문화 수용성 조사 등을 정기적으로 실시하기로 하였습니다. 다양한 인종과 문화를 인정하는 사회문화 조성을 위해서는 다양한 콘텐츠 제작 및 활용, 문화이해를 위한 안내서 제작 및 교육, 문화소수자에 대한 언론보도 등 문화 다양성 관련 규정을 검토하여 피해사례 발생 방지, 방송, 인터넷 등을 통한 차별적 표현 모니터링 강화 및 조치, 다문화 관련 TV 제작 지원, 문화자원의 온라인 아카이브 구축, 다문화가족과 일반 국민의 교류 기회 확대, 문화 다양성 교육 시행, 사회 핵심인력의 문화 다양성 역량 강화 교육 등을 실시했습니다. 또한, 대상별 다문화 이해 교육을 하기로 하였는데, 이 계획을 위해 여성가족부에서는 '다문화 이해교육 전문강사 양성' 과정을 개설하였고 저도 그 양성 과정을 수료하여 현재 군부대, 경찰청, 초중고, 공무원, 어린이집 교사 등 대상별로 파견되어 강의하고 있습니다. 학교에서의 다문화 이해 제고를 위해서는 상호이해교육 강화, 교사용지도서 및 교과서에 다문화교육 내용 반영, 동영상 프로그램 개발, 교원의 다문화 이해 역량 등을 강화하기로 하였고, 다문화가족 구성원의 입영에 따른 병영 환경 조성을 위해서는 간부와 일반장병 대상 교육 시행, 차별금지에 대해 군 규정 명문화, 소수 종교인에 대해 배려 제공, 다문화 자녀에 대한 안보관 및 친군의식 교육프로그램 등을 개발하기로 했습니다.

여섯 번째로, 다문화가족정책 추진체계 정비에 대해서 살펴보겠습니다. 다문화가족 지원의 대상 확대 및 효과성 제고를 위하여 다양한 외국인 가족에 대한 가족차원의 지원확대 검토, 다문화가족지원센터 장기발전방안 마련 및 평가지표 정비, 소득수준, 거주기간 등 다문화 지원에서 고려해야 할 사항 등을 준비하여 각 부처에 배포하기로 했습니다. 다문화가족정책 총괄 추진력 강화를 위해서는 중복 일회성 사업 발굴 및 조정이 필요한 사업 등 조절, 지자체의 다문화가족지원협의회 구성 운영확대, 기업 및 민간단체의 유기적 협조체계 등을 구축하기로 했습니다. 국가 간 협력체계 구축을 위해서는 주요 8개 결혼상대국과의 한국대사 협의체 정례화, 정부 간 양해각서 체결, 국가 간 비교연구를 통해 가족제도의 차이 교육 시행, 혼인·이혼과정 상 문제 해결을 위한 국가 간 협력 방안 모색, 이혼과정에서 제기되는 국가 간 제도의 모순점 등의 해결을 위한 양자 간 협약을 추진하기로 했습니다.

마지막으로 성숙한 다문화 사회가 되기 위해서 나아갈 방향을 알아봅시다.

먼저 제도적 측면의 개선방안으로 법·제도 정비를 중심으로 다문화 기구 및 정부위원회의 역할과 장기 계획 수립 범위를 포함해야 합니다. 다문화 관련 법·제도의 정비나 다문화정책의 제도적 기반을 강화할 필요와 부서 간 통합·조정 기구의 신설이 필요합니다. 다문화정책을 장기적·체계적으로 수립하는 것 또한 필요하겠습니다.

두 번째로, 운영상 개선방안으로는 중복 사업을 조정하고, 전달체계 및 다문화 교육과 훈련을 통하여 정책사업의 만족도를 높여야 합니다. 유사·중복의 다문화정책 사업을 통합하면서 대상자별 프로그램을 다원화할 필요가 있습니다. 다문화정책 사업전달체계의 효율화와 사업예산을 효율적으로 집행하고, 다문화정책 사업의 정부 간 연계·협력을 강화해야 합니다. 다문화정책 사업의 특성을 고려한 평가체제를 구축하고, 다문화정책을 담당하는 공무원과 민간 사업자에 대한 교육 및 훈련을 해야 할 뿐만 아니라 다문화정책사업의 만족도 제고를 위한 노력 또한 필요합니다.

세 번째로 환경적 측면의 개선방안은 다문화정책에 관한 사회적 합의, 국민의 다문화 이해 제고와 더불어 거버넌스(Governance) 구축방안을 포함해야 합니다. 다문화정책의 방향성에 대한 종합적이고 체계적인 논의와 검토 위에 다문화사회 이행 단계별 거버넌스(Governance) 구축이 필요합니다. 이주자의 선택적 수용과 적정규모에 대한 검토, 다문화사회에 대한 일반 국민의 인식 제고가 이루어져야 할 것입니다.

한국의 다문화정책이 수준 높게 정착하여 따뜻하고 진정한 사회통합이 이루어지기를 바라면서 강의를 마치도록 하겠습니다.

지금까지 딱딱한 다문화정책에 관하여 경청해주셔서 감사합니다.

감/상/문
book response

이 혜 미
경영학부

고용허가제란? 외국인 노동자에게 근로조건의 보호를 제공하는 것을 말한다.

외국인 근로자는 4년 10개월 동안 한국에 머무를 수 있다.

외국인이 5년 이상 거주할 경우 영주권 부여가 가능하기 때문에 4년 10개월에서 하루만 지나도 불법 채류자가 된다.

국제결혼의 비율 증가로 인해 다문화가족이 증가하고 있다.

그렇기 때문에 다문화가족정책 예산의 초점은 결혼이민자에게 맞추어져 있다.

〈다문화를 위한 정책과제〉
1. 다양한 문화가 있는 다문화가족 구현
   - 상대방의 문화, 제도에 대한 이해 제고
   - 쌍방향 문화교류 확대 및 사회적지지 환경 조성
→ 우리들의 인식이 먼저 깨어야 함.
2. 다문화가족 자녀와 성장과 발달 지원
   - 다문화 가족 자녀의 건강한 발달 지원
   - 한국어 능력 향상
   - 학교생활 초기적응 지원
   - 기초학력 향상 및 진학지도 강화
   - 공교육 등에 대한 접근성 제고

"차이는 있되 차별은 없는 다문화 사회"
"다름은 있되 틀림은 없는 다문화 사회"

나 역시도 나와 다른 피부, 다른 언어를 쓰는 사람들을 보면 한 번 더 눈길이 가게 되고, 눈길이 가다보면 나도 모르게 빤히 쳐다

보게 된다. 나는 아무렇지 않게 했던 사소한 행동이었지만 그런 시선을 받아야만 했던 다문화 가정의 가족들은 얼마나 상처가 되었을지 교수님의 수업을 통해 다시 한 번 깨닫게 되었고, 또한 무심했던 나의 행동들을 반성하게 되었다. 차이는 있되 차별은 없고, 다름은 있되 틀림은 없는 다문화 사회를 위해 나의 인식이 먼저 깨어야 함을 알게 되었으며 앞으로 이를 실현하기 위해서 다문화 가족을 볼 때 선입견/편견을 버리고 바른 시선으로 바라봐야겠다고 다짐했다.

感/想/文
book response

イ・ヘミ
経営学部

雇用許可制とは？　外国人労働者に勤労条件の保護を提供することを言う。

外国人勤労者は4年10ヶ月間韓国で滞在することができる。

外国人が5年以上滞在する場合は永住権の付与ができるため、4年10ヶ月から1日だけ過ぎても不法滞在者となる。

国際結婚の割合が増えるにつれ、多文化家族が増加している。

だからこそ、多文化家族政策の予算は結婚移民者に重点を置いている。

<多文化のための政策課題>
1. 多様な文化のある多文化家族の具現
   - 相手の文化、制度に関する理解を深める
   - 双方向の文化交流の拡大及び社会的支持環境を作る
      → 私たちの認識が先に変わるべきである。
2. 多文化家族子女の成長や発達の支援
   - 多文化家族子女の健康的な発達の支援
   - 韓国語能力の向上
   - 学校生活の初期適応の支援
   - 公教育などに対する接近性を高める

「違いはあっても、差別のない多文化社会」
「違いはあっても、間違いはない多文化社会」

◆　自分自身も自分と違う肌色、違う言語を使う人々を見るともう一度見るようになるし、見ていたらいつの間にかじっと見つめてしまう。自分はさりげなくやった行動であったが、そういう視線を受けなければならなかった多文化家庭の家族達はど

れほど大きな傷となっていたのかを先生の講義を通じて分かるようにな
り、また、そういう行動を取った自分を反省することになった。違いは
あっても差別のない、違いはあっても間違いはない多文化社会のために、
自分の認識がまず変わらなければならないということが分かり、これから
それを実現するためには、多文化家族に接した時、先入観を捨てて正しい
視線で見ようと思った。

아시아공동체론 강연시리즈 1

아시아공동체와 다언어 다문화 커뮤니케이션

■ 부산외국어대학교 아시아공동체연구소

초판인쇄   2015년 2월 26일
초판발행   2015년 2월 28일

엮은이   정기영 엮음
펴낸이   김재광
펴낸곳   솔과학

출판등록   제 10-140호 1997년 2월 22일
주소   서울시 마포구 독막로 295, 302호
            (염리동 164-4 삼부골든타워 302호)
전화   02)714-8655
팩스   02)711-4656
E-mail   solkwahak@hanmail.net

ISBN 978-89-92988-21

이 책의 내용 전부 또는 일부를 이용하려면
반드시 저자와 도서출판 솔과학의 서면동의를 받아야 합니다.

* 낙장이나 파손본 외에는 교환이나 환불이 불가합니다.